KARL MAY

KLASSISCHE MEISTERWERKE

KARL MAY

OLD SUREHAND I

REISEERZÄHLUNG

KARL-MAY-VERLAG · BAMBERG
in Zusammenarbeit mit dem
VERLAG CARL UEBERREUTER · WIEN

INHALT

Herausgegeben von Dr. E. A. Schmid

Diese Ausgabe erscheint in enger Zusammenarbeit
mit dem Verlag Carl Ueberreuter, Wien.
Der Inhalt dieses Buches entspricht dem Band 14
der grünen Originalausgabe „Karl Mays Gesammelte Werke".
© 1949 Karl-May-Verlag, Bamberg / Alle Urheber-
und Verlagsrechte vorbehalten.

ISBN 3-7802 0514-9
Gesamtherstellung: Ebner Ulm

1. Old Wabble

Auf meinen vielen Reisen und weiten Wanderungen habe ich, auch unter den sogenannten Wilden und Halbzivilisierten, sehr oft Menschen gefunden, die mir liebe Freunde wurden und denen ich noch heute ein treues Andenken bewahre und bis zu meinem Tod weiter bewahren werde. Keiner aber hat meine Liebe in dem Grad besessen wie Winnetou, der berühmte Häuptling der Apatschen. Meine Freundschaft zu ihm hat mich immer und immer wieder, selbst aus dem fernen Afrika und Asien, zu ihm hinübergetrieben in die Prärie, Wälder und Felsengebirge Nordamerikas. Selbst wenn meine Ankunft drüben nicht vorher bestimmt war und wir deshalb kein Stelldichein hatten verabreden können, wußte ich ihn doch bald zu treffen. Entweder ritt ich in solchen Fällen zum Rio Pecos zu dem Stamm der Mescalero-Apatschen, dem er angehörte, und erfragte dort, wo er sich befand, oder ich erfuhr es von den Westmännern oder Indianern, die mir begegneten. Winnetous Taten sprachen sich schnell herum, und wo er sich sehen ließ, wurde sein Erscheinen bald in weitem Umkreis bekannt.

Zuweilen aber konnte ich dem Häuptling beim Scheiden sagen, wann ich wiederkommen würde, und dann wurden Ort und Zeit unseres Zusammentreffens vorher genau bestimmt. Ich richtete mich dabei nach dem Datum, während er sich der indianischen Zeitbestimmung bediente, und so unzuverlässig diese zu sein scheint, er war stets auf die Minute an Ort und Stelle und es ist niemals vorgekommen, daß ich auf ihn zu warten brauchte.

Nur ein einziges Mal hatte es den Anschein, aber auch nur den Anschein, als ob er nicht pünktlich sei. Wir mußten uns hoch oben im Norden an dem sogenannten Coteau du Missouri trennen und wollten uns vier Monate später unten in den Zuñi Mountains, auch Sierra Madre genannt, treffen. Da fragte mich Winnetou:

„Mein Bruder kennt das Wasser, das Clear brook[1] genannt wird. Wir haben dort miteinander gejagt. Besinnst du dich auf die Lebenseiche, unter der wir damals des Nachts lagerten?"

„Ganz genau."

„So können wir uns nicht verfehlen. Der Wipfel dieses Baumes ist verdorrt, wächst also nicht mehr. Wenn um die Mittagszeit der Schatten der Eiche grad fünfmal die Länge meines Bruders hat, wird Winnetou dort ankommen. Howgh!"

[1] Heller Bach

5

Ich mußte das nun in unsere Zeitrechnung übersetzen und traf zur bestimmten Zeit dort ein. Es war weder Winnetou noch eine Spur von ihm zu sehen, obwohl die Schattenlänge der Eiche genau fünfmal die meinige betrug. Mehrere Stunden lang wartete ich. Er stellte sich nicht ein. Ich wußte, daß nur ein Unfall meinen Freund hindern konnte, ein gegebenes Wort zu halten, und wollte darum schon besorgt um ihn werden. Da kam mir der Gedanke, daß er schon hier gewesen sein und einen triftigen Grund gehabt haben könnte, nicht auf mich zu warten. In diesem Fall hatte er mir sicherlich ein Zeichen hinterlassen. Ich untersuchte darum den Stamm der Eiche, und richtig! Es steckte darin in Manneshöhe ein kleiner verdorrter Fichtenzweig. Da eine Eiche keine Fichtenzweige hat, so mußte er mit Absicht angebracht worden sein, und zwar schon vor längerer Zeit, weil er völlig vertrocknet war. Ich zog den Zweig heraus und mit ihm ein um sein zugespitztes unteres Ende gewickeltes Papier. Als ich es aufgerollt hatte, las ich die Worte:

„Mein Bruder komme schnell zu Bloody-Fox, den die Komantschen überfallen wollen. Winnetou eilt, ihn noch rechtzeitig zu warnen."

Jene meiner Leser, die Winnetou kennen, wissen, daß er lesen und auch schreiben konnte. Er führte fast stets Papier bei sich. Die Nachricht, die ich hiermit von ihm erhielt, machte mich um ihn besorgt, obgleich ich wußte, daß er jeder Gefahr gewachsen war. Auch um Bloody-Fox wurde mir bange, denn er war wahrscheinlich verloren, wenn es Winnetou nicht gelang, ihn noch vor der Ankunft der Komantschen zu erreichen. Und was mich selbst betrifft, so erschien auch meine Lage recht bedenklich. Bloody-Fox hauste in einer, wohl der einzigen Oase des öden Llano Estacado, und der Weg dorthin führte durch das Gebiet der Komantschen, mit denen wir schon oft feindlich zusammengeraten waren. Wenn ich in ihre Hände fiel, erwartete mich der Marterpfahl, zumal dieses Indianervolk vor längerer Zeit ‚die Kriegsbeile ausgegraben' und mehrere beutereiche Raubzüge unternommen hatte.

Unter diesen Umständen galt es für mich, nicht lange zu zaudern, sondern so schnell wie möglich zu handeln. Ich war zwar allein und auf mich selbst angewiesen, aber ich hatte gute Waffen und ein ausgezeichnetes Pferd, auf das ich mich verlassen konnte. Auch kannte ich die Gegend, die ich durchreiten mußte, und sagte mir, daß es für einen erfahrenen Westmann leichter sei, allein durchzukommen, als in Begleitung von nicht unbedingt zuverlässigen Leuten. Und hätte es noch irgendein Bedenken gegeben, so wäre es hinfällig geworden vor dem Bewußtsein: Bloody-Fox befindet sich in Gefahr! Ich stieg also auf mein Pferd und folgte dem Wunsch meines roten Freundes.

Solange ich mich in der eigentlichen Sierra befand, hatte ich weniger zu befürchten. Es gab da Deckung genug, und ich war gewohnt, gut aufzupassen. Dann aber kamen kahle Hochflächen, auf denen man schon aus weiter Entfernung bemerkt werden konnte. Sie waren von steilen Schluchten und tiefen Cañons durchschnitten, deren Pflanzenwuchs nur aus spärlichen Aloën und Kakteen bestand, hinter denen sich ein Reiter nicht verbergen kann. Leicht konnte ich in einem solchen Cañon auf Komantschen treffen. Dann vermochte ich mich nur dadurch zu retten, daß ich schnell umkehrte und mich auf die Flüchtigkeit und Ausdauer meines Pferdes verließ.

Die gefährlichste dieser Schluchten war der sogenannte Mistake Cañon[1]) in den Jicarilla Mountains, weil er den meistbegangenen Indianerweg zwischen der Ebene und den Bergen bildete. Er hatte seinen Namen einer unheilvollen Verwechslung zu verdanken. Man erzählte sich, ein weißer Jäger habe dort seinen besten Freund, einen Apatschen, anstelle eines feindlichen Komantschen erschossen. Wer dieser Weiße und wer die beiden Roten gewesen waren, das wußte ich nicht. Ich hatte die Namen nie erfahren können. Auch abgesehen von seiner sonstigen Gefährlichkeit wurde der Cañon seitdem von abergläubischen Westmännern gemieden. Man behauptete, daß es selten einem Weißen gelinge, ihn ohne Schaden zu passieren. Der Geist des erschossenen Apatschen führe jeden ins Verderben.

Dieser Geist machte mir wenig Sorge. Wenn ich nur auf keine menschlichen Feinde traf, so mochte er mir immerhin begegnen. Aber lange bevor ich den Cañon erreichte, entdeckte ich die Spuren mehrerer Reiter, die von der Seite her kamen und in meiner Richtung weiterführten. Wilde Pferde, Mustangs, konnten es nicht gewesen sein, denn es gab hier keine. Als ich abstieg und die Fährte untersuchte, bemerkte ich zu meiner Beruhigung und zugleich Verwunderung, daß die Pferde die Hufe beschlagen hatten. Die Reiter gehörten also nicht der roten Rasse an. Wer waren sie und was wollten sie hier?

Ein Stück Weges weiter war einer von ihnen abgestiegen, vielleicht um den Sattelgurt fester zu schnallen, und die anderen waren inzwischen weitergeritten. Ich betrachtete die Stelle genau und erkannte links neben den Fußspuren mehrere kurze, messerrückenschmale Einritzungen. Wovon? Trug dieser Reiter einen Säbel? Dann hatte ich Soldaten, Kavalleristen, vor mir. War etwa Militär gegen die Komantschen ausgerückt, um sie für die erwähnten Raubzüge zu bestrafen? Auf die Lösung dieser Frage gespannt, folgte ich der Fährte im Galopp, und je weiter ich kam, desto mehr Spuren entdeckte ich, die von allen Seiten einmündeten und nach allen Richtungen führten. Nun gab es keinen Zweifel mehr darüber, daß sich Truppen vor mir befanden, und als ich nach einiger Zeit um den Ausläufer eines dichten Kaktuswaldes bog, sah ich ihr Lager vor mir. Auf den ersten Blick bemerkte ich, daß dieses Lager nicht für kurze Zeit bestimmt sein konnte. Die Kaktusstrecke si-

[1]) Irrtumsschlucht, Schlucht des Versehens

cherte es vor jedem Überfall von hinten und von den Seiten, und nach vorn konnte das Auge eine weite, offene Fläche beherrschen, so daß eine feindliche Überraschung unmöglich war. Freilich hatte man meine Annäherung von Westen her nicht bemerkt. Man hätte hier selbst am hellen Tag einen Posten ausstellen müssen. Daß man dies unterlassen hatte, war jedenfalls eine Nachlässigkeit. Wie nun, wenn an meiner Stelle eine Indianerschar gekommen wäre?

Jenseits senkte sich das Gelände in einen Cañon hinab, der wahrscheinlich das nötige Wasser lieferte. Die Pferde lagen oder liefen frei herum. Die Truppen hatten zum Schutz gegen die Sonnenhitze über Kaktusstangen Leinwandtücher angebracht. Ein großes Zelt war für die Offiziere bestimmt, und in seinem Schatten schienen die Mundvorräte untergebracht zu sein. In der Nähe lagerten zehn Männer, die nicht zu den Truppen gehörten, sondern wohl nur bei ihnen übernachten wollten, weil der Tag bald zu Ende ging. Ich war entschlossen, das gleiche zu tun. Zwar hätte ich noch weiterreiten können, dann aber allein lagern müssen und dabei wegen meiner Sicherheit nicht schlafen dürfen. Hier fand ich die Ruhe, die ich für meinen morgigen weiten Ritt notwendig brauchte.

Als ich bemerkt wurde, kam mir ein Unteroffizier entgegen und brachte mich zum Kommandanten, der, durch Rufe aufmerksam gemacht, mit seinen Offizieren aus dem Zelt trat. Während ich abstieg, musterte er mich und mein Pferd und fragte dann:

„Woher, Sir?" — „Von der Sierra herab."

„Und wohin?" — „Zum Pecos hinunter."

„Das sollte Euch schwer werden, wenn wir die Schufte von Komantschen nicht vertrieben hätten. Habt Ihr Spuren von Rothäuten gefunden?" — „Nein."

„Hm! Scheinen sich südwärts gewendet zu haben. Wir sitzen nun fast zwei Wochen hier, ohne eine Nase von ihnen vor die Augen zu bekommen."

„Esel!" hätte ich ihm ins Gesicht rufen mögen, denn wenn er die Roten haben wollte, so mußte er sie suchen. Sie wären töricht gewesen, ihm hierher in die Hände zu laufen. Hatte der Offizier nicht erfahren können, wo sie waren, so wußten die Komantschen jedenfalls genau, daß er sich hier befand. Es war anzunehmen, daß das Lager des Nachts von ihren Spähern umschlichen wurde. Als hätte der Kommandant einen Teil meiner Gedanken erraten, fuhr er fort:

„Es fehlt mir ein tüchtiger Scout[1]), auf den ich mich verlassen kann und der sie mir aufspürt. Old Wabble hat hier übernachtet. Der wäre der richtige Mann für mich gewesen. Habe aber erst, als er fort war, erfahren, wer er war. Der Bursche mochte so etwas ahnen und nannte sich Cutter. Und über eine Woche ist's schon her, da traf eine Streifwache auf Winnetou, den Apatschen. Der wäre noch besser gewesen, hat sich aber schleunigst fortgemacht. Wo der

[1]) Pfadfinder, Kundschafter

sich sehen läßt, da ist Old Shatterhand nicht weit. Ich wollte, der liefe mir ins Garn. Wie heißt Ihr, Sir?"

„Charley", erwiderte ich, ihm meinen Vornamen nennend, der auch mein Familienname sein konnte. Ihm zu sagen, daß ich dieser Old Shatterhand sei, fiel mir nicht ein. Ich hatte weder Zeit noch Lust, hierzubleiben und mich als Spion verwenden zu lassen. Dabei musterte ich die an der Erde lagernden Zivilisten. Zu meiner Beruhigung fand ich kein bekanntes Gesicht dabei. Freilich konnte ich durch mein Pferd und die Gewehre verraten werden. Es war bekannt, daß Old Shatterhand einen Bärentöter und einen Henrystutzen besaß und einen schwarzen Hengst ritt, den Winnetou ihm geschenkt hatte. Glücklicherweise war der Kommandant so bescheidenen Geistes, daß er nicht auf diese Dinge kam. Er kehrte ins Zelt zurück, ohne seine Fragen fortzusetzen.

Worauf der Offizier nicht gekommen war, das konnte einer der Zivilisten erraten, die vermutlich alle Westmänner waren. Darum schob ich den Henrystutzen rasch in die Lederhülle, so daß sein eigenartiges Schloß nicht zu sehen war. Der Bärentöter war weniger auffällig. Hierauf sattelte ich ab und ließ den Hengst frei. Gras gab es hier nicht, dafür aber standen zwischen den Riesenkakteen genug Melokakteen, die Futter und Saft in Fülle lieferten. Mein Rappe verstand es, diese Pflanzen zu entstacheln, ohne sich zu verletzen. Als ich dann die Zivilisten um die Erlaubnis bat, mich zu ihnen setzen zu dürfen, meinte der eine:

„Kommt immer her, Sir, und eßt mit, wenn's Euch gefällig ist. Ich heiße Ralph Webster, und wenn ich ein Stück Fleisch übrig habe, kann jeder brave Mann davon essen, bis es alle ist. Habt Ihr großen Hunger?"

„Will es meinen."

„So schneidet davon herunter, soviel Ihr wollt! Wir sind lauter Westleute, Sir. Und Ihr?"

Er schob mir ein wohl acht Pfund schweres Stück kaltes, aber gebratenes Fleisch hin. Ich schnitt mir etwas davon ab und erwiderte:

„Ich treibe mich zuweilen auch diesseits des alten Mississippi herum, weiß aber nicht, ob ich mich einen Westmann nennen darf. Es gehört gar viel dazu, einer zu sein."

Webster schmunzelte befriedigt und meinte:

„Habt recht Sir! Freut mich, einmal einen bescheidenen Menschen zu treffen, der sich nicht gleich, wenn er Nachtwächter geworden ist, für den Präsidenten der Vereinigten Staaten hält. Solche Leute sind heutzutage selten. Euern Namen haben wir vorhin gehört, Mr. Charley. Welche Arbeit tut Ihr denn hier im Westen? Jäger? Fallensteller? Honigsammler?"

„Gräbersucher, Mr. Webster."

„Gräbersucher?" rief er erstaunt. „Das heißt — Ihr — sucht — Gräber?" — „Yes."

„Wollt Ihr uns foppen, Sir?" — „Fällt mir nicht ein."

9

„So habt die Güte, Euch zu erklären, wenn ich Euch nicht mit meinem Messer zwischen den Rippen kitzeln soll. Nasführen lasse ich mich nicht."

„*Well.* Ich will erforschen, woher die jetzigen Indianer stammen. Vielleicht habt Ihr einmal gehört, daß Gräberfunde zu diesem Zwecke gute Dienste leisten."

„Hm! Habe freilich einmal gehört, daß es Menschen gibt, die alte Gräber aufwühlen, um da drinnen Weltgeschichte oder so was zu studieren. Dummes Zeug! So ein Mannskind seid Ihr also auch? Wohl ein Gelehrter?"

„*Yes.*"

„Gott stehe Euch bei, Sir! Ihr könnt leicht selbst mit der Nase ins Grab stolpern und tot drin steckenbleiben. Wenn Ihr nach verstorbenen Leichen suchen wollt, so tut das doch in einer Gegend, wo Ihr Eures Lebens sicher seid. Hier aber pfeifen die Kugeln und Tomahawks nur so in der Luft herum. Die Komantschen sind los. Könnt Ihr schießen?" — „Ein wenig."

„Hm, kann es mir denken! Habe auch einmal gedacht, ich könnte schießen. Werde es Euch vielleicht einmal erzählen. Wie ich sehe, habt Ihr da eine alte Pulverbüchse, mit der man Mauern einrennen kann. Das läßt tief blicken, Sir. Und dort das andere Gewehr in der Umhüllung, das ist wohl so eine richtige, echte Sonntagsrifle? Ich sage Euch, es ist gefährlich, hier tote Leichname zu suchen. Macht Euch fort! Oder Ihr könnt Euch uns anschließen; da seid Ihr sicherer, als wenn Ihr allein reitet."

„Welche Richtung nehmt Ihr denn von hier?"

„Auch hinunter zum Pecos, wohin Ihr wollt, wie wir vorhin gehört haben."

Webster ließ einen halb wohlgefälligen und halb spöttischen Blick über mich gleiten und fuhr dann fort:

„Ihr seht gar nicht übel aus, ganz wie aus dem Ei geschält; aber das taugt nichts für diese Gegend, Sir. Ein richtiger Westmann sieht anders aus. Dennoch gefallt Ihr mir, und ich lade Euch noch einmal ein, mit uns zu reiten. Wir werden Euch beschützen, denn so ganz allein wie bisher kommt Ihr doch nicht durch. Ihr scheint auch beritten zu sein, wenigstens was man in den Oststaaten so nennt. Habt wohl Euer Kutschpferd mitgebracht, he?"

„Es mag so ähnlich sein, Mr. Webster", entgegnete ich, innerlich belustigt darüber, daß er meinen indianischen Rassehengst Hatatitla[1]), mit dem nur noch Winnetous Rappe Iltschi[2]) zu vergleichen war, für einen Kutschgaul hielt. Dieser Westmann gefiel mir mindestens ebenso wie ich ihm. Wenn ich mich ihm anschloß und er dann erfuhr, wer ich war, so waren ergötzliche Szenen zu erwarten. Dazu kam, daß mir diese Begleitung, wenn auch nicht später, so doch durch den Mistake Cañon nützlich werden konnte, und darum entschloß ich mich, auf seinen Vorschlag einzugehen.

[1])Blitz   [2])Wind

10

„Habe es mir gedacht", fuhr er fort. „Das Pferd sieht so sauber aus wie Ihr. Man merkt es ihm an, daß es auch mit nach längst begrabenen Leibern gesucht und sonst nichts zu tun gehabt hat. Also sagt, ob Ihr mit wollt! Wir brechen morgen früh auf."

„Ich nehme Euer Anerbieten dankbar an, Sir, und bitte um Euern Schutz."

„Den sollt Ihr haben, und ich denke, daß Ihr ihn brauchen werdet. Will froh sein, wenn wir von hier fort sind. Muß ja gewärtig sein, daß der Kommandant mich oder einen andern von uns als Scout zurückhält. Meinst du nicht auch, alter Jos?"

Diese Frage war an einen älteren Mann gerichtet, dessen sympathisches Gesicht einen tief melancholischen Ausdruck zeigte, als leide er an einem innerlich zurückgedrängten Gram. Jos ist die Abkürzung von Josua. Der Mann hieß, wie ich später erfuhr, Josua Hawley.

„Bin gleicher Meinung", entgegnete er. „Es fehlte grad noch, gezwungen zu sein, für diese Uniformen die Kastanien aus dem Feuer zu holen und sich die Vorderpranken dabei zu verbrennen. Hätten sie doch Old Wabble festgehalten; der war der richtige Mann dazu. Mich bekommen sie nicht. Will froh sein, wenn ich hier fort bin und den Mistake Cañon im Rücken habe."

„Warum? Fürchtest du dich vor dem Geist des erschossenen Indianers?"

„Fürchten? Nein. Aber aus dem Sinn kommt er mir nicht. Dieser Cañon ist eine üble Gegend für mich. Habe dort etwas erlebt, was nicht jedem geschieht, und dabei Gold gefunden."

„Gold? Im Mistake Cañon? Das ist unmöglich! Dort gibt es keins."

„Es muß doch welches dort gegeben haben, denn wir fanden eine gute Menge davon."

„Also wirklich? Du hast es wohl durch einen Zufall entdeckt, alter Jos?" — „Nein. Ein Indianer hat es uns gezeigt."

„Das ist vollends nicht zu glauben. Ein Roter entdeckt so etwas niemals einem Weißen, selbst wenn es sein bester Freund wäre."

„So ist mein Fall eine Ausnahme gewesen. Es war sogar der gleiche Rote, der dort aus Versehen erschossen wurde. Vielleicht erzähle ich euch die Geschichte, wenn wir den Cañon morgen zu sehen bekommen. Jetzt habe ich keine Lust dazu. Wollen darüber schweigen. Gib das Fleisch her, ich will essen! Es ist zwar nur Antilope, aber es wird schmecken. Ein Stück Büffelhöcker oder Lende vom Elk[1]) wäre mir lieber."

„Elk? Ah, Elk, das ist richtig!" rief Webster aus, wobei er mit der Zunge schnalzte. „Das ist der feinste und saftigste Braten, den es geben kann. Wenn ich an Elk denke, fällt mir immer der Westmann ein, der mich eigentlich zum Jäger gemacht hat."

„Wer ist das gewesen?"

[1]) Elentier

„Sein Name wurde vorhin genannt. Old Wabble meine ich."

„Was? Wie? Old Wabble? Den ebenso sonderbaren wie berühmten Alten? So kennst du ihn?"

„Ob ich ihn kenne? Welch eine Frage! Unter seiner Leitung habe ich mein erstes Abenteuer im Fernen Westen erlebt, ein Abenteuer, das — na, das will ich euch erzählen, obgleich ihr mich dann tüchtig auslachen werdet. Es handelte sich nämlich dabei um meinen ersten Elk."

Ralph Webster räusperte sich bedächtig, machte ein sehr verheißungsvolles Gesicht und begann dann folgendermaßen:

„Er heißt eigentlich Fred Cutter, wird aber wegen seines wakkelnden Gangs, und weil ihm der Anzug so schlottrig am dürren Leib hängt, stets nur Old Wabble genannt. Früher war er in Texas Cowboy und hat sich so an die dortige Kleidung gewöhnt, daß ihn selbst hier oben im Norden niemand dazu bringen konnte, sie abzulegen und sie mit einer andern zu vertauschen.

Noch sehe ich ihn vor mir stehen, lang und überschmal, die Füße in unbeschreiblichen Shuffles[1]) und die Beine in uralten Leggins[2]) steckend. Über dem Hemd, dessen Farbe ich lieber nicht erwähne, hing eine Jacke, deren einziger Vorzug eine allgemeine Offenherzigkeit war. Brust und Hals blieben unbedeckt. Dafür aber trug Cutter unter dem zerknüllten Hut stets ein um die Stirn gewundenes Tuch, dessen Zipfel auf die Schultern niederhingen, im Gürtel das lange Bowiemesser, an den Ohrläppchen schwere Silberringe und in der großen, braunen, knochigen Hand die stets glimmende, unvermeidliche Zigarette — anders hat ihn wohl selten ein Mensch gesehen.

Das Kostbarste war sein altes, wetterhartes, faltenreiches und stets glattrasiertes Gesicht mit starken Niggerlippen, langer, spitzer Nase und scharfen grauen Augen, denen nicht leicht etwas entgehen konnte, obgleich die Lider stets halb geschlossen waren. Mochte dieses Gesicht ruhen oder in Bewegung sein, es hatte immer den Ausdruck einer Überlegenheit, die durch nichts aus dem Gleichgewicht zu bringen war. Und diese Erhabenheit bestand zu Recht, denn Old Wabble war trotz seiner Schlottrigkeit nicht nur ein Meister im Reiten, im Gebrauch der Rifle und des Lassos, sondern es fehlte ihm auch keine der andern Eigenschaften, die ein richtiger Westmann besitzen muß. ‚It's clear‘, das war seine ständige Redensart. Sie bewies, daß ihm oft das Schwierigste leicht und einfach erschien.

Was mich betrifft, so war ich in Princeton, Arkansas, Bauschreiber gewesen und hatte da so viel verdient, daß ich mich ausrüsten und meinen ursprünglichen Plan, als Goldgräber nach Idaho zu gehen, ausführen konnte. Ich war ein Greenhorn, ein Neuling, und nahm, um die erhofften Reichtümer nicht mit vielen teilen zu müssen, nur einen Begleiter mit, Ben Needler, der den Wilden

---

[1]) Diggerausdruck für Schuhe (Latschen)   [2]) Beinkleider, Ledergamaschen

12

Westen ebensowenig kannte wie ich. Als wir in Eagle Rock den Wagen verließen, waren wir ausgerüstet wie Stutzer und bepackt wie Lastesel, mit lauter schönen, guten und glänzenden Dingen, die nur leider die Eigenschaft hatten, daß sie nicht zu gebrauchen waren. Und als wir nach einer Woche am Payette River ankamen, sahen wir aus wie echte Vagabunden, waren fast verhungert und hatten durchwegs die überflüssigen Gegenstände unsrer Ausrüstung, das will heißen, alles außer den Waffen und der Munition, von uns geworfen. Ich will euch aber gestehen, daß ich für ein gutes Butterbrot noch meine ganze Bewaffnung hingegeben hätte, und Ben Needler dachte gewiß ebenso.

Wir saßen an einem Buschrand, hielten unsere wundgelaufenen Füße ins Wasser und sprachen von allerlei Genüssen, die wir gern gehabt hätten, von Rehkeulen, Büffellenden, Bärentatzen und Elkbraten. Ja, Elks sollte es hier in dieser Gegend geben, fast so schwer wie Bisontiere. Eben meinte Ben, wobei er mit der Zunge schnalzte:

‚Good luck! Käme jetzt so ein Tier in die Nähe, ich knallte ihm mit einer wahren Wollust meine beiden Kugeln zwischen die Hörner, und dann —‘

‚— dann wäre es aus mit Euch!‘ ertönte eine lachende Stimme hinter uns aus dem Gebüsch. ‚Der Elk würde Euch mit dem Gestänge zu Brei verarbeiten. Man schießt so ein Tier nicht zwischen die Hörner, denn Hörner hat es überhaupt nicht. Ihr seid wohl drüben in New York als Schoolboys aufgeflogen und nun hier aus der Luft gefallen, Mesch'schurs?‘

Wir sprangen auf und sahen uns den Sprecher an, der sich jetzt aus den Büschen, in denen er uns belauscht hatte, hervorarbeitete. Da stand er vor uns, wie ich ihn euch vorhin beschrieb, Old Wabble, mit einem für uns gar nicht ehrenvollen Ausdruck im Gesicht und einem nachsichtig überlegenen Blick in den halbgeschlossenen Augen. Das nun folgende Gespräch will ich übergehen. Er fragte uns aus wie ein Lehrer seine Buben und forderte uns dann auf, mit ihm zu kommen.

Ungefähr eine Meile vom Payette River entfernt lag auf einer kleinen, rings von Wald umgebenen Prärie eine Blockhütte, die er seinen Rancho nannte. Dahinter gab es einige offene Stables[1]), bei schlechter Witterung für die Pferde, Maultiere und Rinder bestimmt, die jetzt im Freien weideten. Old Wabble war nämlich vom Cowboy zu einem selbständigen Viehzüchter geworden. Seine Leute bestanden aus Will Litton, dem weißen Aufseher, und einigen Schlangenindianern, die von ihm als Vaqueros bezeichnet wurden und ihm treu ergeben waren. Wir sahen diese Leute beschäftigt, einen leichten Wagen mit einem Zelttuch und anderen Gegenständen zu beladen.

‚Das ist etwas für euch‘, meinte der Alte. ‚Ihr wollt Elks schie-

[1]) Ställe

13

ßen, und dort trifft man eben die Vorbereitungen zu einem Jagdausflug. Will sehen, was ihr leistet; ihr sollt mit. Seid ihr brauchbare Jungens, so könnt ihr bei mir bleiben. Vorher aber kommt ins Haus, denn ein hungriger Schütze schießt in die Luft.'

Well, uns konnte das recht sein. Wir aßen und tranken, und dann wurde aufgebrochen, da Old Wabble nicht daran dachte, unsertwegen den Ausflug aufzuschieben. Wir bekamen Pferde und ritten mit, zunächst zum Fluß. Dort gab es eine Furt, die wir benutzten. An der Spitze des Zuges befand sich der Alte, der mich an seine Seite gerufen hatte. Er führte ein lediges Maultier neben sich am Halfter. Als wir hinüber waren, sahen wir hinter uns die andern, nämlich Ben Needler auf einem Braunen und Will Litton auf einem Schimmel. Ihnen folgte der mit vier Pferden bespannte Wagen, den einer der Indianer lenkte. Der Rote hieß Pap-muh, die Blutige Hand, sah aber in seinem zivilisierten Anzug nicht so blutdürstig aus, wie sein Name klang. Seine Stammesgenossen waren auf dem Rancho zurückgeblieben.

Jenseits der Furt ging es eine kurze Strecke durch den lichten Wald und dann in ein grünes, baumloses Tal hinein, das sich auf eine grasreiche Savanne öffnete. Als wir nach einigen Stunden ihr jenseitiges Ende erreichten, wo das Gelände anzusteigen begann, hielten wir an, um zu lagern. Der Wagen wurde abgeladen und das Zelt aufgeschlagen. Während man an seiner Rückseite die Tiere anband, wurde vorn ein Feuer angebrannt. Wir beabsichtigten, einen Tag hierzubleiben, um auf Gabelantilopen zu pirschen oder vielleicht auf Büffel zu stoßen; denn daß hier zuweilen Bisons vorüberkamen, sahen wir an einzelnen umherliegenden Gerippen. Ein in der Sonne gebleichter Schädel lag in der Nähe unseres Zeltes, das dann unter der Aufsicht der Blutigen Hand hier stehenbleiben sollte, während wir Weißen hinauf zu einem Hochmoor wollten, wo es Elks in Menge gab, wie Old Wabble behauptete.

Leider ließ sich weder an diesem noch am nächsten Tag ein jagdbares Tier sehen, was den Alten in großen Grimm versetzte. Mir aber war das nicht unlieb, da ich wegen meiner Schießgeschicklichkeit sein scharfes Urteil fürchten mußte. Auf dreißig Schritt einen Kirchturm zu treffen, das getraute ich mich damals immerhin, aber daß ich ein großes Loch in die Natur schießen würde, falls man von mir verlangte, auf sechzig Schritt eine schnellfüßige Antilope zu erlegen, das war sicher.

Da kam Old Wabble auf den unglückseligen Gedanken, unsre Treffsicherheit zu prüfen, indem er uns aufforderte, auf einige Aasgeier zu zielen. Diese Vögel hatten sich ungefähr siebzig Schritt von uns auf einem Büffelgerippe niedergelassen, und ich sollte als erster meine Kunst zeigen. Nun, ich sage euch, die Geier konnten mit mir zufrieden sein, denn es kam genau so, wie ich gedacht hatte: ich schoß viermal, ohne zu treffen, und es fiel nicht einmal einem der Aasfresser ein, auszureißen. Diese Vögel wissen nämlich, daß kein vernünftiger Mensch auf sie schießt. Ein Schuß lockt sie vielmehr an, anstatt sie abzuschrecken, da ihnen von jedem Wild wenigstens das Gescheide[1]) überlassen wird. Ben schoß zweimal fehl. Erst seine dritte Kugel tötete einen der Geier und trieb die andern fort.

,*Eximious, incomparable!*' lachte Old Wabble, während er seine schlottrigen Glieder wirr durcheinander schüttelte. ,Mensch'schurs, *it's clear,* ihr seid richtig für den Wilden Westen geschaffen; habt keine Angst um euch! Ihr seid gemachte Männer, denn alles, was einmal aus euch werden kann, das seid ihr schon jetzt, und höher könnt ihr's nie bringen!'

Ben nahm dieses Urteil ruhig hin. Ich aber fuhr zornig auf, was freilich keine andre Wirkung hatte, als daß der Alte mir barsch erwiderte:

,Schweigt, Sir! Euer Kamerad hat wenigstens beim drittenmal getroffen; für ihn ist also Hoffnung vorhanden. Ihr aber seid für den Westen ein verlorener Mann. Ich kann Euch nicht brauchen und gebe Euch den einzigen guten Rat, Euch baldigst aus dem Staub zu machen.'

Das wurmte mich gewaltig, denn es fällt kein Meister vom Himmel, und das Pulver, das ich bis damals verschossen hatte, wog kein ganzes Pfund. Ich nahm mir vor, auf jeden Fall die Achtung des Alten zu erzwingen.

Am darauffolgenden Morgen brachen wir zum Hochmoor in den Salmon River Bergen auf. Mundvorrat, Kochgeschirr, Decken und andres wurde dem Maultier aufgeladen. Unser Wagen, der im unwegsamen Gebirge nicht zu brauchen war, blieb beim Zelt zurück. Na, ihr kennt das Land, und ich will also den Ritt nicht beschreiben. Er war oft geradezu lebensgefährlich, besonders an der Stelle, wo der Snakes Cañon einen scharfen Winkel macht und man steil zur Tiefe muß, um dann jenseits in den offenen Wihinashtpfad zu gelangen. Rechts himmelhoher Felsen, links der schwarze Abgrund, und dazwischen der kaum zwei Drittel Meter breite Reitweg. Ein wahres Glück, daß unsere Pferde solche Strecken gewöhnt waren und ich nie zum Schwindel geneigt gewesen bin! Wir kamen glücklich hindurch. Schon aber nahte eine neue Gefahr.

Als wir nämlich bald darauf den Wihinashtpfad emporritten, begegnete uns ein Trupp von acht Indianern zu Pferde, von denen vier mit Häuptlingsfedern geschmückt waren. Sie schienen über unser plötzliches Erscheinen nicht im mindesten zu erschrecken und betrachteten uns im lautlosen Vorüberreiten mit jenem melancholisch-gleichgültigen Ausdruck, der der roten Rasse eigentümlich ist. Einer der Vordersten, der einen Fahlschimmel ritt, trug einen sonderbaren, langgeformten, mit Federfransen ge-

[1]) Eingeweide

schmückten Gegenstand im linken Arm. Ich fühlte mich von der schweigsamen Begegnung mit den einstigen Herren dieser Gegend eigenartig berührt. Sie kamen mir nicht gefährlich vor, zumal sie keine Kriegsfarben trugen und unbewaffnet zu sein schienen. Aber kaum waren wir um die nächste Höhe gebogen und ihnen aus den Augen, so hielt Old Wabble an und sagte, wobei er einen grimmigen Blick zurückwarf:

,Zounds! Was wollen diese Schufte hier? Es sind Banocks, die mit den eigentlichen Schlangenindianern, zu denen meine Vaqueros gehören, in Unfrieden leben. Wohin wollen sie wohl? Ihr Weg muß sie an meinem Rancho vorüberführen. Welch eine Gefahr, da ich nicht daheim bin!'

,Sie waren ja unbewaffnet!' warf ich ein.

Old Wabble blitzte mich aus seinen halbgeschlossenen Augen verächtlich an, würdigte mich keiner Antwort und fuhr fort:

,Mit unserer Elkjagd ist es aus, wenigstens für heut und morgen. Wir müssen zurück, hinunter zum Zelt und vielleicht gar zum Rancho. Wir müssen den Roten zuvorkommen. Glücklicherweise kenne ich einen Pfad, der nicht weit von hier hinabführt, freilich nicht für Reiter, sondern nur für gute Bergsteiger. Vorwärts, Boys! Mein Entschluß ist gefaßt. Wir müssen sie vor unsre Gewehrläufe nehmen; *it's clear!'*

Es ging im Galopp weiter, fünf Minuten lang, links in die Felsen hinein. Dann gelangten wir in ein kleines Hochtal, dessen Boden aus Moor und Wiese bestand. An den steinigen Rändern wuchsen hohe Schierlingstannen, und ein Wasser rieselte mitten hindurch. Old Wabble sprang vom Pferd und sagte:

,Dort am Ende dieses Tals führt der Weg hinab. Wenn wir uns beeilen, sind wir noch vor den Roten unten beim Zelt. Einer muß bei den Tieren bleiben, und zwar der, den wir am leichtesten missen können, und das ist natürlich dieser famose Ralph, der viermal fehlgeschossen hat. Er würde eher uns selbst als einen Roten treffen.'

Na, der ,famose Ralph' war natürlich ich, Ralph Webster, vormals Bauschreiber in Princeton! Ich widersprach ärgerlich, mußte mich aber fügen. Die drei andern nahmen ihre Waffen und rannten fort, nachdem der Alte mir befohlen hatte, die Tiere gut zu versorgen und das Tal nicht zu verlassen, bis er zurückgekehrt sei.

Ich war wütend vor Zorn. Mußte ich mir das gefallen lassen? Diese armen Indianer sollten erschossen werden und hatten doch so ungefährlich ausgesehen! Durfte ich das zugeben? Nein! Sie waren Menschen wie wir. Und außerdem wollte ich für die Beleidigung Rache üben. Ich kannte den Wilden Westen nicht und gehorchte meinem Unverstand. Sogleich band ich das Maultier und die drei ledigen Pferde an die nächsten Bäume und ritt im Galopp den Weg zurück, den wir gekommen waren. Die mir aufgetragene Pflicht wollte ich erfüllen, vorher aber die Indianer warnen. So schnell wie möglich ging es den Wihinashtpfad hinab und in den Snakes Cañon hinein. Da sah ich die Roten vor mir. Sie hörten mich kommen, blickten zurück und hielten an. Die Schlucht war hier noch breit genug. Ich zügelte mein Pferd und fragte, ob einer von ihnen englisch verstehe. Der auf dem Fahlschimmel, der den länglichen Gegenstand trug, erwiderte:

‚Ich bin To-ok-uh, der Schnelle Pfeil, ein Häuptling der Banock-Schoschonen. Ist mein weißer Bruder zurückgekehrt, um mir eine Botschaft des alten Mannes zu bringen, dessen Herden da unten die Schlangenindianer bewachen?‘

‚Du kennst ihn also?‘ fragte ich. ‚Er hält euch für Feinde und ist euch zu Fuß voraus, um euch zu töten. Ich aber hielt es für meine Pflicht, euch zu warnen.‘

Der Blick seiner dunklen Augen bohrte sich förmlich in mein Gesicht, als er sich erkundigte: ‚Wo befinden sich eure Tiere?‘

‚Sie stehen jenseits des Wihinashtpfades in einem grünen Tal.‘

Der Häuptling sprach eine kurze Weile leise mit den andern und fragte mich dann, wobei sein Gesicht einen freundlichen Ausdruck annahm: ‚Mein weißer Bruder ist erst kurze Zeit in diesem Land?‘

‚Seit gestern erst.‘

‚Was wollen die Bleichgesichter in den Bergen?‘

‚Wir wollen den Elk jagen.‘

‚Ist mein Bruder ein berühmter Jäger?‘

‚Nein. Ich schieße jetzt noch stets daneben.‘

Er fragte lächelnd weiter, bis er alles wußte. Ich mußte ihm sogar meinen Namen nennen, worauf er meinte:

‚Ralph Webster ist für einen roten Mann schwer zu merken. Wir werden dich At-pui, das Gute Herz, nennen. Wenn du länger hierbleibst, wirst du vorsichtiger werden. Deine Güte konnte euer Verderben sein. Freue dich, daß wir nicht auf dem Pfad des Krieges wandeln! Siehe, dieses Wampum‘ — dabei zeigte er mir den fransengeschmückten langen Gegenstand auf seiner Linken —, enthält eine friedliche Botschaft an die Häuptlinge der Schoschonen. Wir kommen ohne Waffen, um es in den Rancho des alten Mannes zu tragen, dessen Indianer es dann weiterbringen sollen. Wir haben also nichts zu fürchten. Aber unsere Dankbarkeit ist ebenso groß, als hättest du uns vom Tod errettet. Wenn du Freunde brauchst, so komm zu uns! At-pui, das Gute Herz, wird uns stets willkommen sein. Howgh, To-ok-uh hat gesprochen!‘

Er gab mir die Rechte und ritt mit seinen Leuten weiter. Ich rief ihnen noch nach, mich dem Alten nicht zu verraten, und kehrte dann um, sehr zufrieden mit meinem Erfolg, aber nicht mit der Klugheit, an der es mir gänzlich gemangelt hatte. Ich war im Gegenteil sehr unvorsichtig gewesen.

Im Hochtal entledigte ich das Maultier seiner Last und band die Pferde los, um sie grasen zu lassen. Die mir dann zu Gebote stehende lange Muße benützte ich zu Schießübungen. Ich hatte ein gefülltes Pulverhorn, und beim Gepäck gab es auch eine ganze Büchse voll. Als mein Horn leer war, konnte ich zu meiner Genugtuung sagen, daß ich einen Kirchturm nun schon auf zweihundert Schritt treffen würde.

Gegen Abend kam Old Wabble mit Ben und Will zurück. Sie waren unten beim Zelt mit den Roten zusammengetroffen und erzählten mir als etwas ganz Neues, daß jene die friedlichsten Absichten gehegt, das Wampum der ‚Blutigen Hand' zur Weiterbesorgung übergeben und dann sofort den Rückweg wieder angetreten hätten. Ich schwieg natürlich über das, was ich getan hatte.

Wir blieben die Nacht über im kleinen Tal und ritten dann am Morgen zu dem nicht mehr weit entfernten Hochmoor.

Das lag in einem weit größeren Tal, als das gestrige gewesen war. In seiner Mitte gab es einen kleinen See mit sumpfigen Ufern, weiterhin Busch und Wald mit trügerischem Boden, und dann folgten die hohen, kahlen, vielfach zerklüfteten und zerbröckelten Felsmassen, die das Tal einschlossen. Dieses Tal war gewiß zwei Stunden lang und ebenso breit.

Nachdem das Maultier entlastet worden war, wurde ein Feuer- und Lagerplatz hergerichtet, wo ich zurückbleiben sollte, um auf die Pferde zu achten. Dann gingen die andern auf die Suche. Bis Mittag blieb alles still, dann hörte ich einige Schüsse. Später kehrte Ben Needler allein zurück. Er hatte zu früh auf eine Elkkuh geschossen und war deshalb von dem erzürnten Wabble fortgejagt worden. Der Alte stellte sich mit Litton erst in der Dämmerung ein, erbost über den Mißerfolg des Tages.

‚Fährten gab es genug', wetterte er, ‚aber nicht nur von Elks, sondern auch von Roten, die vor uns hier gewesen sein müssen und das Wild vertrieben haben; *it's clear!* Auf eine einzige Kuh stießen wir. Da krachte dieser Needler seine beiden Läufe zu zeitig los, und sie ging auf und davon. Das hat man davon, wenn man sich mit Greenhorns einläßt. Ich will aber den Weg nicht umsonst gemacht haben und bleibe noch so lange hier, bis ich einen schweren Alten niedergestreckt habe.'

Cutter sprach mit uns beiden kein Wort weiter und behielt die schlechte Laune auch am nächsten Morgen bei, als er erklärte, daß er mit Litton allein jagen werde. Die beiden Greenhorns sollten im Lager bleiben, damit sie nichts verderben könnten. Nun, er hatte das Recht zu tun, was ihm beliebte. Wir aber nahmen im stillen das gleiche Recht auch für uns in Anspruch. Als die beiden fort waren, führten wir aus, was wir während der Nacht verabredet hatten. Wenn die Elks vertrieben worden waren, so befanden sie sich nicht mehr hier, sondern außerhalb des Tals. Dort mußte man suchen. Da unsre Pirsch bis zum Abend währen konnte, nahmen wir zum Tragen der uns nötig erscheinenden Gegenstände, vielleicht auch kleinerer Beutestücke, das Maultier mit.

18

Wir wanderten aus dem Tal hinaus und in ein andres hinein. Da gab es weder See noch Moor, aber gewiß auch keine Elks, denn es waren auch schon Menschen da, Menschen, die einen Maulesel bei sich hatten. Die Menschen sahen wir zwar nicht, desto deutlicher aber den Maulesel, der sich ohne Zaum und Sattel in beträchtlicher Entfernung rechts von uns im Gras gütlich tat. Wo waren die Menschen? Ich mußte sie finden. Während Ben sich gemächlich hinüber zu dem fremden Maulesel trollte, schritt ich mit unserm Maultier gradaus fort. Der vermeintliche Esel fraß weiter, bis Ben sich ihm auf hundert Schritte genähert hatte. Da bekam er ihn in die Nase, hob den Kopf, warf sich blitzschnell herum und floh in weiten Sätzen auf mich zu, wohl aus Zuneigung für seinen Verwandten an meiner Seite. Aber, was war denn das? Das war ja kein Maulesel; das war ein Wild. Soviel sah ich, obgleich ich ein Greenhorn war. Ich kniete schnell hinter meinem Maultier nieder, zielte und drückte ab. Das fremdartige Geschöpf tat noch zwei, drei Sätze und brach dann zusammen. Ich rannte hin. Ben kam auch. Der Schuß war ins Blatt gedrungen, und wir beide wurden darüber einig, daß ich eine ‚Hirschkuh' erlegt hatte. Sie wurde auf den Packsattel des Maultiers gebunden, und dann ging es weiter, doch nicht lange, so war das Tal zu Ende. Rechts und links unersteigbare Wände, vor uns eine ziemlich steile Höhe, die eine Art Sattel zu sein schien, hinter dem ein zweites Tal zu suchen war. Unser Maultier war ein guter Kletterer, also beschlossen wir, gradaus zu steigen.

Wir gelangten nach einiger Anstrengung hinauf und sahen, daß wir uns nicht geirrt hatten, denn vor uns senkte sich das Gelände wieder tief hinab. Aber dort erhob sich in der Ferne ein eigentümlicher Lärm, der von menschlichen Stimmen hervorgebracht zu werden schien. Wir mußten wissen, woran wir waren, und deshalb einen Lugaus suchen. Zu beiden Seiten des schmalen Bergsattels gab es zwar hohe, aber so schräge Anhöhen, daß man sie leicht ersteigen konnte. Wir arbeiteten uns also links hinauf, um von dort in das jenseitige Tal hinabzublicken. Unser Maultier ließen wir einstweilen stehen. Oben angekommen, wollte Needler sich weit vorbeugen, um besser sehen zu können. Da er aber wegen seines helleren Anzugs leicht bemerkt werden konnte, so schob ich, der ich dunkler gekleidet war, ihn zurück und blickte hinab.

Was im Vordergrund des zweiten Tales vorging, konnte ich nicht feststellen, da mein Standort dazu nicht hoch genug war. Aber im Hintergrund sah ich sieben indianische Reiter, die, eine breite Linie bildend und laut schreiend, langsam vorwärts rückten. Das Geschrei kam näher und wurde so stark, daß unser unten stehendes Maultier bedenklich mit den Ohren zu spielen und mit dem Schwanz zu wirbeln begann. Ich schickte darum Ben hinab, um es zu beruhigen.

Da fiel mein Auge auf die andre, jenseits des Sattels ungefähr vierzig Schritt von mir sich erhebende Anhöhe. Dort saß zu meinem Erstaunen ein Indianer mir gegenüber. Es war To-ok-uh, der Schnelle Pfeil, der mir bedeutsam zunickte und sich dann die rechte Hand zum Zeichen des Schweigens auf den Mund legte. Wie kam er hierher? Warum und worüber sollte ich schweigen? Vorgestern war er unbewaffnet gewesen, jetzt aber hatte er ein Gewehr quer über seinen Knien liegen. Während ich darüber nachdachte, war der Lärm noch näher gekommen. Ich hörte unter mir Steine rollen und blickte hinab. Himmel, was für ein Ungeheuer ließ sich da sehen! Unter lautem, zornigem Schnaufen kam es aus dem jenseitigen Tal zur Höhe des Sattels geklettert. Am Widerrist über zwei Meter hoch, mit kurzem plumpem Leib und langen Beinen, breit überhängender Oberlippe und struppigem Kinnbart tauchte es funkelnden Auges auf der Höhe des Bergsattels auf. Als es dort Ben Needler und das Maultier hart vor sich erblickte, warf es den häßlichen Kopf mit den breiten gewaltigen Schaufeln nach hinten und brach nach meiner Seite aus. Needler, als er seinerseits dieses Untier nur sechs Schritt von sich entfernt wie aus dem Erdboden erscheinen sah, stieß einen Schrei des Entsetzens aus, warf sein Gewehr weg, drehte sich um und rannte, nein, kollerte Hals über Kopf von der Höhe in das diesseitige Tal herab. Das Maultier zeigte nicht mehr Mut, als sein Herr. Es tat einen ebenso schnellen Satz zurück und schoß, glücklicherweise auf allen vieren, wie ein Schlitten den Bergsattel hinab.

Ich hatte keine Zeit aufzupassen, ob beide glücklich unten anlangten, denn das Untier hatte sich nach meiner Seite gewendet und bemerkte nicht, daß der Weg vor ihm freigeworden war. Es kam in weiten, gewaltigen Sätzen herauf, grad auf mich zu. Ich war nicht weniger entsetzt als Ben Needler. Das Gewehr entsank meiner Hand; Flucht, nur Flucht! Ich sprang von Stein zu Stein an der Felslehne hin, das Ungetüm mir nach. Da gähnte vor mir in der Steinwand ein großes Loch. Ich kroch hinein, so schnell, wie ich sonst nie im Leben in einem Loch verschwunden bin. Die Öffnung verdunkelte sich, denn das Untier steckte den Kopf herein, soweit es ihm bei der Breite des Geweihs möglich war. Es schnaufte wie ein Teufel, und ich fühlte seinen heißen Atem im Gesicht. Aber die Angst des gehetzten Geschöpfes war noch größer als sein Zorn. Es zog den Kopf zurück und wendete sich zur weiteren Flucht. Dabei bot es dem gegenübersitzenden und kaltblütig wartenden Häuptling seine vordere Seite. Er zielte kurz, drückte ab und — der Elk brach im Feuer zusammen.

Im Nu stieg To-ok-uh drüben herab und kam diesseits heraufgesprungen. Während ich sehr vorsichtig den Kopf aus dem Loch steckte, betrachtete er das gewaltige Tier und forderte mich auf:

‚Mein Bruder komme heraus! Dieses Peere[1]) ist von seiner Kugel gefallen, ist also sein Eigentum.‘

[1]) Elen, Elk

‚Von meiner Kugel?' fragte ich erstaunt, während ich aus dem Loch herauskroch.

‚Ja', nickte er mir listig zu. ‚Du bist At-pui, das Gute Herz, und hast uns retten wollen. Dafür sollst du Ruhm bei den Deinen ernten. Die Krieger der Banocks haben ihr Wampum abgegeben und sind vor euch in das Tal der Elks gekommen, wo sie ihre Waffen verborgen hatten. Ihr werdet dort kein anderes Wild gefunden haben als nur das junge Kind des Elks, das To-ok-uh auf dem Rükken eures Maultiers sah. Du warst so aufrichtig, mir zu sagen, daß du noch danebenschießt, doch mußt du das verschweigen, denn der Häuptling wünscht, daß deine Gefährten dich achten. Er setzte sich auf den Felsen, um sich dieses starke Tier zutreiben zu lassen. Es sei von deiner Kugel getroffen, damit du Ruhm hast, bis sie wirklich trifft. Dein Bruder hat mich nicht gesehen, und To-ok-uh geht, damit er mich nicht noch erblickt. Mein Auge wünscht, dich wiederzusehen. Howgh!"

Er grüßte und eilte fort, um im jenseitigen Tal zu verschwinden.

Das war die Dankbarkeit eines sogenannten Wilden. Er überließ mir den Ruhm, der ihm gebührte. Sollte ich diese Gabe von mir weisen? Nein, ich war — infolge meiner Jugend — zu schwach dazu. Old Wabble hatte mich verhöhnt. Gewiß, es war ein Fehler von mir, eine Lüge, mich mit fremden Federn zu schmücken, aber der alte Westmann sollte mich, das Greenhorn, beneiden.

Ich raffte mein Gewehr auf und stieg in das diesseitige Tal hinab. Weit entfernt von dem Felsensattel stand Ben Needler mit dem unbeschädigten Maultier. Ich winkte ihn herbei und führte ihn dahin, wo der Elk lag. Ben hatte den Indianer nicht gesehen. Es wußte überhaupt niemand, daß ich den Häuptling kannte. Mein Gefährte mußte also überzeugt sein, daß ich das Tier erlegt hatte. Man kann sich sein Erstaunen und seinen Neid denken!

Er tat mir leid. Darum, und, wie ich aufrichtig gestehe, zur Erleichterung meines Gewissens, machte ich ihm den Vorschlag, Old Wabble zu sagen, er habe das Schmaltier, das ‚junge Kind des Elks', erlegt. Darüber war Ben so glücklich, daß er mich umarmte. Ich mußte als Wache gegen die Raubtiere bei meiner Beute bleiben. Needler brach mit dem Maultier zum Moor auf, um Old Wabble und Litton zu holen. Er brachte sie erst am späten Nachmittag. Die beiden hatten heute nicht das Haar eines Elks gesehen. Der Alte stand stumm vor meiner Beute. Endlich gestand er, noch selten ein so mächtiges Exemplar gesehen zu haben. Der Neid zuckte durch seine schlottrige Gestalt, daß die Glieder nur so durcheinander ‚wabbelten'. Dann maß er mich mit einem fast drohenden Blick aus den halbgeschlossenen Augen und sagte:

‚*Well,* ich weiß woran ich bin, Sir. Als Ihr am Tag vor ehegestern viermal die Natur durchlöchertet, habt Ihr Euch mit mir einen Scherz gemacht; *it's clear.* Aber ich hoffe, daß so etwas nicht wieder geschieht, wenn wir Freunde bleiben wollen!'

Nun, wir sind Freunde geworden und geblieben und haben miteinander manchen guten Schuß getan. Es war, als habe das Geschenk des Häuptlings mir mit einemmal einen scharfen Blick und eine sichere Hand gebracht. Gleich von jenem Tag an sind meine Kugeln so glücklich geflogen, daß es dem Alten niemals in den Sinn gekommen ist, ich könne mit jenem Elk geflunkert haben. Mit dem Schnellen Pfeil bin ich noch oft zusammengetroffen und werde von den Seinen noch heute At-pui, das Gute Herz, genannt. Er hat das Geheimnis treu bewahrt, und heute ist es das erstemal, daß es verraten wird. Ja, Mesch'schurs, ich gestehe es in aller Jägertreue, daß mein erster Elk gar nicht mein erster, aber auch noch lange nicht mein letzter Elk gewesen ist. Ich habe gesprochen. Howgh!"

Webster schwieg, und die andern machten ihre lustigen Bemerkungen über das, was sie gehört hatten. Ich war still. Jeder Westmann hat seine Lehrzeit durchmachen müssen; es fällt kein Meister vom Himmel. Auch ich hatte meine Lehrer gehabt, erst Sam Hawkens, den possierlichen kleinen Kerl, und dann Winnetou, den unvergleichlichen Meister in allem, was der Wilde Westen verlangt.

Was Old Wabble betrifft, so hatte ich viel von ihm gehört, ihn aber noch nicht gesehen. Er lebte in den Erzählungen der Westmänner wie eine sagenhafte Gestalt, mit der die Gegenwart nichts mehr zu schaffen hat. Man berichtete hundert und aber hundert Schrullen und Taten von ihm, die bewiesen, daß er ein Sonderling war, wie es kaum einen zweiten geben konnte. Man wußte nicht, wo sich Cutter jetzt befand und was er trieb, und wenn er plötzlich hier oder dort auftauchte, so war es nur für eine kurze Zeit, und man hatte wieder eine schnelle, kühne Tat oder eine ungewöhnliche Sonderlichkeit von ihm zu erzählen.

In seiner Jugend war Cutter der ‚König der Cowboys' genannt worden. Jetzt wurde sein Alter auf über neunzig Jahre geschätzt, doch sollte er noch ebenso rüstig wie ein Junger sein, und nur sein schneeweißes Haar, das beim Schnellreiten wie eine Mähne hinter ihm wehte, verriet die Länge seines überaus bewegten Lebens. Ich hatte immer den Wunsch gehabt, ihn einmal zu sehen. Nun war er vor mir hier gewesen und wahrscheinlich für Monate wieder verschwunden.

Es war während Websters Erzählung Abend geworden. Wegen der Komantschen durfte kein Feuer angebrannt werden; deshalb entwickelte sich keine Unterhaltung, und wir legten uns schlafen. Als wir am nächsten Morgen aufbrechen wollten, zeigte es sich, daß Websters Mißtrauen nicht unbegründet gewesen war: der Kommandant wollte durchaus einen von den Jägern als Scout zurückbehalten, stieß aber bei ihnen auf so hartnäckige Weigerungen, daß er endlich einsah, es sei besser zu verzichten. Ein mit Zwang gepreßter Späher hätte ihm voraussichtlich mehr Schaden

als Nutzen gebracht. Da machte ich mir den Spaß, mich ihm anzubieten. Er wies mich mit einer verächtlichen Handbewegung
zurück und sagte:

„Reitet nur immer fort, Mr. Charley! Ein Mann, dessen Beruf es
ist, Knochen und verfaulte Überreste zu suchen, kann unmöglich
das tun, was ich von einem Scout verlange. Stochert also getrost in
alten Gräbern weiter! Ich will mir mit Euch keine Last auf den
Hals laden."

Er hatte demnach erfahren, was mich vermeintlich in den Westen getrieben hatte. *Well*, mir war dieser Abschied recht. Um
nicht etwa noch im Fortreiten durchschaut zu werden, hing ich so
unbeholfen wie möglich auf dem Pferd und behielt dies dann
auch während des ganzen heutigen Rittes bei, damit meine Begleiter ihre Ansicht über mich nicht änderten.

Diese zehn Männer hatten sich auf dem Weg vom Rio Gila
herüber zusammengefunden und wollten jetzt nach Texas hinab,
der eine von dieser und der andre von jener Absicht getrieben.
Eine durch einen bestimmten Zweck zusammengehaltene Gesellschaft bildeten sie also nicht.

Vom Lagerplatz der Truppen bis zum Mistake Cañon mußten
wir vier Stunden reiten. Sie vergingen, ohne daß sich irgend etwas
ereignete. Josua Hawley wurde unterwegs an seine gestrige Zusage
erinnert, und er versprach, sie zu halten. Die wenigen Worte, die
ich aus seinem Mund gehört hatte, verrieten mir genug. Ich
wußte, daß er der Weiße war, der den roten Freund infolge eines
Mißverständnisses erschossen hatte. Das lag ihm noch heute auf
der Seele, und daher die Schwermut, die mir gleich von Anfang
an aufgefallen war.

Bis jetzt hatten wir uns auf einer felsigen Hochebene befunden,
die sich nun allmählich abwärts senkte. Dann hielten wir vor
einem tiefen Schlund, zu dem ein steiler Weg hinabführte. Wie
ein von Gigantenfäusten in den Felsen gehauener Graben zog er
sich von uns aus scheinbar endlos nach Osten, mit steilen Wänden, die wohl hundert Meter hoch waren. Unten rauschte ein
Wasser, das von oben aus wie schwarze Tinte erschien. Da, wo wir
hielten, standen vereinzelte Riesenkakteen am Felsrand. Das war
der Mistake Cañon, in den wir hinabmußten. Wer das Auge hinunter in den drohend emporgähnenden Schlund richtete, den
konnte allerdings ein Grausen, ein Gefühl überkommen, als ob da
unten die Stätte eines unabwendbaren Unheils sei.

Wir ritten auf dem steilen Weg hinab, bis wir den Grund erreichten. Dort ging es am Wasser hin, das nun allerdings ein anderes
Aussehen hatte. Wir gelangten an einen großen Uferstein, an dem
es sich brach. Da hielt Jos sein Pferd an, stieg ab, setzte sich auf
den Stein und erklärte: „Hier ist der Ort, an dem ich mein Versprechen halten will. Steigt ab, Mesch'schurs! Ihr sollt erfahren,
wie die Sage von dem Geist des Mistake Cañon entstanden ist."

„Geist? *Pshaw!*" lachte Ralph Webster. „Ein Dummkopf, wer an Geister und Gespenster glaubt. Ein weißer Jäger hat irrtümlicherweise einen befreundeten Apatschen an Stelle eines feindlichen Komantschen erschossen. Niemand aber kann sagen, wer es gewesen ist, und wie so etwas möglich sein konnte."

„Ich kann es sagen, ich allein", meinte Jos, während er sich mit der Hand über die Augen strich.

„Ah, du? Du weißt, wie sich diese unglückliche Geschichte zugetragen hat?"

„Ob ich es weiß! Hier von dem Stein aus, auf dem ich sitze, habe ich selbst damals den verhängnisvollen Schuß abgefeuert. Meine Augen waren um dreißig Jahre jünger als jetzt, aber doch nicht scharf genug, den Richtigen vom Falschen zu unterscheiden. Ich hatte einen Freund, wißt ihr, einen echten, wahren; er war ein Apatsche und hieß Tkhlisch-lipa, ‚Klapperschlange'. Er verdankte mir das Leben und hatte dafür versprochen, mir einen Ort zu zeigen, wo Nuggets in Menge zu finden seien. Ich suchte mir also vier wackere Boys zusammen, die zu dem Unternehmen paßten. Wir mußten sehr vorsichtig sein, weil der Ort im Gebiet der Komantschen lag. Darum nahmen wir Weißen keine Pferde mit. Nur der Apatsche hatte auf seinen Mustang nicht verzichten wollen. Um keine lange Einleitung zu machen: wir kamen hier oben am Cañon an. Ihr seht an seinem Rand einzelne Riesenkakteen stehen. Weiter zurück gab es damals einen ganzen Wald davon, an dessen Saum wir uns eine Hütte bauten, in der wir wirtschaften wollten, während der Arbeitsplatz hier unten am Wasser lag.

Tkhlisch-lipa hatte nicht gelogen. Unsere Ausbeute war über Erwarten reich, obgleich nur vier Personen arbeiten konnten, da einer die Hütte bewachen mußte, während ein anderer jagte, um für Fleisch zu sorgen. Das Jagen mußte mit der größten Umsicht geschehen, da Avat-kuts, der große Büffel, der Häuptling der hier hausenden Komantschen, nicht nur ein blutgieriger Mensch, sondern auch ein Meister im Spüren war. Es war notwendig, daß jeder neben Hacke und Spaten auch seine Waffen stets bei der Hand hatte.

Wir mochten wohl an die drei Wochen hier gewesen sein, als eines Tages der Apatsche die Wache bei der Hütte hatte. Ein anderer Kamerad, der lange Dinters, streifte nach Fleisch umher. Während wir übrigen unten herzhaft arbeiteten, saß der Rote oben in der heißen Sonnenglut und langweilte sich. Er hatte sein Oberkleid, eine neue wertvolle Saltillodecke, abgelegt und rieb sich den Körper zum Schutz gegen Insekten nach Indianerart mit Fett ein. Da hört er hinter sich ein Geräusch. Tkhlisch-lipa blickt sich um und sieht den gefürchteten Komantschenhäuptling, den er sofort erkennt, vor sich stehen, mit dem Gewehrkolben zum Schlag ausholend. Ehe der Apatsche auszuweichen vermag, saust der Hieb nieder und trifft ihn so auf den Kopf, daß er die Besinnung verliert. Daß ihm nicht der Schädel zerschmettert wurde, hatte er nur seiner eigenartigen Kopfbedeckung zu verdanken, eine Art Mütze, die mit Fuchsschwänzen und Klapperschlangenhäuten verziert war.

Avat-kuts läßt ihn einstweilen liegen und tritt in die Hütte, um sie zu untersuchen. Er findet unsre mit Nuggets gefüllten Lederbeutel und hängt sie sich an den Gürtel. Dann kehrt er um, wirft seine alte Kalikojacke ab und vertauscht sie mit der Saltillodecke. Auch die Mütze des Betäubten gefällt ihm, und er stülpt sie sich auf den eigenen Schopf. Hierauf pfeift er seinen starkknochigen Gaul, den er beim Anschleichen hinter den Kakteen zurückgelassen hat, herbei, findet aber, daß der in der Nähe grasende Mustang des Apatschen bedeutend mehr wert ist. Nun soll der Feind skalpiert werden, und zwar bei lebendigem Leib. Der Komantsche stellt sich also mit ausgespreizten Beinen über ihn, ergreift ihn mit der Linken beim Haar, um den Kopf emporzuziehen, nimmt das Messer in die Rechte, macht über die Ohren weg um Stirn und Hinterkopf einen Schnitt und versucht dann, den Skalp mit einem kräftigen Ruck loszureißen. Aber es gelingt ihm nur halb. ‚Klapperschlange' erwacht von dem entsetzlichen Schmerz und faßt den Komantschen bei den Händen. Es beginnt ein Ringen, aus dem der Große Büffel unbedingt als Sieger hervorgehen muß, da der andre vom herablaufenden Blut geblendet wird.

Indessen hat der lange Dinters eine gute Jagd gemacht und trollt sich mit der Ausbeute nach Hause. Er findet die Fährte des Komantschen, erschrickt und schleicht ihr nach. Um die Ecke des Kaktuswaldes tretend, sieht er die beiden kämpfenden Indianer und hält wegen der Saltillodecke und der Mütze den Komantschen für den Apatschen. Er legt schnell sein Gewehr an und schießt auf den blutenden Freund, trifft aber glücklicherweise wegen der weiten Entfernung nicht. Der Komantsche hört den Schuß, fährt herum, erblickt den neuen Feind, reißt sich los, springt, sein Gewehr liegen lassend zum Mustang des Apatschen, schwingt sich auf und jagt davon. ‚Klapperschlange', vor Wut und Schmerz fast wahnsinnig, wischt sich das Blut aus den Augen, gewahrt den fliehenden Gegner und dessen stehengebliebenes Pferd. Im Nu sitzt er auf und jagt ihm nach, den Lasso von den Hüften windend, während der lange Dinters verblüfft hinterdreinschaut, weil er sich den Vorgang nicht erklären kann. Da Dinters den Weg nach rechts versperrt und links die dichten Kakteen kein Entkommen bieten, sprengt der Komantsche dem Cañon zu; denn er weiß, daß ein wenn auch gefährlicher Pfad an dessen steiler Wand zur Tiefe führt. Er ahnt nicht, daß sich vier Bleichgesichter da unten befinden.

Drüben, jenseits des Wassers, seht ihr einen Vorsprung, eine schmale fortlaufende Kante aus dem Felsen treten und sich zur

Höhe ziehen. Das ist der erwähnte Pfad. Schon für den Fußgänger ist er schwierig, für einen Reiter aber geradezu gefährlich, und wir wunderten uns daher nicht wenig, als wir von oben herab den Hufschlag galoppierender Pferde vernahmen. Der Höhe wegen, in der sie sich befanden, konnten wir erst nur die Köpfe der Reiter sehen, doch je weiter sie herabkamen, desto vollständiger erblickten wir die Gestalten. Voran lief der Mustang des Apatschen, dessen Reiter wir infolge der Mütze und der Saltillodecke für ‚Klapperschlange' halten mußten. Er wurde von einem Reiter auf einem uns fremden Pferd verfolgt, dem der blutige Schopf vom Kopf hing und der sich wegen der hindernden Felswand vergeblich bemühte, dem Voranreitenden den Lasso über den Kopf zu werfen. Wir hörten die Stimme des Apatschen unausgesetzt rufen: ‚Aguan selkhi no khi — erschieß ihn!' Das galt natürlich uns, und ich griff zur Büchse. Jetzt erreichte der Vorderste die Sohle der Schlucht, dort, jenseits des Wassers, und sprengte weiter. Nun kam der andre. Er konnte jetzt den Lasso frei handhaben und schwang ihn zum Wurf. Ich drückte ab — ein Schrei, und er flog vom Pferd, das reiterlos weiterjagte. Nach wenigen Sekunden standen wir drüben bei ihm. Denkt euch unsern Schreck, als wir in ihm unsern roten Freund erkannten. Meine Kugel hatte nur zu gut getroffen. Er deutete vorwärts und sagte mit brechender Stimme: ‚Darteh litschane Avat-kuts — dieser Hund war der Große Büffel.' Dann war er tot."

Der Erzähler schwieg und starrte trüben Blickes zur angedeuteten Stelle hinüber. Wir ehrten dieses Schweigen und blieben gleichfalls still. Erst nach einer längeren Pause fuhr Hawley fort:

„So wurde dem Apatschen das Gold, das er uns schenkte, durch eine Kugel vergolten. Wir haben die Schlucht den Mistake Cañon genannt, und dieser Name ist ihr geblieben. Man hat die Geschichte oft in meiner Gegenwart erzählt, nie aber ist es mir eingefallen, zu sagen, daß ich selbst der unglückliche Held jener Ereignisse bin. Ich habe das im stillen mit mir abzumachen versucht. Heute jedoch, da wir uns an der gleichen Stelle befinden, soll es einmal vom Herzen herunter, und ihr mögt mir nun sagen, ob man mich einen Mörder nennen kann."

„Nein, nein!" rief es rundum. „Du bist unschuldig. Aber wie ist's mit dem Komantschen? Er entkam?"

„Nein. Wir fanden ihn nicht weit von hier im Steingeröll, wo das Pferd gestrauchelt war und ihn abgeworfen hatte. Ihr könnt euch denken, daß es da anstatt einer Leiche zwei gegeben hat. Das ist das Gesetz des Wilden Westens. Sprechen wir nicht weiter darüber!" — „Und die Nuggets, das Gold?"

„Es war weit weniger, als der vortreffliche Anfang vermuten ließ. Seit meine Kugel den Apatschen traf, wurde die Ausbeute von Tag zu Tag geringer, bis sie endlich ganz aufhörte. Wir gruben und arbeiteten noch wochenlang, doch vergeblich. Und was wir mitnahmen, das hat nicht lange vorgehalten. Es ist bald alle geworden — beim Wein und beim Spiel. Nur eins ist mir geblieben und wird mich bis an mein Ende nicht verlassen, nämlich die Erinnerung an den Augenblick, da mein Blei den Apatschen vom Pferd riß. Dieses Bild schwebt mir immer vor, und dazu gellt mir der Todesschrei im Ohr. Es schauert mich. Kommt, wir wollen fort! Ich mag den Ort nicht länger sehen."

Jos stand langsam auf und schüttelte sich, als ob er der seelischen Last ledig werden wollte. Als er dann mit der Hand zum Zügel griff, um aufzusteigen, hielt ich ihn zurück und bat:

„Eure Kameraden haben schon ihre Meinung ausgesprochen, daß Ihr unschuldig seid. Nun hört auch, was ich sage, Mr. Hawley."

„Nun?" fragte er in einem Ton, als erwarte er auch von mir nicht die geringste Erleichterung.

„Ich will Euch eine wahre Geschichte erzählen, die sich drüben in Deutschland, meiner Heimat, zugetragen hat."

„Was kann mir Eure deutsche Geschichte nützen?"

„Vielleicht doch etwas. Hört sie nur an! Zwei Schieferdecker sollten auf der Spitze eines hohen Kirchturms eine neue Wetterfahne anbringen. Die dazu nötigen Leitern waren tags vorher angelegt worden, ehe man die alte Fahne abgenommen hatte. Der eine Schieferdecker war ein alter, erfahrener Meister, der andre sein Sohn, der eine Frau und vier Kinder hatte. Sie stiegen höher und höher, von Sprosse zu Sprosse, der Alte voran, der Sohn hinterdrein, beide mit einer Hand sich festhaltend und mit der andern die schwere Wetterfahne tragend. Unten stand eine Menschenmenge, um lautlos, mit stockenden Pulsen und selbst fast schwindlig, der waghalsigen Arbeit zuzuschauen. Da hörte man oben einen Schreckensruf erschallen. Der Sohn hat ihn ausgestoßen. Der Vater antwortete ruhig und ermahnend. Der Sohn ruft wieder, und gleich darauf stößt die Menge einen einzigen, vielstimmigen Schrei des Entsetzens aus, denn der Alte hat den Sohn, der ihn am Fuß faßte, mit einem kräftigen Tritt von der Leiter geschleudert, so daß er in die grausige Tiefe stürzt und dort zu einem wirren Haufen von Fleisch und Knochen zerschellt."

„Ist so etwas möglich! Der Mörder seines eigenen Sohnes!" rief Hawley aus.

„Nicht vorschnell, Sir, hört weiter. Unten am Turm gibt es unbeschreibliche Auftritte. Oben aber steigt der Alte weiter in die Höhe, die Fahne nun allein tragend. Bei der Spitze angekommen, stellt er sich auf den Knopf und steckt die Fahne mit einer unglaublichen, wahrhaft riesigen Anstrengung aller seiner Kräfte auf die Spindel. Dann kommt er so ruhig und kaltblütig, als sei nichts geschehen, langsam und sicher wieder herabgestiegen, Leiter um Leiter über sich von den Haken lösend und in die Dachfenster des Turms schiebend, bis er im Schalloch der Glockenstube verschwindet. Vor der Turmtür wartet die wütende Menge, bereit, ihn zu lynchen. Der alte Meister kommt aber nicht. Man dringt in den Turm ein und findet ihn oben in der Glockenstube, wo er in dem Augenblick, da er den festen Boden unter sich gefühlt hat, besinnungslos zusammengebrochen ist. Er wird nach Hause gebracht und erwacht nur, um im hitzigen Fieber wochenlang von dem entsetzlichen Augenblick zu phantasieren, da er gezwungen war, seinen Sohn in den Tod zu stürzen. Die Kunst der Ärzte und seine trotz des Alters kräftige Natur haben ihn gerettet. Aber sobald die Beine imstande waren, ihn zu tragen, ging er auf das Gericht, um sich dem Staatsanwalt zu überliefern. Was glaubt Ihr wohl, wie das Urteil gelautet hat, Mr. Hawley?"

„Wie soll es gelautet haben! Es gibt hier nur eine Strafe: auf Sohnesmord den Tod", entschied der Gefragte.

„Ist das Eure aufrichtige Meinung, Sir?"

„Gewiß. Man kann doch keine andre haben."

„O doch! Der Fall läßt sich auch anders beurteilen. Er erregte ungeheures Aufsehen und wurde überall besprochen. In juristischen Kreisen war man der Ansicht, die Anklage wegen Mordes sei aufrechtzuerhalten und der Alte zu verurteilen, dann aber der Gnade des Monarchen zu empfehlen. Das Volk verweigerte dem Täter zunächst jede Entschuldigung, lernte aber gar bald, als es die Gründe seines Handelns erfuhr, anders denken. Ja, er hatte die Tat mit Überlegung begangen. Aber was hatte ihn dazu veranlaßt? Der Sohn hatte ihm plötzlich zugerufen, er sei vom Schwindel ergriffen worden, so daß sich alles um ihn zu drehen scheine. ‚Mach die Augen zu und halte dich fest, bis es vorüber ist. Ich warte!' mahnte ihn der Vater, der an einen kurz vorübergehenden Anfall dachte. ‚Ich kann nichts festhalten, ich fühle nichts!' schrie der Sohn, wobei er die Fahne fahren ließ und den Fuß des Alten ergriff. Der Vater erkannte mit Schaudern, daß es kein Warten und kein Vorübergehen gab. Es war einer jener Anfälle, die den Betreffenden völlig besinnungslos machen, wobei Hilfe unmöglich ist. Der Helfer wird nur selbst mit ins Verderben gezogen. In einem einzigen kurzen Augenblick vergegenwärtigte sich der alte Meister seine fürchterliche Lage. Die schwere Wetterfahne in der Linken, mußte er sich mit der Rechten festhalten. Am Fuß hatte er den Sohn hängen. Er fühlte die zentnerschwere Last, die ihn von der Leiter weg und in die Tiefe ziehen wollte. Der Vater wußte, daß er dies nur einige Augenblicke aushalten könne und dann mit hinab müsse. Sollte die arme Familie außer dem einen Ernährer auch noch den zweiten verlieren? War es nicht Selbstmord, sich mit hinabreißen zu lassen, während er sich doch, freilich nur sich allein, halten konnte? Da rief der Sohn: ‚Herrgott, ich fühle die Leiter nicht mehr; ich stürze, ich falle!' Er hing nur noch am Fuß des Vaters. Da erkannte der Alte, daß das Gräßliche nicht zu umgehen sei, daß es geschehen müsse. Er stieß den Sohn mit einem kräftigen Tritt von sich ab und von der Leiter. Er hörte den vielstimmigen Schrei der Menschen. Der alte Meister sah nicht hinab. Es flimmerte ihm vor den Augen; sein Herz wollte stillstehen. Aber er mußte stark bleiben und raffte sich mit Aufbietung aller seiner Kräfte zusammen. Wie im Traum, in einem Zustand seelischer Stumpfheit, stieg er empor und vollendete seine Aufgabe. So stieg er dann auch wieder herab und barg die Leitern, eine nach der andern. Aber sobald er sich in der Glockenstube befand, verließen ihn die Kräfte und er brach besinnungslos zusammen. Habt Ihr nun über seine Tat noch die gleiche Ansicht wie vorhin, Mr. Hawley?"

„Hm! Wie Ihr es erzählt, klingt es nun freilich anders."

„Das fühlten auch bald alle, die ihn vorher verurteilt hatten. Der Schieferdeckermeister bekam einen ausgezeichneten Verteidiger, und dieser Mann tat seine Pflicht. Gelehrte, Sachverständige, Universitätslehrer mußten ihre Ansichten über den Schwindel und seine Wirkungen einreichen. Dachdecker, Zimmerleute und andere Bauhandwerker wurden vernommen. Essenkehrer, sogar ein Seilkünstler meldeten sich freiwillig, um ihr Urteil zugunsten des Angeschuldigten abzugeben. Sie alle, ohne Ausnahme, behaupteten, daß er nicht anders habe handeln können, daß sein Sohn unbedingt verloren gewesen sei. Kurz, der Greis wurde freigesprochen und aus der Untersuchungshaft entlassen. Jene, die ihn im Augenblick der Aufregung hatten lynchen wollen, empfingen ihn jubelnd am Tor des Gerichtsgebäudes. Er lebte noch eine Reihe von Jahren, geachtet von allen, die ihn kannten. Man sagt, er haben nie wieder lachen oder auch nur lächeln können. Es war ihm unmöglich, die Tat, zu der er sich gezwungen gesehen hatte, zu verwinden. Was sagt Ihr nun, Sir?"

„Es ist ganz richtig gewesen, den Meister freizusprechen", erwiderte Jos. „Aber was hat mein damaliger Unglücksschuß mit diesem Dachdecker zu tun?"

„Merkt Ihr das nicht? Dieser Mann hat seinen Sohn, wie Ihr selbst vorhin sagtet, mit Bedacht getötet, während Ihr den Apatschen aus Versehen erschossen habt. Der Dachdecker wurde freigesprochen. Wie würde eine Jury wohl über Euren Fall urteilen?"

Jos Hawley blickte nachdenklich zu Boden. Es war, als wollte ein heller, froher Zug über sein melancholisches Gesicht gleiten. Dann reichte er mir die Hand und sagte:

„Jetzt weiß ich, wie Ihr es meint, Mr. Charley. Es hat mir so lange Zeit auf der Seele gelegen, daß es nicht so schnell, wie Ihr wohl denkt, abzuwerfen ist. Aber ich danke Euch. Werde über Eure Erzählung nachdenken. Vielleicht bewirkt sie das, was Ihr beabsichtigt. Von hier treibt es mich dennoch fort. Ich mag den Ort nicht länger sehen. Wollen eilen, daß wir aus dem Unglücks-Cañon kommen!"

Der Cañon war so lang, daß wir erst nach einer Stunde den

Ausgang erreichten. Dort standen wieder mehrere Stücke des säulenartigen Riesenkaktus, die Früchte trugen. Als Ralph Webster dies sah, zügelte er sein Pferd und sagte zu den andern, wobei er auf mich deutete:

„Ihr werdet zugeben, Mesch'schurs, daß es immer gut ist zu wissen, wie weit man auf einen Mann, mit dem man reitet, rechnen kann. Dieser Mr. Charley hat sich zu uns gesellt und wird uns wahrscheinlich nicht so bald verlassen. Wir können jeden Augenblick eine Begegnung mit den Komantschen haben und gezwungen sein, zu unsern Gewehren zu greifen. Meint ihr nicht, daß es da richtig ist, von ihm einige Probeschüsse zu verlangen?"

„Ja, ja, er mag schießen! Er mag zeigen, was er kann!" wurde ihm beigestimmt. Nur Jos Hawley schwieg.

„Ihr habt es gehört, Sir", fuhr Webster fort, sich nun an mich wendend. „Hoffentlich weigert Ihr Euch nicht, uns eine Probe Eurer Kunstfertigkeit zu geben?"

„Aber nein", erwiderte ich. „Doch setze ich voraus, daß nicht ich allein es bin, der seine Prüfung ablegen muß."

„Wer denn noch?" fragte Webster gedehnt.

„Selbstverständlich Ihr und die andern Gentlemen auch."

„Wüßte nicht, warum das so selbstverständlich sein soll. Wahrscheinlich könnt Ihr nicht besser schießen als ich damals, als ich zu Old Wabble kam. Ich hätte schon gestern im Lager gern einige Probeschüsse von Euch gesehen, wollt Euch aber vor den Soldaten nicht bloßstellen. Jetzt sind wir allein und haben keine Zeugen, die gern lachen."

„*Well!* Auf welches Ziel soll geschossen werden?"

„Dort stehen Kaktuspflanzen, vielleicht hundertfünfzig Schritt weit. Sie tragen Früchte. Möchte doch wissen, ob Ihr von hier aus eine solche Kaktusfeige trefft." — „Könnt Ihr das denn, Mr. Webster?"

„Wetter! Welch eine Frage! Zweifelt Ihr etwa daran?"

„Hm. Ihr verlangt eine Schießprobe von mir, weil Ihr mich nicht kennt. Ich kenne Euch ebensowenig und habe somit ein gleiches Recht zu erfahren, wie Ihr mit Eurem Gewehr umzugehen versteht. Ich werde schießen, aber nur dann, wenn auch Ihr mir zeigt, was Ihr gelernt habt."

Webster sah mir eine Weile erstaunt ins Gesicht, brach dann in ein Gelächter aus, in das die andern laut einstimmten, und rief endlich aus: „Was ich gelernt habe? Das ist köstlich! Nicht wahr, Mesch'schurs? Ralph Webster soll zeigen, was er gelernt hat! Doch meinetwegen mag's sein. Vielleicht habt Ihr einmal gehört, daß sich kein Westmann die Gelegenheit entgehen läßt, einen guten Probeschuß zu tun, und so wollen wir auf Euer Verlangen eingehen, so sonderbar es auch ist. Seid ihr einverstanden, Mesch'schurs?"

Die andern neun Mann gaben ihre Zustimmung, und so stiegen

wir von den Pferden. Ich nahm mir vor, recht schlecht zu schießen und mich tüchtig auslachen zu lassen. Später konnte dann ich über sie lachen.

Die Pulververschwendung begann. Webster und Hawley schossen zwar nicht meisterhaft, aber doch gut, die andern leidlich. Meine drei Kugeln gingen fehl. Sie trafen so weit vom Ziel, daß ich ein überlautes Gelächter erntete und Ralph Webster verweisend zu mir sagte:

„Hab’ es mir gedacht. Wer seine Kugeln über zwanzig Schritt zu weit seitwärts fliegen läßt, der sollte nicht ein solches Bigmouth[1]) sein, Ralph Webster Probe schießen zu lassen! Nehmt mir dieses Wort nicht übel, Sir, aber das war lächerlich! Ihr werdet weder ein Wild noch einen Indianer treffen und könnt froh sein, daß Ihr uns gefunden habt! Ihr gefallt mir trotz alledem, und wir haben nichts dagegen, daß Ihr bei uns bleibt, bis wir in eine Gegend kommen, wo Ihr Euern Weg ohne Gefahr allein fortsetzen könnt.“

Wir saßen wieder auf und ritten weiter. Das ‚Bigmouth‘ und die Ermahnung nahm ich ihm durchaus nicht übel. Seine Ausdrucksweise war eben nicht übermäßig fein, und ich hatte es nicht anders gewollt.

Es waren zunächst einige durch Schluchten getrennte Hochebenen zu durchqueren, und dann ging unser Weg zum Gebiet des Rio Pecos hinab, den wir, falls wir die gleiche Schnelligkeit beibehielten, morgen gegen Abend erreichen konnten. Bald gab es hier und da eine grasige Stelle, dann Laubgrün, das aus Beerenranken und dergleichen bestand, und am Nachmittag trafen wir auf ein Wasser, an dem vereinzelte Büsche und dann dichter stehende Sträucher Nahrung fanden. Grad als die Sonne untergehen wollte, führte dieses Wasser durch ein Tal, das unsern Pferden fette Weide bot und mehrere zum Nachtlager geeignete Stellen zeigte. Es standen sogar Bäume hier.

Webster, der als unser Anführer galt, wählte einen Platz, der fast rundum von Büschen umgeben war und da, wo das Strauchwerk die einzige Öffnung hatte, vom Bach abgeschlossen wurde. Diese Wahl war nicht übel getroffen, besonders da die Größe dieser Lagerstelle auch unsern Pferden Raum bot. Wir konnten sie also während der Nacht bei uns haben und brauchten sie nicht besonders zu bewachen. Als alle abgestiegen waren und wir andern es uns bequem gemacht hatten, ging Webster mit Hawley fort, um zu versuchen, ein Wild zu schießen. Kurz nach Sonnenuntergang kamen sie zurück und brachten mehrere Hühner mit, die nun gebraten wurden. Dürres Gezweig zum Feuer gab es zur Genüge. Ich erhielt meinen Anteil und zog mich, als ich ihn verzehrt hatte, vom Feuer weg an den Buschrand zurück, wo ich meinen Hatatitla anpflockte und mich in dessen Nähe niederlegte.

Die andern unterhielten sich nach Westmannsart, und da ihr

[1]) Großmaul

31

Gespräch mir nichts Neues bot, zog ich es vor, allein zu sein. Ich hatte mich seit der Schießprobe meist abseits gehalten, und nur Jos hatte mehrmals sein Pferd neben das meinige gelenkt, um einige Worte an mich zu richten, die freundlicher waren, als es sonst seine Art zu sein schien. Er saß jetzt still bei seinen Kameraden und warf nur zuweilen eine kurze Bemerkung in ihr Gespräch. Man sah es dem alten Westmann an, daß er sich mit einem Gedanken beschäftigte, den ich leicht erraten konnte. Endlich stand er auf, kam langsam herbei, setzte sich neben mich und fragte:

„Darf ich zu Euch kommen, Sir, oder ist es Euch lieber, allein zu sein?"

„Bleibt hier, Mr. Hawley! Ihr seid mir recht."

„Das freut mich. Ihr scheint ein schweigsamer Mann zu sein, und ich werde Euch nicht mit Worten belästigen. Bin auch lieber still als laut. Aber Dank sagen muß ich Euch doch für Eure heutige Geschichte. Habe viel an sie denken müssen. Bin auch jetzt noch nicht ganz darüber hinweg, aber ich fühle doch schon, daß sie mir Erleichterung verschaffen wird. Es ist ein verdammt armseliges Gefühl, der Mörder eines Freundes zu sein!"

„Mr. Hawley, daß Ihr das nicht seid, habe ich Euch schon vorher gesagt, und das hat Euch dann auch noch meine Geschichte beweisen sollen."

„Well! Bin Euch Dank schuldig, und es ist mir, als ob ich Euer Freund werden sollte. Ihr seid zwar kein großes Licht im Westen, aber Ihr habt so etwas an Euch, was mich zu Euch zieht. Darum habe ich mich über Eure Schießprobe geärgert, um Euretwillen natürlich. Es wäre mir lieb gewesen, wenn Ihr besser geschossen und Euch nicht gar so lächerlich gemacht hättet. Wurmt Euch das nicht auch?"

„Nein. Die Gaben sind nicht gleich verteilt. Wer kein guter Schütze ist, der leistet wahrscheinlich in etwas anderm mehr."

„Mag sein. Nur fragt es sich, ob dieses andre hier im Wilden Westen von Nutzen ist. Aber ich will Euch nicht weh tun, indem ich von etwas spreche, was Ihr nicht könnt. Ich wünsche Euch vielmehr alles Gute und wollte, ich dürfte Euch von Nutzen sein. Doch schweigen wir! Ich bin kein Freund von schönen Redensarten."

Hawley legte sich nieder und streckte sich aus.

Die am Feuer unterhielten sich so laut, wie ich es sonst nicht geduldet hätte. Aber da sie nicht wußten, wer ich war, hätten sie keine Warnungen oder gar Weisungen von mir angenommen. Die Nähe von Komantschen war nicht ausgeschlossen. Das wußten sie recht gut. Und ich, der ich den Zettel Winnetous gelesen hatte, wußte es noch besser. Eine noch größere Unvorsichtigkeit als das laute Gespräch war der Umstand, daß die Leute ein Feuer angezündet hatten. Der Schein konnte durch das Gebüsch dringen und uns verraten. Und wenn dies nicht der Fall war, so mußte eine geübte Indianernase den Rauchgeruch mehrere hundert Schritt weit bemerken. Ich nahm mir daher vor, Augen und Ohren offenzuhalten, bis das Feuer niedergebrannt sein würde.

So lag ich lange da, mit dem einen Ohr dicht an der Erde, um in die Ferne hören zu können, und den Blick unausgesetzt an den Büschen hin spazieren führend. Da sah ich, daß mein Pferd im Grasen innehielt und den Kopf in bezeichnender, mir wohlbekannter Weise auf die Seite wendete. Der Rappe sog die Luft ein, schnaubte leise und drehte sich dann zu mir um. Es näherte sich jemand von jener Seite, und dieser Jemand war ein Weißer. Wäre er ein Indianer gewesen, so hätte Hatatitla nicht geschnaubt. Das gehörte zu seiner indianischen Schulung.

„Isch hosch!" gebot ich halblaut.

Der Rappe verstand den Befehl und legte sich nieder. Er hatte mich gewarnt und gab nun sicher kein Zeichen der Unruhe mehr. Der Mensch, der sich uns näherte, sollte dem Hengst nicht ansehen, daß sein Kommen verraten war.

Vermutlich war es ein einzelner Mann. Er mußte unser Feuer gerochen haben und hatte jedenfalls sein Pferd zurückgelassen, um uns zu beschleichen. Zu befürchten war von ihm nichts. Es mußte im Gegenteil unter den jetzigen Verhältnissen einem jeden Bleichgesicht lieb sein, auf Weiße zu treffen. Deshalb war anzunehmen, daß der Fremde uns belauschen und dann sein Pferd holen werde, um sich uns anzuschließen.

Die Richtung, in der er sich befand, kannte ich also. Ich wendete mich dahin und schloß die Augen halb, um zwischen den Lidern hindurch die betreffende Stelle des Gesträuchs zu beobachten. Er sollte nicht sehen, daß mein Blick auf ihn gerichtet war.

Der Schein des Feuers drang zwischen den Blättern hindurch, deren Schatten er hell umsäumte. Ich spürte eine leise, leise Bewegung der Zweige. Der Mann kam vorsichtig durch das Gebüsch gekrochen. Zu hören war nichts, zumal meine Begleiter noch immer laut sprachen. Jetzt hatte er den Rand des Gesträuchs erreicht. Es war schwer für ihn, hindurchzublicken, weil gerade diese Stelle dicht belaubt war. Der Fremde mußte wenigstens einen Ast oder Zweig entfernen. Abbrechen durfte er ihn nicht, weil das ein Geräusch gegeben hätte. Ich nahm also an, daß er ihn abschneiden werde. Und richtig, schon nach einer halben Minute sah ich einen geringen Teil des Blattwerks verschwinden.

Als ich nun den Blick mit doppelter Schärfe auf die Stelle richtete, sah ich zwei phosphoreszierende Punkte. Das waren die Augen des Spähers, die allerdings nur ein Westmann erkennen konnte, dessen Sehkraft durch lange Übung geschärft worden war. Über den Augen lag es wie ein hellerer Streifen, wie ein Schein von einem weißen Schleier. Der Mann mußte alt sein und schneeweißes Haar haben. Da plötzlich stieß er einen lauten Ruf aus und sprang hervor.

„Webster, Ralph Webster ist da!" rief er aus. „Das ist ein alter Bekannter. Da brauche ich mich nicht zu verstecken."

Die Männer am Feuer schnellten erschrocken empor; auch Jos sprang neben mir auf. Ich blieb liegen.

„Old Wabble!" schrie Webster. Sogleich aber fügte er, sich verbessernd, hinzu: „Fred Cutter! Verzeihung, daß mir dieses Wort entfuhr, Mr. Cutter! Die Überraschung ist schuld daran."

Also Old Wabble, den ich so gern einmal hatte sehen wollen, der Mann, von dem wir gestern noch gesprochen hatten! Ja, da stand er im Schein des Feuers, genau so, wie er mir beschrieben worden war. Seine Gestalt war lang und übermäßig schmal. An den Füßen trug er Sporen, deren Räder von stattlicher Größe waren. Die dürren Beine steckten in Leggins, die wenigstens ein Jahrhundert alt zu sein schienen. Das schmutzige Hemd ließ Hals und Brust unbedeckt, und darüber hing in weiten Falten eine Jacke, deren Farbe kaum mehr zu erkennen war. Sein alter Hut hatte eine sehr breite Krempe und saß ihm tief im Genick. Darunter trug er ein Tuch, dessen Zipfel hinten bis auf die Schultern niederhingen. An den Ohrläppchen sah ich große, schwere Silberringe. Im Gürtel steckte ein altes, langes Bowiemesser, und in der knochigen Rechten hielt Cutter ein Gewehr, dessen Bauart ich jetzt nicht erkennen konnte. Das Gesicht war genau so, wie es uns Webster gestern in Worten gezeichnet hatte. Am meisten fiel an diesem früheren ‚König der Cowboys' das weiße Haar auf, das wie eine silberne Mähne unter dem Hut und dem Tuch hervorquoll und ihm fast bis zum Gürtel herabreichte.

Er warf einen schnellen, musternden Blick umher, wabbelte mit einer überlegenen Bewegung seine Glieder durcheinander und entgegnete auf die entschuldigenden Worte Websters:

„Pshaw! Ich weiß, daß man mich Old Wabble nennt, und habe nichts dagegen, daß Ihr es auch tut. Ihr seid verdammt unvorsichtige Kerle. Brennt ein Feuer, das man zwanzig Meilen weit riecht, und schreit, daß man es noch zehn Meilen weiter hört! Wenn ein halbes Dutzend Roter an meiner Stelle gewesen wäre, so hätten sie euch in einer Minute auslöschen können; *it's clear.* Es gibt Menschen, die im Leben nie klug werden. Wo kommt ihr her, Boys?"

„Vom Gila herüber", erwiderte Webster. — „Und wo wollt ihr hin?" — „Zum Pecos hinab."

„Das trifft sich gut. Kann euch dort brauchen. Habt ihr vielleicht das Truppenlager berührt, das da oben einige Reitstunden hinter dem Mistake Cañon liegt?" — „Wir haben dort eine Nacht gelagert." — „Sind die Uniformleute noch dort?" — „Ja."

„Gut, sehr gut! Ich muß nämlich wieder hinauf zu ihnen. Habe eine dringende Bitte an sie; brauche ihre Hilfe. Ich werde euch das erzählen, will aber erst mein Pferd holen, das ich weiter unten, wo ich euer Feuer roch, angeflockt habe, um euch zu beschleichen. Bin in kurzem wieder da."

Fred Cutter sprang über den Bach hinüber und verschwand. Die zehn Männer standen noch da, fast starr vor Überraschung. Nun, da er fort war, ergingen sie sich in Ausdrücken der Verwunderung. Ich schwieg wie bisher. Mein Pferd lag noch an der Erde. Da es so nicht fressen konnte, rief ich ihm zu: „Ssi-ssi!" Es sprang sofort auf und begann wieder zu weiden.

Nach einiger Zeit kam Old Wabble zurück, sein Pferd am Zügel führend. Als er mit ihm den Bach übersprungen hatte, ließ er es laufen, setzte sich an das Feuer und stellte fest:

„Diese Flamme ist eigentlich viel zu groß; *it's clear*. Da ich aber soeben erst gekommen bin und weiß, daß die Gegend sicher ist, können wir es brennen lassen. Wie lange wollt ihr hier liegenbleiben?" — „Nur diese Nacht."

„Werdet auch morgen und die nächste Nacht hier liegen."

„Schwerlich!"

„Sicher! Sollt gleich erfahren, warum. Möchte nur vorher wissen, wer ihr alle seid. Ralph Webster kenne ich, der damals seinen ersten Elk bei mir geschossen hat. Wer sind die andern?"

Webster nannte ihre Namen, deutete dann auf mich und fuhr leichthin fort:

„Und der dort ist Mr. Charley, ein deutscher Gelehrter, der alte Indianergräber sucht."

Old Wabble richtete sein Auge auf mich, der ich ruhig liegenblieb, und meinte:

„Indianergräber? Sonderbare Beschäftigung! Aber doch auch Westmann?"

„Nein", fuhr Webster fort. „Er mußte heute drei Probeschüsse tun und hat über zwanzig Schritt weit gefehlt."

„Hm, kenne das. Habe solche Forscher gesehen, die in die Savanne kamen, um Bücher zu machen, Bücher über die Sprache und Abstammung der einzelnen roten Stämme. Bin ihr Führer gewesen und habe mich dabei krank geärgert. Keiner von ihnen konnte das Messer oder das Gewehr richtig in die Hand nehmen. Die Gelehrsamkeit verdirbt den Menschen; *it's clear*. Aber jetzt eine wichtige Frage an Euch. Möchtet Ihr einige Dutzend Indianerskalpe haben?"

„Warum nicht! Von welchem Stamm?"

„Komantschen. Allerdings ist es nicht allzu leicht. Fürchtet Ihr Euch?"

„Das nicht. Aber ich spiele erst dann, wenn ich die Karten kenne. Halte es also für richtig, daß Ihr uns vorher sagt, worum es sich handelt."

„Habt Ihr schon von Old Surehand[1]) gehört?"

Bei diesem Namen ergriff alle eine Bewegung der Überraschung, und Webster fragte schnell: „Old Surehand? Handelt es sich um den?"

[1]) Sprich: ould schuhrhänd (= Sicherhand)

„*Yes.* Ihr kennt ihn?"

„Gewiß, wir alle, wenn wir ihn auch nicht gesehen haben. Er ist der beste Schütze im Wilden Westen."

„Das ist vielleicht zuviel behauptet. Seine Kugel geht zwar niemals fehl, daher sein Name. Aber Winnetou und Old Shatterhand schießen ebenso sicher. Ich habe Old Surehand vor einiger Zeit kennen und achten gelernt. Wir trennten uns vor kurzem, denn ich mußte in die Gegend von Fort Stanton hinauf, und er wollte zum Rio Pecos, zu den Mescaleroapatschen, um dort nach Winnetou zu fragen und Old Shatterhand kennenzulernen. Kurz nach unsrer Trennung erfuhr ich, daß die Komantschen die Kriegsbeile ausgegraben haben. Old Surehand wußte das nicht, und da ihn sein Weg durch ihr Gebiet führte, befand er sich in großer Gefahr. Ich lenkte also schnell zurück, um ihn zu warnen. Das war nicht schwer, denn ich kannte seinen Weg. Ich holte ihn auch richtig ein. Aber der Satan hatte sein Spiel: wir waren noch keine Viertelstunde beieinander, so wurden wir von einem Komantschenhaufen überrumpelt und überfallen." — „*Zounds!* Waren es viele?"

„Über hundert." — „Und ihr seid trotzdem entkommen?"

„Ich wohl, aber er nicht", berichtete Old Wabble, wobei sich sein Gesicht in pfiffige Falten legte.

„Ihr habt ihn allein gelassen? Teufel! War das recht von Euch?"

Da richtete der Alte seinen Oberkörper auf, machte ein unendlich überlegenes Gesicht und fragte:

„Wollt Ihr etwa mir, Fred Cutter, den man Old Wabble nennt, Vorwürfe machen? Dazu seid Ihr nicht der Mann! Ein Gramm List ist oft besser als zehn Kilogramm Pulver. Ja, ich habe mich aus dem Staub gemacht. Warum denn nicht? Gegenwehr war nutzlos; darum ergab sich Old Surehand freiwillig. Ich habe gesehen, daß er nicht verletzt worden ist. Sollte ich mich auch ergeben? Dann wären wir beide gefangen gewesen, konnten einander wahrscheinlich gar nichts nützen, und niemand hätte von unserm Schicksal gewußt. Die Komantschen hätten uns am Marterpfahl abgeschlachtet, und es wäre erst nach unserm sanftseligen Tode ruchbar geworden, daß wir in ihre Hände gefallen und von ihnen mit einem Ticket[1]) in die Ewigen Jagdgründe geschickt worden sind. Nein, solche Pudel schießt Old Wabble nicht! Ich machte mich lieber davon. Ihre Kugeln flogen mir zwar nach, haben mich aber nicht getroffen; *it's clear.* Nun bin ich frei und kann Old Surehand heraushelfen."

„Wie wollt Ihr das anfangen? Es ist eine gefährliche Sache!"

„Das weiß ich wohl. Aber soll ich diesen berühmten Jäger stekkenlassen? Ich dachte sofort an die Dragoner, die da oben hinter dem Mistake Cañon lagern, und ritt stracks herauf, sie zu Hilfe zu holen." — „Werden sie mitgehen?"

[1]) Fahrschein

„Vermute freilich, daß die Soldaten sich weigern, weil sie es auf einen anderen Komantschenstamm abgesehen haben, aber ich werde so lange bitten oder drohen, bis sie mir den Willen tun."

„Wenn es dann noch Zeit ist!"

„*Well*, es eilt freilich sehr. Der Überfall geschah heute beim Morgengrauen. Hier muß ich mein abgetriebenes Pferd bis früh rasten lassen und erreiche die Truppe somit erst morgen abend. Selbst falls sie gleich mit aufbrechen, dauert es zwei Tage, bis wir an Ort und Stelle kommen, wo wir dann die Komantschen gewiß nicht mehr finden. Wir müssen ihnen also folgen, und es kann wieder zwei Tage oder länger dauern, bis wir sie einholen. Inzwischen können sie Old Surehand den Garaus gemacht haben. Leider aber weiß ich keinen andern Weg, ihn zu retten. Ich rechne dabei auch auf Euch, Mr. Webster." — „Wieso?"

„Der Kommandant der Truppe gibt mir wahrscheinlich nur einen Teil seiner Leute mit. Ich bitte euch deshalb hierzubleiben, bis ich übermorgen mit ihnen komme. Dann schließt ihr euch uns an. Zehn Westmänner mit zehn guten Gewehren sind eine große Hilfe."

„Ich sage nicht nein, und wie ich meine Gefährten hier kenne, sind sie auch bereit dazu. Fürchte nur, daß wir zu spät kommen werden. Können wir die Befreiung nicht allein und ohne die Truppe versuchen? Es würden dadurch wenigstens zwei volle Tage gewonnen. Überlegt Euch das einmal, Sir!"

Old Wabble ließ einen prüfenden Blick im Kreis herumgehen. Das Ergebnis schien nicht befriedigend zu sein, denn er zog sein Gesicht in bedenkliche Falten und meinte:

„Euer Anerbieten in allen Ehren, Sir, aber es handelt sich um ein recht gefährliches Unternehmen. Sind diese Männer hier bereit, ihr Leben für eine Fremden zu wagen, und wenn es auch ein Old Surehand ist?" — „Hm! Fragt sie selber, Mr. Cutter!"

Als Old Wabble hierauf die Leute einzeln fragte, antworteten nur Webster und Hawley in bestimmtem, freudigem Ton. Den übrigen war es, obgleich sie auch ja sagten, anzuhören, daß sie wünschten, das Abenteuer möchte weniger bedenklich sein.

„*Well*", nickte der Alte ernst. „Weiß, woran ich bin." Und auf mich deutend, fügte er hinzu: „Und der Altertümler dort, der zwanzig Schritt vorbeischießt, kann uns erst recht nichts nützen. Hätte ich nur eine Handvoll entschlossener und erfahrener Burschen, so wäre es gar kein so großes Wagnis. Man muß sich nur auf seine Leute fest verlassen können. Denkt nur, wie oft Old Shatterhand und Winnetou ohne alle Hilfe noch viel schwerere und gefährlichere Dinge ausgeführt haben! Ich hatte erst den Gedanken, Winnetou aufzusuchen. Aber ich weiß nicht, an welcher Stelle des Rio Pecos sein Mescalerostamm zu finden ist und —"

Er hielt inne. Mein Hengst hielt sich gern allein und duldete kein fremdes Pferd in unmittelbarer Nähe. Jetzt war ihm das Tier

Old Wabbles zu nahe gekommen. Der Rappe biß nach ihm, es biß wider, und sie gerieten zusammen.

„Was ist denn das für ein niederträchtiger Gaul, der da mein Pferd belästigt!" rief der Alte, während er aufsprang.

Er eilte herbei und ergriff Hatatitla beim Halfter, um ihn von seinem Klepper wegzureißen. Der Hengst aber stieg vorn kerzengerade empor, riß Cutter mit in die Höhe und schleuderte ihn beiseite, daß er neben mir niederflog. Er sprang mit einem Fluch auf und wollte wieder zugreifen. Da warnte ich ihn:

„Faßt Euer Pferd, aber ja nicht das meinige! Es gehorcht nur mir und würde Euch mit den Hufen zerschmettern!"

Der Hengst war wirklich schon in Abwehrstellung und stand bereit, dem Alten im Fall eines zweiten Angriffs die Hinterhufe an den Kopf oder an die Brust zu schlagen. Er wandte dabei den schönen Kopf zurück und bildete so, vom Feuer beleuchtet, einen Anblick, der jeden wirklichen Pferdekenner in Entzücken versetzen mußte. Old Wabble hatte vorhin das prächtige Geschöpf gar nicht beachtet. Jetzt fuhr er einige Schritte zurück und rief erstaunt:

„By Jove, was für ein Tier ist das! Das muß man genauer betrachten!"

Er ging, sich vorsichtig fern haltend, um den Hengst herum. Als einstiger ‚König der Cowboys' war er ein guter Pferdekenner. Sein altes Gesicht nahm den Ausdruck des Entzückens an.

„So ein Pferd sah ich noch nie!" gestand er. „Es gibt nur eine solche Rasse, und die wird bei den Mescaleros gezüchtet. Von ihr stammen zwei Rapphengste wie dieser hier, deren Herren —"

Old Wabble unterbrach sich, trat zu mir, der ich noch immer im Gras lag, musterte mich, bückte sich, nahm meinen Bärentöter und den Henrystutzen, der noch in der Hülle steckte, in die Hand, besah sich die Gewehre, legte sie wieder hin und fragte mich:

„Dieser Hengst ist Euer, Sir?" — „Ja", nickte ich.

„Ihr habt ihn gekauft?" — „Nein."

„Geschenkt erhalten?" — „Ja."

Da ging ein unaussprechlich pfiffiges Lächeln über die Falten des alten Gesichts. Er nickte bedächtig, während seine Augen froh zu leuchten begannen, und fragte weiter:

„Habt Ihr den Jagdrock auch geschenkt bekommen und die Leggins, die Ihr tragt, Sir?" — „Ja."

„Und Ihr forscht wirklich nach alten Gräbern?" — „Zuweilen, ja."

„Und heißt Charley?" — „Gewiß."

„Well! Habe von einem Weißen erzählen hören, den sein roter Blutsbruder Charley nennt, und wünsche Euch zu Euern Altertumsforschungen recht viel Glück. Verzeiht, daß ich Euer Pferd beinahe falsch angefaßt hätte! Werde es nicht wieder tun; it's clear."

Gelassen setzte er sich wieder ans Feuer. Er hatte mich durchschaut und wollte mein Inkognito nicht verraten. Die andern begriffen sein Verhalten und seine Worte nicht und sahen ihn fragend an. Als er ihnen aber ein gleichgültiges Gesicht zeigte und keine Antwort gab, nahmen sie, ohne sich weitere Gedanken zu machen, das unterbrochene Gespräch wieder auf. Ich aber erhob mich und ging an ihnen vorüber, um den Lagerplatz zu verlassen, und zwar mit einer Miene, als hätte ich keinen besondern Grund dazu. Ich wollte ihre Aufmerksamkeit nicht erregen.

In Wahrheit aber gab es einen triftigen Grund für mich, einmal fortzugehen. Old Surehand und Old Wabble waren überfallen worden. Der Alte hatte die Flucht ergriffen, und sie war ihm geglückt. Er war einer der tüchtigsten, erfahrensten und schlauesten Westmänner. Deshalb wunderte ich mich darüber, daß er sich so sicher fühlte. Es stand bei mir fest, daß Cutter von den Komantschen verfolgt wurde. Sie mußten sich doch sagen, daß er Hilfe für Old Surehand holen werde, und mußten ihn einholen, um ihn unschädlich zu machen. Er war zwar sehr schnell gewesen, aber ich nahm an, daß man zu seiner Verfolgung die bestberittenen Krieger ausgewählt habe, und so konnte der Vorsprung, den er vor ihnen hatte, nicht allzu groß sein. Vielleicht hatten die Verfolger beim Einbruch des Abends Lager gemacht. Da sie aber vermuten mußten, daß er in dem leicht gangbaren Tal noch weitergeritten sei, so war es möglich, daß sie das auch getan hatten. In diesem Fall konnten sie jetzt in unsrer Nähe sein.

Als ich über den Bach gesprungen war, wendete ich mich abwärts. Meine an die Dunkelheit gewöhnten Augen machten es mir leicht, mich zurechtzufinden. Ich wählte zum Gehen solche Stellen, die ein Reiter vermeiden mußte, fühlte mich also ziemlich sicher. Dennoch hielt ich mich zur schnellsten Verteidigung bereit, denn die Roten konnten das Feuer gerochen haben und zu Fuß herangeschlichen kommen.

So ging ich unhörbar weiter, keinen Schritt eher wagend, als bis ich mich überzeugt hatte, keinen Feind unmittelbar vor mir zu haben. Als dann das Feuer kaum mehr zu riechen war, blieb ich stehen. Das war die entscheidende Stelle, und ich setzte mich nieder, um zu warten. Hatten sich die Verfolger gelagert, so kamen sie nicht, und wir mußten morgen früh auf sie treffen. Waren sie trotz der Dunkelheit weitergeritten, so mußte hier der Rauch ihre Nase berühren, und sie blieben wahrscheinlich halten, um sich zu besprechen. In diesem Fall wollte ich versuchen, ihre Worte zu belauschen.

Als ich wohl über eine Stunde gewartet hatte, sagte ich mir, daß mein Weg vergeblich gewesen sei und die Begegnung erst morgen erfolgen werde. Ich stand auf, um zurückzugehen. Da war es mir, als hätte ich ein Geräusch gehört. Ich blieb stehen und horchte. Ja, es kam jemand. Sofort kauerte ich mich hinter einen Busch.

Das Geräusch näherte sich. Ich vernahm den dumpfen Huftritt von Pferden im weichen Grasboden. Es konnten höchstens drei sein. Jetzt sah ich die Reiter; es waren nur zwei Indianer. Da sie hoch im Sattel saßen, konnte ich gegen den hellen Himmel ihre Gestalten deutlich erkennen. Sie ritten an mir vorüber. Ich huschte seitwärts hinter Sträuchern neben ihnen her. Wenn ich dabei ein leises Geräusch verursachte, so wurde es von den Schritten der Pferde übertönt. Übrigens brauchte ich ihnen nicht weit zu folgen, denn der eine hielt plötzlich an, sog die Luft laut hörbar ein und sagte in der mir geläufigen Sprache der Komantschen, die der der Schoschonen ähnlich ist:

„Uff! Riecht das nicht wie Rauch?"

Der andere schnüffelte auch und bestätigte dann:

„Ja, das ist Rauch."

„Der weiße Hund ist so unvorsichtig gewesen, ein Feuer anzubrennen."

„Da er das getan hat, kann er kein berühmter Krieger sein. Sonst hätte er diese große Unvorsichtigkeit nicht begangen."

„Ja. Es wird meinem Bruder und mir nicht schwerfallen, ihm den Skalp zu nehmen."

„Also hat es genügt, daß nur wir beide ihm folgten. Mein Bruder wollte lagern, als es dunkel wurde. Wie gut, daß wir weitergeritten sind. Wir holen uns den Skalp und kehren dann zum Saskuan-kui[1]) zurück, wohin unsre Krieger vorangegangen sind."

Die Komantschen schwangen sich von ihren Tieren und pflockten sie an. Dann schlichen sie weiter, ich hinter ihnen her. Sie richteten ihre Aufmerksamkeit nur nach vorn. Ich war nur acht Schritt von dem letzten entfernt. Sollte ich warten, bis sich die Roten bei unserm Feuer in die Büsche verkrochen? Nein, das wäre ein Fehler gewesen. Ich mußte sie jetzt angreifen und zauderte nicht. Rasch steckte ich das Messer ein und zog den Revolver. Drei, vier schnelle, weite Sprünge, ich erreichte den Hintermann und schlug ihm den Griff der Waffe so an den Kopf, daß er zusammenbrach. Der Vorangehende hörte das, blieb stehen, sah sich um und fragte:

„Was war das? Was hat mein Bruder —"

Er konnte nicht weitersprechen. Ich war auf ihn zugesprungen, faßte ihn mit der linken Hand beim Hals und gab ihm mit der rechten Faust einen Hieb an die Schläfe, daß er ebenfalls zusammenbrach. Die Verfolger hatten Lassos bei sich. Nun legte ich die Bewußtlosen mit den Rücken gegeneinander und schlang die Riemen so fest von oben bis unten um sie, daß sie sich nach ihrem Erwachen gewiß nicht bewegen konnten. Da es ihnen aber möglich war, sich fortzurollen, so schleifte ich sie bis zum nächsten Baum und band sie daran fest. Nun konnten sie sich auf keinen Fall losmachen, und ich kehrte in unser Lager zurück.

Dort sprang ich über den Bach und legte mich wortlos nieder,

[1]) Blaues Wasser

40

wo ich vorhin geruht hatte. Old Wabble sah mich forschend an. Den andern war meine lange Abwesenheit nicht aufgefallen.

„Ihr wart nicht da, Sir, und wißt also nicht, was indessen besprochen worden ist. Ich werde nämlich nicht zum Militärlager reiten", meinte der Alte.

„Ist Euch ein andrer Gedanke gekommen?" erkundigte ich mich. „Vielleicht ein neuer Plan?"

„Ja. Ich hatte etwas vergessen, woran ich sogleich hätte denken sollen. Ihr habt doch von Old Shatterhand gehört?" — „Gewiß."

„Nun, dieser Jäger weilt in der Nähe des Rio Pecos. Ich bin entschlossen, ihn aufzusuchen und um Hilfe zu bitten. Meint Ihr, daß er sie uns gewähren wird?" — „Ich bin überzeugt davon."

„Pshaw!" fiel Webster wegwerfend ein. „Wie kann Mr. Charley wissen, was so ein Mann wie Old Shatterhand tun oder lassen wird!"

„Nun, so sehr unwissend, wie Ihr meint, bin ich denn doch nicht", verteidigte ich mich. „Wenn ich auch nicht zu den Westmännern gehöre, so würde ich doch vielleicht nicht solche Fehler begehen, wie ihr begangen habt." — „Wir? Fehler?"

„Ja. Ihr habt euch von Mr. Cutter überrumpeln lassen, ohne seine Annäherung zu bemerken."

„Habt etwa Ihr sie bemerkt?" — „Ja."

„Macht uns nichts weis, Mr. Charley!"

„Ich kann es beweisen. Mr. Cutter, sagt einmal: Habt Ihr nicht, um besser sehen zu können, einen Zweig abgeschnitten, als Ihr dort im Busch lagt?"

„Ja, das ist richtig. Ihr habt das also gesehen, Sir, sonst könntet Ihr es nicht wissen."

„Wenn Ihr es gesehen habt, warum habt Ihr es uns da nicht gesagt?" fragte Webster. „Wenn es nun ein Roter gewesen wäre!"

„Ich wußte, daß es ein Weißer war." — „Unmöglich!"

„Ihr wollt ein Westmann sein und wißt nicht, wie man in dunkler Nacht einen Weißen von einem Roten unterscheidet, ohne ihn zu sehen? Und einen viel größeren Fehler habt Ihr begangen. Ein solcher Fehler kann das Leben kosten."

„Behold! Macht mich doch mit diesem lebensgefährlichen Fehler bekannt, wenn Ihr die Güte haben wollt!"

„Diesen Wunsch will ich Euch erfüllen. Könnt Ihr mir vielleicht sagen, was die Roten zu tun pflegen, wenn ihnen ein Weißer entflieht?"

„Seltsame Frage! Sie reiten ihm nach, um ihn wieder festzunehmen. Das weiß doch jedermann."

„Nun also! Mr. Cutter ist den Komantschen entflohen. Glaubt Ihr, daß sie ihn nicht verfolgt haben?"

„Hell and damnation!" rief Old Wabble aus, wobei er sich mit der Hand an die Stirn schlug. „Das ist allerdings richtig, Sir. Wie konnte ich diese Gefahr nur so ganz und gar außer acht lassen!

Die Roten sind sicherlich hinter mir her und werden alles versuchen, meiner wieder habhaft zu werden."

„Und Ihr habt hier nicht einmal Wachen ausgestellt!"

„Das soll sofort geschehen." — „Genügt aber nicht."

„Was noch, Sir? Sagt es rasch! Ich werde tun, was Ihr für nötig haltet."

Jetzt war es für mich ein wirklicher Genuß, die Gesichter der andern zu sehen. Sie blickten erstaunt von ihm zu mir herüber und von mir zu ihm hinüber, und Webster fragte mit großen Augen:

„Was dieser Mann für nötig hält? Glaubt Ihr denn, daß Mr. Charley weiß, was in unserer Lage geschehen muß?"

„Ja, das glaube ich", erklärte der Alte. „Ihr habt ja gehört, daß er auf unsre Sicherheit besser bedacht ist als wir. Also, Mr. Charley, was ratet Ihr uns?"

„Wenn die Verfolger kommen", erwiderte ich, „müssen sie unser Feuer riechen. Vielleicht sind sie schon da, uns zu beschleichen. Ich an Eurer Stelle würde einige Späher aussenden, die den Weg so weit erkunden, wie der Geruch unsres Rauches reicht."

„Well, Sir, very well! Wir werden keinen Augenblick zögern, das zu tun. Mr. Webster, laßt drei oder vier von Euren Leuten als Kundschafter gehen. Ihr werdet einsehen, daß dies nötig ist."

„Yes", erklärte der Genannte. „Es ist merkwürdig, daß wir nicht selbst auf diesen Gedanken gekommen sind und es uns erst von so einem Altertümler sagen lassen müssen, der gar kein Westmann ist. Werde selbst mitgehen und vier Männer mitnehmen."

„Die mögen aber auch die Augen aufmachen und die Ohren dazu, sonst sehen und hören sie nichts; it's clear."

Webster suchte sich vier seiner Leute aus und ging mit ihnen fort. Ich nahm an, daß sie die beiden gefesselten Komantschen und deren Pferde finden würden, und freute mich schon im voraus auf ihre verblüfften Gesichter. Die am Feuer Zurückbleibenden unterhielten sich einsilbig. Ich lag still im Schatten der Büsche und wartete auf die Rückkehr der Späher.

Es dauerte weit über eine Stunde, bis sie kamen. Voran ging Webster, ihm folgten zwei seiner Leute mit den Indianerpferden und zwei mit je einem der Komantschen, die man auseinandergebunden hatte. Webster rief, noch ehe er das Feuer erreicht hatte:

„Mr. Cutter, seht doch her, was wir hier bringen!"

Old Wabble sprang auf, starrte die beiden Roten an, die jetzt wieder bei Besinnung waren, und rief:

„Zwei Komantschen, wie man an den Kriegsfarben sieht! Woher habt Ihr die?"

„Gefunden."

„Aber feindliche Indianer findet man doch nicht, sondern man muß sie fangen."

„Das habe ich bisher auch gedacht, ist aber nicht wahr. Wir haben sie gefunden, wörtlich gefunden, aneinandergefesselt und an einen Baum gebunden. Kurz darauf entdeckten wir auch ihre Pferde."

„Wer sollte das für möglich halten!"

„Ja, man sollte es kaum glauben. Aber was man mit eigenen Augen sieht, daran kann man doch nicht zweifeln. Wer mag sie überwältigt und gefesselt haben? Es müssen Weiße in der Nähe sein, die es getan haben, ohne zu wissen, daß wir uns hier befinden."

Da warf der Alte mir einen kurzen Blick zu, nickte vor sich hin und sagte:

„Ja Weiße! Aber nicht mehrere sind es gewesen, sondern es war nur einer."

„Einer?" — „*Yes.* Sind die Roten verwundet?"

„Nein. Von einer Verletzung ist nichts zu sehen."

„Also ist kein Kampf vorhergegangen. Sie sind überwältigt worden, ohne sich wehren zu können. Es gibt nur wenige Menschen, die das fertigbringen. Denkt einmal an den Westmann, dessen Namen ich vorhin nannte!"

„*Behold!* Ihr meint Old Shatterhand? Er hat sie niedergeschmettert und gefesselt?" — „Anders ist es nicht."

„So habt Ihr recht gehabt, als Ihr meintet, er befinde sich hier. Wir müssen ihn suchen."

„Wird wohl nicht nötig sein. Er weiß gewiß, daß wir hier sind und auf seine Hilfe warten. Verlaßt Euch darauf, daß er sich zur rechten Zeit blicken läßt!"

„Ihr tut ja wahrhaftig so, als wäre Old Shatterhand allwissend, Mr. Cutter. Er ist auch nur ein Mensch und kann nur das wissen, was er sieht und hört. Wollen uns aber nicht streiten, Sir. Sagt uns lieber, was mit diesen beiden Gefangenen geschehen soll. Ihr meint doch nicht etwa, daß wir sie mitnehmen? Das wäre eine Last für uns und überdies nicht ungefährlich. Freilassen können wir sie aber auch nicht."

„Das würde eine Dummheit sein; *it's clear.*"

„Also eine Kugel vor den Kopf; das ist das Allerbeste. Da sind wir sie los, und sie haben es verdient."

„Nur nicht vorschnell handeln, Sir! Wir haben die beiden nicht gefangen, sondern Old Shatterhand. Ihr werdet wohl gehört haben, daß dieser Mann nur dann einen Roten tötet, wenn er unbedingt dazu gezwungen ist."

„Geht mich nichts an. Erstens ist es noch gar nicht sicher, daß er hier ist. Sodann sind die Halunken nicht seine Gefangenen, sondern die unsrigen, und drittens — na, drittens werden wir jetzt über sie beraten und das Gesetz der Prärie sprechen lassen. Ihr tut doch mit?"

„Nein. Diese Indsmen gehen mich nichts an. Aber zuhören werde ich."

„Habe nichts dagegen. Mag's also beginnen!"

Die beiden Komantschen lagen gefesselt auf der Erde neben dem Feuer, an das sich die Weißen zur Beratung setzten. Ob die Roten englisch konnten und verstanden, was gesprochen wurde, war ihnen nicht anzumerken. Um es kurz zu machen, die Beratung dauerte nur wenige Minuten, und ihr Ergebnis war, daß die Gefangenen auf der Stelle erschossen werden sollten. Nur Jos Hawley hatte gegen dieses Urteil gestimmt. Webster machte auch wirklich kurzen Prozeß. Er befahl dreien seiner Leute, die Gefangenen fortzuschaffen und das Urteil in der Nähe zu vollstrecken. Da hielt ich es für angezeigt, endlich auch ein Wort zu sprechen.

„Halt, Mr. Webster! Wartet noch ein Weilchen! Bei Eurem Savannengericht ist ein Versehen vorgekommen, das das Urteil ungültig macht."

„Was versteht Ihr vom Savannengericht! Was für ein Versehen meint Ihr denn?"

„Es sind eigentlich mehrere. Erstens hat einer nicht mitberaten, der mitzusprechen hatte." — „Mr. Cutter wollte ja nicht."

„Den meine ich nicht, sondern mich. Ich gehöre mit zur Gesellschaft und darf von einer so wichtigen Verhandlung nicht ausgeschlossen werden."

„Was Ihr nicht sagt!" lachte Webster. „Ihr gehört keineswegs zu unserer Gesellschaft, sondern Ihr steht nur unter ihrem Schutz. So ist die Sache, Sir. Wenn wir die Hand von Euch ziehen, seid Ihr ferner keinen Augenblick Eures Lebens sicher."

„Das sind Ansichten, Mr. Webster, über die ich mit Euch nicht streiten will. Lassen wir also meine Person aus dem Spiel! Das zweite Versehen ist, daß Ihr mit den Roten kein einziges Wort gesprochen habt. Man verurteilt doch niemand zum Tod, ohne ihn vorher zu verhören. Und endlich gehört ein Gefangener sein Leben nur dem Sieger, keinem andern. Wer von Euch aber kann behaupten, diese Komantschen besiegt und gefangen zu haben?"

„Redet nicht so dummes Zeug! Diese Rothäute gehören uns, es sei denn, Ihr könnt uns sagen, wer der geheimnisvolle Mann gewesen ist, der sie besiegt hat und sich nun nicht sehen läßt."

„Ich kann es sagen, und er versteckt sich nicht, sondern er läßt sich sehen, Mr. Webster."

„So zeigt ihn mir doch!" lachte er.

„Er liegt vor Euch. Ich selbst bin es."

„Ihr? *Bounce!* Ihr, Ihr wollt diese Roten überwältigt und gefesselt haben? Wenn Ihr es fertigbringt, auch nur einen einzigen Indianer im Kampf zu besiegen und bei lebendigem Leib zu binden, wie diese hier, so will ich niemals ein Westmann gewesen sein."

„*Well,* so seid Ihr keiner gewesen."

„Oho! So etwas fertigzubringen, dazu gehört die Kraft eines Old Shatterhand. Wollt Ihr behaupten, sie zu besitzen?"

„Behaupten nicht, aber beweisen. Paßt auf!"

Ich war während dieses Wortwechsels ruhig am Boden liegengeblieben. Jetzt stand ich auf, ergriff Webster mit der rechten Hand beim Gürtel, schwang ihn mir um den Kopf, daß er laut aufschrie, stellte ihn dann wieder auf die Beine und fragte:

„Ist das genug, oder soll ich Euch zeigen, wie es tut, wenn Ihr meine Faust an den Schädel bekommt?"

Bevor er noch antworten konnte, rief einer der Gefangenen mit lauter Stimme: „Old Shatterhand! Das ist Old Shatterhand!"

Der Sprecher hatte mich, weil ich im Schatten lag, vorher nicht bemerken können, nun aber beim Schein des Feuers meine aufgerichtete Gestalt gesehen. Ich trat zu ihm und fragte:

„Kennt mich der gefangene Krieger der Komantschen?"

„Zwei Raben kennt das Bleichgesicht", bestätigte er.

„Wo hat er mich gesehen?"

„Im Llano Estacado. Zwei Raben befand sich unter den zwanzig Kriegern, die ihrem Häuptling Tevua-schohe[1]) und seinem Sohn Schiba-bigk[2]) entgegenritten, um sie gegen die ,Geier' zu schützen. Leider kamen sie zu spät. Tevua-schohe war bereits den Kugeln der Mörder zum Opfer gefallen."

„Das stimmt. Du sprichst die Sprache der Bleichgesichter ziemlich gut, hast also verstanden, was hier gesprochen wurde?"

„Ja. Wir hörten auch, daß Old Shatterhand für unser Leben sprach."

„Ich bin ein Freund der roten Krieger und bedaure es, wenn sie ihre Tomahawks gegen die Bleichgesichter erheben, denn ich weiß, daß sie zwar einmal siegen können, letzten Endes aber um so sicherer untergehen werden. Auch ihr sollt erfahren, daß ich nicht den Tod der roten Männer will."

„Wir sind Krieger und fürchten den Tod nicht."

„Das weiß ich. Aber das Leben ist doch besser als der Tod, und es ist kein Ruhm für euch, wenn euer Stamm erfährt, daß ihr ohne alle Gegenwehr besiegt und dann erschossen worden seid. Es soll auf deine Antworten ankommen, ob ich euch das Leben schenke. Wie heißt der Häuptling, dem dein Stamm gehorcht?"

„Es ist Vupa-Umugi[3]), der noch nie besiegt wurde."

„Wo stehen die Zelte eurer Dörfer?"

„Das sagt Zwei Raben nicht."

„Eure Krieger sind zum Kampf ausgezogen?" — „Ja." — „Wie viele Köpfe stark sind sie?" — „Der Komantsche schweigt."

„Wo befinden sie sich jetzt?" — „Zwei Raben weiß es nicht."

„Du bist verschwiegen und also ein wackerer Krieger, der lieber sein Leben aufs Spiel setzt, als daß er die Seinen verrät. Geht heim und sagt euern Häuptlingen und euern Männern, daß Old Shatterhand die Tapferkeit und die Verschwiegenheit zu schätzen weiß!"

Ich bückte mich, um die Gefangenen von ihren Fesseln zu befreien. Als das geschehen war, sprangen sie auf, und Zwei Raben rief:

[1]) Feuerstern   [2]) Eisenherz   [3]) Großer Donner

„Old Shatterhand bindet die Komantschen los und sagt, sie sollen gehen. Sie sind also frei und können gehen, wohin sie wollen?"

„Ja." — „Was geschieht mit den Waffen und Pferden?"

„Die erhaltet ihr jetzt zurück. Old Shatterhand ist kein Räuber, der sich an fremdem Gut vergreift." — „Uff, uff! Werdet ihr uns nachspüren, um zu erfahren, wohin wir reiten?"

„Nein. Ich gebe euch mein Wort darauf. Hier liegen eure Waffen, und dort stehen eure Pferde. Reitet fort! Aber wir werden diesen Platz scharf bewachen. Falls ihr zurückkommen und uns beschleichen solltet, würden euch unsere Kugeln sicher treffen."

„Wir werden fortreiten, ohne uns nur einmal umzublicken. Howgh!"

Von den Weißen hatte mir bis jetzt keiner auch nur mit einem Wort widersprochen. Nun aber trat Webster zu mir und fragte:

„Ist das Euer Ernst, Sir? Ihr wollt den Roten wirklich die Freiheit geben?" — „Ja." — „Nehmt mir's nicht übel, Sir, aber ich muß Euch sagen, daß dies ein Fehler ist, der —"

Da unterbrach ich ihn mit der kurzen Frage: „Ihr wißt jetzt, wer ich bin?" — *„Yes."*

„Also nicht der Mr. Charley, den Ihr für einen Dummkopf hieltet?" — „Nein, sondern Old Shatterhand, Sir."

„So schweigt lieber still. Wer Hatatitla, den Hengst Old Shatterhands, für einen Kutschgaul halten kann, der darf sich nicht unterfangen, mir gute Lehren zu erteilen!"

Nach diesem Verweis wendete ich mich von Webster ab und ließ ihn stehen. Ich hatte meinen Grund, in diesem Ton mit ihm zu sprechen. Wenn wir beisammenblieben und er bei seinem Selbstgefühl verharrte, so konnte er uns leicht in große Verlegenheit bringen. Daher diese Art meines Tadels, die mir sonst nicht eigen war.

Die Komantschen bestiegen ihre Pferde, winkten mir dankend zu und ritten davon, ohne die andern zu beachten. Das war selbst für Old Wabble zu viel, der bisher nichts gesagt hatte, obwohl er nicht mit mir einverstanden war.

„Bockbeinige Kerle!" brummte er. „Als ob wir gar nicht vorhanden wären! Meint Ihr nicht, daß Ihr zu gütig gegen sie gewesen seid, Mr. Shatterhand?" — „Nein."

„Es kann mir nicht einfallen, Euer Tun zu bekritteln. Aber vielleicht hättet Ihr nicht versprechen sollen, daß wir ihnen nicht nachspüren werden. Wenn wir Old Surehand befreien wollen, müssen wir doch wissen, wohin er geschleppt worden ist."

„Ich weiß es. Habe sie belauscht, ehe ich sie niederschlug. Sie haben ihn zum Saskuan-kui, dem Blauen Wasser, gebracht."

„Das ist gut. Wißt Ihr, wo es liegt, Sir?"

„Ja. Ich bin schon zweimal dort gewesen."

„Aber ich befürchte, die beiden melden dort, was geschehen ist, und daß wir kommen werden."

„Im Gegenteil! Hätte ich dann die Gefangenen freigelassen? Gerade das war ein Schachzug, der uns sicher Vorteil bringen wird. Ich habe übrigens Old Surehand mit keiner Silbe erwähnt. Sie werden annehmen, daß ich entweder von ihm nichts weiß oder keinen Grund habe, mich um ihn zu kümmern. Glaubt mir, Mr. Cutter, ich habe keinen Fehler begangen! Wir haben dabei noch den Vorteil, diese beiden Komantschen los zu sein. Sie wären uns nur unbequem geworden, und ihrem Tod hätte ich keinesfalls zugestimmt."

„Ihr habt recht, Sir; *it's clear.* Und meint Ihr wirklich, daß die Roten nicht heimtückisch umkehren werden?"

„Sie kommen nicht wieder. Damit wir aber keine Vorsicht außer acht lassen, wollen wir diesen Platz aufgeben, das Feuer auslöschen und uns einen andern suchen. Das mag sogleich geschehen."

Als das Feuer ausgetreten war, ritten wir eine Strecke zurück, wo es eine geeignete Stelle gab. Dort legten wir uns zum Schlafen nieder, nachdem zwei Wachen ausgestellt waren. Ich blieb noch lange wach und hörte die Gefährten miteinander flüstern.

Den Gegenstand ihrer leisen Unterhaltung konnte ich mir denken. Sie sprachen über den sonderbaren und ungeahnten Fall, daß sich dieser Mr. Charley einen Scherz mit ihnen gemacht hatte und eigentlich Old Shatterhand gewesen war. Jedenfalls empfand Old Wabble eine nicht geringe Befriedigung darüber, daß er mich zuerst erkannt hatte.

2. Am ‚Blauen Wasser‘

Am andern Morgen galt es vor allen Dingen, zu erfahren, wer von den Gefährten gern mit zum Saskuan-kui ritt und wer nicht. Als ich mich erkundigte, baten alle dringend, sie mitzunehmen. Jetzt, da sie wußten, wer ich war, hatten alle Bedenken aufgehört, und jeder war überzeugt, daß der Ritt ereignisvoll sein und ein gutes Ende nehmen werde. Selbst Ralph Webster zeigte trotz des gestrigen Verweises eine Begeisterung, die gewiß aus dem Herzen kam, und Jos Hawley benutzte eine Gelegenheit, mir unter vier Augen zu sagen:

„Wer hätte das gedacht, Sir, daß Ihr Old Shatterhand seid! Nun freut es mich doppelt, daß Ihr mein Herz mit Eurer Erzählung beruhigt habt. Ich bin ein alter, einfacher Westläufer. Aber stellt mich dahin, wo ich zu brauchen bin, und Ihr werdet sehen, daß ich Euch nicht enttäusche!"

Als wir aufgebrochen waren, folgte ich zunächst dem Wasser, an dem wir gelagert hatten, vielleicht eine Stunde lang. Dann wich das Tal, in dem es floß, von der bisherigen östlichen Richtung ab und wendete sich nach Süden. An dieser Stelle war das Gras niedergedrückt und zertreten, und Old Wabble stieg vom Pferd, um die Spuren zu untersuchen.

„Wollt Ihr das nicht lieber lassen, Mr. Cutter?" bat ich ihn. „Ich halte es für unnötig, und es ist uns auch verboten. Ich habe den Komantschen mein Wort gegeben, ihnen nicht nachzuforschen." -

„So meint Ihr, daß es ihre Spuren sind? Hm! Möchte es bezweifeln. Wenn sie hierher geritten wären, hätten wir ihre Hufeindrücke auch schon unterwegs sehen müssen."

„Nein. Zwischen ihrem Aufbruch und dem unsrigen ist so viel Zeit vergangen, daß sich das Gras inzwischen wieder aufgerichtet hat. Hier aber, wo sie lagerten, ist es liegengeblieben."

„Dieser Beweis scheint richtig zu sein, Sir, doch muß ich mir sagen, daß es nicht weit vorsichtig von diesen Indsmen gewesen wäre, wenn sie die Nacht nur eine Stunde weit von unserm Lagerplatz zugebracht hätten!"

„Warum? Ich habe ihnen die Freiheit gegeben und ihnen versprochen, sie nicht zu verfolgen. Sie haben sich hier also völlig sicher gefühlt. Dazu kommt, daß man bei Tag schneller reitet als bei Nacht. Ein kluger Mann wird also nicht am Tag, sondern während der Nacht ruhen, und ich habe keinen Grund anzunehmen, daß die Komantschen diese Klugheit nicht besitzen. Nachdem sie sich fast eine Stunde von uns entfernt hatten, konnten sie ohne Bedenken anhalten, um den Tag zu erwarten. Dann sind sie weitergeritten, wie Ihr an der Fährte seht, die da rechts am Wasser abwärts führt und so deutlich ist, daß sie nicht von heute nacht oder gar von gestern abend stammen kann."

Da machte Old Wabble ein überlegenes Gesicht und meinte lächelnd:

„Ihr redet davon, daß Ihr Euer Wort halten und die Fährte nicht untersuchen wollt. Ich aber denke, daß dies nicht möglich sein wird." — „Warum nicht?"

„Weil wir ja den gleichen Weg reiten und deshalb gezwungen sind, die Fährte zu betrachten. Oder meint Ihr, daß wir uns die Augen zuhalten sollen?"

„Nein, denn wir werden von der Fährte abweichen."

„Etwa nur Eures Versprechens wegen?"

„Das wäre Unsinn. Es gibt einen andern und viel triftigeren Grund. Die Roten folgen, wahrscheinlich um die Pferde beliebig tränken zu können, diesem Wasser, das zwar auch zum Rio Pecos führt, aber in vielen Krümmungen. Sie machen also einen Umweg. Wir dagegen werden das Wasser hier verlassen und geradewegs in östlicher Richtung zum Pecos reiten. So werden wir eher als die Indsmen bei dem Saskuan-kui eintreffen. Wie vorteilhaft das für uns ist, brauche ich Euch wohl nicht zu erklären."

Da verschwand das überlegene Lächeln aus Old Wabbles Gesicht und er brummte:

„Ja, wenn es so ist, Mr. Shatterhand, will ich's gelten lassen. Ich sehe ein, daß ich von Euch noch lernen kann, *it's clear*. Aber sagt, ist der Weg, den Ihr im Sinn habt, sehr beschwerlich?"

„Gar nicht. Es geht immer abwärts. Die Gegend ist meist eben, zuweilen Fels, zuweilen Sand. Wasser gibt es nicht. In dieser Hinsicht müssen wir uns bis zum Rio Pecos gedulden."

„An dem aber die Komantschen lagern. Wird uns das nicht hindern, ans Wasser zu kommen, das wir nach einem solchen Ritt so notwendig brauchen?"

„Nein. Ich kenne die Lage des Saskuan-kui genau. Wir werden den Fluß an einer andern Stelle erreichen und unsre Pferde gefahrlos tränken können."

„*Well*, so bin ich beruhigt! Denn ich sehe: wenn Ihr unser Anführer seid, können wir die Überzeugung haben, daß alles geschieht, was zu unsrer Sicherheit nötig ist. Und ich will Euch etwas sagen: ich bin älter, viel älter als Ihr, und darum wäre es eigentlich selbstverständlich, daß Ihr mich zum Anführer wähltet. Dennoch will ich — hm, ja, ich will —"

Es schien ihm nicht leicht zu werden, den Entschluß, den er gefaßt hatte, auszusprechen. Er schlang und schlang, er drückte und drückte, um die Worte herauszubringen. Er bewegte die Arme und Beine, er drehte und wendete den dürren Körper, als seien alle seine Knochen locker geworden. Es wackelte und wabbelte jedes Glied an ihm, bis er endlich hervorstieß:

„Ja, ich will darauf verzichten und mich unter Euch stellen. Ihr sollt unser Oberbefehlshaber sein, dem wir gehorchen. So etwas hat Old Wabble noch nie getan. Was sagt Ihr dazu, he? Ihr werdet es mit Anerkennung und Dankbarkeit hinnehmen, Mr. Shatterhand; *it's clear.*"

Ja, er war der Mann, der sich niemals einem andern unterordnete; das wußte ich. Man sah es ihm auch deutlich an, welche Überwindung es ihn gekostet hatte, es jetzt einmal zu tun, so daß er dafür Lob von mir erwartete. Er blickte mich mit großen Augen und weitgeöffnetem Mund erwartungsvoll an. Aber seine Erwartung ging nicht in Erfüllung, denn ich wehrte ab.

„Nein, das ist nicht so klar, wie Ihr denkt. Wir sind freie Westmänner und nicht Soldaten, bei denen immer ein Ranghöherer über dem andern steht. Von einem Oberbefehlshaber im militärischen Sinn des Wortes kann also bei uns nicht die Rede sein, sondern einer hat die gleichen Rechte und Pflichten wie der andere."

„Aber Sir, Ihr könnt doch nicht verlangen, daß wir alle stets eines Sinnes sind." — „Allerdings nicht."

„Nun, was soll denn dann geschehen, wenn wir uns streiten?"

„Streiten? Das kann bei verständigen Männern gar nicht vorkommen. Wenn Meinungsverschiedenheiten eintreten, so besprechen wir uns, Mr. Cutter." — „*Well*, wir besprechen uns. Und dann?"

„Dann handeln wir nach der Ansicht, die die richtige ist."

„Und wenn nun die andern diese Ansicht nicht für richtig halten?"

„Dann sind sie dumm, und mit dummen Menschen verkehre ich nicht." — „Wie — wa — — waaaaas?" fragte er.

Das Gesicht, das Cutter jetzt sehen ließ, war geradezu köstlich, halb das eines listigen Fuchses und halb das eines Schafs, wenn es blöken will. Er blieb eine Zeitlang regungslos, dann wabbelte er seine Glieder schnell durcheinander und fuhr fort:

„Dumm, also dumm, und mit dummen Menschen verkehrt Ihr nicht! Ihr meint also, daß nur wir es sind, die dumm sein können?" — „Ich meine nur, daß ich mich stets hüten werde, einer richtigen Ansicht entgegenzutreten."

„Ach so! Und wenn nur Ihr nun die richtige habt, und wir sehen das nicht ein und tun nicht, was Ihr wollt?"

„So lasse ich euch stehen oder sitzen und gehe meiner Wege."

„Aber dann kann doch das, was getan werden soll, nicht ausgeführt werden!"

„Doch, denn ich würde es allein ausführen. Ein vernünftiger Mann bringt allein mehr fertig, als wenn er zehn andre bei sich hat, die ihm sein Werk verderben."

„Das heißt also folgendermaßen: Old Shatterhand denkt niemals dumm. Es muß deshalb stets nach seinem Willen gehen, und wenn das nicht geschieht, so läuft er davon?"

„So ungefähr, wenn auch nicht so schroff."

„Das ist aber doch dasselbe, wie wenn wir Euch zu unserm Oberbefehlshaber erwählten!"

„Nein, denn ihr sollt mir nicht schlechthin zum Gehorsam verpflichtet sein, sondern ein jeder soll seine Meinung äußern dürfen. Und was Euch persönlich betrifft, Mr. Cutter, so bin ich überzeugt, daß Ihr stets auch das Richtige erkennen und niemals etwas Verkehrtes unternehmen werdet."

Da ging ein heller Sonnenstrahl der Befriedigung über sein faltiges Gesicht, und er rief in freudiger Zustimmung aus:

„Das soll ein Wort sein, Sir, ein Wort, das immer Geltung hat; *it's clear!* Wir haben keinen Oberbefehlshaber, aber wenn die andern nicht einsehen, daß Ihr recht habt, so lassen wir sie sitzen. Kommt mit mir voran, wir wollen weiter!"

Wir ritten an der Lehne des Tals empor und schwenkten oben ab. Hier war das Gelände eben, und wir konnten unsre Pferde, die wir unten erst hatten tüchtig trinken lassen, in Galopp setzen. Old Wabble hielt sich neben mir, den andern voran, und richtete zuweilen seinen Blick bewundernd auf meinen Rappen, dem die schnelle Gangart sichtlich Freude machte.

Der Alte war ein ausgezeichneter Reiter und saß trotz seines hohen Alters wie ein Jüngling im Sattel. Sein langes, weißes Haar flog, ähnlich dem prächtigen, dunklen Schopf Winnetous, wie eine silberne Mähne hinter ihm her. Eigentlich hatte er da unten am Bach meine Erwartungen nicht erfüllt, denn seine Einwendungen waren keineswegs Beweise jenes scharfen, untrüglichen Blicks gewesen, der einem Jäger ersten Ranges eigen ist. Aber der einstige ‚König der Cowboys' war nur im freien Feld, auf der offenen Savanne tätig gewesen und hatte deshalb wohl nicht zu den Eigenschaften kommen können, für die nur die dichten Wälder und schluchtenreichen Gebirge die richtigen Schulstätten sind. In allem aber, was zu seinem Fach gehörte, konnte ich mich gewiß auf ihn verlassen.

Wir ritten stundenlang nebeneinander her, ohne daß er ein Wort sagte. Als ich über dieses Schweigen eine Bemerkung machte, entgegnete er: „Ich rede und erzähle gern, Sir. Aber ich weiß, daß ich Euch damit nicht kommen darf, weil Ihr es mehr mit der Tat als mit dem Wort haltet. Jedermann hat gehört, daß Ihr mit Winnetou tagelang beisammen seid, ohne daß ein überflüssiges Wort gesprochen wird. Selbst angesichts einer Gefahr, über die andre Westmänner lange Beratungen halten würden, verständigt ihr euch durch einen kurzen Wink oder einen einzigen Blick. Also schweige ich, damit Ihr mich nicht für einen Schwätzer haltet; *it's clear.*"

„Winnetou hat allerdings die Eigenheit, mehr in Taten als in Worten zu reden, und ich bin wie er. Es wird mich freuen, wenn ich die Erfahrung mache, daß ich mich mit Euch so gut verstehe wie mit ihm, Mr. Cutter." — „Habt keine Sorge, Sir! Ich bin kein ganz unerfahrener Kerl und werde mich bemühen, Euch zu beweisen, daß Ihr mich brauchen könnt."

Die Gegend, durch die wir kamen, war so wie ich sie den Gefährten beschrieben hatte, teils felsige Ebene, teils sandige Öde, bis wir am Nachmittag fruchtbareren, mit Gras bewachsenen Boden trafen. Wir näherten uns einem kleinen Zufluß des Pecos, dessen Ufer mit Strauchgrün eingefaßt waren. Ich kannte diesen Wasserlauf von früher her und folgte ihm bis zu seiner Mündung. Als wir diese Stelle erreichten, war es knapp zwei Stunden vor Abend. Von hier aus mußten wir eine Stunde bis zum Saskuan-kui reiten.

Dieses Blaue Wasser war ein kleines, seeartiges Becken, das von Quellen, die sich auf seinem Grund befanden, genährt wurde und sein überflüssiges Wasser in den Rio Pecos schickte. An seinen Ufern wuchs dichtes Elm- und Cottonwood-Gebüsch, aus dem hohe, schattenreiche Pecans und Pfosteneichen ragten. Das Wasser hatte eine tiefblaue Farbe und war daher von den Komantschen Saskuan-kui genannt worden. Der Abfluß dieses Sees ging unterhalb der Stelle, an der wir uns befanden, in den Rio Pecos, über den wir hinüber mußten. Noch weiter unten gab es eine Furt, die wir aber nicht benutzen durften, weil die beiden Komantschen von unten her kamen und unsre Spur gefunden hätten. Der Übergang über den hier ziemlich breiten Fluß mußte also schwimmend geschehen, was uns bei der Wärme des heutigen Tages eher erwünscht als unlieb war.

Am jenseitigen Ufer suchten wir zunächst das Gelände nach

Spuren ab, und es beruhigte uns, daß wir keine erblickten. Wir ritten vorsichtig unter den weiten Wipfeln vieler Trembling-poplars[1]) abwärts bis zur Mündung des Seeabflusses. Wir befanden uns an dessen nördlicher Seite und entdeckten auch hier keine Spuren. Ich stieg vom Pferd, band es an ein Gesträuch, von dessen Laub es fressen konnte, und legte mich ins Gras. Old Wabble folgte meinem Beispiel, ohne ein Wort zu sagen. Er wollte meinen schweigsamen Winnetou nachahmen und, wie er sich ausgedrückt hatte, von mir nicht für einen Schwätzer gehalten werden. Den andern aber kam der Umstand, daß ich mich hier niederlegte, nicht so selbstverständlich vor. Sie blieben auf den Pferden sitzen, und Webster fragte: „Absteigen, Sir? Es ist ja noch Tag!"

„Eben weil es noch Tag ist, bin ich abgestiegen", erwiderte ich.

„Wollen wir nicht vollends bis zum Blauen Wasser reiten?"

„Nein."

„So wollt Ihr wohl in der Dunkelheit hin? Warum nicht am Tag, solange wir etwaige Spuren sehen können, Mr. Shatterhand?"

„Weil wir da allerdings solche Spuren sehen, aber auch selbst gesehen würden." — „Ich denke, wenn wir vorsichtig —"

Er wurde von Old Wabble unterbrochen, der ihm streng ins Wort fiel: „Seid still und schreit nicht wie ein Kamel, das fünfzehn Höcker hat! Habe denn etwa ich ein Wort gesagt? Mr. Shatterhand wird wohl wissen, was er tut. Wenn Ihr Euern Skalp zu Markte tragen wollt, so reitet weiter! Ich bleibe hier."

Da stiegen die Leute auch von ihren Pferden. Webster brummte dabei:

„Oho, oho, nur nicht so grob, Old Wabble! Ein Gentleman ist nicht gewöhnt, sich dergleichen Kamele an den Kopf werfen zu lassen."

„Ein echter Gentleman hält vor allen Dingen das Maul, verstanden! Ihr habt zwar damals Euern ersten Elk sehr gut getroffen, inzwischen aber jedenfalls so viele Pudel geschossen, daß es Euch nicht zukommt, gegen Mr. Shatterhand zu sprechen, wenn Euch etwas, was er tut, nicht paßt. Seid also still, sonst gehen wir fort und lassen Euch sitzen."

Ah, also darauf lief es hinaus! Sitzenlassen! Das hatte er sich gemerkt. Er wollte durch seine Strenge gegen den braven Webster zeigen, daß er sich mit mir eins fühlte. Dabei war ich überzeugt, daß seine Schweigsamkeit nicht lange anhalten werde. Er würde mich wohl bei nächster Gelegenheit ebenso ausfragen, wie es jetzt Webster getan hatte.

Als es zu dunkeln begann und die Zeit für mich gekommen war, stand ich auf und erklärte:

„Ich gehe jetzt fort, um die Komantschen zu suchen. Meine Gewehre lasse ich hier und bitte, daß sich keiner von euch entfernt. Es könnten Rote in der Nähe sein und ihn bemerken."

[1]) Zitterpappeln

„Ganz richtig!" stimmte mir Old Wabble bei. „Ich nehme an, daß nun bald die beiden Komantschen erscheinen, die wir freigelassen haben. Die kommen wahrscheinlich hier vorüber."

„Hier nicht, Mr. Cutter", widersprach ich ihm. „Sie benutzen jedenfalls die da unten liegende Furt und kommen also drüben am jenseitigen Ufer dieses Wasser herauf." — „Meint Ihr?"

„Ja. Deshalb habe ich vorhin das diesseitige Ufer zum Ausruhen gewählt. Da können sie uns nicht bemerken."

„Well. Also, Ihr wollt gehen. Darf ich mit?"

„Ich will Euch aufrichtig sagen, daß ich lieber allein bin."

„Haltet Ihr mich für so unerfahren, daß ich Euch den Handel verderbe? Sage Euch, Sir, daß ich das Anschleichen gelernt habe. Das habe ich gestern abend bewiesen."

„Hm! Ich habe Euch doch gesehen."

„Mich nicht, sondern nur den Zweig, weil er sich bewegte."

„Pshaw! Schon lange, ehe Ihr diesen Zweig abschnittet, hatte ich Eure Augen entdeckt." — „Meine Augen? Good Luck!"

„Ja — wenn solche Entdeckung auch nur einem sehr scharfen und geübten Blick möglich ist! Ihr werdet wohl wissen, daß Augen glänzen. Und Ihr hattet die Eurigen noch dazu ganz offen."

„Das mußte ich doch! Wer etwas sehen will, der muß die Augen offen haben."

„O nein! Ein vorsichtiger Späher macht sie so weit wie möglich zu, damit sie ihn nicht verraten. Ja, ich zum Beispiel schließe sie völlig, wenn ich genug gesehen habe und nun nur noch hören will; ich erstens sind sie dann ganz unsichtbar, und zweitens hört man bei geschlossenen Augen besser als bei offenen."

„Stimmt, Sir! Man kann von Euch noch viel lernen."

„So will ich Euch noch auf etwas andres aufmerksam machen. Ich habe nämlich nicht nur Eure Augen, sondern auch Euer Haar gesehen." — „Auch das?"

„Wundert Ihr Euch etwa darüber? Euer Skalp ist schneeweiß, er fällt also noch weit eher auf. Ich rate Euch, das Haar zu verhüllen, wenn Ihr wieder einmal in die Lage kommt, Euch anzuschleichen. Ihr könntet sonst leicht dieses schöne Haar mitsamt der Kopfhaut verlieren."

„Werde es tun, werde es tun! Hoffe, daß ich gleich jetzt in diese Lage komme. Nicht?"

„Ich wiederhole, daß ich lieber allein gehe."

„Mag sein. Aber Ihr seid doch nur ein Mensch, und es kann Euch ein Unfall zustoßen. Dann sitzen wir hier und wissen nicht, wo Ihr steckt und wie Euch zu helfen ist." — „Das ist allerdings richtig."

„Ich gebe Euch mein Wort, daß ich keinen Fehler mache!"

„Euer Wort? Hm! Na, ich will es gelten lassen und hoffen, daß Ihr es haltet."

„Danke Euch. Will nur erst mein Haar einwickeln. Dann können wir gehen."

Er rollte sein Haar zusammen, um es auf den Kopf zu legen und das Tuch darüberzubinden. Dabei fuhr er fort:

„Kennt Ihr das Blaue Wasser und seine Umgebung so genau, daß Ihr Euch getraut, die Roten dort trotz der Dunkelheit der Nacht zu finden?"

„Ja. Das könnt Ihr Euch doch denken. Sonst hätte ich wohl die letzte Tagesstunde zum Anschleichen benutzt und mich nicht müßig hierhergelegt."

„Bravo, bravo!" rief da Webster aus.

Old Wabble drehte sich rasch zu ihm um und fragte zornig:

„Was habt Ihr denn da zu schreien, he?"

„Bravo habe ich geschrien", erwiderte der Gefragte. „Aus Vergnügen darüber, daß Euch Mr. Shatterhand einen so vorzüglichen *fillip*[1]) gegeben hat." — *„Fillip?* Wieso?"

„Erst werdet Ihr grob gegen mich, gebietet mir Schweigen und nennt mich ein wer-weiß-wieviel-höckeriges Kamel, weil ich mir erlaubte, eine ganz bescheidene Frage auszusprechen, und jetzt schlabbert Ihr selbst so ungegorenes Zeug, daß Euch Old Shatterhand darüber zur Rede stellen muß! ,Das könnt Ihr Euch doch denken', hat er gesagt, und ich rufe noch einmal bravo dazu!"

„Haltet den Schnabel, Sir! Meine Frage war ganz sachgemäß."

„Die meinige auch."

„Das meint Ihr nur. Übrigens schreit man hier im Wilden Westen und in der Nähe von feindlichen Indianern nicht so laut bravo, daß die Lunge platzen möchte. Kommt, Mr. Shatterhand, lassen wir ihn sitzen!" — „Für immer?" lächelte ich.

„Nein, nur bis wir wiederkommen."

Ich übergab Webster meine Gewehre; dann gingen wir.

Das Gebüsch, das den Ausfluß des Sees umsäumte, war nicht breit. Es bildete einen schmalen Streifen, an den die offne Grasfläche stieß. Wir hielten uns an seinem Rand und fanden durch zahlreiche vorgeschobene Sträucher so viel Deckung, daß wir für den Fall einer Begegnung keine Sorge zu haben brauchten. Wir konnten uns rasch verbergen. Und als die Dämmerung vorüber und es völlig dunkel geworden war, wäre auch eine vorher begründete Befürchtung überflüssig geworden.

Die Lehre, die Old Wabble von Webster erhalten hatte, war nicht von langer Wirkung, denn wir waren noch nicht sehr weit gegangen, so erkundigte er sich schon wieder flüsternd:

„Was für eine Gestalt hat das Blaue Wasser, Sir?"

„Es ist ein ziemlich kreisrunder See, den ich lieber einen Teich oder einen Weiher nennen möchte, denn unter einem See versteht man eigentlich eine größere Wasserfläche." — „Wie groß ist er?"

„Ich habe zwanzig Minuten gebraucht, um ihn in gerader Richtung zu durchschwimmen."

„Dann ist er gar nicht so klein, denn ich habe gehört, daß Ihr ein

[1]) Nasenstüber

54

vortrefflicher Schwimmer seid. Man erzählt sich, daß Ihr bei den Indsmen habt ums Leben schwimmen müssen."

„Mehrmals sogar."

„Und die besten Schwimmer der Roten sollen hinter Euch zurückgeblieben sein."

„Allerdings, sonst lebte ich nicht mehr. Wie schwimmt denn Ihr, Mr. Cutter?" — „Wie ein Fisch. Oder zweifelt Ihr daran?"

„Da Ihr es sagt, muß es wohl wahr sein. Doch da seid Ihr mir über, denn ich wage nicht zu behaupten, daß ich wie ein Fisch schwimmen kann. Ihr seid übrigens nicht allzu fleischig gebaut."

„Ja, sehr viel Knochen mit lauter Haut und Runzeln, weiter nichts. Aber glaubt Ihr, daß dies ein Hindernis ist, ein guter Schwimmer zu sein?" — „Wenigstens behauptet man das."

„Oho! Wer diese Behauptung ausspricht, der versteht nichts von der Sache. Wer fett ist, der ist doch dick und breit, und es muß ihn eine schauderhafte Arbeit kosten, sich durchs Wasser zu paddeln. Ich aber bin lang und schmal und schieße förmlich durch die Flut. Das ist genau so wie mit einer Pfeilspitze; ist sie lang und dünn, so dringt sie schneller und tiefer ins Fleisch, als wenn sie kurz und dick wäre; *it's clear.*"

Mir war die Sache nicht so ‚*clear*' wie ihm, doch durfte ich immerhin annehmen, daß er nicht übel schwamm, wenn auch nicht grad wie ein Fisch.

„Gibt es im Blauen Wasser Inseln?" fuhr Cutter nach einer kleinen Weile fort.

„Nur eine, die nicht weit vom nördlichen Ufer liegt."

„Wenn es so finster bleibt, wie es jetzt ist, und die Roten kein Feuer brennen, wird es schwer sein, sie zu finden."

„Die Sterne werden in kurzer Zeit heller leuchten, und ich bin auch überzeugt, daß die Komantschen Feuer angebrannt haben. Es gibt keinen Grund für sie anzunehmen, daß Feinde in der Nähe seien. Sie wähnen sich sicher und werden nicht im Dunkeln sitzen."

„Auf welche Weise wollen wir uns anschleichen?"

„Es gibt an dem See, und zwar der erwähnten Insel grad gegenüber, eine Stelle, die sich wie keine andre zum Lagerplatz eignet. Ich selbst habe zweimal mehrere Nächte da zugebracht und möchte annehmen, daß die Indsmen sich auch dort befinden. Das Gebüsch ist dicht und von hohen Bäumen überragt."

„Das ist nicht gut, denn da wird schwer durchzukommen sein. Meint Ihr nicht, Mr. Shatterhand?"

„Es ist leider so; aber wir müssen dennoch durch. Dazu wird wohl ein Umstand kommen, der die Ausführung unsres Vorhabens wahrscheinlich doppelt erschwert." — „Was wäre das?"

„Zwischen dem Wasser und dem Gebüsch gibt es nicht Weide genug für die Pferde. Deshalb ist anzunehmen, daß sich die Tiere nicht am Wasser, sondern diesseits des Waldstreifens befinden, wo Gras in Menge wächst."

„Heigh-ho! Da werden Wächter dabei sein!"

„Natürlich! Wir haben also das Lager vor und die Pferde mit den Wächtern hinter uns und befinden uns in einer Lage, die große Vorsicht erfordert, zumal die Indianergäule ebenso wachsam sind wie ihre Herren. Doch wollen wir jetzt nicht mehr sprechen! Wir müssen unsre Aufmerksamkeit zusammennehmen."

Ungefähr die Hälfte unsres Wegs hatten wir jetzt zurückgelegt und mußten aufpassen, denn je näher wir dem See kamen, desto leichter war es möglich, daß wir auf etwa noch umherstreifende Indsmen stießen. Glücklicherweise war das nicht der Fall, und wir kamen ohne jede unerwünschte Begegnung an die Stelle, wo das Wasser aus dem See abfloß.

Der Waldstreifen machte von hier aus einen weiten Bogen in die Grasebene hinaus. Wir folgten ihm, bis wir plötzlich unsre Schritte anhielten, weil wir vor uns laute Stimmen hörten.

„Pako", rief jemand, „karbune!" Das heißt „Pako, höre!"

„Himme unoso sowui — was willst du?" antwortete ein zweiter.

„Kim!" Das heißt: „Komm her!"

„Un neatz nariskoe; wone tithteste najokone — ich mag nicht kommen; ich will mir eine kleine Schilfpfeife machen."

Hierauf trat wieder Stille ein. Ich raunte Old Wabble zu:

„Das ist die Mundart der Naiini-Komantschen. Wir haben also die Gesuchten vor uns. Kennt Ihr vielleicht diesen Dialekt?"

„Ja. Es rief einer den andern, der keine Zeit hat."

„Gut! Ist mir lieb, daß Ihr diese Sprache versteht, denn so könnt Ihr die Roten mitbelauschen. Meine Voraussetzung ist eingetroffen: wir haben die Pferde vor uns. Es wurde einer der Wächter gerufen. Geht jetzt hinter mir, aber so leise und vorsichtig wie möglich!"

Wir huschten hart am Rand des Gebüsches weiter, bis wir um eine hervortretende Zunge des Waldes bogen. Da sahen wir ein Feuer, das in einer Entfernung von vielleicht sechshundert Schritt vor uns auf der Grasebene brannte. Mehrere Indianer saßen daran, um die weidenden Pferde zu bewachen.

„Ganz so, wie Ihr gedacht habt, Sir", flüsterte Old Wabble. „Da haben wir die Tiere, und hinter den Büschen und Bäumen werden ihre Besitzer am Blauen Wasser lagern."

„Und das ist auch die Stelle, von der ich gesprochen habe. Sie liegen da, wo ich schon zweimal lagerte. Jetzt müssen wir uns niederlegen, sonst sieht man uns."

Wir krochen nun am Saum des Gebüsches weiter, solange dies möglich war, ohne entdeckt zu werden. Vor uns gab es eine schmale Lücke im Gesträuch, die wie ein offener Pfad den Lager mit dem Weideplatz verband. Sie wäre für uns sehr bequem gewesen, wenn wir sie hätten benutzen können. Wir durften es aber nicht. Die Roten verkehrten auf diesem Weg, und wir hätten leicht entdeckt werden können. Wir wendeten uns also nach rechts, um gleichlaufend mit diesem Pfad durch das Buschwerk zu dringen.

Da die Büsche, wie bereits erwähnt, sehr dicht standen und wir jedes Geräusch vermeiden mußten, machte es uns große Mühe und dauerte sehr lange, bis wir den jenseitigen Rand des schmalen Waldes erreichten und den Lagerplatz vor uns liegen sahen.

Es war ein Kriegslager. Zwar trugen die Indianer nicht die Kriegsfarben im Gesicht und hatten hier wohl einen längeren Aufenthalt beabsichtigt, doch war kein einziges Zelt vorhanden, was sicher der Fall gewesen wäre, wenn es sich nur um einen Jagdzug gehandelt hätte. Die Komantschen mußten sich hier völlig sicher fühlen, denn es gab nicht weniger als acht Feuer, bei deren Schein wir über hundertfünfzig Rote zählten. Sie hatten ‚Fleisch gemacht'. Es hing in langen, dünnen Stücken an ausgespannten Riemen, um zu trocknen. Demnach hatten die Roten einen weiten Kriegszug vor, bei dem keine Zeit zum Jagen blieb, oder er war für eine Gegend vorgesehen, in der es weder Büffel noch andres Wild gab. Und so war es auch. Diese Gegend kannte ich. Es war der öde, der heißen, sandigen Sahara gleichende Llano Estacado.

Es lagen noch mehrere erlegte Büffel da, und die meisten Indsmen waren beschäftigt, sie in Stücke zu zerlegen und das Fleisch von den Knochen zu trennen, um es dann in Streifen zu schneiden. Andere hockten an den Feuern und brieten Fleisch. Die gebratenen Stücke lagen in Haufen neben ihnen, jedenfalls für das allgemeine Abendessen bestimmt. An zwei kleineren Feuern, die leider weit auseinander lagen, saßen müßige Gestalten, die sich unterhielten und dabei die Tabakspfeife, von der jeder nur einige Züge nahm, herumgehen ließen. Das waren wohl die Anführer. Ich sagte, daß sie ‚leider' weit auseinander lagen; denn wären diese zwei Gruppen enger beisammen gewesen oder hätten sie nur eine gebildet, so hätte ich sie zusammen belauschen können. So aber mußten wir uns trennen, denn es stand fest, daß wir nicht fortgehen durften, ohne gehört zu haben, was gesprochen wurde.

Die Insel, die ich Old Wabble gegenüber erwähnt hatte, lag als dunkle Stelle, über der ein hellerer Schein schwebte, drüben auf dem Wasser. Wir hätten sie ohne diesen Schein gar nicht sehen können. Er rührte wahrscheinlich von einem Feuer her, das zwischen den Büschen brannte. Das fiel mir auf, und ich fragte mich: warum dieses Feuer auf der Insel? Ich ließ den Blick scharf von Gruppe zu Gruppe über das Lager gehen und konnte mir dann diese Frage beantworten. Es waren nur Indianer hier; kein Weißer war zu sehen.

Wir lagen eng nebeneinander unter einem wilden Baumwollstrauch, der uns ganz bedeckte. Kein Auge richtete sich auf diese Stelle.

„Damn it!" wisperte mir der Alte zu. „Ich habe die Roten gezählt, es sind ihrer ungefähr hundertfünfzig. Aber kein Weißer ist dabei. Sie werden Old Surehand doch nicht etwa schon ausgelöscht haben!"

„Nein. Er ist anscheinend drüben auf der Insel untergebracht."

„Auf der Insel? Ah! Ist das der dunkle Punkt dort im Wasser, über dem es hell wie von einem Feuer liegt?" — „Ja."

„Und Ihr meint, Old Surehand sei dort? Das beruhigt mich, obgleich es mir sonderbar vorkommt, daß ihn die Komantschen nicht hier im Lager haben."

„Mir nicht. Da drüben ist er ihnen sicherer. Von einem rings vom Wasser umgebenen Ort kann ein Gefangener viel schwerer entkommen als von hier, obgleich es dort weniger Augen zu seiner Bewachung gibt."

„Hm, mir scheint, die Komantschen hätten ihn hier wenigstens ebenso fest, denn jedenfalls ist er gefesselt."

„Gefesselt ist Old Surehand sicherlich. Doch sie müssen mit allen Möglichkeiten rechnen, also auch damit, daß Leute hierher kommen, die das Lager und folglich auch den Gefangenen entdecken. Das wollen die Roten vermeiden."

„Wenn das richtig ist, so brauchen wir uns nicht darüber zu freuen, Mr. Shatterhand. Hier könnten wir uns vielleicht an ihn schleichen und ihn losmachen. Das ist aber unter den jetzigen Verhältnissen unmöglich."

„*Pshaw!* Mir ist es viel lieber, daß sie ihn nicht hier im Lager haben. Ihr werdet mir bald rechtgeben. Zunächst möchte ich die Indsmen belauschen,"

„Erlaubt mir, darauf aufmerksam zu machen, daß wir uns da unnötig in Gefahr begeben. Ich bin nicht furchtsam und wage alles mit, was Ihr wagen wollt. Aber selbst wenn es uns gelingt, sie zu belauschen, was sollen wir Wichtiges hören?"

„Wichtig oder nicht, ich versuche es. Ich habe mich schon oft an Feinde geschlichen und dabei fast stets etwas erfahren, was mir nützlich war. Wovon werden sie reden? Von dem, was hier geschehen ist, was noch geschieht, und was sie vorhaben, also wahrscheinlich von den Gefangenen und von dem Kriegs- und Raubzug, den sie planen. Wir wagen allerdings viel, und wenn ich auch gern glaube, daß Ihr Euch nicht fürchtet, so ist es mir, offengestanden, lieber, wenn ich die Gefahr auf mich allein nehme. Denn ich weiß nicht, ob Ihr der Sache gewachsen seid."

„Oho! Habe ich bisher einen Fehler gemacht? Habe ich nicht bewiesen, daß ich das Anschleichen verstehe?"

„Bisher, ja. Doch das war verhältnismäßig leicht. Nun aber kommt es weit schwieriger." — „*Pshaw!* Das kann ich auch."

„Nun, so will ich Euch vertrauen. Ihr seht die beiden kleineren Feuer, an denen die Krieger in müßiger Unterhaltung sitzen. Dahin müssen wir. Für Euch kommt das näherliegende in Betracht. Der Busch reicht fast ganz hinan, und die Deckung, die Ihr dadurch findet, erleichtert Euch die Annäherung, während ich bei dem andern, das hart am Wasser liegt, mehr Mühe habe. Seid Ihr einverstanden?" — „Ja, obgleich es keine große Ehre für mich ist, daß Ihr für Euch die größere Gefahr wählt."

„Das ist keine Schande für Euch. Merkt wohl auf, was ich Euch sage! Wir kehren hierher zurück. Wer zuerst ankommt, gibt dem andern ein Zeichen, daß er fertig ist. Dieses Zeichen darf den Roten nicht auffallen. Ihr hört die Unken rufen; ein solcher Ruf kann keinen Verdacht erregen. Werdet Ihr ihn nachahmen können?"

„Ich denke es."

„Dann ruft Ihr, sobald Ihr hier wieder angekommen seid, viermal, den zweiten und dritten Ruf schneller hintereinander als die andern. Versteht Ihr mich?"

„*Yes*. Das ist zum Unterschied von den wirklichen Unken."

„Richtig! Ich werde es, falls ich eher hier bin als Ihr, ebenso machen. Werdet Ihr entdeckt, so —"

„Entdeckt?" fiel er mir in die Rede. „Werde mich hüten, mich sehen zu lassen!"

„Sagt das nicht! Der vorsichtigste Westmann kann bei einer solchen Gelegenheit Unglück haben. Also, wenn Ihr entdeckt werdet, so brecht Ihr schleunigst ohne Rücksicht auf mich durch das Gebüsch und kehrt zu unserm Lagerplatz zurück! Ich komme nach."

„Und wenn man Euch bemerkt?"

„So fliehe auch ich, und Ihr folgt mir so bald wie möglich. Habt Ihr noch eine Frage?"

„Nein. Meine Aufgabe habe ich erhalten, und ich werde sie lösen; *it's clear.*"

„Mag Euch das gelingen! Also vorwärts jetzt!"

„Ja, vorwärts, Sir! Ihr sollt mit mir zufrieden sein."

Er kroch links in die Büsche und verschwand darin. Ob er keinen Fehler machen würde? Ich war nicht ganz ohne Sorge.

Meine Aufgabe war, wie bereits gesagt, schwerer als die seinige. Das Feuer, zu dem ich wollte, lag in der Nähe des Wassers, und es gab zwischen mir und ihm nichts, was mir als Deckung dienen konnte. Wie also hinkommen, und wie längere Zeit dort liegen, ohne gesehen zu werden? Das war die Frage. Und ich wollte nicht nur, sondern ich mußte hin, denn einer der dort sitzenden Indianer hatte eine Feder des weißen Kriegsadlers im Haar, und ich hielt ihn deshalb, obgleich ich sein Gesicht nicht sehen konnte, für Vupa-Umugi, den Häuptling der Komantschen.

Es gab nur einen Weg dorthin, nämlich zu Wasser, und der war so schwierig, daß ich beim Beschleichen wohl noch nie so viel gewagt hatte wie jetzt. Das Ufer war mit Schilf bewachsen. Diesen Umstand wollte ich ausnützen. Ich mußte mich entkleiden, und dazu wegen meiner hellen Hautfarbe eine dunkle und abgelegene Stelle aufsuchen. Rechts, nicht weit vom entferntesten Feuer, trat das Gebüsch ganz ans Wasser. Dorthin kroch ich, zog mich aus, nahm einige Riemen aus der Tasche, dazu das Bowiemesser und versteckte dann die Kleider im dichten Gebüsch. Hierauf schnitt ich soviel Schilf ab, wie ich brauchte, band es zu einem möglichst natürlich aussehenden Busch zusammen und steckte ihn mir so über den Kopf, daß er mir auf den Schultern stand. Ich höhlte in dem Schilfbündel eine Lücke aus, durch die ich sehen konnte, und stieg ins Wasser, um den Weg anzutreten.

Gehend oder schwimmend, ich mußte dafür sorgen, daß dieser Busch stets in gleicher Höhe mit dem Uferschilf blieb. Wenn ich mich so, langsam und vorsichtig, hart am Land zum Feuer hinbewegte, mußte man meinen seltsamen Schopf für feststehendes Schilf halten, und ich durfte hoffen, glücklich ans Ziel und wieder zurückzugelangen. Bei einer Entdeckung, die leicht möglich war, nahm ich mir vor, quer über den See zu fliehen und dann heimlich wiederzukommen, um meine Kleider zu holen.

Zunächst war das Wasser seicht. Ich mußte mich legen und im Schlamm vorwärtskriechen. Es ging durch scharfes schneidendes Schilf, und ich mußte mich in acht nehmen, damit ich mich nicht verletzte. Als ich in tieferes Wasser kam, konnte ich gehen. Später verlor ich einmal den Grund unter den Füßen, was mich zum Schwimmen nötigte. Der Weg war nicht länger als sechzig Meter, aber ich hatte noch nicht die Hälfte zurückgelegt, als eine halbe Stunde vergangen war. Die Roten durften eben nicht merken, daß sich meine Schilfmaske bewegte, auf diese Weise konnten Stunden vergehen, ehe ich wieder mit Old Wabble zusammentraf.

Glücklicherweise trat jetzt ein Umstand ein, der mir zu Hilfe kam. Ich hörte laute Rufe, und als ich nach der Ursache forschte, sah ich zwei Indianer, die aus dem Gebüsch getreten waren, auf dem Lagerplatz erscheinen. Es waren die beiden Komantschen, die ich gestern abend niedergeschlagen hatte. Der Häuptling hatte sie dem fliehenden Old Wabble nachgeschickt. Jetzt kamen sie wieder, und jedermann wollte wissen, welchen Erfolg sie gehabt hatten. Die beiden lenkten die allgemeine Aufmerksamkeit auf sich, auch die des Häuptlings. Wenn er ihnen auch nicht entgegenging, so stand er doch auf und drehte sich zu ihnen um. Aller Augen waren jetzt vom Wasser abgewandt. Das benutzte ich so schnell, daß ich mich nach kaum einer Minute an der Stelle befand, die ich hatte erreichen wollen. Ich wühlte meinen hellen Körper in den schlammigen Grund des seichten Ufers, legte mich auf die eingebogenen Vorderarme und konnte nun, das Gesicht über Wasser, alles, was vorging, bequem beobachten. Da der Schilfbusch auf meinen Schultern saß, schien er im Wasser zu stehen, und weil zu beiden Seiten von mir ebenfalls Schilf wuchs, durfte ich mich sicher fühlen.

Es war aber auch die höchste Zeit, meinen Lauscherposten einzunehmen; denn schon waren die beiden Komantschen bis an das Feuer des Häuptlings gekommen, der sie mit den Worten empfing:

„Vupa-Umugi sieht an keinem von euern Gürtel den Skalp dessen, den ihr töten solltet. Seid ihr blind geworden, daß ihr seine Spur verlort? Oder haben eure Pferde die Beine gebrochen, daß ihr ihn nicht einholen konntet?"

Zwei Raben sagte nichts und blickte verlegen zu Boden. Der

andre war kecker. Er sah dem Häuptling frei ins Gesicht und entgegnete:

„Wir haben unsre Augen behalten, und die Beine unsrer Pferde sind gesund geblieben." — „Wo aber ist der Skalp?"

„Er sitzt noch auf dem Kopf dessen, dem wir ihn nehmen sollten."

„So ist dieses Bleichgesicht nicht tot?"

„Es lebt noch."

„Ihr habt es euch also entkommen lassen?"

Des Häuptlings Augen blitzten drohend, als er das überlaut und zornig fragte.

„Es ist uns entgangen", entgegnete der andre, den Blick des Häuptlings ruhig aushaltend.

„So seid ihr lahme Hunde, die man keiner Kröte nachsenden darf, weil sie zu flink für sie ist. Ihr werdet in die Zelte der alten Weiber zurückgeschickt, zu denen ihr gehört."

„Du bist Vupa-Umugi, unser Kriegshäuptling, dessen Befehl wir befolgen müssen. Aber wenn du Befehle erteilst, die nicht auszuführen sind, so darfst du nicht die beschimpfen, die sich vergeblich Mühe geben. Wir sind keine lahmen Hunde, sondern erfahrene Krieger, sonst hättest du uns nicht ausgewählt, dem Bleichgesicht zu folgen. Wir gehen nicht zu den alten Weibern. Warum urteilst du, ehe du gehört hast, weshalb wir den Skalp nicht bringen?"

Das war kühn gesprochen. Dieser Mann war sicherlich kein Hasenfuß. Man erzählte sich viele Geschichten von der Grausamkeit Vupa-Umugis. Er betätigte sie nicht bloß gegen Weiße, sondern hatte sich wohl auch oft gegen Stammesgenossen rücksichtslos gezeigt. Man achtete ihn als Krieger, aber man liebte ihn nicht. Es hatte sich eine Erbitterung gegen ihn angehäuft, die bei Gelegenheiten, wie der jetzigen, zum Ausbruch kam. Das Verhalten des wackeren Kriegers war mutig, aber keineswegs verwegen. Ein Indianerhäuptling ist nichts weniger als ein absoluter Herrscher. Er wird vom Stamm gewählt. Er behält seine Würde, solange er sich durch Erfahrung, Klugheit und Kühnheit zu halten weiß, aber er kann in jedem Augenblick durch die ‚Versammlung der Alten' abgesetzt werden und ist dann weniger als vorher. Vupa-Umugi wußte das. Ich sah es ihm an, daß ihn der Vorwurf des Kriegers in Wut versetzte. Seine Hand zuckte zum Gürtel, in dem er das Messer stecken hatte; aber er bezwang sich und grollte:

„Du sollst erzählen, und Vupa-Umugi wird hören, um dann zu entscheiden, ob ihr noch zu den Kriegern der Komantschen zu rechnen seid."

Vupa-Umugi setzte sich nieder. Die vorhin bei ihm gesessen hatten, nahmen wieder Platz, und als das geschehen war, begann der Komantsche den Verlauf seines Verfolgungsritts zu erzählen. Man hörte ihm zu, bis er zu den Worten kam:

„Da traf uns plötzlich ein Schlag an den Kopf, und wir fielen tot nieder. Als wir wieder lebendig wurden, waren wir gefesselt und an einem Baum festgebunden."

„Gefesselt und gebunden?" brauste da der Häuptling auf. „Ohne euch gewehrt zu haben?"

„Kann sich der Häuptling der Naiini gegen einen Feind wehren, den er nicht sieht?"

„Nein. Aber Vupa-Umugi würde jeden Feind sehen, der es wagen sollte, ihn anzugreifen!" — „Diesen nicht!"

„Diesen? So weißt du, wer es war? Nenne seinen Namen!"

„Old Shatterhand."

„Uff!" rief der Häuptling, während er halb emporfuhr und dann wieder niedersank.

„Uff, uff, uff, uff!" riefen die andern ihm nach.

„Old Shatterhand!" stieß er hervor. „Dieser bleiche Hund, den die Krieger der Komantschen schon oft in ihren Händen hatten und der ihnen doch stets wieder entgangen ist! Oh, wäre ich doch an eurer Stelle gewesen!"

„Dir wäre es ebenso ergangen wie uns!"

„Schweig! Vupa-Umugi hätte sich nicht von ihm beschleichen lassen."

„Wir waren es, die das entflohene Bleichgesicht beschleichen wollten. Konnten wir wissen, daß es auf andre Weiße getroffen war? Und konnten wir ahnen, daß Old Shatterhand, der Unbesiegte, sich bei diesen Weißen befand?"

„Nein. Aber ihr mußtet vorsichtiger sein."

„Wir sind es gewesen. Als wir das Feuer rochen, ließen wir sogleich unsre Pferde zurück und schlichen unhörbar vorwärts, um zu sehen, wer daran saß. Niemand hätte uns entdeckt und ergriffen, sondern wir hätten uns alle ihre Skalpe geholt, wenn nicht Old Shatterhand uns entgegengegangen wäre. Er saß im Dickicht und lauschte. Es war dunkle Nacht und wir konnten ihn nicht sehen, wie auch deine Augen ihn nicht erblickt hätten. Als wir ihn erreichten, sprang er auf und schlug uns nieder. Meine roten Brüder haben alle von seiner starken Hand gehört?"

Er richtete diese Frage an die Umstehenden.

„Héhé, héhé — jaja, jaja", wurde ihm geantwortet.

„Und daß jeder, den sie trifft, tot niederstürzt?"

„Héhé, héhé — jaja, jaja."

„Glaubt ihr, daß es euch anders ergangen wäre als uns, daß ihr ihn gesehen hättet und ihm entkommen wäret?"

„Ke, ke — nein, nein!"

Der Mann war ein kluger Verteidiger seiner Sache, indem er die ihm Gleichgestellten nach ihrem Urteil fragte. Ihre Zustimmung bildete für ihn eine Schutzmauer gegen den Zorn des Häuptlings. Er erzählte weiter und wurde von Vupa-Umugi nicht wieder unterbrochen, bis er zu Ende war. Dann fragte er:

„So handelte Old Shatterhand, den die Krieger der Komantschen ihren Feind nennen. Ahnt einer von ihnen, wer das andere Bleichgesicht war, das wir verfolgt haben?" Sie verneinten.

„Und doch haben wir alle oft von diesem Weißen gehört."

„Vupa-Umugi sah ihn, als er durch unsre Schar hindurchritt, als könne ihn keine Kugel treffen und keine Waffe verwunden, kannte ihn aber nicht", bemerkte der Häuptling.

„Sein Haar war lang und weiß wie der Schnee der Berge. In sein Gesicht haben über neunzig Winter ihre Falten gegraben. Es gibt nur ein einziges Bleichgesicht, das so viele Jahre zählt, so weißes Haar besitzt und ein so kühner Reiter ist, um sein Pferd und sich unverletzt durch so viele feindliche Reiter zu drängen."

„Uff, uff!" rief da der Häuptling. „Mein Bruder scheint Old Wabble zu meinen?" — „Ja, er war es."

„Der ist's gewesen, der! Als er uns entkam, hatte uns der gute Geist verlassen. Kein andres, jetzt noch lebendes Bleichgesicht hat so oft Blut der roten Männer vergossen wie dieser lang- und weiß-haarige Hund. Wäre er in unsre Hände gefallen, so hätte sich ein Freudengeheul erhoben, soweit die Zelte der Komantschen stehen. Doch er ist uns nur diesmal entkommen. Wir werden ihn wiederse-hen und sicher ergreifen, vielleicht morgen schon!"

„Willst du Old Wabble mehr Krieger nachsenden, als wir wa-ren?" — „Nein." — „Was denn?"

Auf diese allerdings etwas ungebührliche Frage antwortete der Häuptling leichthin mit einer beinahe wegwerfenden Handbewe-gung:

„Mein Bruder ist einfacher Krieger und wagt es, den obersten Kriegsanführer der Naiini zu fragen, was er tun will? Aber Vupa-Umugi will es dir sagen. Wir brauchen Old Wabble nicht zu fol-gen, denn er wird kommen."

„Er kommt nicht", behauptete der Krieger trotz des Verweises, den er erhalten hatte.

„Das Bleichgesicht kommt!" entgegnete der Häuptling kurz.

„Wir aber wissen, daß es nicht kommt."

„Old Wabble wollte Hilfe holen, um unsern Gefangenen, der drüben auf der Insel gefesselt liegt, zu befreien. Er hat zehn Männer gefunden, deren Anführer Old Shatterhand ist. Sie werden kom-men."

„Sie wären im Gehirn erkrankt, wenn sie glaubten, daß elf Weiße uns besiegen können!"

„Old Shatterhand ist bei ihnen. Krieger, die er anführt, wagen al-les."

„Sie wissen nicht, wo wir uns befinden!"

„Eure Fährte, der sie folgen werden, wird es ihnen verraten."

„Old Shatterhand hat uns doch versprochen, unsrer Fährte nicht zu folgen", fiel Zwei Raben ein. — „Er wird es dennoch tun."

„Nein, er ist kein Lügner. Niemand hat jemals gehört, daß er sein Wort gebrochen habe."

„Es würde meinem Bruder besser anstehen, zu schweigen, anstatt in Gegenwart älterer Krieger seinem Häuptling zu widersprechen!"

Das war ein neuer scharfer Verweis, aber Vupa-Umugi war bei den Seinen nicht beliebt; sie gönnten ihm den Ärger. Zwei Raben sah die Blicke seiner Gefährten ermunternd auf sich gerichtet und fuhr fort:

„Meine Jahre reichen nicht an die der alten und weisen Männer, aber da Zwei Raben es war, der jetzt bei Old Shatterhand gewesen ist, der mit ihm gesprochen und sein Wort bekommen hat, so wird es erlaubt sein zu sagen, was Old Shatterhand erklärt hat."

Da mischte sich ein grauhaariger Indianer ein, der neben dem Häuptling saß und gewiß der älteste von allen war.

„Mein junger Bruder mag getrost sprechen! Wenn das Kriegsbeil ausgegraben ist, kann alles, was sonst überflüssig scheint, von großer Wichtigkeit sein, und das Wichtigste, was es geben kann, ist ein Zusammentreffen mit Old Shatterhand. Wo man ihn sieht, da ist Winnetou, der Häuptling der Apatschen, nicht fern. War er mit dabei?"

„Er war nicht da", erwiderte Zwei Raben, sichtlich stolz darauf, daß dieser Alte ihn in Schutz genommen hatte.

„Auch nicht in der Nähe?"

„Wir haben kein Anzeichen davon bemerkt."

„Welche Worte gebrauchte Old Shatterhand, als er euch sein Versprechen gab?"

Der Gefragte dachte eine kleine Weile nach und erklärte dann:

„Zwei Raben fragte das Bleichgesicht: ‚Werdet ihr uns nachspüren, um zu erfahren, wohin wir reiten?' Es versicherte: ‚Nein, ich gebe euch mein Wort darauf.' Das ist genau die Rede, die mein alter Bruder erfahren will."

„Wenn Old Shatterhand so redet, dann ist es genau so viel wert, als wenn er die Pfeife des Schwurs dabei geraucht hätte. Er hält sein Versprechen und hat euch nicht nachgespürt. Howgh! Meine jungen Brüder können gehen. Wir wissen nun, was wir erfahren wollten."

Die beiden Komantschen entfernten sich und mit ihnen alle andern, die sich dem Feuer neugierig, wenn auch ehrerbietig, genähert hatten. Auch jene, die an dem Feuer, das Old Wabble beschleichen sollte, gesessen hatten, waren vorhin von dort herübergekommen, und so nahm ich an, daß der Alte wieder zurückgeschlichen sei. Es zeigte sich auch gleich, daß ich richtig vermutet hatte, denn jetzt ertönte viermal der Unkenruf in der Weise, wie es zwischen uns verabredet war.

Sollte auch ich meinen Platz verlassen? Der Augenblick war günstig. Die Roten kehrten an ihr Feuer zurück; dadurch entstand ein Hin- und Herlaufen, bei dem wohl niemand auf meinen fortschwimmenden Schilfbusch achten würde. Aber ich sagte mir, daß man an meinem Feuer jetzt noch weiter über wichtige Dinge sprechen werde. Das wollte ich auch gern hören. Und für meinen Rückzug hoffte ich bald einen ebenso passenden Augenblick zu finden. Es war noch nicht gegessen worden. Man wollte damit augenscheinlich warten, bis genügend Fleisch für alle fertiggebraten war. Nachher durfte ich abermals auf ein wirres Durcheinander rechnen, das mir noch bessere Gelegenheit zum unbemerkten Verschwinden geben würde. Ich blieb also noch im Wasser oder vielmehr im Schlamm liegen.

Der Häuptling schien erzürnt darüber zu sein, daß der Alte sich eingemischt hatte, denn er sagte jetzt, als die Krieger fort waren, zu ihm:

„Hat mein Bruder nicht bedacht, daß es die Würde des Anführers kränken muß, wenn ein junger Mann gegen ihn in Schutz genommen wird?"

Der Alte erwiderte: „Die Würde eines Häuptlings wird am meisten dann gekränkt, wenn er selbst gegen sie handelt. Wir alle glauben, daß Old Shatterhand sein Wort hält. Nur Vupa-Umugi ist vom Gegenteil überzeugt!"

„Weil er diesen weißen Hund kennt."

„Wir kennen ihn auch. Auf seiner Zunge hat noch niemals eine Lüge gewohnt."

„Ja. Aber diese Zunge weiß so klug zu sprechen wie keine andre. Er ist das ehrlichste der Bleichgesichter; doch wenn er überlistet werden soll, so ist er auch der listigste aller Füchse, und seine Rede gleicht dem Morgengrauen, auf das Sonnenschein, aber auch böses Wetter folgen kann. Er lügt nicht, das ist wahr. Was er verspricht, das hält er, aber stets so, wie er es meint, nicht, wie man es wünscht. Die Worte, die er zum Feind redet, sind wie Pulverkörner, die genau abgewogen werden müssen, bevor man sie in den Lauf des Gewehrs schüttet."

„So meint Vupa-Umugi, daß das Versprechen, unsern beiden Kriegern nicht nachzuspüren, auch anders ausgelegt werden kann?"

„Nein. Old Shatterhand hat nicht nachspüren wollen und wird also nicht spüren. Aber er hätte dieses Versprechen gewiß nicht gegeben, wenn er nicht einen andern Weg hätte zu erfahren, was er wissen will." — „Es gibt keinen andern!"

„Das denkt mein alter Bruder. Vupa-Umugi aber denkt es nicht, obgleich er selbst auch keinen kennt. Wie oft hat man von Old Shatterhand erzählt, daß er alles weiß, was er wissen will. Ob er mit dem guten oder mit dem bösen Geist im Bunde steht, der ihm alles sagt? Vupa-Umugi behauptet, das Bleichgesicht weiß gewiß, daß wir hier am Saskuan-kui lagern."

„Das ist nicht möglich, denn niemand hat es ihm mitgeteilt. Und selbst wenn er es wüßte, ist das noch kein Grund anzunehmen, daß er hierherkommt."

„Old Shatterhand will den Gefangenen befreien."

„Kennt er ihn? Und wenn er ihn kennt, liebt er ihn so, daß er sich in die Gefahr begibt, für ihn von uns getötet zu werden?"

„Er nimmt sich jedes Bleichgesichts an."

„Auch dann, wenn Old Shatterhand nur elf Mann gegen hundertfünfzig Krieger zu setzen hat?"

„Dieser Weiße zählt die Feinde nicht und braucht sie nicht zu zählen, denn er hat ein Zaubergewehr, mit dem er unaufhörlich schießen kann. Und weiß mein alter Bruder nicht, daß er trotzdem gern den Kampf vermeidet, nicht aus Furcht, sondern weil Old Shatterhand nicht gern das Blut eines Menschen vergießt? Dann greift er zur List, und seine Verschlagenheit ist fast noch mehr zu fürchten als sein Zaubergewehr. Er wird kommen, nicht um mit uns zu kämpfen, sondern um uns den Gefangenen mit List zu entreißen."

Der Alte wurde nachdenklich. Er wiegte den grauen Kopf bedächtig hin und her und sagte nach einer Weile:

„Die Worte Vupa-Umugis können meine Gedanken nicht anders machen. Aber wenn das Kriegsbeil ausgegraben ist, soll man alles, was sonst nur einmal überlegt wird, zehnmal überlegen und dabei nicht das Gute, sondern nur das Böse erwarten. Ich sage, Old Shatterhand kommt nicht; du sagst, er kommt. Nehmen wir also an, daß wir den Weißen erwarten müssen; umso besser ist es dann, wenn er wegbleibt."

„Besser? Fürchtet sich mein alter Bruder vor ihm? Vupa-Umugi wünscht sehr, daß Old Shatterhand kommt. Wir würden ihn ergreifen und ihm den Marterpfahl errichten, an dem er mit Old Surehand und Old Wabble sterben müßte."

„Will mein Bruder den Wind ergreifen, der ihm zwischen den Fingern hindurchweht?"

„Ist Old Shatterhand Luft? Ist er nicht schon mehrmals Gefangener der roten Männer gewesen?" — „Das wohl. Aber wurde er ihnen nicht immer wieder aus der Hand geweht?"

„Wenn Vupa-Umugi das Bleichgesicht einmal hat, so wird er es festhalten."

„So mach die Hände auf, wenn Old Shatterhand kommt, und sieh zu, wie er dir hineinläuft!"

„Er läuft morgen hinein. Unsre beiden Krieger sind des Nachts von ihm fortgeritten, und er ist gewiß erst am Morgen dort aufgebrochen. Sie haben also einen Vorsprung vor ihm. Da sie heute abend eingetroffen sind, wird er morgen kommen."

„Hierher?" — „Nein, wir werden ihn gar nicht so weit kommen lassen, sondern ihn am Rio Pecos fangen."

„Weiß mein Häuptling die Stelle, wo Old Shatterhand über das Wasser gehen wird?"

„Ja. Es ist die Furt, die das Bleichgesicht wahrscheinlich kennt. Wenn nicht, so wird es eine suchen und sie finden."

„Old Shatterhand braucht keine Furt; er ist ein unübertrefflicher Schwimmer."

„Wir werden deshalb eine lange Strecke des Ufers besetzen. Dann kann er uns nicht entgehen. Wäre Nale-Masiuv[1]) mit seinen hundert Kriegern schon da, so könnten wir alle auf eine noch längere Strecke verteilen; er kommt aber erst in drei Tagen."

In diesem Augenblick erklang der Ruf „Teschkaro!"[2]), und alles eilte zu den Feuern, an denen gebraten worden war. Auch der Häuptling stand, seiner Würde angemessen, langsam auf und ging fort, um sich seine Mahlzeit selbst auszusuchen. Das war für mich die beste Gelegenheit, mich zu entfernen. Ich warf noch einen forschenden Blick über den Lagerplatz. Kein Mensch sah zum Ufer und zu der Stelle, wo ich lag. Die Aufmerksamkeit war nur auf das Essen gerichtet. Ich schob mich ins tiefere Wasser zurück und schwamm dann schnell fort, wobei ich mir gar keine Mühe gab unentdeckt zu bleiben. An dem Ort, wo ich mich entkleidet hatte, glücklich angekommen, stieg ich ans Land, legte meinen Anzug wieder an und kroch dorthin, wo Old Wabble mich erwartete, den Schilfbusch nahm ich mit. Hätten ihn die Komantschen gefunden, so wäre leicht alles verraten gewesen.

Meine Annäherung geschah so leise, daß der Alte mich gar nicht hörte und erschrocken zusammenfuhr, als ich ihn berührte.

„*Zounds!* Seid ihr es, Sir, oder ist's ein Roter?" fragte er.

„Ich bin es", entgegnete ich.

„*Well!* Wärt Ihr es nicht, so würde ich dem Kerl mein Messer in den Leib geben!"

„Das würdet Ihr nicht, Mr. Cutter. Denn Ihr könntet es nicht. Ihr hättet das seinige schon längst in Eurem Leib. Ihr lagt so still. Es war keine Bewegung ringsumher, und doch habt Ihr es nicht gehört, als ich kam. Wenn es nun statt meiner ein Komantsche gewesen wäre?"

„So hätte ich ihn gehört, denn es ist unmöglich, daß ein andrer so geräuschlos sein kann wie Ihr. Habt Ihr gute Geschäfte gemacht, Sir?"

„Bin zufrieden." — „Ich auch."

„Was habt Ihr erlauscht?"

„Scheinbar wenig, eigentlich aber ist es viel. Old Surehand wird nämlich nur von zwei Roten bewacht." — „Wo?"

„Ah, das möchtet Ihr wohl gern wissen? Aber wenn ich nicht wäre, so würdet Ihr es nicht erfahren."

„Bildet Euch das nicht ein, Mr. Cutter! Ich brauche Euch nicht dazu; ich weiß es ebenso gut wie Ihr. Er ist drüben auf der Insel." — „Ja, das habt Ihr ja schon vorher vermutet."

„Es ist Gewißheit. Ich habe es von dem Häuptling Vupa-Umugi erlauscht."

„Der sprach davon? Dieser Esel! Ich gedachte, Euch eine große

---

[1]) Vier Finger   [2]) Essen

Freude zu machen, indem ich Euch sagen wollte, daß Eure Vermutung richtig war." — „Grämt Euch nicht darüber, Sir! Was habt Ihr außerdem noch erfahren?"

„Nichts. Ich glaubte Euch wunders was Wichtiges sagen zu können; da Ihr es aber selbst auch erlauscht habt, ist es gerade so gut, als ob ich gar nichts erfahren hätte. Das ist ärgerlich. Wahrscheinlich hätte ich noch mehr gehört, aber da kamen die beiden Komantschen von gestern, und alles lief vom Feuer fort, an dem ich lag. Ihr habt mehr erlauscht als ich?"

„Ja. Doch davon später! Hier ist nicht der geeignete Ort zu einer Unterhaltung. Wollen machen, daß wir fortkommen!"

„Wohin?" — „Zunächst hinaus ins Freie, und zwar auf dem gleichen Weg, auf dem wir hereingeschlichen sind."

„Also durch dick und dünn. Und das nennt dieser Old Shatterhand einen Weg!"

Wir mußten bei unserm Rückzug ebenso vorsichtig sein wie beim Kommen, gelangten aber auch ebenso glücklich aus dem Bereich der Indianer. Die Sterne schienen jetzt leidlich hell, und als wir die früher erwähnte, vorgeschobene Buschzunge hinter uns hatten, konnten wir uns aufrichten und so sorglos weitergehen, als sei kein Komantsche in der Nähe.

„Es scheint, Ihr wollt zu unserm Lagerplatz?" erkundigte sich Old Wabble. — „Wohin sonst?"

„Hm! Ihr werdet mich wahrscheinlich auslachen, aber ich hatte mir im stillen eingebildet, daß wir Old Surehand gleich mitnehmen würden." — „Das war allerdings eine kühne Einbildung."

„Weil die Verhältnisse anders liegen, als ich dachte. Wäre der Gefangene nicht auf der Insel, sondern am Ufer, so wäre seine Befreiung ganz wie eins — zwei — drei vor sich gegangen: Hinschleichen — Fesseln zerschneiden — aufspringen — fortlaufen — Indianer hinterher — wir zu unserm Lagerplatz rennen — auf die Pferde steigen — weggaloppieren — fertig!"

„Das klingt ja recht einfach."

„Ich will Euch offen und ehrlich gestehen, daß ich vor unsre Gefährten, die alle keine richtigen Westmänner sind, gern mit einer vollendeten Tatsache treten wollte."

„Hm. Ihr wolltet gern ein wenig dicke tun?"

„Nennt es, wie Ihr wollt! Es ist doch wohl keine Schande; mit Euch einen Gefangenen, der dem Martertod geweiht ist, mitten aus anderthalbhundert Indianern herauszuholen. Diese Freude fällt mir nun in den Brunnen. Jetzt werden wahrscheinlich dieser Ralph Webster, Jos Hawley und die andern mithelfen sollen?"

„Nicht, was man eigentlich helfen nennt. Sie werden unsre Rückzugslinie bilden; das ist alles. Befreit wird Old Surehand nur von uns beiden." — „Das ist mir lieb!"

„Ich setze dabei aber voraus, daß Ihr wirklich ein so guter Schwimmer seid, wie Ihr gesagt habt."

„Wie ein Fisch, sage ich Euch, wie ein Fisch; *it's clear.* Es soll also bei diesem Streich geschwommen werden?"

„Ja, da wir doch auf die Insel müssen. Also, Ihr getraut Euch, vom jenseitigen Ufer aus quer über den See dorthin zu schwimmen und auch wieder zurück?"

„Welche Frage! Ich sage Euch, ich schwimme von hier bis zum Mond, wenn genug Wasser dazwischen ist!"

„Well! Dann ist die Sache sehr einfach. Wir schwimmen zur Insel, machen die beiden Wächter unschädlich, befreien Old Surehand von seinen Fesseln und schwimmen mit ihm zurück."

„Wie — was — wie —?" Der Alte blieb stehen, faßte mich am Arm und fuhr fort: „Das geht ja bei Euch so rasch wie das Semmelbacken, Mr. Shatterhand."

„Bei Euch ging es ja vorhin auch nur so eins — zwei — drei — fertig!"

„Ja, das war etwas andres! Ich wollte ihn zu Lande befreien, nicht aber zu Wasser. Hier müssen wir vor allen Dingen wissen: kann Old Surehand auch schwimmen?"

„Ein Westmann wie er ist sicherlich ein guter Schwimmer."

„Aber Old Surehand ist gefesselt. Das gibt Blutstockungen. Wird er seiner Arme und Beine so mächtig sein, daß er sogleich mit uns über den See schwimmen kann?"

„Ich denke es, denn man sagt ja, er sei ein überaus kräftiger Mann."

„Das ist er, Mr. Shatterhand. Also, gemacht: Old Surehand kann sofort mit uns schwimmen. Aber die Sterne! Der Widerschein im Wasser wird uns den Wächtern auf der Insel verraten."

„Das glaube ich nicht. Die Wächter werden uns gar nicht sehen, denn wir werden uns maskieren."

„Maskieren?" Wie wollen wir uns maskieren? Etwa Ihr Euch als Domino und ich mich als Harlekin? Ich danke für solchen Karneval!"

„Versteht mich doch richtig, Mr. Cutter! Mit maskieren meine ich soviel wie verstecken. Und zwar hinter Schilf."

„Unsinn! Kein Roter wird sich dadurch irremachen lassen."

„Da kann ich Euch das Gegenteil beweisen. Ich habe vorhin so eine Maskerade getrieben, weil ich meinen Zweck auf keine andre Art erreichen konnte."

Ich erzählte es Cutter. Daraufhin meint er:

„Hm, Euer Plan ist doch nicht so dumm, wie ich dachte. Doch ein einzelner Schilfbusch, das mag ja gehen, aber zwei? Wir bringen es wohl kaum fertig, ganz gleich zu schwimmen. Die beiden Büsche würden also bald zusammen- und bald auseinandergeraten. Das muß auffallen und Verdacht erwecken."

„Allerdings. Aber wir werden eben nicht zwei Büsche oder Bündel nehmen, sondern uns eine Schilfinsel herstellen, unter der wir stecken." — „Nicht übel!"

„Erst schwimmen wir schnell. Sobald wir aber in die Nähe der Wächter gelangen, kommt unsre Schilfinsel ganz langsam angetrieben."

„Aber unsre hellen Körper! Um nebeneinander schwimmen zu können, brauchen wir allerhand Platz. Dürfen wir das Schilffloß so groß machen? Die Wächter werden uns sehen, weil unsere Haut hell ist."

„Wir behalten die Kleider an."

„Hm!" brummte er.

„Meint Ihr, daß Euch dies das Schwimmen erschweren wird, Mr. Cutter?"

„Gar nicht, ganz und gar nicht! Es fragt sich nur, wenn sonst auch alles glückt, ob die Wächter unser Schilf an ihrer Insel landen lassen werden."

„Es soll nicht landen. Paßt auf, wie ich's meine! Könnt Ihr tauchen?"

„Wie ein Frosch, sage ich, wie ein Frosch; *it's clear:* so tief wie Ihr wollt!"

„Das ist gut, denn das Tauchen gehört dazu. Wenn wir uns der Insel nähern und die Wächter das Schilffloß bemerken, werden sie auf die Seite der Insel gehen, an der es vorüberschwimmen will."

„Das läßt sich denken. Landen werden sie es aber wohl nicht lassen."

„Nein. Nun kommt die Hauptsache: in dem Augenblick, in dem das Floß der Insel am nächsten ist, verlassen wir unsern Schutz, tauchen und schwimmen unter Wasser um die Insel herum, um an der andern Seite wieder aufzutauchen. Während die Wächter dem Schilf nachblicken, besteigen wir in ihrem Rücken die Insel, und ich springe auf sie zu, um sie mit zwei guten Fausthieben unschädlich zu machen."

„Großartig, Mr. Shatterhand! Und ich?"

„Für Euch ist es das erste, die Fesseln des Gefangenen zu durchschneiden, damit er schnell frei wird, denn es kann, wenn ich es auch nicht für wahrscheinlich halte, doch der Fall eintreten, daß wir gleich wieder fort müssen. Es ist ja möglich, daß ich einen der Roten nicht richtig treffe und er Zeit gewinnt, um Hilfe zu rufen."

„Das wäre faul!"

„Ja. Ihr seht wohl ein, daß wir viel leisten müssen, und daß alles gut klappen muß, wenn der Streich gelingen soll. Ich denke also, daß Ihr es mir nicht übelnehmen werdet, wenn ich Euch bitte, noch einmal zu prüfen, ob Ihr das, was ich von Euch verlangen muß, auch wirklich ausführen könnt."

„Mit Leichtigkeit, Sir!"

„Ich sage Euch aufrichtig, daß ich es mir nicht leicht vorstelle. Mich kenne ich genau und weiß, daß ich es ausführen kann, wenn nichts dazwischenkommt und alles so glatt verläuft, wie ich es soeben dargelegt habe. Wir dürfen nicht leichtsinnig sein!"

„Redet nicht von Leichtsinn, Sir! Habt Ihr diesen Old Wabble hier einmal schwimmen oder tauchen sehen?" — „Nein."

„So seid still und wartet es ruhig ab! Und wenn es vorüber ist, dann werdet Ihr sagen, daß Ihr keinen besseren und geschickteren Helfer finden konntet als mich; *it's clear!"* — „Das soll mich freuen, denn es handelt sich hier um unser Leben."

Ich war mir wirklich darüber unklar, ob ich ihm trauen könne oder nicht. Seine Knochengestalt ließ in ihm keinen guten Schwimmer vermuten, und seine Versicherungen hatten etwas Prahlerisches. Aber er war bekanntermaßen ein mutiger und erfahrener Mann und sprach in einem solchen Brustton der Überzeugung, daß es mir schwerfiel, ihm keinen Glauben zu schenken.

Inzwischen hatten wir unsern Lagerplatz erreicht. Die Gefährten waren wegen unsrer langen Abwesenheit in Sorge um uns gewesen. Wir erzählten ihnen, was wir gesehen und erfahren hatten, und erklärten ihnen den Rettungsplan, den wir ausführen wollten. Webster und Hawley bedauerten, daß sie keine tätige Rolle spielen sollten. Die andern sagten nichts. Sie waren wohl recht zufrieden damit, daß ich ihnen nicht zumutete, ihr Leben aufs Spiel zu setzen. Wir bestiegen unsre Pferde und brachen auf, um zur andern Seite des Sees zu reiten.

Dort mußten wir im Dunkel durchs Gebüsch, um von der offenen Grasfläche an das Wasser zu gelangen. Hier saßen wir wieder ab und banden die Pferde an. Drüben brannten die Lagerfeuer.

Es gab hier auch Schilf. Wir schnitten davon so viel, wie wir brauchten. Einige starke Äste bildeten den Rahmen des Floßes. Als wir mit dem Bau fertig waren, war es für unsern Zweck ein kleines Meisterwerk. Es hatte unten Öffnungen für unsre Köpfe und vier lederne Schlingen, in die wir die Arme stecken konnten. Natürlich war dafür gesorgt, daß wir oben einen freien Ausblick hatten, wenn wir unter dem Floß schwammen.

Jetzt sollte das Wagnis beginnen. Wir leerten unsre Taschen und legten überhaupt alles ab, was durch das Wasser leiden mußte oder nicht nötig schien. Von Waffen konnten wir nur die Messer behalten. Als wir soweit fertig waren, fragte Webster:

„Also, wir haben wirklich gar nichts dabei zu tun, Mr. Shatterhand?"

„Nein. Aber für überflüssig braucht ihr euch trotzdem nicht zu halten. Es gibt einen Fall, in dem wir euch notwendig brauchen: wenn wir nämlich entdeckt und verfolgt werden, was nur zu Wasser geschehen kann. Wir kommen in grader Linie zurückgeschwommen. Haben wir Verfolger hinter uns, so ist es eure Aufgabe, sie von uns abzuhalten." — „Durch Schüsse?" — „Ja."

„In dieser Dunkelheit? Vom Schwimmer kann man nicht viel mehr als den Kopf sehen. Wer mag da einen Weißen von einem Indianer unterscheiden? Wie leicht könnten wir auf euch schießen!"

„Ihr dürft eben nicht eher schießen, als bis ihr genau wißt, auf wen ihr zielt. Übrigens werden wir uns durch laute Zurufe bemerkbar machen. Kommt einer von uns im Wasser mit einem Roten in Kampf, so schießt ihr auf keinen Fall, selbst wenn es so nahe von hier wäre, daß ihr die Gesichter unterscheiden könnt. Wir sind Manns genug, es mit einem Roten aufzunehmen."

„Jawohl, das sind wir; *it's clear!*" stimmte mir Old Wabble lebhaft bei.

„Also vorwärts! Und gut Glück dabei!"

„*Yes, go on!* In einer halben Stunde sind wir glücklich und siegreich wieder da!"

Mit dieser kühnen Versicherung wabbelte der Alte ins Wasser, und ich folgte ihm etwas weniger zuversichtlich.

Unter das Floß brauchten wir erst dann zu kriechen, wenn wir so nahe an der Insel waren, daß es von den Wachen gesehen werden konnte. Jetzt schwammen wir frei und schoben es vor uns her. Ich beobachtete zunächst Old Wabble, um zu prüfen, ob er wirklich so gut schwamm, wie er versichert hatte. Es mochte gehen. Aber nach einiger Zeit bemerkte ich, daß sich das Floß auf seiner Seite tiefer ins Wasser senkte als auf der meinigen.

„Ihr legt Euch zu sehr auf", sagte ich. „Seid Ihr etwa schon müde, Mr. Cutter?"

„Müde? Was fällt Euch ein!" erwiderte er. „Daran sind nur die verteufelten Braces[1]) schuld, die mich drücken."

„Wer wird auch außer dem Gurt noch Träger haben!"

„Das versteht Ihr nicht. Den Gürtel kann man im Westen nicht entbehren, und die Braces brauche ich, weil ich keine Hüften habe; sie müssen auch den Gürtel halten. Bei meiner Gestalt! Wo sollen da Hüften sitzen?"

Ich konnte mir nicht recht erklären, warum seine Hosenträger die schändliche Absicht verfolgten, ihn im Schwimmen zu hindern, und war still, doch nicht lang, denn er stützte sich immer mehr auf das Floß, so daß es auf meiner Seite aus dem Wasser ragte. Da bat ich ihn:

„Kehrt lieber um, Mr. Cutter. Jetzt ist's noch Zeit. Es scheint Euch schwer zu werden."

„Unsinn! Seht Ihr denn nicht, daß ich wie ein Fisch vorwärts schieße?"

„Weil ich das Floß schiebe, an dem Ihr hängt!"

„Das sieht bloß so aus. Diese Braces! Ich werde sie herunternehmen. Dann geht es besser."

Indem er sich mit der einen Hand am Floß festhielt, knöpfte er mit der andern die Hosenträger ab und schob sie in die Tasche. Sie schienen ihn doch gedrückt und gehindert zu haben, denn es ging jetzt besser. Freilich hörte ich, daß er schnaufte. Er schien sich anzustrengen. Als ich eine Bemerkung darüber machte versicherte er:

[1]) Hosenträger

„Das ist nur die eine Lungenseite; die wird manchmal so laut. Die andre ist gut."

Nun schwammen wir wohl fünf Minuten lang, ohne ein Wort zu sprechen. Dann bemerkte ich, daß der Alte abermals tiefer im Wasser lag. „Ihr scheint schwerer zu werden, Sir?" fragte ich.

„Ist das denn ein Wunder? Die Kleidung zieht ja Wasser, und da hinten — *the devil,* was ist das!" Er hielt das Floß an und langte mit einer Hand hinter sich.

„Was sucht Ihr dort, Sir?"

„Ich suche — na! — Hört, Mr. Shatterhand, ich muß meine Braces unbedingt wieder anknöpfen!" — „Warum?"

„Weil ich die Leggins verliere; sie schwimmen schon halb hinter mir her. Wollt Ihr mir helfen?"

Ich war ihm behilflich, die schon halb entwichenen Beinkleider zur Folgsamkeit zu bringen. Dann ging es weiter. Aber ich mußte zu meiner großen Besorgnis von Minute zu Minute immer mehr einsehen, daß er doch der Schwimmer nicht war, für den er sich hielt. Ich hatte nicht nur das Floß, sondern auch ihn vorwärts zu treiben.

„Ich denke, wir kehren um, Mr. Cutter", riet ich. „Ihr seid wirklich müde, und unser Vorhaben erfordert volle Kraft. Denkt der Gefahr, der wir entgegengehn!"

„Ich denke dran, und eben deshalb strenge ich mich jetzt nicht an, um später bei ganzer Kraft zu sein. Umkehren? Welcher Gedanke! Werde mich nicht auslachen lassen!"

Ja, beschämen wollte ich den alten Cowboy freilich nicht gern. Aber durfte ich es weiter mit ihm wagen? Es war ja möglich, daß er sich jetzt schonte, um später ganz auf der Höhe zu sein. Auf weitere dringende Fragen versicherte er, daß dies wirklich der Fall sei. Übrigens hatten wir jetzt schon die Hälfte des Wegs zurückgelegt. Also vorwärts, mochte es nun gehen, wie es wollte! Meine Sorge wurde trotz dieses Entschlusses keineswegs geringer, und schon nach weiteren fünf Minuten erkundigte ich mich:

„Wollt Ihr Euch nicht mit dem Oberkörper auf das Floß legen? Da ruht Ihr aus und habt dann frische Kraft."

„Das ist richtig. Aber wird es Euch nicht zu schwer?"

„Nein. Tut es nur!"

Cutter folgte meinem Rat und flüsterte, als ich unser Wasserfahrzeug weitertrieb: „Mir ist ein Gedanke gekommen, Sir. Die Wächter werden Verdacht schöpfen, auch wenn sie uns nicht sehen. Sie werden sich fragen, woher unser Schilf die Bewegung bekommt. Der See steht ja still."

„Da irrt Ihr Euch. Er schickt sein Wasser da unten dem Rio Pecos zu, und infolgedessen hat er eine, wenn auch nicht sehr wahrnehmbare Bewegung zum Abfluß hin. Ein losgerissenes Schilf wird also langsam dahinunter schwimmen. Das werden sich die Roten wohl auch sagen. In dieser Hinsicht habe ich keine Sorge."

„Aber wohl in andrer?" — „Ja. Euretwegen."

„*Pshaw!* Ich will mich jetzt nicht anstrengen. Wenn es losgeht, werdet Ihr mich ganz bei der Sache finden."

„Hm! Vom Schwimmen will ich jetzt nichts mehr sagen; darauf komme ich noch, bevor wir den Rückweg antreten. Es handelt sich jetzt vielmehr um das Tauchen. Wenn Euch das nicht gelingt, können wir verloren sein."

„Redet nicht, Sir! Ich habe doch weiter nichts zu tun, als im richtigen Augenblick das Floß loszulassen, unterzutauchen und an der andern Inselseite wieder heraufzukommen. Das ist kinderleicht, zumal bei meinem Körperbau. Wer so wenig Fleisch und so viel Knochen hat, dem wird es leicht, im Tauchen Meister zu sein."

Da hatte Old Wabble freilich recht, und das Selbstvertrauen, das er zeigte, beruhigte mich einigermaßen, obgleich ich einsah, daß es besser gewesen wäre, ihn zurückzulassen und das Vorhaben allein auszuführen.

Wir näherten uns der Insel immer mehr, und ich lenkte jetzt das Floß, von der bisherigen geraden Richtung abbiegend, aufwärts, weil wir uns später abwärts treiben lassen mußten. Die Lagerfeuer der Komantschen leuchteten hell, doch nicht zu uns herüber. Das auf der Insel war klein. Es brannte hinter dem Gebüsch. Deshalb konnten wir die Flamme nicht sehen. Die wenigen sichtbaren Sterne blickten vom Himmel in die Flut herab und schimmerten daraus wieder herauf. Ich schwamm so stet und ruhig wie möglich, um keine Wellen zu verursachen, in denen der Rückstrahl der Sterne schwankte, weil das ziemlich weit zu sehen ist. So kam ich ohne Hast bis in solche Nähe der Insel, daß wir nun das Floß treiben lassen konnten. Ich machte Old Wabble darauf aufmerksam:

„Jetzt ist die Zeit gekommen, Mr. Cutter. Wir müssen nun unter das Schilf kriechen."

„*Well,* soll gleich geschehen", meinte er.

„Noch einen Augenblick! Wenn wir mit den Köpfen in den Löchern stecken und uns eine Mitteilung machen müssen, so darf das nur flüsternd geschehen."

„Selbstverständlich!"

„Obgleich wir das Floß treiben lassen, muß es doch vorsichtig gelenkt werden. Das überlaßt Ihr mir!"

„Ist mir lieb. Sagt mir nur, wann das Tauchen losgehen soll! Bin dann gleich dabei."

Wir schlüpften unter das Floß und steckten die Köpfe in die dazu bestimmten Löcher. Dann schoben wir die Arme in die Lederschlingen und hingen nun in aufrechter Haltung ungefähr so unten an dem Floß, wie ein Turner an den Ringen hängt. Das Schilf trug uns. Wir brauchten nicht zu schwimmen, und eine kleine Hand oder Fußbewegung genügte zum Lenken. Es ging sehr langsam, und bei der Erwartung, die uns ergriffen hatte, wurde uns die Zeit doppelt lang.

„Verwünschte Eilschiffahrt!" raunte mir der Alte zu. „Könnt Ihr gut sehen, Sir?" — „Ja."

„Ich auch. Jetzt müßte ein Haifisch kommen und uns in die Beine beißen! Hei, würde da unser Dampfschiff in Bewegung kommen! Wie gut, daß es hier keine solchen Bestien oder gar Krokodile gibt! Da, schaut!" — „Ich sehe ihn."

„Und er sieht uns. Was wird er tun?"

Wir waren jetzt vielleicht sechzig Schritt von der Insel entfernt. Im Ufergebüsch gab es eine breite Lücke, durch die das Feuer zu sehen war. In seinem Schein erblickten wir einen Indianer, der am Ufer Wasser schöpfte und dabei unser ‚Dampfschiff' bemerkte. Er schaute kurze Zeit zu uns herüber und kehrte dann zum Feuer zurück.

„Prächtiger Kerl!" flüsterte Old Wabble. „Will gar nichts von uns wissen." — „Das kann uns nur lieb sein. Aber warten wir es ab, ob ihm unser Schiff nicht doch noch auffällt."

Es verging Minute um Minute. Wir kamen der Insel immer näher, und der Wächter erschien nicht wieder. Noch vierzig, noch dreißig, noch zwanzig, endlich nur noch zehn Schritt! Wir glitten vorüber.

„Mr. Cutter, jetzt!" raunte ich dem Alten zu. „Ich tauche links, und Ihr taucht rechts um die Insel herum, damit wir nicht zusammengeraten und uns hindern. Drüben steigen wir auf und sind im Rücken der Wächter. Aber bitte, gebt Euch alle Mühe! Habt Ihr die Arme noch in den Schlingen?" — „No."

„Seid Ihr fertig?" — „Yes. Es kann losgehen; it's clear."

„Dann fort vom Floß!"

Ich machte mich los, tauchte tief hinab, schwamm um die halbe Insel und kam drüben vorsichtig wieder empor. Zwei Stöße brachten mich ans Ufer. Old Wabble war an dieser Stelle nicht zu sehen. Er erstieg aber die Insel jedenfalls nicht weit von hier. Ich konnte mich um ihn nicht kümmern, sondern mußte vor allen Dingen zu den beiden Wächtern. Mich auf die Erde legend, kroch ich durch die Büsche. Die beiden saßen an dem kleinen Feuer, das nur durch fünf oder sechs dünne Holzstücke genährt wurde. Der eine kehrte mir den Rücken, der andre die linke Seite zu. Etwas abseits von ihnen lag der Gefangene im Schatten eines überhängenden Strauches. Ich konnte sein Gesicht nicht sehen; aber die Füße lagen im Licht des Feuers. Sie waren gefesselt. Nun schnell ans Werk!

Ich richtete mich auf und war mit zwei langen Sprüngen am Feuer. Ein Hieb hüben und ein Hieb drüben an die Schläfen der Roten — sie sanken um. Ich bückte mich zu ihnen nieder. Sie waren betäubt.

„Ein Weißer!" erklang da die Stimme des Gefangenen. „Kommt Ihr, um mich —"

„Ja", unterbrach ich ihn. „Reden wir später! Jetzt müssen wir handeln. Weg mit den Fesseln!"

Ich kniete bei ihm nieder und zog das Messer. Hinter mir gab es ein Geräusch.

„Seid Ihr da, Mr. Cutter?" fragte ich, ohne mich umzusehen. Denn wer konnte es anders sein als Old Wabble?

„Uff, uff, uff, uff!" antworteten statt seiner zwei mir fremde Stimmen.

Ich richtete mich blitzschnell auf und drehte mich um. Da standen zwei Indianer, wassertriefend und mich wie ein Gespenst anstarrend. Später sagte mir Old Surehand, daß die Wachen alle drei Stunden gewechselt worden waren. Diese Ablösung geschah schwimmend. Daher die beiden triefenden Gestalten, die grad in diesem Augenblick kamen, um an die Stelle der zwei Betäubten zu treten. Meine Überraschung währte nur einen Augenblick. Im zweiten hatte ich den mir am nächsten stehenden Roten mit der linken Hand bei der Kehle und schmetterte ihn mit der rechten Faust zu Boden. Dann wollte ich den andern packen, kam aber nicht dazu, denn er warf sich mit einem schrillen Hilferuf ins Wasser und schwamm, immer brüllend, dem Lager zu.

Da war keine Zeit zu verlieren. Ich sprang zu Old Surehand und schnitt seine Arm- und Fußfesseln durch. Er war außerdem noch mit zwei Riemen an zwei in die Erde gerammten Pfähle gebunden. Auch die durchschnitt ich.

„Könnt Ihr Euch bewegen, Sir?" fragte ich, als er aufstand. „Sagt es, schnell!"

Ich sah diesen Mann jetzt zum erstenmal, hatte aber keine Zeit, ihn zu betrachten. Er streckte seine mächtigen Glieder, bückte sich, um einem der Betäubten das Messer zu nehmen, und antwortete so ruhig, als sei nun für ihn nichts mehr zu fürchten:

„Ich kann alles, was Ihr wollt, Sir."

„Auch schwimmen?" — „Ja. Wohin?"

„Gerade über den See. Drüben werden wir von Weißen erwartet." — „So kommt! Es ist hohe Zeit. In weniger als einer Minute haben wir die Roten hier."

Der Jäger hatte recht. Die aufgeschreckten Komantschen vollführten einen wahren Teufelslärm. Das war ein geradezu ohrenzerreißendes Schreien, Heulen, Rufen und Brüllen! Wir konnten sie nicht sehen. Doch wir hörten am klatschenden Aufspritzen des Wassers, daß sie sich in den See stürzten, um zur Insel zu schwimmen. Wir mußten fort. Wo aber war Old Wabble?

„Mr. Cutter, Mr. Cutter!" überbrüllte ich beinahe den Höllenlärm. „Mr. Cutter, seid Ihr hier?"

Old Surehand war ans Ufer gesprungen, um zum Lager hinüberzublicken. Er drehte sich zu mir um und fragte, nicht mehr ruhig, sondern hastig:

„Mr. Cutter? Solltet Ihr Old Wabble meinen?"

„Ja. Er schwamm mit zur Insel, um Euch zu retten, ist aber nicht zu sehen."

„Sind noch mehr Weiße hier?" — „Nein."

„So denkt nicht an ihn! Ich kenne den Alten; der hat seine eigne Art." — „Aber er ist verloren!"

„Denkt das nicht, Sir! Den bringt kein Satan um. Er befindet sich vielleicht in größerer Sicherheit als wir. Laßt ihn, und kommt mit fort! Die Roten sind alle im Wasser; die ersten sind beinahe da. Vorwärts, schnell, schnell!"

Er ergriff meinen Arm und zog mich fort, hin zum Rand der Insel. Hier konnte ich mir seine Eile erklären. Auf dem Wasser zwischen uns und dem Lagerplatz wimmelte es geradezu von roten Köpfen, deren Mäuler brüllend offenstanden. Einer der Schwimmer, der allen voran war, hatte nur noch zehn oder zwölf Stöße zu tun, um die Insel zu erreichen. Ich durfte nicht an Old Wabble, sondern mußt an Old Surehand und mich selbst denken.

„Ja, fort ins Wasser", entschied ich darum. „Folgt mir, so schnell Ihr könnt!"

Wir sprangen hinein und griffen langsam, aber kräftig aus, wie ein guter Schwimmer es tut, der nicht vorzeitig ermüden will. Das Geheul der Indianer verdoppelte sich; es klang entsetzlich. Sie hatten uns gesehen und strengten sich an, uns einzuholen.

Um mich hatte ich keine Sorge; mich erwischte gewiß keiner. Aber Old Surehand! Solch ein Westmann wie er schwamm gewiß vortrefflich. Die Gefangenschaft hatte ihn jedoch angegriffen, und wie indianische Fesseln die Hände und Füße für größere Anstrengungen untauglich machen, das wußte ich aus eigener Erfahrung. Während ich neben ihm herschwamm, beobachtete ich ihn. Er schwamm kaltblütig und mit jenem Doppelstoß, der die Arbeit gleichmäßig auf Arme und Beine verteilt. Das beruhigte mich anfänglich. Bald aber bemerkte ich, daß seine Bewegungen an Stetigkeit verloren.

„Greift es Euch an, Sir?" fragte ich.

„Nein", versicherte er. „Aber ich habe kein Gefühl in den Händen und Füßen. Sie sind wie taub."

„Daran sind die Fesseln schuld. Werdet Ihr es bis an das jenseitige Ufer aushalten?"

„Ich hoffe es. Unter gewöhnlichen Verhältnissen würde mich kein Indsman einholen. Aber wenn man so lange mit zusammengeschnürten Gliedern gelegen hat, daß das Blut stehenbleibt, dann läßt sich nichts mehr behaupten."

Nach einiger Zeit fühlte er ein Zerren in den Armmuskeln. Ich kannte diese Erscheinung, die für einen Menschen, der um sein Leben schwimmen muß, recht gefährlich ist, und forderte ihn auf:

„Legt Euch auf den Rücken und schwimmt nur mit den Beinen! Da ruhen die Arme aus."

Old Surehand folgte diesem Rat, und unsre Schnelligkeit verminderte sich bedeutend. Ich schwamm nun auch auf den Rükken, um unsre Verfolger zu beobachten. Sie waren noch alle hinter uns, doch in verschiedenen Abständen. Der ganze rückwärts liegende Teil des Sees war von schwimmenden Indianern belebt. Einer war uns auf ungefähr hundert Schritt nahe. Old Surehand sah ihn auch und drängte:

„Wir müssen uns mehr beeilen. So geht es zu langsam. Ich werde es wieder in richtiger Schwimmlage versuchen."

Er tat es, machte mir aber bald das Geständnis:

„Mir schlafen die Arme ein, Sir. Schwimmt weiter und laßt mich zurück!"

„Old Surehand im Stich lassen? Fällt mir nicht ein. Legt Euch quer über mich! Ich trage Euch." — „Ich bin zu schwer."

„Für mich nicht."

„Aber dann geht es zu langsam, und die Roten holen Euch ein."

„Wollen es abwarten. Also bitte!"

Der Befreite folgte meinem Wunsch nur zögernd, und ich spürte sogleich: er war nicht leicht, aber es ging. Dennoch kam uns der eine Indianer immer näher. Er schien bisher nur gespielt zu haben und schoß jetzt mit einer Kraft, Geschmeidigkeit und Ausdauer vorwärts, daß ich einsah, er werde uns einholen. Dieser Rote war aber der einzige, die andern blieben immer weiter zurück. Im Dunkel des Abends wäre er nur schwer zu sehen gewesen, wenn die Lagerfeuer drüben nicht gebrannt hätten. Zwar konnte ihr Schein weder ihn noch uns erreichen, aber sie bildeten in dieser Entfernung Lichter, die er von Zeit zu Zeit verdeckte. Er mußte ausgezeichnete Augen haben, daß er uns auf der weiten Fläche nicht verlor.

Als wir ungefähr drei Viertel des Wegs hinter uns hatten, war der Komantsche höchstens noch dreißig Schritt von uns entfernt und stieß einen schrillen Schlachtruf aus.

„Er holt uns ein!" meinte Old Surehand. „Daran bin ich schuld. Ihr seid ein Schwimmer, wie ich noch keinen gesehen habe, aber im Wasser ein Gewicht von zwei Zentnern zu tragen, das hält den stärksten Riesen auf."

„Pshaw! Das Wasser trägt Euch doch mit, und den einen Roten da fürchte ich nicht."

„Ich auch nicht. Wenn er herankommt, ist er verloren. Ich habe ein Messer, und in meinen Armen ist wieder Gefühl."

„Überlaßt ihn mir! Ich bin nicht gefesselt gewesen."

„Wollt Ihr ihn erstechen? Ich liebe es nämlich nicht, Blut zu vergießen, wenn es nicht unbedingt nötig ist."

„Ganz meiner Meinung. Ich gebe ihm einen Hieb vor den Kopf und nehme ihn mit ans Ufer."

„Sir, das bringt nur ein Jäger fertig, der Old Shatterhand heißt. Ich habe doch gewiß auch Muskeln und Sehnen, aber ich muß mehrmals schlagen, wenn ich jemand betäuben will."

„Die Kraft tut es nicht allein; es ist ein Kniff dabei. Werdet Ihr wieder schwimmen können?"

„Ja. Laßt mich herab! Es geht wahrscheinlich wieder."

„Wahrscheinlich! Und da wollt Ihr mit diesem Indsman kämpfen? Das kann sich nur ein Surehand zutrauen."

„Mein Name scheint Euch sehr geläufig zu sein. Darf ich den Eurigen erfahren?"

„Ich werde Euch gleich zeigen, wie ich heiße. Versucht nur erst, ob Ihr allein weiter könnt!"

Der Versuch gelang. Seine Arme weigerten sich nicht mehr, ihre Dienste zu leisten.

Im übrigen war es gewiß eine ganz eigene Lage. Zwei Weiße, auf einem See schwimmend und von einer Indianerschar verfolgt, sprachen miteinander, als ob sie sich in einem New-Yorker Salon auf Schaukelstühlen wiegten! Das konnten auch nur Westmänner tun.

Wir waren, während Old Surehand seine Kräfte neu versuchte, nicht vorwärtsgekommen. Der Rote schwamm schnell heran und stieß einen zweiten Siegesruf aus.

„Überlaßt ihn also mir und seht zu, wenn Ihr wollt", bat ich meinen Gefährten. Dann wendete ich mich zurück.

Der Feind sah, daß ich ihm standhalten wollte, und hielt an. Die Hand mit dem Messer hoch emporhebend, rief er mir zu:

„Hier ist Vupa-Umugi, der Häuptling der Komantschen! Sein Messer wird die weißen Hunde beide fressen."

Ah, also der! Das war mir lieb. Es war bisher unmöglich gewesen, seine Züge zu erkennen.

„Und hier ist Old Shatterhand, der dir, wie du meinst, nicht entkommen kann", entgegnete ich. „Versuche, ob du recht hast!"

„Old Shatterhand!" — „Old Shatterhand!" riefen Old Surehand und der Rote zu gleicher Zeit, und der Häuptling fügte hinzu: „Bist du dieser räudige Coyote, so sollst du sterben!"

Nach diesen Worten tauchte er schnell unter. Also ein Kampf auf Leben und Tod, des Nachts im Wasser! Es war klar: der Häuptling wollte bei mir auftauchen und nach mir stechen. Dies abzuwarten, fiel mir gar nicht ein. Ich tauchte ebenso unter, doch bedeutend tiefer als er. Das Wasser hält, ebenso wie der Diamant, das tagsüber eingesogene Licht noch lange fest. Darum kann ein guter Taucher an dunklen Abenden unter Wasser wenigstens ebenso gut oder gar noch besser sehen als über Wasser. In einer Tiefe von vielleicht fünf Metern schwebend, blickte ich empor. Ja, da war der Häuptling seitwärts über mir. Er streckte die Hände aus zum Schlag, der ihn an die Oberfläche treiben sollte. Ich tat diesen Schlag zugleich mit ihm und tauchte hinter ihm auf. Vupa-Umugi bekam meinen Jagdhieb an den Kopf, und dann faßte ich ihn beim Schopf, um zu verhüten, daß er unterging.

„Old Shatterhand, wahrhaftig Old Shatterhand! Da ist's ja gleich bewiesen!" rief Old Surehand.

„Ja, Sir, ich bin's. Nun sagt mir vor allem, ob die Lähmung Eurer Arme vorüber ist."

„Es scheint mir so."

„Versucht es wenigstens! Ich muß den Roten tragen. Schwimmen wir weiter!"

Und siehe da, es ging! Die Bewegung und Anstrengung des Schwimmens war bei Old Surehand zu schnell auf die vorherige, gezwungene Lage der Glieder gefolgt. Das schien nun vorüber zu sein. Wir schwammen langsam, damit er sich schonte, und erreichten das Ufer, ohne daß die Schwäche sich wiederholte. Dort wurde der Häuptling, dem soeben das Bewußtsein wiederkehrte, gefesselt.

Unser Unternehmen war glücklich, aber auch unglücklich verlaufen. Ich hatte Old Surehand befreit und dazu den Anführer der Komantschen gefangen, dafür aber Old Wabble verloren. Was war aus ihm geworden? Old Surehand glaubte nicht an seinen Tod. Er behauptete:

„Lernt diesen alten Boy erst richtig kennen, Sir! Er ist ein Original ersten Ranges und durch nichts umzubringen. Ich wette, er sitzt irgendwo an einem sicheren Ort und lacht sich ins Fäustchen. Solch einen Pfiffikus muß man studiert haben, um ihn richtig zu beurteilen. Es sollte mich nicht wundern, wenn er jetzt plötzlich käme und auch einen oder gar mehrere Gefangene brächte."

„Wenn er nicht selbst gefangen ist", warf ich ein.

„In diesem Fall kann ihm geholfen werden. Wir wechseln ihn gegen den Häuptling aus."

„So wollt Ihr Vupa-Umugi nicht ans Leben?"

„Behüte! Es ist nicht meine Art, mich als Mörder aufzuspielen. An mir hat er's freilich nicht verdient, aber wenn es auf mich ankommt und dem alten Wabble nichts geschehen ist, lassen wir den Roten laufen."

„Bin einverstanden, Sir. Aber schaut, da sehe ich Köpfe auf dem Wasser!"

Es war so, wie ich sagte. Die meisten Komantschen hatten von der Verfolgung abgelassen. Andre hatten sie fortgesetzt und kamen nun angeschwommen. Sie wurden durch drohende Zurufe und einige Schreckschüsse zurückgetrieben. Hierauf mußte ich den Gefährten erzählen, wie wir auf die Insel gelangt und dann herübergeschwommen waren.

Ich hatte diesen Bericht noch nicht beendet, als wir ein Geräusch in den Büschen hörten. Wir lauschten. Die Zweige raschelten und knackten wie von großen Tieren, etwa Pferden; dann erklang eine befehlende Stimme:

„Bücke dich hübsch aufs Pferd nieder, Rothaut, sonst rennst du dir die Nase ein; *it's clear!*"

„Old Wabble!" sagte Old Surehand. „Ihr werdet sehen, Mesch'schurs, daß er meine Prophezeihung wörtlich erfüllt."

Und wirklich, da kam er aus dem Gebüsch heraus, hinter sich her ein Pferd ziehend, auf dem ein Indianer festgebunden war. An diesem Pferd hingen hintereinander noch zwei Gäule, die beladene Packsättel trugen.

80

„Da bin ich auch wieder", lachte der Alte. „Habe Euch etwas mitgebracht, was gut zu gebrauchen ist. Ah, *good evening,* Mr. Surehand! Auch schon da? Habe es mir doch gedacht, daß ich nicht dabei zu sein brauchte. Euch freizumachen, war Mr. Shatterhand Manns genug."

„Wo habt Ihr denn gesteckt, Mr. Cutter?" fragte ich. „Wir hatten Sorge um Euch."

„Sorge? Möchte wissen, was mir geschehen sollte! Ich sorge schon für mich selbst und auch noch für andre mit, wie Ihr gleich sehen werdet." — „Warum kamt Ihr nicht auf die Insel?"

„Weil ich ein großer Esel gewesen bin; *it's clear.* Ich habe wunder gedacht, wie gut ich schwimmen und tauchen kann. Mit Euch aber kam ich nicht fort. Das Schwimmen hatte ich glücklich überstanden, freilich nur hinüber. Doch wieder herüber und dabei die Leggins abermals verlieren, das war nicht mein Fall. Und nun gar tauchen! Wenn man nun nicht wieder heraufkommt? Man kann da ganz gut bei lebendigem Leib ersaufen. Ich blieb also unter dem Floß hängen und ließ die Sache laufen, wie sie wollte. Da plötzlich erhob sich ein Gebrüll, daß mein Dampfer nur so wackelte, und die Roten sprangen ins Wasser. Kein einziger blieb an Land. Sogar die Pferdewächter kamen gerannt und machten sich hinter Euch her. Einer von ihnen mußte bleiben, und den wollte ich mir holen. Ich segelte also an Land, kroch unter meinem Baldachin hervor, sprang auf den Wächter zu und gab ihm einen Klaps, daß er sich niedersetzte, ohne mich vorher um Erlaubnis zu fragen. Ich band ihn mit einem der Riemen, an denen das Fleisch aufgehängt worden war. Dabei kam mir der Gedanke, daß wir auch Mundvorrat brauchen, wenn wir — na, will nicht sagen, wohin — wollen. Ich lief also zum Weideplatz und holte drei Pferde, eins für den roten Boy und zwei für das Fleisch, Sättel lagen da. Ich habe mich etwas beeilen müssen, um rechtzeitig fertig zu werden. Aber es ging alles genau so, wie ich wünschte, und eben als die ersten Indsmen unverrichteter Sache zurückgeschwommen kamen, trollte ich mich mit Boy und Fleisch von dannen. Da habt Ihr mich! Was mit dem Fleisch geschehen wird, das kann ich mir denken. Aber was wir mit dem Boy machen sollen, darüber mögen sich andre den Kopf zerbrechen."

„Wir lassen ihn morgen laufen", meinte Old Surehand.

„Habe nichts dagegen. Ist er herzu geritten, mag er hinzu laufen! Aber sein Häuptling, wie ist denn der in Eure Hände geraten?"

„Mr. Shatterhand hat ihn gefangen."

„Etwa auf der Insel?" — „Nein, bei der Verfolgung auf dem See."

„Also eine Seeschlacht. Müßt mir nachher erzählen, wie das zugegangen ist. Laßt Ihr den auch laufen?" — „Ja."

„Schade! Er paßt besser zum Hängen als zum Laufenlassen. Aber gebt ihn nicht eher frei, als bis Euch Eure Waffen und alles, was die Indsmen Euch abgenommen haben, wieder ausgeliefert worden ist. Ich bin nie ein Indianerfreund gewesen. Sie taugen alle nichts und halten es für Schwäche, wenn man nachsichtig mit ihnen ist. Wenn dieser Vupa-Umugi vorhin samt seinen hundertfünfzig Komantschen da im See ertrunken wäre, hätte die übrige Menschheit nichts verloren; *it's clear!*"

3. Winnetous Bote

Zwischen Texas und New Mexico oder, anders ausgedrückt, zwischen den westlichsten Ausläufern des Ozarkgebirges, den Gualpabergen, der Sierra Blanca und der Sierra Guadalupe, rings eingefaßt von den Höhen, die den oberen Lauf des Rio Pecos und die Quellen des Red River, des Brazos, des Colorado und des Rio Concho umgrenzen, liegt eine weite, furchtbare Strecke Landes, die man als ,Sahara der Vereinigten Staaten' bezeichnen könnte.

Wüste Strecken dürren, glühenden Sandes wechseln mit nackten, brennend heißen Felslagerungen, die nicht imstande sind, auch nur dem allerdürftigsten Pflanzenwuchs die kärgsten Daseinsbedingungen zu gewähren. Schroff und unvermittelt folgt die kalte Nacht auf die Hitze des Tags. Kein einsamer Dschebel[1]), kein grünendes Wadi[2]) unterbricht wie in der Sahara die tote, einförmige Wüste. Kein stiller Bir[3]) lockt mit seiner belebenden Feuchtigkeit eine kleine Oase hervor. Sogar der bei Steppenland übliche Übergang von den reich bewaldeten Berggebieten zum unfruchtbaren, leblosen Sandmeer fehlt gänzlich, und der Tod tritt dem Auge überall unvermittelt in seiner fürchterlichsten Gestalt entgegen. Nur hier und da steht — man weiß nicht durch welche Kraft hervorgerufen und erhalten — ein einsamer, lederartiger Mezquitestrauch, gleichsam zum Hohn für den nach einem grünen Punkt sich sehnenden Blick. Ebenso überraschend trifft man zuweilen auf eine wilde Kaktusart, die entweder nur in einzelnen Stücken steht oder Gruppen bildet oder auch weite, ausgedehnte Flächen eng bedeckt, ohne daß man sich ihr Dasein erklären kann. Aber weder der Mezquite, noch der Kaktus gewährt einen erfreulichen, wohltuenden Anblick. Graubraun ist ihre Farbe und unschön ihre Gestalt. Sie werden von dickem Sandstaub bedeckt, und wehe dem Pferd, dessen Reiter so unvorsichtig ist, es in eine solche Kaktuswildnis zu lenken! Es wird von den spitzen, haarscharfen und stahlharten Stacheln so an den Füßen verwundet, daß es nie wieder richtig laufen lernt. Der Reiter muß das arme Tier aufgeben, und wenn er es nicht tötet, verfällt es dem elenden Schicksal, langsam umzukommen.

Trotz aller Schrecken, die diese Wüste bietet, hat es doch der Mensch gewagt, sie zu betreten. Es führen Straßen hindurch, hin-

[1]) arabisch: Berg [2]) arabisch: Tal, Regenbett [3]) arabisch: Brunnen

auf nach Santa Fé und Fort Union, hinüber nach El Paso und Paso del Norte und hinunter in die grünenden Prärien und wohlbewässerten Wälder von Texas. Aber bei diesem Wort ‚Straße' darf man nicht an die Art von Wegebauten denken, die in zivilisierten Ländern diese Bezeichnung tragen. Wohl reiten ein einsamer Jäger oder Rastreador[1]), eine Gesellschaft kühner Wagehälse oder ein zweideutiger Trupp Indianer durch die Wüste. Wohl knarrt auch ein schneckengleich langsamer Ochsenkarrenzug durch die Einöde. Aber das, was wir einen Weg nennen, das gibt es hier nicht, nicht einmal die viertelstundenbreit auseinandergehenden Gleise, wie man sie in den Pampas Südamerikas oder in der Lüneburger Heide und im Sande Brandenburgs findet. Jeder reitet oder fährt seine eigene Bahn, solange ihm der Bogen noch wenige Merkmale bietet, an denen er erkennen kann, daß er überhaupt noch in der gewünschten Richtung ist. Aber diese Merkmale hören nach und nach selbst für das geübteste Auge auf, und von da an hat man die Maßnahme getroffen, die Richtung durch Pfähle zu bezeichnen, die in gewissen Entfernungen in den Boden gerammt werden.

Dennoch aber fordert die Wüste ihre Opfer, die, die Größenverhältnisse in Betracht gezogen, viel zahlreicher und schrecklicher sind als jene der Sahara Afrikas und der Schamo oder Gobi Hochasiens. Menschengeripppe, Tierkadaver, Sattelreste, Wagentrümmer und andre schauerliche Überbleibsel liegen am und im Weg und erzählen stumme Geschichten, die zwar das Ohr nicht hören, aber das Auge desto deutlicher sehen und die Phantasie vollends ergänzen kann. Und darüber schweben hoch in den Lüften die Aasgeier, die jeder Bewegung unten mit beängstigender Ausdauer folgen, als wüßten sie genau, daß ihnen ihre Beute nicht entgehen kann.

Und wie heißt diese Wüste? Die Bewohner der umliegenden Landstriche geben ihr verschiedene, bald englische, bald französische oder spanische Namen. Weithin ist sie aber wegen der eingerammten Pfähle, die den Weg bezeichnen sollen, entweder als ‚Llano Estacado' oder als ‚Staked-Plain' bekannt. —

So ungefähr schrieb ich in einem früheren Band[2]) meiner Werke, in dem die Grauenhaftigkeit des Llano Estacado geschildert wird. Wenn ich da sagte, daß in dieser Wüste kein Brunnen eine einsame Oase hervorrufe, so sprach ich damit nur die allgemeine Überzeugung aus. Es gab mitten in dieser Wüste doch eine Oase, die freilich nur ganz wenige kannten, und sie war der Aufenthalt derjenigen Person, die, wie mir Winnetou auf seinem Zettel mitgeteilt hatte, von den Komantschen überfallen werden sollte, nämlich des Bloody-Fox.

Der Blutige Fuchs. Schon dieser Name deutet auf einen ungewöhnlichen Lebenslauf hin. Sein jetziger Träger hatte als Kind zu einer Auswanderer-Karawane gehört, die im Llano Estacado von einer Bande von ‚Stakemen'[3]) überfallen und ermordet worden

---

[1]) Pfad- oder Goldsucher   [2]) „Winnetou", Bd. III   [3]) Pfahlmänner

war. Ein Farmer, namens Helmers, fand damals die ausgeraubten Leichen und entdeckte noch Leben in dem Knaben, in dessen Schädel eine große Hiebwunde klaffte. Helmers verband ihn und nahm ihn mit sich nach Helmers Home, seiner Farm. In sorgfältiger Pflege überstand das Kind die gefährliche Verletzung und wurde wieder gesund, hatte aber alles, was vor dem Überfall geschehen war, also auch seinen Namen, vergessen. Einen Namen mußte der Knabe aber haben, und da er beim Auffinden von Blut überströmt gewesen war und dann im Wundfieber ständig den Namen Fox genannt hatte, so nahm Helmers an, sein Vater habe so geheißen, und entschloß sich, ihn Bloody-Fox zu nennen.

Der Knabe gedieh vortrefflich, körperlich und auch geistig, konnte aber sein Gedächtnis nie zwingen, bis vor den Überfall zurückzugehen. Er wußte genau, wie der Mann, von dem er den Hieb erhielt, ausgesehen hatte. Deutlich konnte er sich dessen Gesicht vergegenwärtigen. Weiter aber wußte er nichts, auch das nicht, warum er so oft den Namen Fox genannt hatte. Helmers freute sich über die ungewöhnliche Entwicklung seines Pfleglings und war nur in einer Hinsicht nicht mit ihm zufrieden. Er konnte ihn nämlich nicht an das Haus gewöhnen. Helmer's Besitzung lag am nördlichen Rand des Llano Estacado, und kaum war der Knabe so weit, ein Pferd beherrschen zu können, so schweifte er reitend in der Wüste umher, anstatt sich auf den Feldern seines Pflegevaters nützlich zu machen. Daran war trotz aller Mühe und aller Ermahnungen nichts zu ändern. Als Helmers einmal ungewöhnlich zornig darüber wurde, erklärte Bloody-Fox:

„Die Meinigen sind von den ‚Geiern des Llano' ermordet worden, und ich habe mir vorgenommen, diese ‚Geier' bis auf den letzten auszurotten. Dazu ist es notwendig, daß ich den Llano so kennenlerne, wie ich meine Taschen kenne. Soll ich das nicht dürfen, so will ich lieber nicht leben."

Er sagte das mit solcher Entschlossenheit, daß Helmers es für geraten hielt, nachzugeben. Ja, er nahm sich ferner vor, den Knaben zu einem Mann auszubilden, der imstande sein werde, den ‚Geiern' Achtung einzuflößen. Infolgedessen wuchs Bloody-Fox in voller Freiheit auf, konnte gehen und kommen, wann und wie er wollte, und wurde ein so kühner Reiter und waffengewandter Schütze, daß ihm selbst Winnetou, als er ihn später kennenlernte, seine Bewunderung nicht versagen konnte. Helmers war von Geburt ein Deutscher, und die Eltern des Bloody-Fox schienen auch Deutsche gewesen zu sein. Es war ihm alles Frühere aus dem Gedächtnis entschwunden, und er lernte die englische Sprache nicht schneller als jedes andre Kind. Die deutsche Sprache aber wurde ihm so leicht, daß man annehmen müßte, er habe sie schon früher gesprochen. Welche Bewandtnis hat es nun mit den ‚Stakemen' oder den ‚Geiern des Llano Estacado'? Es wurde bereits gesagt, daß die sogenannten Wege, die durch die Wüste führen, von da an, wo die natürli-

chen Merkmale aufhören, mit Pfählen bezeichnet zu werden pflegen. Neben den ehrlichen Menschen, die diese Wege benutzen, gibt
es aber noch Leute, die moralisch Bankrott gemacht haben und die
Arbeit hassen, heruntergekommene Burschen, die den bewohnten
Osten fliehen mußten, weil sie sich fürchteten, mit dem Strafrichter
in Berührung zu kommen, gewissenlose Schurken, die nichts mehr
zu verlieren haben und, weil ihr eigenes Leben keinen Wert besitzt,
auch das andrer Menschen für nichts achten. Sie leben nur vom
Raub, und dazu bietet ihnen der Llano, wenn nicht das ergiebigste,
so doch das verschwiegenste Jagdgebiet. Sie haben ihre Schlupfwin-
kel am Rand der Wüste und lauern in der Nähe der Wege auf Reisende, die durch den Llano wollen. Ihnen schließen sie sich entweder als Begleiter oder als Führer an und schicken ihre Verbündeten
voraus, um die Pfähle entfernen und in falscher Richtung wieder
einstecken zu lassen. Daher der Ausdruck Stakemen, Pfahlmänner[1]). Wer dann diesen Pfählen folgt, wird vom richtigen Weg ab-
und ins sichere Verderben geführt. Er stirbt den elenden Tod des
Verschmachtens, wenn er nicht vorher schon ermordet wird, und
sein Eigentum fällt den menschlichen oder vielmehr entmenschten
,Geiern des Llano' anheim. So kommt es, daß die Gebeine von
Hunderten und aber Hunderten in der tiefsten Einsamkeit im Son-
nenbrand bleichen, während niemand weiß, wohin diese Unglücklichen gekommen sind.

Einer Bande solcher Stakemen war auch die Karawane, zu der
Bloody-Fox gehört hatte, zum Opfer gefallen. Die entsetzlichen Bilder dieser Ereignisse waren ihm im Gedächtnis geblieben. Daher
der heiße Wunsch in ihm, die ,Geier' bis auf den letzten auszurotten, und so kühn und schwer diese Aufgabe auch war, er besaß alle
zu ihrer Ausführung nötigen Eigenschaften.

Bloody-Fox durchkreuzte den Llano nach und nach in allen
Richtungen. Jeden Schrittbreit der Wüste lernte er kennen. Mit al-
len ihren Gefahren wurde er vertraut und hatte, was die Ausfüh-
rung seines Vorhabens unendlich erleichterte, das Glück, tief im
Innern der Einöde eine grünende Oase mit Wasser zu entdecken.
Das war mehr wert, als hätte er hunderte Verbündete gewonnen.

Diesen Ort hielt Bloody-Fox geheim. Kein Mensch, nicht einmal Helmers, dem er doch sein Leben verdankte, erfuhr etwas davon. Fox baute sich im Laufe der Zeit ein Häuschen ans Wasser
und überspann die Wände mit dicht wuchernden Passionsblumen.
Er fing wilde Mustangs und brachte sie heimlich hin, um stets frische Pferde zu haben, wenn eins müde geritten war. Das gab seinen Bewegungen eine Schnelligkeit, die er sonst nicht hätte entwickeln können. Es war ihm dadurch möglich, jetzt an der einen
und bald darauf an der entgegengesetzten Grenze des Llano zu
sein. Er schaffte Mundvorrat und Schießbedarf in das Häuschen.
Um aber diese Oase und die Pferde dort während seiner Anwe-

[1]) Vgl. auch die Erzählung „Der Pfahlmann" in Bd. 19

senheit zu pflegen, brauchte er eine Person, der er sein Vertrauen schenken, von der er annehmen konnte, daß sie sein Geheimnis nicht verraten werde. Eine alte Negerin, namens Sanna, die ihn sehr liebte, ging auf seinen Vorschlag ein. Sie wohnte eine Reihe von Jahren in der tiefen Einsamkeit, ohne sich von dem Häuschen fortzusehnen, und wurde für diese Treue auf eine Weise belohnt, die über ihre alten Tage den hellsten Sonnenschein ergoß. Sie war nämlich in Tennessee Sklavin eines Pflanzers gewesen, der ihr einziges Kind, einen Knaben, von ihr gerissen und verkauft hatte. Auch sie war später verschachert und durch verschiedene Schicksale bis an die Staked Plain verschlagen worden. Nie hatte sie ihren Sohn, ihren Bob, vergessen können. Er war ihr Gedanke bei Tag und Nacht, und sie schwor darauf, daß sie nicht sterben werde, ohne ihn wiedergesehen zu haben. Da kamen wir in den Llano und lernten Bloody-Fox kennen[1]). Bei uns befand sich ein Westmann, dessen unzertrennlicher Begleiter ein Neger, sein früherer Diener war. Der Schwarze hieß Bob, und es stellte sich zu unserer Verwunderung und zum Entzücken der alten Sanna heraus, daß es der verkaufte Negerknabe aus Tennessee war. Sie blieben von da an beisammen, bis sie eines Tags der Tod trennen werde.

Von dem Augenblick an, da Sanna in sein Häuschen gekommen war, konnte Bloody-Fox so, wie er es wünschte, an die Verwirklichung seiner Pläne gehen. Er erschien immer seltener bei seinem Pflegevater. Wenn er aber einmal kam, hatte ihm Helmers stets etwas Neues zu erzählen, und dieses Neue betraf fast immer den Tod eines Stakeman. Man fand bald hier, bald dort die Leiche eines Menschen, der durch die Mitte der Stirn geschossen war, und wenn man den Inhalt seiner Taschen untersuchte, so entdeckte man Gegenstände, die von einem Raub stammten und bewiesen, daß der Tote zu den Pfahlmännern gehört habe. Solche Fälle wiederholten sich immer häufiger, und das Loch in der Stirn galt bald als ein untrüglicher Beweis, daß man den Getroffenen für einen bestraften ‚Geier‘ halten mußte. Wer aber war der geheimnisvolle Rächer? Niemand wußte es, und höchstens Helmers ahnte es vielleicht.

Es war kein Wunder, daß bald Sage auf Sage über den Rächer entstand. Es gab Leute, die ihn gesehen haben wollten, pfeilschnell in der Ferne vorüberreitend, nie so nahe, daß sie ihn deutlich erkennen konnten. Man erzählte sich, daß er das dickzottige Fell eines weißen Büffels, woran der Schädel gelassen worden war, übergehängt trug, was ihm ein unheimliches Aussehen gab. Heute wollte ihn ein Händler im Süden des Llano gesehen haben und fand eine Stunde später einen durch die Stirn geschossenen Toten. Morgen wollte ein Trupp Reisender am östlichen Rand der Plain einen Büchsenknall gehört haben. Ein Reiter verschwand gedankenschnell am Horizont, und als sie an die betreffende Stelle kamen, lag ein Mensch da, tot ausgestreckt und in die Stirn getrof-

[1]) Vgl. Bd. 35, „Unter Geiern"

fen. Einen Tag später kehrten bei Helmers Leute ein, die im Llano gelagert und beim hellen Mondschein den gleichen Reiter gesehen haben wollten, wie er hüben auftauchte, an ihnen vorübergaloppierte und drüben wieder verschwand. Schließlich bemächtigte sich gar der Aberglaube dieser unbegreiflichen Persönlichkeit. Dieser Reiter war kein Mensch, sondern ein überirdisches Wesen, das mit der Schnelligkeit des Blitzes von einem Ende des Llano zum andern flog. Wie hätte auch ein Sterblicher solche Schnelligkeit entwickeln und mit solcher Sicherheit den Räuber vom ehrlichen Mann unterscheiden können! „Der Geist des Llano Estacado fuhr über die Plain", erzählte man. „Der *Avenging-ghost*[1]) hat wieder einen Stakeman geholt."

Die ehrlichen Leute atmeten auf. Die Stakemen hielten sich enger zusammen. Sie wagten sich nicht mehr einzeln oder in kleinen Trupps in die Wüste, sondern sie führten ihre verbrecherischen Unternehmungen in größeren Abteilungen aus. Aber auch das bot ihnen keine Sicherheit. Sie lagerten zu zwanzig und noch mehr Personen beieinander. Da fiel ein Schuß, noch einer, und zwei von ihnen waren durch die Stirn getroffen. Unweit von ihnen aber erklang der Hufschlag eines davoneilenden Pferdes.

Um diese Zeit war es, daß ich, wie oben erwähnt, mit mehreren Westmännern zu Helmers kam, um durch den Estacado zu reiten und jenseits der Wüste mit Winnetou zusammenzutreffen. Wir erfuhren da, daß eine Auswandererkarawane vor uns sei, die auch durch die Plain wolle. Einige Personen, die wir bei Helmers sahen, erregten meinen Verdacht. Ich folgte, als sie sich entfernt hatten, ihren Spuren und gewann die Überzeugung, daß die Auswanderer in die Irre geführt werden sollten. Der Scout, dem sie sich anvertrauten, war ein Pfahlmann, und seine Genossen warteten auf ihre Opfer. Wir machten uns schleunigst auf den Weg, um den Bedrohten Hilfe zu bringen.

Zur gleichen Zeit traf Winnetou, der mich erwartete, auf einen Trupp Komantschen, die er damals nicht zu meiden brauchte, weil grad Friede zwischen ihnen und den Apatschen war. Von ihnen erfuhr er, daß sie ihrem Häuptling in den Llano entgegenritten, der durch die Plain kommen werde, sich aber in großer Gefahr befinde, weil sich eine bedeutende Anzahl Stakemen zusammengefunden habe, die irgendeinen Überfall im Sinn zu haben schienen. Das waren jene ,Geier', die ich entdeckt hatte. Da Winnetou wußte, daß ich unsrer Verabredung gemäß auch schon in der Nähe sein müsse, wurde er besorgt um mich und beschloß, nicht auf mich zu warten, sondern mir gleichfalls entgegenzureiten. Er bot also den Komantschen seine Begleitung an und sie gingen gern auf seinen Vorschlag ein, weil es ihnen und ihrem gefährdeten Häuptling nur nützlich sein konnte, wenn sie einen Mann wie Winnetou bei sich hatten.

[1]) Rächender Geist

Infolgedessen war der sonst so öde Estacado jetzt von vier Trupps belebt, von denen drei sich in einer Richtung bewegten. Die Auswanderer wurden von ihrem verräterischen Scout planmäßig nach Süden in den Tod geführt. Ebenso südwärts folgten ihnen die Stakemen, und ich kam mit meinen Begleitern hinter ihnen, um den vorgesehenen Streich zu vereiteln. Von Westen her aber näherte sich Winnetou mit den Komantschen, die leider zu spät kamen; denn es stellte sich heraus, daß ihr Häuptling schon von den ‚Geiern‘ ermordet worden war.

Da wir südlich und die Komantschen östlich ritten und die Zeit obendrein so genau übereinstimmte, als hätten wir uns verabredet, mußten wir im rechten Winkel zusammentreffen, und zwar in der Nähe der Oase, von der wir damals freilich noch keine Ahnung hatten. Bloody-Fox wußte ebenso wie wir von der Absicht der Stakemen. Er wollte die Fremden retten und eilte ihnen von seiner Wüsteninsel aus entgegen, um sie zunächst zu warnen. Unglücklicherweise traf er anstatt auf sie auf die ‚Geier‘, die sofort Jagd auf ihn machten. Infolge der Schnelligkeit seines Pferdes entkam er ihnen nordwärts und traf auf uns, denen er sich nun anschloß. Wir galoppierten drei Stunden lang, konnten die Auswanderer aber doch erst einholen, als es schon dunkel geworden war. Sie hatten mit ihren Wagen ein Viereck gebildet und lagerten so in einigermaßen gesicherter Stellung. Ihre Zugochsen hatten vor Durst nicht weitergekonnt, und auch sie selbst waren halb verschmachtet. Der Scout hatte, wie sich herausstellte, die Wasserfässer angebohrt. Er entfloh, als wir kamen.

Inzwischen hatte Winnetou, ohne daß ich es ahnte, diese Gegend erreicht und mit seinem unvergleichlichen Spürsinn die Stakemen entdeckt. Er schlich sich an sie, die natürlich kein Feuer brennen durften, heran, grad in dem Augenblick, als der entflohene Scout eintraf und ihnen sagte, daß wir bei den Einwanderern eingetroffen seien. Anstatt sich dies zur Warnung dienen zu lassen, freuten die Halunken sich, durch uns noch größere Beute zu bekommen, und beschlossen, uns beim Morgengrauen anzugreifen. Winnetou hörte das, eilte zu den Komantschen zurück und kam dann mit ihnen zu uns geritten. Das war wieder eins seiner Meisterstücke! Wie froh war ich damals, so glücklich und zur rechten Zeit mit ihm zusammenzutreffen! Seine Komantschenschar verdoppelte unsre Zahl, und er selbst wog allein mehr als sie.

Als der Morgen anbrach, lagen wir hinter den Wagen versteckt. Die Stakemen kamen fünfunddreißig Mann stark, so zahlreich traten sie jetzt aus Furcht vor dem *Avenging-ghost* auf. Sie ahnten nicht, daß wir von ihrem Vorhaben wußten, und glaubten, leichtes Spiel zu haben. Unsre erste Salve traf die Angreifer auf fünfzig Schritt Entfernung und brachte helles Entsetzen über sie. Es gab einen wirren Knäuel vor Schreck brüllender Menschen. Die Toten und Schwerverwundeten stürzten. Die lediggewordenen Pferde vermehrten die Verwirrung. Dann löste sich das Chaos, und wer sich noch im Sattel halten konnte, floh in südlicher Richtung. Wir saßen im Nu auf unsern Pferden und jagten ihnen nach. Die ‚Geier' wurden alle ausgelöscht. Der letzte von ihnen erreichte die bisher geheimgehaltene Oase des Bloody-Fox. Dort stürzte er mit seinem Pferd und brach das Genick. Er war der Anführer und nur deshalb so weit entkommen, weil er das schnellste Pferd hatte. Wir erkannten in ihm einen berüchtigten Verbrecher, der weit und breit unter dem Namen Stealing-Fox bekannt war. Und wunderbar! Bloody-Fox erklärte uns in größter Aufregung, es wäre bestimmt der Mann, der ihm damals die klaffende Kopfwunde geschlagen habe. Daran sei nicht zu zweifeln, denn er habe dieses Gesicht niemals vergessen können. Der Mensch hatte sich Fox genannt, allerdings nicht Stealing-Fox, und war Führer der Auswandererkarawane gewesen. Nun ließ sich freilich erklären, warum der gerettete Knabe in seinen Fieberphantasien so oft den Namen Fox ausgesprochen hatte.

Kam es uns fast wie ein Wunder vor, daß Bloody-Fox so unerwartet den Mörder seiner Eltern entdeckte, so war es später wenigstens ebenso verwunderlich, als sich herausstellte, daß unser Neger Bob der Sohn der alten Sanna war. Und als wir dann Zeit fanden, der Örtlichkeit unsre Aufmerksamkeit zu schenken, wollte sie uns als ein drittes und noch viel größeres Wunder erscheinen. Bisweilen hatten zwar alte Jäger und Indianer behauptet, daß es mitten im östlichen Llano Estacado ein Wasser gebe, an dem Bäume und Blumen ständen, doch es war ihnen kein Glaube geschenkt worden. Ich selbst hatte auch davon gehört, aber stets daran gezweifelt. Nun sah ich es vor Augen.

Freilich, wenn ich an die Sahara dachte, unter deren Sand- und Felsboden in größerer und geringerer Tiefe Wasser in Fülle vorhanden ist, wollte mir diese Oase hier im Llano gar nicht so unnatürlich erscheinen. Die Wüste der Plain wurde vom Rio Pecos durch eine Bergkette getrennt, die oft einfach verstreicht, oft aber auch mehrere Höhenzüge bildet, zwischen denen lange Täler liegen. Diese werden ihrerseits von engen, schluchtartigen Quertälern durchschnitten, die sich zum Llano öffnen. Durch diese Quertäler fließen, von den Höhen kommend, verschiedene kleine Gewässer, an deren Ufer Sträucher und sogar Bäume gedeihen. Diese grünen Streifen ragen wie Halbinseln in das Sandmeer des Estacado hinein. Zwischen ihnen finden Gras und Kräuter genügend Nahrung. Die Wasserläufe versiegen, sobald sie den Sand berühren; sie verdunsten nicht. Das Wasser dringt in den lockeren Boden ein und sammelt sich da, wo es eine fest, undurchlässige Unterlage findet. Man muß sich den Llano keineswegs als eine waagrechte Ebene, sondern als eine Senkung denken, an deren tiefsten Stelle dieses Wasser zutage tritt, und zwar hell, klar und rein, weil es durch den Sand gefiltert ist.

Leider war das lang bewahrte Geheimnis des Bloody-Fox nun preisgegeben, doch schickte er sich in das Unvermeidliche. Es stand zu erwarten, daß er für lange Zeit keine Veranlassung mehr haben werde, den *Avenging-ghost* zu spielen. Wir hatten unter den Stakemen aufgeräumt, und wenn es noch vereinzelte gab, so hörten sie gewiß von dem Tod dieser fünfunddreißig ,Geier' und ließen ihn sich zur Warnung dienen. Die Einwanderer wurden in die Oase geholt, wo sie einige Tage blieben, um dann gekräftigt ihre Wanderung fortzusetzen. Wir begleiteten sie bis an den Pecos. Sie gingen nach Arizona hinüber, wo sie ruhig von der Oase erzählen konnten. Entweder hielt man ihren Bericht für unwahr, oder, wenn man ihnen glaubte, so hatte man doch keine Gelegenheit, es auszunutzen. Wir andern Weißen hatten viel eher die Möglichkeit, in den Llano zu kommen, nahmen uns aber vor, gegen jedermann über die grüne Wüsteninsel zu schweigen.

Anders freilich stand es mit den Komantschen, die das Geheimnis nun leider auch kannten. Sie mußten zwar versprechen, nicht davon zu reden, doch waren wir überzeugt, daß sie nicht dauernd Wort halten würden. Der Ort war für sie nicht ohne Wert.

Wenn man sich von da aus, wo wir uns befanden, eine grade Linie nach Westen gezogen denkt, stößt diese jenseits des Pecos auf den gefährlichsten Winkel des Fernen Westens. Dort berühren sich nämlich die Streifgebiete der Komantschen und Apatschen. Wer die Verhältnisse kennt, der weiß, daß es zwischen diesen beiden Indianerstämmen niemals zu einem dauernden Frieden kommen kann. Die gegenseitige Erbitterung wird schon dem Kind anerzogen und eingeprägt, und wenn einmal der Tomahawk des Krieges zwischen ihnen vergraben ist, so genügt doch der geringste Anlaß, ihn wieder auszugraben. Solche Veranlassungen konnte es täglich geben, weil die Gebiete nicht nur aneinanderstießen, sondern vielfach ineinanderliefen und oft noch gar nicht bestimmt waren. Der Vorwurf einer Grenzverletzung war also leicht zu haben, ganz abgesehen von den hundert andern Gründen, die man fand, wenn man den Kampf nur wünschte. Darum wurden jene Gegenden von den Westleuten gern *,the shears*[1] genannt, ein Ausdruck, der sehr bezeichnend war. Die beweglichen Grenzlinien öffneten und schlossen sich wie Scheren, und wer zwischen sie geriet, der konnte, besonders wenn er ein Weißer war, von Glück reden, wenn er unbeschädigt davonkam.

Die häufigsten Kämpfe zwischen den beiden Stämmen pflegten drüben in den *,shears'* zu entbrennen und sich dann über den Pecos hinüberzuspielen. Die Unterliegenden wurden gewöhnlich in den Llano getrieben. Wie vorteilhaft, wenn man da in der Sandwüste einen Punkt hatte, wo man sich sammeln und erholen konnte, während der Feind glaubte, man sei dem Tod des Verschmachtens anheimgefallen! Solch einen Punkt bot die Oase, und ihn hatten

[1] Die Scheren

die Komantschen kennengelernt. Würden sie, daheim angekommen, immer darüber schweigen? Ich konnte es mir nicht denken und machte Bloody-Fox auf die Gefahr aufmerksam, die für ihn aus der Mitwisserschaft der Roten entsprang. Er nahm die Sache genau so ernst wie ich, und sagte:

„Ihr habt recht, Sir. Ich habe mein Geheimnis lange Zeit gehütet, und nun ist es plötzlich preisgegeben. Daran bin ich aber selbst schuld, denn ich hätte Euch gestern diese Gegend beschreiben sollen. Es wäre Euch dann wohl nicht schwer gewesen, es so einzurichten, daß die Stakemen nicht hierher fliehen konnten."

„Das ist freilich richtig."

„Dann hättet nur Ihr es gewußt und es gewiß keinem Menschen verraten. So aber, wie es jetzt steht, habe ich von drei Seiten Besuch zu erwarten."

„Ich denke, nur von den Komantschen."

„Auch von den Apatschen!"

„Nein. Es gibt nur einen Apatschen, der es weiß; das ist Winnetou." — „Meint Ihr, daß er daheim nichts sagt?"

„Gewiß nicht, wenn Ihr ihn darum bittet."

„Ich werde ihn bitten. Aber die Weißen!"

„Die verraten auch nichts. Sie sind alle ohne Ausnahme verschwiegene Männer."

„Zugegeben. Sie werden nicht zu andren reden, aber sich mein abgelegenes Home hier merken und es bald wieder aufsuchen. Sie könnten an sich wiederkommen; doch wenn sie es tun, wird die Oase verraten. Sie oder ihre Spuren werden vielleicht von andern gesehen, die ihnen dann folgen. Ist es nicht so, Sir?"

„Allerdings. Wir werden sie bitten, nicht nur zu schweigen, sondern auch nie mehr hierherzukommen."

„Das wäre zu hart. Es kann ja geschehen, daß sich einer von ihnen später im Llano befindet, in Not gerät und verschmachten müßte, wenn er nicht an dieses Wasser dürfte. In einem solchen Fall muß eine Ausnahme gemacht werden. Wollt Ihr das mit ihnen besprechen, Mr. Shatterhand?" — „Gern."

„Aber Ihr und Winnetou sollt ausgenommen sein. Ihr sollt so oft wie möglich zu mir kommen, und ihr werdet es sicherlich so tun, daß kein anderer Mensch euch folgen kann und mein Hütte entdeckt."

„Gut, wir werden Euch diesen Wunsch erfüllen. Was aber wollt Ihr tun, um Euch vor einem Besuch der Komantschen zu schützen?"

„Nichts. Oder soll ich aus meiner Hütte eine Festung machen?"

„Das geht nicht."

„Oder so viele Leute hernehmen, daß ich einen Überfall zurückschlagen kann?" — „Auch das ist unmöglich."

„So bleibt mir nichts übrig, als die Verhältnisse so zu lassen, wie sie sind. Die einzige Veränderung, die eintreten wird, ist die, daß

Bob hier bei seiner Mutter bleibt. Ich habe also, wenn ich hier bin, einen Gehilfen, und sie wird bei meiner Abwesenheit nicht mehr allein sein."

Später war ich im Lauf der Zeit mehrmals in der Oase und erfuhr, daß Bloody-Fox von keinem Komantschen belästigt worden war. Auch kein Weißer hatte ihn seit damals wieder besucht, und so hatte es den Anschein, als sei die Entdeckung seines Geheimnisses nicht gleichbedeutend mit allgemeiner Preisgabe gewesen. Was die ,Geier des Llano Estacado' betrifft, so war, wie erwartet, lange Zeit von ihnen nichts mehr zu hören. Dann hatte es einzelne Raubanfälle gegeben, deren Urheber ein einziger Mann gewesen, von Fox entdeckt und in der bekannten Weise bestraft worden war. Daß Fox der *Avenging-ghost* war, schien außer den damaligen Zeugen niemand zu wissen. Sie hatten sein Geheimnis treu bewahrt. Ich war an vielen Orten Zuhörer der phantastischen Erzählungen über den ,Geist des Llano' und hörte niemals eine Andeutung darüber, an welche Person sich diese Sage eigentlich knüpfte.

Als ich Bloody-Fox kennenlernte, stand er noch in den Jünglingsjahren. Man kann sich also denken, welch reiche Begabung er besaß, da er schon in einem solchen Alter Eigenschaften und Fähigkeiten zeigte, die selbst einen Mann wie Winnetou in Staunen versetzten. Was konnte und mußte aus ihm werden, wenn er sich in dieser Weise weiter entwickelte.

Es folgten einige Jahre, in denen ich nicht nach Amerika kam. Dann traf ich mich mit Winnetou in den Black-Hills und erfuhr von ihm, daß Bloody-Fox sich wohl befinde und noch immer keinen Besuch der Komantschen erhalten habe. Wir trennten uns droben am Coteau du Missouri, um uns nach vier Monaten unten in der Sierra Madre wieder zusammenzufinden, und man kann sich denken, was für einen Eindruck es auf mich machte, als ich dort den Zettel des Apatschen las, daß er Bloody-Fox warnen müsse, weil die Komantschen ihn überfallen wollten.

Es war ihnen während so langer Zeit nicht eingefallen, die Oase aufzusuchen. Welchen Grund hatten sie, das jetzt in feindlicher Absicht zu tun? Ging der Plan von ihnen aus, oder hatte Bloody-Fox durch irgend etwas ihre Rache auf sich gezogen? Es war nutzlos, diese Frage auszusprechen. Diese Antwort mußte mir später von selber kommen.

Wichtiger war die Frage, ob Winnetou unmittelbar zum Llano Estacado geritten sei oder nicht. Er hatte mir geschrieben, daß er warnen wolle. Aber wie ich den Apatschen kannte, begnügte er sich nicht mit einer Warnung, sondern fügte ihr möglichst gleich die Rettung bei, und diese konnte nur darin bestehen, daß er mit einer hinreichenden Apatschenschar Bloody-Fox zu Hilfe kam. Was von beiden hatte er nun getan? So schwer diese Frage zu sein scheint, so leicht ist sie zu beantworten. Es handelt sich einfach um die Zeit. War sie zu kurz, so ritt Winnetou sofort zu Fox.

War sie aber hinreichend, um Hilfe zu holen, so ritt er zuvor zum Lager seines Stammes, um die nötige Anzahl Krieger mitzubringen.

Wie aber konnte Winnetou erfahren, ob er Zeit hatte oder nicht? Ganz einfach so wie ich. Ihm, dem unerreichbaren Meister im Spüren, hatten die Komantschen am Blauen Wasser gewiß nicht entgehen können. Wenn es ihm auch vielleicht nicht möglich gewesen war, sie zu belauschen und dabei zu erfahren, daß sie auf einen Zuzug von weiteren hundert Mann unter dem Häuptling Nale-Masiuv warteten, so hatte er doch sicher aus den ihm geläufigen Anzeichen erkannt, daß sie nicht allzu eilig waren. Winnetou hatte also wahrscheinlich zunächst seinen Stamm aufgesucht.

Vielleicht war das auch gar nicht nötig gewesen, sondern der Häuptling hatte einen Boten gefunden, den er dorthin schicken konnte. Die Apatschen hatten auf alle Fälle erfahren, daß von den Komantschen das Kriegsbeil ausgegraben worden war, und hatten nun zu ihrer Sicherheit Späher ausgesandt. War Winnetou einem solchen Späher begegnet, was keineswegs in das Reich der Unmöglichkeit gehörte, so hatte er ihn heimgesandt und war zur Oase geritten, weil nur er selbst deren Lage kannte.

Meine Vermutungen gingen sogar noch weiter; denn ich kannte meinen Winnetou und wußte, wie umsichtig er zu handeln pflegte. Der Tag meiner Ankunft in der Sierra Madre war ihm bekannt. Ich würde seinen Zettel finden und ihm sofort folgen, das sagte er sich. Den Weg kannte ich ebenso wie er. Es war ihm also nicht schwer, zu bestimmen, in welcher Gegend ich mich jeweils ungefähr befinden müsse. Wenn er selbst geradewegs zum Llano Estacado eilte, so mußte er dafür sorgen, daß seine Krieger einen zuverlässigen Führer zur Oase fanden, und dieser Führer konnte nur ich sein. In diesem Fall traf ich bestimmt unterwegs einen Apatschen, der den Auftrag hatte, auf mich zu warten und mich zu unterrichten. Man wird bald sehen, wie richtig ich Winnetou beurteilt hatte.

Zunächst aber war es noch nicht soweit. Wir lagerten noch am Saskuan-kui und warteten auf den Anbruch des Morgens, um mit den Komantschen zu verhandeln. Old Surehand mußte alles, was ihm abgenommen worden war, besonders seine Waffen, wiederbekommen. Dafür wollten wir Vupa-Umugi, ihren gefangenen Häuptling, freigeben.

Wir waren so vorsichtig gewesen, nicht am Ufer zu bleiben, wo die Feinde uns wußten und, von den Büschen gedeckt, uns leicht überfallen konnten, sondern wir hatten uns ein Stück in die Prärie zurückgezogen, weil wir dort nicht beschlichen werden konnten. Hier wurden die Wachablösungen bestimmt, und wer dann schlafen wollte, der konnte schlafen, es fiel mir nicht ein, bis zum Morgen wach zu bleiben. Man wußte nicht, was für Anstrengungen der nächste Tag brachte. Ich freute mich darauf, Old Surehand bei Tageslicht zu sehen. Jetzt war es zu dunkel, ihn so, wie ich gern wollte, zu betrachten. Später gestand er mir, daß er ebenso neugierig auf mich gewesen war. Wir hätten viel miteinander reden können, waren aber beide keine übermäßig redseligen Menschenkinder und wollten schlafen. Eines jedoch mußte ich jetzt schon wissen. Deshalb sagte ich, als er sich neben mir zur Ruhe ausstreckte: „Erlaubt mir eine Frage, Sir, ehe Ihr die Augen schließt! Ihr habt mit Eurem Ritt in diese Gegend einen bestimmten Plan verfolgt?"

„Ja. Ich wollte zu den Mescalero-Apatschen hinüber, um vielleicht Winnetou zu treffen und mit seiner Hilfe dann womöglich auch Euch kennenzulernen. Es ist ja wahrhaftig eine Schande, so lange schon Westmann zu sein, ohne Winnetou und Old Shatterhand gesehen zu haben."

„Auch wir kennen Euch noch nicht; das ist ganz das gleiche. Haben aber genug von Euch gehört, Sir. Der zweite Teil Eures Wunsches, mich zu sehen, ist eher erfüllt worden, als Ihr dachtet, und der erste Teil kann befriedigt werden, ohne daß Ihr zu den Mescaleros reitet. Ich bin nämlich auf dem Weg, Winnetou anderswo aufzusuchen."

„Wo, Sir? Wo ist er jetzt?" — „Im Llano Estacado."

„*Heigh-day*, das ist ja herrlich! Mit ihm und Euch im gefährlichen Estacado! Nehmt Ihr mich mit, Sir?"

„Sehr gern. Wir werden Euch und Eure Hilfe gut brauchen können. Werde Euch früh erzählen, warum. Jetzt ist es notwendig zu schlafen, um Kräfte zu sammeln. Will Euch einstweilen nur sagen, daß es sich um einen Tanz mit den Komantschen handelt."

„Mit diesen hier oder mit andern?"

„Mit diesen und andern, die noch zu ihnen stoßen. Ihr habt doch gehört, was von ihnen geredet wurde. Haben sie nicht von dem Ziel ihres jetzigen Zugs gesprochen?"

„Ja, aber so leise und vorsichtig, daß ich nichts verstehen konnte. Nehmt mich bitte mit, Sir! Ich freue mich darauf, mit den Komantschen darüber abzurechnen, daß sie mich wie ein Greenhorn überrumpelt haben. Was müßt Ihr von mir denken! Ich habe jahrelang gewünscht, Euch kennenzulernen und mich Euch auf irgendeine Weise anschließen zu dürfen, und nun, da mir dieser Wunsch in Erfüllung geht, ist es derart geschehen, daß ich mich geradezu schämen muß; *it's celar,* wie der alte Wabble sagt!"

„Von Schämen kann keine Rede sein. Ich bin schon öfters gefangen gewesen und Winntou ebenso. Es freut mich, daß es mir vergönnt war, Euch einen kleinen Dienst zu erweisen."

„*I beg,* Sir! Ein kleiner war es nicht. Da möchte ich erst hören, was Ihr einen großen nennt! Ich würde viel darum geben, wenn es umgekehrt wäre, nämlich so, daß ich ihn Euch geleistet hätte. Will aber hoffen, daß ich Euch einmal so etwas Ähnliches erweisen kann."

„Ich nehme es für geschehen an und will lieber darauf verzichten, Gefangener der Komantschen zu sein. Jetzt wollen wir schlafen. *Good night,* Sir!"

„*Good night,* Mr. Shatterhand! Werde wahrscheinlich besser schlafen als da drüben auf der Insel, die ich nur verlassen sollte, um zum Martertod geführt zu werden."

Die Nacht war kühl und meine Kleidung naß, dennoch schlief ich fest bis vier Uhr, wo ich zur letzten Wache geweckt wurde. Als diese fast zu Ende war, begann der Tag zu grauen, und ich hatte bald Licht genug, meinen neuen und berühmten Bekannten zu betrachten.

Da lag er vor mir, ruhig schlafend, ein wahrer Riese von Gestalt. Seine mächtigen Glieder waren ganz in Leder gekleidet, doch so, daß die von der Sonne gebräunte Brust unbedeckt blieb. Er mochte ungefähr in meinem Alter stehen. Sein langes, braunes, seidenweiches Haar lag wie ein Schleier bis auf den Gürtel herab, und selbst im Schlaf, wobei doch sonst das geistige Leben aus den Zügen zurücktritt, lag auf seinem Gesicht der Ausdruck jener Spannkraft, ohne die ein guter Westmann undenkbar ist. So, wie ich ihn hier liegen sah, hatte ich ihn mir nach den Beschreibungen nach gedacht. Es ist keineswegs richtig, sich jeden namhaften Westläufer als eine solche Figur vorzustellen. Wer das tut — und es geschieht allerdings häufig —, der fühlt sich dann später, wenn er den Betreffenden zu sehen bekommt, meist enttäuscht. Berühmte Jäger von solch riesiger Gestalt habe ich nur zwei gesehen, Old Firehand und Old Surehand. Man macht oft die Erfahrung, daß körperliche Hünen ein wahrhaft kindliches Gemüt besitzen und weder Kampflust noch Kampfesfertigkeit kennen, während dürftiger gebaute Menschen sich lieber zerreißen als in die Flucht schlagen lassen. Das Leben im Wilden Westen ist zudem der Bildung voller Körperformen nicht günstig, doch schafft es eiserne Muskeln und Sehnen wie Stahl.

Es war Zeit, die Schläfer zu wecken. Ich tat es, und als Old Surehand sich aufrichtete, konnte ich erst richtig sehen, in welcher Harmonie die Glieder seines Körpers zueinander standen.

„*Good morning,* Sir!" grüßte er mich, indem er seinen Blick forschend an mir niedergleiten ließ und dann wieder zu meinem Gesicht erhob. „Endlich wird mir der Wunsch erfüllt, Euch zu sehen, denn das gestern abend in der Dunkelheit war kein Sehen zu nennen. Hier meine Hand zum Morgengruß und nochmals Dank für das, was Ihr meinetwegen gewagt habt!"

„Auch ich freue mich aufrichtig, Euch kennenzulernen. Wenn es Euch recht ist, wollen wir treu zusammenhalten."

„*Well,* soll geschehen." Er dehnte und reckte sich, untersuchte die Hand- und Fußgelenke und fuhr dann fort: „Habe gut geschlafen, und die Folgen der Fesselung sind völlig verschwunden. Was werden wir zunächst beginnen?"

„Wir nehmen den Häuptling vor, um ihm zu sagen, was wir von

ihm verlangen, und schicken dann den gefangenen Indianer hinüber ins Lager."

„Und bis er wiederkommt, wird tüchtig gefrühstückt", fiel Old Wabble ein. „Wozu hätte ich denn das viele Fleisch mitgebracht? Wer etwas zu essen hat, der soll essen; *it's celar.*"

Wir leisteten der Aufforderung des Alten gern Folge. Vorher waren noch die Verhandlungen mit Vupa-Umugi zu führen. Da sie Old Surehand betrafen, war ich der Meinung, daß er dem Häuptling seine Bedingungen selbst vorschreiben müsse, und er tat dies auch. Vupa-Umugi zögerte auch gar nicht, darauf einzugehen. Er sah ein, daß er nicht glimpflicher wegkommen könne. Dann banden wir den Komantschen, den Old Wabble gestern gefangen hatte, los. Er erhielt vom Häuptling die nötigen Befehle und ging dann fort, sie auszurichten. Nun hatten wir Zeit, unser Frühstück einzunehmen.

Nach ungefähr zwei Stunden kehrte der Bote mit einigen Indsmen zurück. Sie brachten Old Surehands Pferd, seine Waffen und alle andern Gegenstände, die ihm fehlten, auch seinen breitkrempigen Hut, der auf der Insel liegengeblieben war. Als Old Surehand erklärte, daß nichts fehle, gaben wir den Häuptling frei. Eigentlich hatten wir ihm das Versprechen abnehmen wollen, fernerhin Feindseligkeiten zu unterlassen. Wir sagten uns aber, er werde sein Wort doch nicht halten, und weil durch eine solche Forderung unsre Verhandlungen mit ihm in die Länge gezogen worden wären, verzichteten wir darauf. Als wir dem Komantschen die Fesseln abgenommen hatten, tat er einige Schritte, um sich zu entfernen, drehte sich aber noch einmal um und richtete die Worte an mich:

„Die Bleichgesichter haben Frieden mit uns geschlossen. Vupa-Umugi fragt sie, wie lang er währen soll."

„Solange, wie du willst", antwortete ich ihm. „Es steht das in eurem Belieben."

„Warum spricht Old Shatterhand nicht deutlicher? Warum nennt er nicht eine bestimmte Zeit?"

„Weil ich das nicht kann. Wir sind den roten Männern nicht feindlich gesinnt und möchten immer in Freundschaft mit ihnen leben. Solange sie uns den Frieden halten, wird auch bei uns das Beil des Krieges vergraben bleiben."

„Uff! Wie lang werden die weißen Männer in dieser Gegend verweilen?" — „Wir werden sofort aufbrechen."

„Wohin?"

„Frag den Wind, wohin er geht! Er weht bald hierhin, bald dorthin. So ist's auch mit dem Jäger des Westens, der heute nie sagen kann, wo er sich morgen befinden wird."

„Old Shatterhand weicht meiner Frage aus!"

„Meine Antwort ist so, wie die deinige ausfiele, wenn ich dich fragen würde."

„Nein. Vupa-Umugi würde dir die Wahrheit sagen."

„Das wollen wir versuchen. Wie lang bleiben die roten Krieger hier am Blauen Wasser?"

„Noch einige Tage. Wir sind hierhergekommen, um zu fischen, und werden gehen, wenn wir das getan haben."

„Wohin werdet ihr dann reiten?"

„Zu unsern Frauen und Kindern."

„Sei klug, und tu nach deinen Worten! Jede Lüge gleicht einer Nußschale, deren Kern in der Bestrafung besteht. Du hast gesagt, daß du Old Shatterhand nicht fürchtest. Du brauchst ihn auch nicht zu fürchten, es sei denn, du zwingst ihn, Abrechnung mit dir zu halten. Ich habe gesprochen. Howgh!"

Vupa-Umugi machte eine stolz abwehrende Handbewegung und ging. Seine Leute folgten ihm. Meine Begleiter wollten sich über sein Verhalten und seine Worte äußern. Ich aber schnitt ihnen die Rede kurz ab:

„Mesch'schurs, schweigen wir jetzt darüber! Wir können uns später besprechen. Jetzt müssen wir fort."

„Ist das so eilig, Sir?" fragte Webster. „Wir haben den Roten eine tüchtige Lehre gegeben, und sie werden sich hüten, uns Gelegenheit zu einem zweiten zu bieten."

„Ich bin im Gegenteil überzeugt, daß sie nach Rache dürsten. Sie mögen uns fürchten; aber sie wissen ebensogut wie wir, daß im Fall eines Angriffs zwölf von ihnen auf einen von uns kommen. Sie hatten in Old Surehand einen vorzüglichen Fang gemacht, den wir ihnen wieder abgenommen haben. Darüber werden sie wütend sein und danach trachten, nicht nur ihn, sondern auch uns in ihre Macht zu bekommen. Wenn sie uns hier in der offnen Savanne überfallen, haben wir keine Deckung. Wir würden uns zwar wehren und eine große Zahl von ihnen niederstrecken, endlich aber doch unterliegen. Nein, wir müssen fort."

„Das kann uns auch nichts nützen, denn wenn sie wirklich die Absicht haben, uns zu erwischen, so werden sie uns folgen."

„Da können wir uns zu ihrem Empfang eine geeignetere Örtlichkeit wählen, als diese hier ist. Sie werden uns allerdings folgen, schon um zu erfahren, wohin wir reiten, aber allzuweit können sie sich nicht entfernen, weil sie in den Llano wollen."

Wir ritten also fort, mit Fleischvorrat reichlich versehen. Ich hielt mich mit Old Surehand an der Spitze, und niemand fragte mich, wohin ich mich wenden sollte. Wir nahmen die Richtung zur Furt, und als wir dort angekommen waren, trieb ich mein Pferd ins Wasser; die andern folgten mir. Am jenseitigen Ufer stieg ich ab, band Hatatitla an einen Baum und setzte mich nieder. Old Surehand und Old Wabble taten sofort nach meinem Beispiel. Webster aber blieb ebenso wie die übrigen im Sattel sitzen und fragte:

„Ihr steigt ab, Sir? Das sieht so aus, als wolltet Ihr längere Zeit hier bleiben?"

Ich brauchte nicht zu antworten, denn Old Wabble tat es an meiner Stelle.

„Allerdings bleiben wir hier, Mr. Webster. Wundert Ihr Euch etwa darüber? So könnt Ihr wohl nicht begreifen, warum wir wieder nach Westen geritten sind anstatt nach Osten, wohin wir eigentlich wollen?"

„Welch eine Frage! Ihr scheint mich für albern zu halten. Die Roten dürfen nicht wissen, daß wir ostwärts wollen, weil wir ihren Kriegsplan kennen. Also müssen wir zunächst in die entgegengesetzte Richtung, um sie zu täuschen. Aber warum wir schon hier anhalten und uns sogar gemächlich niedersetzen sollen, das ist mir ein Rätsel."

„Es ist Euch jedenfalls schon manches ein Rätsel gewesen und wird es Euch auch später sein. Erst wolltet Ihr nicht vom Blauen Wasser fort, obgleich wir dort der größten Gefahr ausgesetzt waren, und nun, da wir uns hier hinter dem Fluß und den Büschen in schönster Sicherheit befinden, bleibt Ihr im Sattel kleben wie eine Fliege am Leim."

„So wollt Ihr auf die Roten warten?" —„Yes."

„Aber das ist doch gar nicht nötig! Wenn sie kommen, müssen wir uns wehren, und wenn wir weiterreiten, entgehen wir aller Feindseligkeit. Da ist es doch entschieden besser, zu verschwinden."

„Damit sie unsern Spuren folgen und uns dann abends oder in der Nacht, wenn wir sie nicht sehen können, überfallen? Was Ihr doch für ein Pfiffikus seid! Steigt nur ab!"

Webster folgte dieser Aufforderung, ließ aber dabei ein unwilliges Brummen hören. Old Wabble ärgerte sich darüber und fuhr ihn zornig an:

„Was habt Ihr da zu brummen, Sir? Reitet getrost fort, wenn es Euch hier nicht gefällt. Schätze ohnehin, daß die Gegend, in die wir jetzt reiten, euch allen wenig Vergnügen bereiten wird. Oder ist etwa einer von euch schon einmal im Llano Estacado gewesen?"

Cutter richtete diese Frage an alle, und als sich herausstellte, daß noch keiner von ihnen die Plain durchquert hatte, lieferte er eine so schaurige Schilderung der Wüste und erzählte von so vielen Unglücksfällen, daß es ihnen zu grauen begann. Ich ließ ihn gewähren, weil er mir dadurch, wenngleich unbewußt, in die Hände arbeitete.

Wir hatten uns nicht unmittelbar am Wasser gelagert, sondern hinter den Büschen, die am Ufer standen, und ich saß so, daß ich zwischen zwei Sträuchern hindurchblicken und die Breite des Flusses, also die ganze Furt, beobachten konnte. Old Surehand saß neben mir und hatte die gleiche Aussicht. Eben erzählte Old Wabble von einem Raubüberfall, der im Llano ausgeführt worden war, und weil eine Person dabei vorkam, die ich gekannt hatte, schenkte ich dem Alten mehr Aufmerksamkeit als dem Fluß. Da stieß mich Old Surehand an, deutete durch die Büsche und forderte mich auf:

„Schaut dorthin, Sir! Sie kommen."

Old Wabble hielt in seiner Erzählung inne, und wir lugten durch das Gesträuch. Am jenseitigen Ufer erschien eine berittene Komantschenschar, etwa dreißig Krieger, deren Gesichter mit den Kriegsfarben bemalt waren. Einer, wohl der Anführer, stieg ab und betrachtete den Boden, jedenfalls um zu prüfen, ob wir in die Furt gegangen oder seitwärts abgeritten seien. Er sah, daß das erste der Fall war, saß wieder auf und ritt ins Wasser. Seine Leute folgten ihm nach Indianerart, einer hinter dem andern.

„Wie unvorsichtig diese Roten sind!" meinte Old Wabble. „Sie gehen gleich alle in den Fluß und schicken nicht erst einen herüber, um sich zu vergewissern, ob wir auch wirklich fort sind. Nun kommen sie uns alle vor die Gewehre. Meine Kugeln stehen ihnen zu Diensten."

Cutter nahm sein Gewehr schußbereit. Ich aber wehrte ab:

„Es wird nicht geschossen, Sir. Ich habe die Komantschen hier erwartet, nicht um sie zu töten, sondern um sie von unsrer Verfolgung abzubringen. Sobald der erste von ihnen nah genug ist, zeigen wir uns ihnen. Ihr legt die Gewehre auf sie an, während ich mit ihnen rede, schießt aber erst, sobald ich meinen Stutzen sprechen lasse!"

„Wie Ihr wollt", brummte Old Wabble. „Besser aber wäre es, wenn diese roten Hunde ausgelöscht würden."

Er war kein Indianerfreund, war also mit meinem nachsichtigen Verhalten nicht einverstanden. Ich wartete, bis der Anführer auf zehn Pferdelängen herangekommen war. Dann standen wir auf und traten hinter dem Gebüsch hervor. Unsre Gewehre richteten sich auf ihn und seine Leute.

„Uff, uff, uff, uff!" ertönten die Ausrufe der Verwunderung, des Schreckens.

„Halt!" rief ich ihnen zu. „Wer einen Schritt weiterreitet oder seine Waffe hebt, wird erschossen!"

Sie hielten an. Das konnten sie tun, weil ihre Pferde nicht schwammen, sondern festen Grund hatten.

„Uff!" rief der Anführer. „Old Shatterhand ist noch hier! Warum hat er sich versteckt und ist nicht weitergeritten, wie wir dachten?"

„Ah, habt ihr das gedacht?" fragte ich. „So habt ihr geglaubt, daß ich kein Hirn besitze und mir nicht denken könne, daß ihr uns folgen werdet!"

„Wir wollen Old Shatterhand nicht folgen."

„So! Wohin reitet ihr denn?" — „Auf die Jagd."

„Ich denke, ihr seid nur hier, um zu fischen."

„Die meisten fischen; die übrigen jagen. Wir wollen Fleisch machen, um es in unsre Wigwams zu bringen."

„Warum wollt ihr auf dieser Seite des Flusses jagen und nicht drüben?" — „Weil wir glauben, hier mehr Wild zu finden."

„Ja, dieses Wild sind wir."

„Nein, dieses Wild sind die Büffel und Antilopen der Prärie und der Wassertäler."

„Seit wann ist es bei den roten Kriegern Sitte, sich die Gesichter mit Farben zu bemalen, wenn sie nur beabsichtigen, auf die Jagd zu gehen?"

„Seit — seit — seit —", er fand keine passende Antwort und rief mir darum zornig zu: „Seit wann ist es bei den Kriegern der Komantschen Sitte, jedem Bleichgesicht Rechenschaft darüber zu geben, was sie tun oder nicht tun wollen?"

„Seit Old Shatterhand diese Rechenschaft verlangt! Ich habe Vupa-Umugi, euerm Häuptling, gesagt, daß ich ein Freund der roten Männer bin, aber keine Gnade walten lasse, wenn ich angegriffen werde."

„Wir wollen euch nicht angreifen." — „Dann kehrt sofort um!"

„Das tun wir nicht, sondern wir reiten an euch vorüber auf die Jagd!"

„Versucht es! Es wird keiner von euch vorüberkommen, sondern der Fluß wird eure Leichen abwärtstreiben und ans Ufer schwemmen."

„Uff! Wer gebietet hier, Old Shatterhand oder die Krieger der Komantschen?"

„Old Shatterhand. Ihr seht unsre Gewehre auf euch gerichtet. Ich brauche nur zu wollen, so gehen sie los, und auch meine Zauberbüchse wird zu euch reden. Ich gebe euch die Zeit, die dieses Holzstück braucht, um an jenem Baum dort unten vorbeizuschwimmen. Wenn ihr dann eure Pferde nicht zur Umkehr gewendet habt, wird überhaupt keiner von euch umkehren können. Ich habe gesprochen!"

Damit nahm ich den Stutzen zur Hand, und wenn ich ihn auch nicht anlegte, denn das hätte auf die Dauer ermüdet, so hielt ich ihn doch so, daß seine Mündung auf den Anführer gerichtet war. Er drehte sich im Sattel um und sprach einige leise Worte mit den hinter ihm im Wasser Haltenden. Dann kehrte er sich mir wieder zu und fragte:

„Wie lang wird Old Shatterhand hier am Fluß bleiben?"

„Bis ich weiß, daß die Komantschen nichts Böses gegen uns vorhaben."

„Das kann er jetzt schon wissen."

„Nein. Wir werden uns voneinander trennen und dieses Ufer weit aufwärts und abwärts besetzen. So sehen wir jeden Komantschen, der etwa herüber will. Ein Schuß genügt, um uns in kürzester Zeit zu vereinigen und euch zurückzutreiben. Wenn eure Krieger dann bis morgen abend nicht versucht haben, an dieses Ufer zu gelangen, werden wir überzeugt sein, daß ihr den Frieden wollt, und diese Gegend verlassen, in die wir nur gekommen sind, um Old Surehand zu befreien."

„Uff! Ihr werdet dann wirklich gehen?"

„Ihr werdet uns dann nicht mehr sehen. Ich habe es gesagt, und ich halte mein Wort."

„Und Ihr seid nur an das Saskuan-kui gekommen, um Old Surehand zu befreien? Aus keinem andern Grund?"

„Nein. Ich sage es."

Diese Versicherung konnte ich geben, ohne mich einer Lüge schuldig zu machen. Ich hatte geradewegs in den Llano Estacado gewollt, und dieser Weg hätte mich nicht an das Blaue Wasser geführt.

Der Anführer wechselte wieder einige Worte mit seinen Hintermännern und machte dann noch einen Versuch mit mir:

„Old Shatterhand droht, weil er uns nicht glaubt. Wenn wir dennoch vorwärts reiten, wird er doch nicht schießen."

„Ich werde schießen, und du wirst der erste sein, der meine Kugel in das Knie bekommt. Übrigens ist das Holz an jenem Baum vorbei geschwommen."

„Uff! So reiten wir zurück. Aber wehe Old Shatterhand und seinen Bleichgesichtern, wenn sie in der Zeit bis morgen abend es wagen sollten, zum Blauen Wasser zu schleichen! Auch wir werden unser Ufer besetzen und jeden von euch töten, der sich auf jener Seite sehen läßt. Howgh!"

Die Indsmen kehrten um, und einer nach dem andern verschwand jenseits der Furt hinter dem Gesträuch. Ich wandte mich an Old Wabble:

„Nun, Mr. Cutter, was sagt Ihr jetzt? Ist das nicht ein prächtiger Erfolg? Sie sind fort!"

„Werden aber wiederkommen."

„Fällt ihnen nicht ein."

„Die Rothäute kommen wieder, sag ich Euch. Sie werden an einer andern Stelle herüberschwimmen."

„Ich sag Euch, daß sie dort drüben bleiben, weil sie meine Drohung für wahr halten. Das könnt Ihr ihrer Gegendrohung entnehmen, daß auch sie ihr Ufer besetzen werden. Übrigens glauben sie jetzt, daß wir nur wegen Mr. Surehand gekommen sind und weiter nichts gegen sie im Schilde führen. Wir sind sicher vor ihnen."

„Aber wenn die Roten ihr Ufer besetzen, werden sie merken, daß das unsrige unbesetzt ist, und dann kommen sie unbedingt herüber: it's clear!"

„Ja, die Komantschen werden es bemerken, aber nicht so schnell, wie ihr denkt. Sie sind zu äußerster Vorsicht gezwungen. Herüberschwimmen können sie nicht, um sich zu überzeugen. Das wäre gefährlich für sie. Herübersehen? Das ist zu weit und würde auch nichts nützen, weil unsre Posten, wenn wir hierbleiben, doch nicht offen zur Schau ständen, sondern so klug wären, sich zu verstecken. Dann kommt noch ein dritter Fall in Betracht. Könnt Ihr Euch den denken?"

„Ich? Hm, nein. Aber ich möchte gern wissen, ob Mr. Surehand diesen Fall erraten kann."

Die Absicht des Alten war natürlich, den Scharfsinn Old Surehands auf die Probe zu stellen, und ich nahm an, daß sich der Gefragte nicht darauf einlassen werde. Aber der riesige Jäger klopfte ihm auf die Schulter und sagte mit einem vergnügten Lächeln: „Wollt Ihr eine Prüfung mit mir anstellen, alter Wabble? Das macht mir Spaß."

„Freut mich sehr, daß es Euch nicht beleidigt. Wenn man Mr. Shatterhand so reden hört, sollte man meinen, er sei allwissend. Ist das ein Wunder, wenn man gern erfahren möchte, ob Old Surehand auch etwas weiß?"

„Den Gefallen kann ich Euch wohl tun, Mr. Cutter. Ich weiß auch etwas."

„Also heraus damit!"

„Der dritte Fall, den Mr. Shatterhand meint, ist folgender: die Roten wollen sich überzeugen, ob wir dieses Ufer wirklich besetzt halten. Sehen können sie es nicht; herüber dürfen sie auf der Strecke auch nicht, auf der wir uns wahrscheinlich ausbreiten. Also gehen sie über diese Strecke hinaus, schwimmen dort über den Fluß und schleichen sich diesseits am Ufer hin, um unsre Posten zu entdecken."

„Und wenn sie keine finden, Sir? Dann tritt doch das ein, was ich meine: sie werden uns nachreiten und des Nachts überfallen."

„Dessen müssen wir allerdings gewärtig sein", gab Old Surehand zu. Er hatte bewiesen, daß er Scharfsinn besaß und mich verstand. Seinen letzten Worten aber konnte ich nicht beistimmen. Ich widersprach vielmehr:

„Nein, dessen müssen wir nicht gewärtig sein, Mr. Surehand. Es ist unmöglich, daß die Roten uns bis zum Abend einholen. Wir haben nach dem Stand der Sonne jetzt neun Uhr vormittags. Es vergeht eine Stunde, bis die Komantschen, die hier waren, das Saskuan-kui wieder erreichen. Sie müssen berichten, und Vorwürfe anhören. Dann wird Beratung gehalten, und eine solche Beratung wird nicht in kurzer Zeit beendet."

„Ja, Sir, jetzt verstehe ich Euch. Sagen wir: zur Berichterstattung und Beratung sind zwei Stunden nötig."

„Gut. Dann ist es zwölf Uhr. Die Indsmen kommen her — ein Uhr. Sie besetzen den Fluß aufwärts und abwärts — wieder eine Stunde, also zwei Uhr. Dann gehen Späher ab, um hoch oben oder tief unten den Fluß zu überschwemmen. Wie lang brauchen sie dazu? Doch wenigstens wieder eine Stunde — drei Uhr. Die Kundschafter schleichen diesseits am Ufer entlang, was sie überaus vorsichtig, also sehr langsam tun müssen. Wie lang wird es wohl währen, bis das Ufer vergeblich nach uns abgesucht worden ist?"

„Gewiß drei Stunden."

„Sagen wir nur zwei; dann ist es schon fünf Uhr. Nun wieder

Beratung. Es werden Leute ausgesucht, die unsrer Fährte folgen sollen. Auch das kann nur vorsichtig und unter großem Zeitverlust geschehen, denn die Roten müssen mit der Möglichkeit rechnen, daß wir die Gegend nicht verlassen, sondern einen Bogen geschlagen haben, um sie zu täuschen und von einer andern Seite heimlich zurückkehren. Ich schätze, daß wenigstens wieder eine Stunde vergeht, bis sich die Komantschen überzeugt haben, daß wir wirklich fort sind. Es ist also, wenn die eigentliche Verfolgung beginnt, schon sechs Uhr geworden. Das ergibt, wenn wir jetzt gleich fortreiten, einen Vorsprung von wenigstens neun Stunden. Ist es da möglich, daß wir eingeholt werden?" — „*Pshaw!* Auf keinen Fall!"

„Die Roten bekommen höchstens die Spuren zu sehen, die wir jetzt und binnen zwei Stunden machen. Morgen erkennen sie dann nichts mehr und können nicht wissen, wohin wir sind. Wenn wir jetzt zwei Stunden weit westlich reiten und sie uns folgen, werden sie annehmen, wir seien dahin zurückgekehrt, woher wir gekommen sind. Meint Ihr nicht, Mr. Surehand?"

„Eure Berechnung ist allerdings richtig", nickte er zustimmend, fügte aber doch nachdenklich hinzu: „Wenn sie nicht dadurch auf den richtigen Gedanken geführt werden, daß wir ihnen doch ein Schnippchen geschlagen haben."

„Auf diesen Gedanken werden die Komantschen wohl kommen. Aber sie werden eine falsche Folgerung daraus ziehen. Sie werden nämlich nicht denken, daß wir wieder umgekehrt sind, sondern überzeugt sein, daß wir den Fluß nur deshalb so schnell verlassen haben, um, während sie hier unnütz nach uns suchten, einen tüchtigen Vorsprung zu erlangen und ihrer Verfolgung zu entgehen. Ja, wenn sie ahnten, daß wir wissen, wohin sie wollen!"

„Ihr habt recht. Wenn wir jetzt aufbrechen, können wir schon nach zwei Stunden wieder umlenken. Sie werden das nicht bemerken."

„Ich bin übrigens der Überzeugung, daß sich die Indsmen noch drüben an der Furt befinden. Wir dürfen also unsre Pferde leider nicht tränken. Die Boten würden das sehen und daraus schließen, daß wir fort wollen. Die Tiere werden trotzdem bald Wasser haben, denn ich schlage nicht den Weg ein, den wir gekommen sind, sondern wir suchen das Flüßchen auf, dem die zwei Komantschen abwärts ritten. Warten wir nicht länger. Es ist Zeit."

Wir brachen auf und ritten den Fluß abwärts, wobei wir so viel Gebüsch wie möglich zwischen ihm und uns liegen ließen, um uns gegebenenfalls von Spähern am anderen Ufer nicht gesehen zu werden. Als wir nach ungefähr einer Stunde die Mündung des erwähnten Flüßchens erreichten, bogen wir in dessen Tal ein, um erst unsre Pferde saufen zu lassen und dann am Wasser aufwärts zu reiten. Unsre Richtung verlief also westlich, obwohl wir eigentlich nach Osten wollten.

Während dieses Rittes fand ich keine Zeit, mich mit Old Surehand zu unterhalten. Ich wurde anderweit in Anspruch genommen. Die Erzählungen Old Wabbles über die Schrecken des Llano Estacado hatten auf seine Zuhörer einen tiefen Eindruck gemacht. Kaum hatten wir die Furt verlassen, so mußte er weiter schildern. Ich machte meine Bemerkungen dazu und wurde infolgedessen gebeten, auch zu erzählen, was ich mit Vergnügen tat. Zu meiner heimlichen Genugtuung bemerkte ich bald, daß der beabsichtigte Erfolg nicht ausblieb. Die Leute wurden immer nachdenklicher. So, wie ich die Wüste schilderte und der alte Wabble sie vorher beschrieben hatte, hatten sich diese Westmänner den Llano Estacado doch nicht vorgestellt, und es kam ihnen recht gefährlich vor, eine solche Gegend aufzusuchen. Das sagten sie freilich nicht, aber ich sah es ihnen an. Sie warfen einander Blicke zu, die mir ihre Gedanken verrieten.

Wenn ich diese Leute los sein wollte, mußte es bald geschehen. Der beste Zeitpunkt, uns von ihnen zu trennen, war dann gekommen, wenn wir nach den abgelaufenen zwei Stunden aus unsrer bisherigen Richtung abbogen. Ich fuhr also in meinen Erzählungen, die keineswegs Übertreibungen waren, so lang fort, bis diese Zeit fast verflossen war. Dann zog ich mich zurück, um den andern Gelegenheit zu geben, ihre Meinungen ohne Zeugen auszutauschen. Diese List führte zum gewünschten Ziel. Sie hielten sich beisammen und sprachen heimlich miteinander. Ich sah, daß einer dem andern zusprach und ihn aufmunterte. Wozu, das konnte ich mir denken.

Ich wußte, daß wir nun bald einen kleinen, schmalen Bach erreichen würden, der von links her in das Flüßchen lief. Das war die geeignete Stelle, abzubiegen, weil der Bach uns Gelegenheit bot, unsre Spuren zu verbergen. Darum hielt ich eine kurze Strecke vorher an und sagte: „Mesch'schurs, die zwei Stunden sind vorüber, und wir haben es nun nicht mehr nötig, westwärts zu reiten. Seid Ihr auch meiner Ansicht?"

Old Surehand, Old Wabble, Webster und Hawley waren einverstanden. Die übrigen wurden verlegen. Sie tauschten verständnisvolle Blicke miteinander. Der eine stieß den andern an, dieser gab den Stoß weiter, bis der Mutigste von ihnen der fühlbaren Aufforderung folgte und selbst auf die Gefahr hin, unsre Mißbilligung zu erregen, an mich die Frage richtete:

„Seid Ihr schon einmal in El Paso del Norte gewesen, Sir?"

„Öfters", erwiderte ich kurz.

„Wie lang braucht man wohl, um von hier aus dorthin zu kommen?"

„Wer die Gegend kennt und gut beritten ist, kann in fünf bis sechs Tagen dort sein. Warum fragt Ihr mich nach diesem Ort, Mr. Wren?" — Das war der Name des Mannes. Er erwiderte:

„Das möchte ich Euch gern sagen, wenn ich wüßte, daß Ihr nicht schlecht von uns denkt."

„Schlecht von euch denken? Wie sollte ich das!"

„Wir möchten nicht mißverstanden werden. Es ist nämlich — hm! Es ist eine — hm, hm!"

Wren fuhr sich mit der Hand an den Hals; er kratzte sich hinter dem Ohr; es wollte gar nicht so gerade heraus, wie es sollte. Dann fuhr er auf einem Umweg fort:

„Ihr wißt, daß wir eigentlich nach Texas hinunter wollten. Aber wir haben es uns anders überlegt." — „So?"

„Als Ihr gestern abend mit Mr. Cutter vom Lagerplatz fort wart, haben wir davon gesprochen. In El Paso und jenseits des Rio Grande del Norte ist doch mehr für uns zu finden als in Texas. Meint Ihr nicht?"

„Was ich meine, das ist Nebensache. Es kommt nur darauf an, was ihr davon denkt."

„Richtig, sehr richtig! Wir denken eben, daß es besser ist, wenn wir nach El Paso oder überhaupt über den Rio Grande gehen."

„Das sagt Ihr in einem Ton, als bedürfe es einer Entschuldigung, Mr. Wren?"

„Allerdings. Wir sollten doch mit Euch in den Llano Estacado."

„Ihr solltet? Ich habe gedacht, ihr wolltet!"

„Ja, wir wollten, haben es uns aber anders überlegt. Hoffentlich denkt Ihr nun nicht etwa, wir fürchten uns vor dem Llano?"

„Warum sollte ich das denken? Weil ihr euern Entschluß geändert habt? Ihr seid doch freie Männer und könnt tun, was euch beliebt."

„Freut mich sehr, daß Ihr so urteilt. Es hätte uns leid getan, wenn Ihr uns für feig gehalten hättet. Also Ihr habt nichts dagegen, daß wir uns von Euch trennen?"

„Durchaus nicht. Aber sagt, wann diese Trennung stattfinden soll!" — „Jetzt gleich."

„Warum so plötzlich?"

„Weil wir sonst Zeit versäumen und einen großen, unnötigen Umweg machen würden. Ihr wollt ja umkehren."

„Ja, das ist wahr. Wenn Ihr zum Rio Grande del Norte wollt, müßt ihr in dieser Richtung weiterreiten."

„Und weil Ihr umkehren wollt, müssen wir uns hier von Euch trennen. Das muß geschehen, so leid uns diese Trennung tut. Sie wird uns nur dadurch erleichtert, daß Ihr sie uns nicht übelnehmt."

„Übelnehmen? Kann mir gar nicht in den Sinn kommen. Ihr seid auf euer Wohl bedacht, und das zu tun, ist jedes Menschen Recht und Pflicht."

Old Wabble hatte mit der gleichgültigsten Miene zugehört, nicht so aber Webster und Hawley. Ihre Gesichter drückten zorniges Erstaunen aus. Als ich die letzten Worte gesagt hatte, fiel Webster eifrig ein:

„Recht und Pflicht? Das sagt Ihr so gelassen, Mr. Wren? Diese Leute haben versprochen, mit uns durch den Llano Estacado zu reiten. Wißt Ihr, warum sie jetzt nicht mit umkehren, Mister Shatterhand? Weil sie sich vor dem Llano fürchten. Das ist es!"

„Fällt uns nicht ein!" rief Wren. „Von Furcht ist keine Rede."

„Oho! Ihr sagt, Ihr hättet gestern abend davon gesprochen, nach El Paso anstatt nach Texas zu gehen. Davon müßte ich doch etwas wissen, weil ich während der ganzen Zeit den Lagerplatz nicht verlassen habe. Habe aber kein einziges Wort gehört."

Jos Hawley stimmte ihm bei. Der Wortstreit ging eine Weile hin und her, bis ich den beiden Erzürnten einen heimlichen, nicht mißzuverstehenden Wink gab und den Abtrünnigen beipflichtete:

„Jeder kann tun und lassen, was er will. Wenn sich diese Männer von uns trennen wollen, so haben wir kein Recht, sie daran zu hindern. Ja, wir sind sogar verpflichtet, sie darin zu unterstützen."

„Auch noch unterstützen!" zürnte Webster. „Worin soll diese Unterstützung denn bestehen?"

„Darin, daß wir sie mit Mundvorrat versorgen."

„Daß wir dumm wären!"

Old Wabble mochte ahnen, warum ich mich so verhielt, denn er sagte jetzt zu Webster:

„Dumm? Wer ist dumm, Sir? Doch wohl jener, der nicht weiß, wer über die Vorräte zu verfügen hat! Und wer hat darüber zu verfügen? Doch wohl der, der sie gebracht hat! Und das bin ich! Und ich sag Euch, daß ich diesen Leuten so viel Fleisch mitgebe, wie wir entbehren können. Ob sie aus Angst oder aus einem andern Grund von uns gehen, das ist mir gleich. Sie bekommen Fleisch, weil sie unterwegs essen müssen; *it's clear*. Also wer fort will, der mag es sagen, damit man weiß, woran man ist!"

Alle wollten fort, Webster und Hawley ausgenommen. Die beiden erklärten, sie müßten sich schämen, daß sie bisher mit solchen Memmen geritten seien. Das Ende vom Lied war, daß die acht Männer einen Vorrat Fleisch bekamen und dann nach einem kurzen, nicht eben zärtlichen Abschied wegritten. Hawley war still. Webster aber schimpfte hinter ihnen her. Deshalb fragte ich ihn:

„Ich denke, Ihr habt vorhin meinen Wink gesehen. Habt Ihr ihn auch verstanden?"

„Ja. Ich sollte die Männer ruhig laufen lassen."

„Warum tut Ihr das nicht?"

„Weil ich mich über sie ärgere."

„Euer Ärger ist überflüssig. Wir andern freuen uns darüber, daß wir sie los sind. Wir werden in Lagen kommen, wo wir ganze Männer, aber keine Memmen brauchen können. Und wenn der Ausdruck Memme zu stark sein sollte, so waren sie doch auch nicht Leute, auf die man sich verlassen kann."

Da ging ein freundlicher Zug über sein Gesicht, und er fragte befriedigt:

„Und mich schickt Ihr nicht fort?"

„Nein."

„Also seid Ihr der Ansicht, daß Ihr Euch auf mich verlassen könnt?"

„Hm! Ich bin der Ansicht, daß ich Euch wahrscheinlich als einen zuverlässigen Mann kennenlernen werde. So ist die Sache."

„Also erst kennenlernen!" betonte Old Wabble, indem er seine Glieder lachend durcheinanderschüttelte. „Gebt Euch also Mühe, Mr. Webster, daß Ihr bei dem nächsten Elk nicht daneben schießt!"

„Diese Ermahnung ist überflüssig, Mr. Cutter. Ich habe bisher noch jeden Elk getroffen."

„Auch den ersten damals? Das möchte ich bezweifeln."

„Ihr wißt es ja. Ich habe es bewiesen."

„Ja, es ist bewiesen, was Ihr damals getroffen habt, einwandfrei bewiesen. Wißt Ihr, was?"

„Nun, was?" fragte Webster, durch das Gebaren des Alten aufmerksam werdend.

Old Wabble kniff sein Gesicht in noch mehr Falten, als es schon hatte, machte das eine Auge zu, riß das andre weit auf, schlotterte mit den Armen durch die Luft und rief:

„Einen Esel habt Ihr geschossen, einen Esel! Hahahaha!"

„Wie — — wa — wa — was? Einen Esel?"

„Ja, einen Esel oder vielmehr ein Tier, das Ihr für einen Esel hieltet, das aber eigentlich ein Elkkalb war: ‚das junge Kind des Elks'!" Cutter betonte die letzten fünf Worte besonders stark, indem er sie zugleich sehr langsam aussprach.

„Das junge Kind — des — des — alle Wetter, was wollt Ihr damit sagen?"

„Daß Ihr damals geflunkert habt. Es ist Euch gar nicht eingefallen, den Elk zu schießen. Seid vielmehr vor ihm gehörig ausgerissen!"

„Aus — ge — ris — sen —? Das ist eine Verleumdung, die — die —"

„Was denn, die — die —? Seid Ihr etwa nicht in das Loch gekrochen, in das dann das Untier den Kopf steckte, wobei es Euch so gewaltig anschnaubte, daß Euch fast der Verstand verlorenging?"
— „Loch? Was — für — ein Loch?"

„Das Loch in der Steinwand, in dem Ihr so schnell verschwandet, wie Ihr in Eurem ganzen Leben noch nie in ein Loch gekrochen wart!" — Webster holte tief Atem und sagte, vor Verlegenheit fast stammelnd:

„Mr. Cutter, ich versteh' Euch nicht. Ihr habt doch den Elk, den ich geschossen hatte, mit eignen Augen gesehen!"

„Ja, mit meinen eignen Augen, aber den Elk, den der Häuptling der Banocks geschossen hatte!"

„Der Ba — nocks? Der Teufel soll mich holen, wenn ich imstande bin —"

„einen Elk zu schießen? fiel ihm der Alte in die Rede. „Ja, davon bin ich sogar überzeugt. Der Häuptling schenkte Euch den Elk dafür, daß Ihr ihn vor mir gewarnt hattet, und erlaubte Euch zu sagen, Ihr hättet ihn geschossen. Ist es so oder nicht, Mr. Webster?"

„Wenn — wenn — und — und — und —", stotterte der Gefragte in größter Bedrängnis.

„Antwortet mir nicht mit ‚wenn' und ‚und', sondern richtig, wie es sich gehört."

„Man muß Euch ein Märchen aufgebunden haben!"

„Ein Märchen? Ja, es schien mir allerdings damals ein Märchen zu sein, als Ihr den Elk brachtet und behauptetet, er sei von Euch erlegt worden. So ein ausgemachtes, in Marmor gehauenes Greenhorn, wie Ihr damals wart, und ein Elk, ein solch riesiger, gewaltiger Elk! Ich glaubte es aber doch, weil Ihr dann später zufällig Glück im Schießen hattet. Jetzt aber ist's mit dem Glauben vorbei."

„Ich habe ihn geschossen! Wer ist denn der Halunke, der Euch so angelogen hat?"

„Der Halunke? Angelogen? Der Halunke seid Ihr selbst, Mr. Webster. Oder wollt Ihr leugnen, daß Ihr es selbst eingestanden habt?" — „Ich selbst? Wem und wo?"

„Euren Gefährten, die vorhin fortgeritten sind; droben jenseits des Mistake Cañon im Soldatenlager."

„Ah, die haben es gesagt! Schade, daß sie fort sind! Sie müßten diese Lüge eingestehen und mich um Verzeihung bitten. Wer hat es Euch erzählt?"

„Der brave Wren, der vorhin das große Wort der Feigheit so beredt führte." — „Wann?"

„Heute nacht, als wir die Wache miteinander hatten und uns die Zeit mit Geschichten verkürzten."

„Mit Lügen, müßt Ihr sagen!"

„Oho! Ihr glaubt, leugnen zu können, weil diese Leute fort sind. Es sind noch andre da! Mr. Shatterhand und Jos Hawley. Die haben auch dabei gesessen, als Ihr es erzähltet. Ist das wahr, oder ist es nicht wahr, Jos?"

Hätte er die Frage an mich gerichtet, so hätte ich mit einem Scherz geantwortet. Der ehrliche Hawley aber erklärte ernst:

„Ja, Webster hat es erzählt. Er hat den Elk damals nicht geschossen. Was wahr ist, muß wahr bleiben."

Da fuhr ihn Webster zornig an:

„Halte den Schnabel, alter *sheep's head* [1])! Wie kannst du behaupten, daß es wahr ist! Man erzählt so manches, was sich ganz anders zugetragen hat."

„Warum sollte man dies anders erzählen?"

„Weil man es nicht richtig weiß, oder weil man sich einen Spaß machen will, und das war bei mir der Fall."

„Keine Ausrede!" fiel Old Wabble ein. „Kein Westmann wird erzählen, daß er ein Wild, noch dazu einen Riesenelk, nicht getroffen habe, wenn er ihn erlegt hat. Und Ihr seid über die

[1]) Schafskopf

108

Selbstverleugnung noch weit hinausgegangen, indem Ihr gesagt habt, ein Roter habe ihn geschossen. Ich weiß, woran ich bin. Doch genug davon. Jetzt haben wir an wichtigere Dinge zu denken. Wir kehren also hier um, Mr. Shatterhand?"

„Hier nicht, sondern eine Strecke weiter oben. Dort gibt es ein fließendes Wasser, das seitwärts führt. Wenn wir in diesem Bach reiten, bleiben den Roten, falls sie noch vor Abend kommen sollten, unsre Spuren verborgen."

„Wie klug! Sie werden den Spuren unsrer acht ungetreuen Kameraden folgen und denken, wir seien noch bei ihnen, während wir doch seitwärts abgewichen sind. Das ist ein so guter Gedanke, daß man ihn in einem Buch drucken lassen sollte; *it's clear!*"

Es dauerte nur noch zehn Minuten, bis wir den Bach erreichten. Wir ließen die Pferde im Wasser waten. Dabei sagte Old Wabble zu mir: „Sir, glaubt Ihr mir, daß ich jetzt eine Eurer Pfiffigkeiten erraten habe?" — „Welche denn?"

„Es war Berechnung, daß wir mit den acht Kerlen nicht bis herauf an dieses Wasser geritten sind. Ihr hieltet mit Vorbedacht schon weiter unten an." — „Warum das?"

„Der Verfolger wegen. Wenn sie kommen, werden sie da, wo wir halten geblieben sind, absteigen und die Stelle untersuchen, um zu erfahren, warum wir angehalten haben. Hätten wir am Bach haltgemacht, so wäre diese Stelle von ihnen genau geprüft worden, und dabei hätten sie wahrscheinlich bemerkt, daß fünf Reiter von den dreizehn ihre Pferde ins Wasser gelenkt haben. Unsre jetzige, neue Fährte wäre also entdeckt worden. Um das zu vermeiden, habt Ihr dafür gesorgt, daß die Trennung schon vorher geschah. Habe ich recht, Sir?"

„Ja, Ihr habt meine Absichten erraten, Mr. Cutter. Es kann für uns nur von Nutzen sein, wenn wir uns auch fernerhin so gut verstehen."

Das Laufen im Wasser wurde den Pferden schwer, weil seine Breite und Tiefe oft schnell wechselten. Dennoch ließen wir wohl gegen eine Stunde vergehen, ehe wir sie heraus auf den trockenen Boden lenkten. Das taten wir an einer felsigen Stelle, wo kein Hufabdruck zurückblieb, der uns verraten konnte. Damit war aber der Vorsicht Genüge geschehen, und wir konnten überzeugt sein, alles getan zu haben, um eine Entdeckung zu verhüten. Das Wasser hatte uns in der verflossenen Stunde südwärts geführt. Wir verließen es nun und lenkten nach Osten ein, um den Rio Pecos wieder zu erreichen. Das mußte nach meiner Berechnung an einer Stelle geschehen, die volle zwei Stunden von der Furt entfernt lag. Wir konnten also, wenn nicht ein unglücklicher Zwischenfall eintrat, auf keine Komantschen treffen.

Die beiden Wassertäler, in denen wir uns bis jetzt aufwärts bewegt hatten, waren vielen Krümmungen gefolgt. Jetzt ritten wir abwärts, und weil wir dabei eine schnurgerade Linie einhalten konnten, brauchten wir viel weniger Zeit als aufwärts. Es war ungefähr halb zwei Uhr, als wir den Rio Pecos wieder erreichten. Wir suchten und fanden bald eine Stelle, deren ruhig fließendes Wasser das Hinüberschwimmen erleichterte, und dann ging es im Galopp auf der ebenen Prärie dahin, die zwischen dem Pecos und der früher erwähnten Hügelreihe liegt. Da dieser Höhenzug nicht mit dem Fluß gleichläuft, sondern sich ihm bald nähert und bald wieder von ihm entfernt, ist die Savanne nicht immer gleich breit. Bald wird sie so zusammengedrängt, daß sie nur einen schmalen Streifen bildet, und bald dehnt sie sich scheinbar endlos vor den Blicken aus. Wir fegten wie im Sturm über die grasige Ebene dahin, und es war eine wahre Lust, dabei das lange, schneeweiße Haar Old Wabbles und die fast noch längere braune Mähne Old Surehands fliegen zu sehen. Old Surehand ritt einen mexikanischen Fuchs spanischen Blutes, der es zwar mit meinem Hatatitla nicht aufnehmen konnte und, der Schwere seines Reiters angemessen, stark gebaut war, aber den langen Galopp doch spielend überwand.

Old Surehand und Old Wabble, zwei solche Reiter an meiner Seite! Ich warf, einen Jauchzer ausstoßend, den Hut hoch in die Luft und fing ihn im Jagen wieder auf.

„Ihr scheint recht guter Laune zu sein", meinte Old Surehand lächelnd.

„Ja", erwiderte ich. „Und sie wird noch besser werden, wenn erst Winnetou bei uns ist. Sein schwarzer Schopf ist herrlich. Dann fliegen drei Mähnen um mich her."

„Wann werden wir ihn treffen?"

„Das ist noch ungewiß. Er ist, wie ich Euch schon sagte, im Llano Estacado. Ich vermute, daß wir noch heute auf einen Boten von ihm stoßen." — „Wo? Ist der Ort bestimmt?"

„Nein, aber die Linie. Ich sprach ja nur von einer Vermutung. Ihr werdet das Nähere erfahren, wenn wir lagern. Winnetou weiß, daß ich in grader Richtung vom Mistake Cañon zur Llano-Oase reite. Wenn er einen Boten zurückgelassen hat, wird er auf irgendeinem Punkt dieser Linie auf mich warten."

„Befinden wir uns jetzt auf dieser Linie?"

„Noch nicht. Ich mußte, um Euch herauszuholen, zum Saskuankui abweichen. Jetzt nähern wir uns der Linie wieder und in einer Stunde erreichen wir sie. Leider müssen wir wieder langsam reiten, denn Webster und Hawley bleiben sonst zurück. Gegen abend kommen wir an einen Ort, den die Apatschen Altschese-tschi nennen. Das wäre für den Boten die richtige Stelle, mich zu erwarten. Er kann sich da verbergen."

„Gibt es dort Büsche und Bäume?"

„Wie kommt Ihr zu dieser Frage?"

„Weil die beiden Apatschenwörter Altschese-tschi soviel wie ‚kleiner Wald' bedeuten."

„Das wißt Ihr? Ihr seid also dieser Sprache mächtig?"

„Leidlich."

„Das ist vorteilhaft für uns. Aber ich denke, Ihr seid noch nie in einem Apatschengebiet gewesen?"

„Allerdings nicht. Meine bisherigen Jagdreviere lagen mehr im Norden. Aber ich bin mit Kennern der Apatschendialekte zusammengewesen und habe von ihnen gelernt, was ich brauche. Ich freue mich darauf, mit Winnetou in seiner Muttersprache reden zu können. Kennt er mich dem Namen nach?"

„Sehr gut. Ich will Euch verraten, daß er eine hohe Meinung von Euch hat." — „Danke, Sir!"

„Wir sind miteinander weit herumgekommen, bis an die Nordgrenze der Vereinigten Staaten hinauf, und es ist eigentlich zu verwundern, daß wir mit Euch kein einziges Mal zusammengetroffen sind."

„Mir ist das erklärlich, und auch Ihr werdet Euch nicht darüber wundern, wenn Ihr später erfahrt, wie und wo ich lebe und mich bewege." — „Ist das ein Geheimnis?"

„Ja und nein, wie man es nimmt. Ich spreche nicht darüber."

Er wandte sich halb ab und es flog ein dunkler Schatten über sein bisher heiteres Gesicht. War es ein trübes Geheimnis, das jetzt berührt worden war? Es wollte mir so vorkommen. Wir schwiegen beide. Vielleicht hatte dieser körperlich und geistig seltene Mann auch ein seltsames Schicksal hinter sich. Gibt es doch kaum einen Westmann, dessen Lebenslauf alltäglich gewesen wäre.

Nach einer Stunde war der grüne Grasstreifen des Rio Pecos längst nicht mehr hinter uns zu sehen. Vor uns lag meilenweit die Prärie. Es gab ringsum keinen Punkt, an dem das Auge den Halt zu einer Berechnung finden konnte, und dennoch wußte ich, daß ich mich nun auf der vorhin erwähnten Linie befand. Das war der Ortssinn, der dem Wandertier eigen ist, ohne den auch der Westläufer in hundert und wieder hundert Gefahren gerät. Wer ihn nicht besitzt, der wird in den Prärien entweder zugrunde gehen oder ein Jäger niedrigster Klasse bleiben. Wir brauchten nur eine kleine Wendung zu machen, um von unsrer bisherigen Richtung auf diese Linie einzubiegen.

Es war drei Uhr nachmittags, und es mußte den Komantschen in der Tat unmöglich sein, unsre Fährte aufzufinden oder gar uns nachzukommen. Sie konnten jetzt erst auf dem jenseitigen rechten Ufer des Rio Pecos angekommen sein, um unsre Wachen zu suchen, die aber gar nicht dastanden und nie dagestanden hatten.

Old Surehands Gedanken schienen durch den letzten Teil unsers kurzen Gesprächs nach innen gekehrt zu sein, denn er hatte sein Pferd angetrieben und ritt, den Kopf nachdenklich gesenkt, allein voran. Da zügelte er plötzlich sein Tier, stieg ab und untersuchte den Boden. Als wir ihn erreichten, sah ich, daß er eine Fährte entdeckt hatte, und saß auch ab. Old Wabble folgte unserm Beispiel, untersuchte das niedergetretene Gras und meinte:

„Das sind Pferde gewesen. Mesch'schurs, sechs an der Zahl und Indianern gehörig. Die Kerle sind hintereinander geritten, aber meine alten Augen zählen die sechs doch ganz genau heraus. Sie sind ostwärts geritten und vor zwei Stunden hier vorübergekommen."

Old Surehand warf mir einen Blick zu, in dem deutlich die Bewunderung für den Alten lag, und ich gab diesen Blick zurück, denn ich hätte die Fährte nicht deutlicher zu lesen vermocht. Hier auf der offenen Savanne zeigte sich der Alte als einstiger König der Cowboys, als der Fachmann, der nicht zu täuschen war. Er hatte unsre Blicke gesehen, und weil niemand sogleich antwortete, fragte er: „Seid Ihr etwa andrer Meinung, Gents?"

„Nein", erwiderte ich. „Ihr habt richtig gesehen."

„Soviel die Spur besagt, ja, Sir. Das Weitere aber muß ich Euch überlassen, weil ich die Gegend und die Roten, die sich herumtreiben, nicht kenne."

„Es kann sich nur um Apatschen oder Komantschen handeln."

„Welchem der beiden Stämme werden diese Leute hier wohl angehören?"

„Ihr fragt so bestimmt, Mr. Cutter, als sei es kinderleicht, darauf Antwort zu geben!"

„Weil ich annehme, daß Old Shatterhand sich den Kopf nicht zu zerbrechen braucht, um die richtige Auskunft zu finden."

„Danke Euch für Eure hohe Meinung. Doch man muß nachdenken, wenn man sich auch nicht gerade den Kopf zu zerbrechen braucht. Die Komantschen sind auf dem Kriegspfad und befinden sich in der Nähe, seitwärts hinter uns. Die Apatschen wissen, daß die Komantschen das Kriegsbeil ausgegraben haben, sehen sich zur Vorsicht gezwungen und senden Späher aus. Die Spur geht ostwärts; sie weist zum Llano Estacado. Wer von beiden ist es, der den Llano jetzt im Auge hat?"

„Die Komantschen."

„Richtig! Ich bin überzeugt, daß nur ein einziger Apatsche von der Absicht der Komantschen auf dem Llano weiß: Winnetou. Seine Mescaleros werden erst durch ihn selbst oder durch einen Boten von ihm davon benachrichtigt. Sie können noch nicht hier sein und somit auch keine Späher in den Llano vorausgesandt haben. Dazu kommt, daß ihre Wohnsitze im Süden von hier liegen. Wenn sie Kundschafter oder Boten geradewegs in den Llano schicken, so würde ihr Weg nicht so weit nach Norden führen."

„Also ist's klar; wir wissen, woran wir sind und —"

„Halt!" unterbrach ich ihn. „Was ich sage, ist Vermutung oder Berechnung. Wir müssen aber Gewißheit haben. Die Sache ist so wichtig, daß es uns auf eine kleine Zeitversäumnis nicht ankommen darf. Getraut Ihr Euch, diese Spur schnellreitend gut im Auge behalten zu können?"

„Welche Frage! Haltet Ihr mich für blind?"

„So steigt auf und galoppiert fünf Minuten lang zurück! Ich möchte gern die Richtung wissen, ob sie gerade verläuft oder auf dieser immerhin langen Strecke irgendeine Biegung macht."

„*Well,* soll gleich geschehen!"

Der Alte schwang sich aufs Pferd und jagte auf der Fährte zurück, der Richtung zu, aus der die sechs Reiter gekommen waren. Seine Gestalt wurde schnell kleiner, bis sie, obgleich das Gelände völlig eben war, unsern Augen entschwand. Dann tauchte er als beweglicher Punkt wieder auf, der sich immer mehr vergrößerte, bis er endlich in Lebensgröße wieder bei uns hielt.

„Nun?" fragte ich ihn.

„Sie geht wie eine Schnur immer geradeaus."

„Das sagt mir genug. Wißt ihr, wohin man kommt, wenn man dieser geraden Linie folgt?" — „Zum Blauen Wasser, vermute ich."

„Ja, zum Saskuan-kui. Der Häuptling Vupa-Umugi hat diese sechs Leute als Späher ausgesandt. Wir müssen ihnen schleunigst nach."

„Warum so schnell? Sie einholen?" — „Ja."

„Das wäre falsch, Sir. Nehmt es mir nicht übel, aber es wäre gewiß falsch!"

„Weshalb?" — „Ihr seid doch kein Indianermörder."

„Allerdings nicht."

„Und wollt ihnen dennoch nach? Das widerspricht sich ja. Seht Ihr das nicht ein? Ihr wollt kein Mörder sein und wärt doch gezwungen, diese sechs Roten auszulöschen, wenn wir sie einholten. Sie dürfen nicht wissen, daß wir in dieser Gegend sind. Und doch wäre es verraten, wenn auch nur einer von ihnen entkäme. Unser Vorteil liegt doch darin, daß Vupa-Umugi die Überzeugung hegt, wir seien nach Westen geritten."

„Ihr habt recht und doch nicht, Mr. Cutter. Es kommt noch auf die Umstände an, ob wir uns diesen Kundschaftern zeigen werden oder nicht. Ihr Weg führt zum Altschese-tschi, dem Kleinen Wald, wo ich, wie ich schon vorhin sagte, einen Boten Winnetous vermute. Reiten die Komantschen dort vorüber, so ist es gut. Wenn sie den Apatschen aber bemerken, ihn selbst oder eine Spur von ihm, so greifen sie ihn an. Ein Mann gegen sechs. Ihr könnt Euch den Ausgang denken. In diesem Fall ist er entweder tot oder gefangen. Ist er gefangen, so müssen wir ihn um jeden Preis losmachen. Also vorwärts, Mesch'schurs!"

Wir stiegen wieder auf und jagten so schnell weiter, wie die Pferde Websters und Jos Hawleys zu laufen vermochten. Die Kundschafter hatten zwei Stunden Vorsprung, aber sie waren langsam geritten. Wenn sie diese Gangart beibehielten, so war es möglich, daß wir sie noch vor dem Altschese-tschi einholten.

Leider aber zeigte es sich, daß die Pferde der beiden Genannten nicht mit den unsern fortkommen konnten. Ich bestimmte daher, daß Webster und Hawley unserer Spur möglichst schnell folgen

sollten, und ritt mit Old Surehand und dem alten Wabble voran.
Von Zeit zu Zeit hielt einer von uns an, um aus den Spuren die Ge-
schwindigkeit der Feinde zu errechnen, und holte dann die andern
beiden wieder ein. Das stellte sich bald heraus, daß die Komantschen später viel schneller geritten waren und so schwand meine
Hoffnung mehr und mehr, sie noch zur rechten Zeit ein- oder gar
zu überholen, was durch einen Halbkreisritt recht wohl möglich
gewesen wäre.

Es verging eine Stunde und dann die zweite. Wir mußten die
Pferde zuweilen verschnaufen lassen, indem wir langsamer ritten.
Nach wieder einer halben Stunde tauchte vor uns ein dunkler
Punkt am Gesichtskreis auf. Ich deutete mit der Hand darauf hin
und sagte:

„Das ist der Kleine Wald, das Ziel unsrer Hetzjagd. Wollten wir
gradaus reiten, wären wir in einer Viertelstunde dort."

„Das dürfen wir aber nicht", warnte Old Wabble.

„Nein, denn die Komantschen sind wahrscheinlich dringeblie-
ben." — „Wir müssen aber hin! Wie fangen wir das an?"

„Es ist ein Glück, daß ich die Örtlichkeit kenne. Kommt rechts,
nach Süden! Wir müssen einen Bogen reiten."

Während wir das taten, fragte Old Wabble weiter:

„Meint Ihr, daß wir auf diese Weise herankommen, ohne gesehen
zu werden?"

„Ja. Ihr müßt wissen, daß von den ostwärts liegenden Höhen ein
Wasser kommt, das auf der Ebene versiegt, später aber da, wo sich
der Boden senkt, als ein kleiner Weiher wieder zutage tritt. Dieser
Weiher hat einen Durchmesser von nur fünfzig Schritt, hat aber
doch einem Wäldchen das Leben gegeben, dessen Durchmesser wenigstens zehnmal größer ist. Das ist Altschese-tschi, der Kleine
Wald, dessen westliche und östliche Seite ziemlich licht ist, während er an den beiden andern Seiten so dicht steht, daß man, besonders auf der südlichen, kaum durchzudringen vermag. So war es, als
ich mich vor drei Jahren zum letzten Mal hier befand, und so wird
es wohl auch heute noch sein. Weil die südliche Seite die meist be-
wachsene ist, reiten wir in einem Bogen dorthin. In dem Gestrüpp,
das da wuchert, nimmt kein Mensch seinen Aufenthalt, und deshalb glaube ich, daß wir uns da am besten anpirschen können, ohne
gesehen zu werden. Wenn wir nicht die Nacht abwarten wollen, so
weiß ich keine andre Möglichkeit, das Wäldchen unbemerkt zu erreichen."

„Well, so müssen wir es versuchen und uns darauf gefaßt machen,
bei unsrer Ankunft einige Kugeln zwischen die Rippen oder gar in
die Köpfe zu bekommen; it's clear!"

Old Surehand verhielt sich noch immer schweigend, doch las
ich auf seinem Gesicht jene unbedenkliche Entschlossenheit, die
vor keiner Gefahr zurückschreckt, wenn nur einigermaßen Aussicht vorhanden ist, sie glücklich zu bestehen. Er kam mir immer

mehr wie ein Mann vor, der lieber handelt, als spricht, und später zeigte es sich, wie vortrefflich er in dieser Beziehung zu Winnetou paßte.

Wir waren nach rechts abgewichen und hielten uns, indem wir einen Halbkreis ritten, immer so weit von dem Wald entfernt, daß er scheinbar in gleicher Größe vor uns liegen blieb. Als wir uns dann südlich von ihm befanden, hielt ich an und nahm aus der Satteltasche mein Fernrohr, das mir im Fernen Westen schon oftmals große Dienste geleistet und sogar das Leben gerettet hatte, um den Rand des Gehölzes sorgfältig abzusuchen. Ich konnte nichts Verdächtiges bemerken.

„Seht Ihr etwas, Sir?" erkundigte sich Old Wabble.

„Nein. Ich kann kein lebendes Wesen, weder Mensch noch Tier, entdecken und bin der Ansicht, daß wir nun stracks vorwärtsreiten. Einverstanden?"

„Wenn Ihr nicht anders wollt, dann los!" brummte Old Wabble. „Unvorsichtig aber ist's und bleibt's!"

Da ließ sich Old Surehand zum erstenmal wieder hören, indem er unschuldig und verweisend erklärte:

„Was unvorsichtig! Wenn es keine andre Wahl gibt als das Wasser, so stürzt man sich eben hinein und lernt sofort das Schwimmen. Wenn Ihr Euch fürchtet, alter Wabble, so bleibt hier, bis Ihr angewachsen seid! Wir aber nehmen das Wäldchen jetzt im Sturm. *Go on*, Mr. Shatterhand, *go on!*"

Er schoß auf seinem Pferd davon, und ich folgte ihm mit gleicher Schnelligkeit. Old Wabble blieb natürlich nicht zurück. Er jagte hinter mir her und wetterte dabei aufgebracht:

„Ich mich fürchten! Was bilden sich diese beiden jungen Menschen ein! Old Wabble kannte schon keine Furcht, als er noch nicht geboren war, viel weniger dann später. Die jetzige Jugend ist doch zuweilen mit ganz sonderbaren und unbegreiflichen Ideen behaftet; *it's clear!*"

Es war kühn von ihm, uns beide, als ‚die jetzige Jugend' zu bezeichnen. Ich mußte trotz des Ernstes unsrer Lage laut darüber lachen. Er hörte das und grollte:

„Was lacht Ihr, Sir? Lacht lieber erst, wenn Ihr mit heiler Haut da vorn im Wald sitzt!"

Wir trieben unsre Pferde so an, daß es schien, als käme der Kleine Wald auf uns zugeflogen. Der Grasboden war weich, der Hufschlag also kaum zu hören. Dabei hielten wir die Augen scharf auf unser Ziel gerichtet, um eine Gefahr gegebenenfalls rechtzeitig zu bemerken. Es war keine vorhanden, und wir erreichten glücklich den Waldrand. Dort sprangen wir ab, nahmen die Gewehre schußbereit in die Hand und lauschten. Es regte sich nichts. Wir versuchten das Gebüsch mit unsern Blicken zu durchdringen. Es war nichts zu sehen. Da flüsterte uns Old Surehand zu: „Haltet mein Pferd! Ich komme bald wieder." — „Wo wollt Ihr hin?"

„Spüren. Habt keine Sorge! Ich verstehe mich darauf."

Es wäre eine Beleidigung gewesen, wenn ich ihm meine Begleitung angeboten oder ihn gar zurückgehalten hätte. Ich ließ ihn also gehen. Es dauerte ziemlich lang, bis er wiederkam, um uns zu melden:

„Wir haben großes Glück gehabt, daß wir nicht bemerkt worden sind. Die Komantschen stecken im Wald."

„Habt Ihr sie gesehen?" fragte ich leise.

„Nein. Aber wir wissen doch, daß ihre Fährte in den Wald hineinführt und ich habe mich überzeugt, daß sie nicht wieder herauskommt; sie sind also noch drin. Das war es, was ich einstweilen wissen wollte. Wir müssen sie beschleichen."

„Well", nickte Old Wabble. „Das können nur zwei tun, denn der dritte muß hier bei den Pferden bleiben. Wer wird das sein, Mr. Shatterhand?"

„Ihr selbst", entschied Old Surehand, obgleich der Alte mich gefragt hatte.

„Fällt mir nicht ein. Untätig hier bleiben? Ich krieche mit im Wald herum, denn ich muß Euch beweisen, daß ich keine Furcht kenne."

„Das wissen wir schon, also ist dieser Beweis überflüssig. Ich brauche Euch wohl nicht zu sagen, wie ich Euch kenne und schätze, und darum werdet Ihr es nicht übelnehmen, wenn ich Euch daran erinnere, daß das ,Herumkriechen im Wald' nicht Eure starke Seite ist. Ihr seid auf der offnen Savanne besser daheim. Bleibt bei den Pferden!"

„Ganz wie Ihr wollt", erwiderte der Alte mit einer Bewegung der Ungeduld. „Es ist hier nicht der Ort und die Zeit, uns zu streiten. Will mich also als der Verständigere fügen. Macht euch auf die Suche! Aber wenn ihr dann als Leichen wiederkommt, will ich keine Vorwürfe hören."

Cutter nahm die Pferde an den Zügeln und winkte uns fort. Wir legten unsre Gewehre, die uns beim Schleichen behindert hätten, ab. Old Surehand sah mich fragend an.

„Uns zu trennen, ist hier zu gefährlich", erklärte ich deshalb. „Es ist noch heller Tag. Wir können leicht bemerkt werden, und da muß einer dem andern schnell zu Hilfe kommen können."

„Richtig, Sir! Aber wohin wenden wir uns?"

„Habt Ihr vorhin, als Ihr fort wart, nicht eine Stelle bemerkt, wo das Eindringen nicht zu beschwerlich ist?"

„Ich glaube, eine zu kennen. Kommt!"

Old Surehand führte mich um einige Buschecken und deutete dann auf das Strauchwerk, das hier weniger dicht stand als anderwärts. Ich nickte, legte mich nieder und kroch hinein. Er folgte mir.

Wir hatten, wie gesagt, noch hellen Tag. Die Roten konnten daher jede größere Bewegung des Gesträuchs sehen. Das erschwerte unsre Aufgabe derart, daß wir nur langsam vorwärts rückten. In einer halben Stunde hatten wir ein Drittel unsres Wegs zurückgelegt. Dann wurde es besser. Wir mußten zur Mitte des Wäldchens, wo das Wasser lag, an dem sich die Komantschen jedenfalls befanden. Nach abermals einer Viertelstunde hörte ich vor uns ein Pferd schnauben. Auch Old Surehand hatte es gehört, denn er stieß mich an, um mich darauf aufmerksam zu machen. Hatte das Tier ohne Anlaß geschnaubt, oder wollte es nach Art der indianischen Pferde seinen Besitzer vor uns warnen? In diesem Fall war die Gefahr für uns doppelt groß.

Ich muß sagen, daß ich Old Surehand bewunderte. Erst war er hinter mir geblieben, nun drang er neben mir vorwärts, und zwar mit einer Ausdauer, Umsicht und Geschicklichkeit, wie ich sie kaum jemals bei einem Weißen gesehen hatte. Jede Lücke wurde benutzt und jedes Hindernis entweder vermieden oder geräuschlos beseitigt. Wenn die Gewandtheit der Hände nicht ausreichte, mußte das Messer nachhelfen, und wenn ein Zweig oder gar ein stärkerer Ast bewegt werden sollte, geschah es so gleichmäßig langsam, daß es gar nicht auffallen konnte. Es war für einen Westmann eine Freude, ihm zuzusehen.

So kamen wir langsam, aber sicher weiter, bis wir Stimmen hörten. Die Worte konnten wir nicht verstehen, weil wir noch zu weit entfernt waren. Je mehr wir uns aber näherten, desto deutlicher hörten wir sie, bis wir endlich die Menschen sahen, die sich miteinander unterhielten. Es war freilich nicht das, was man eigentlich eine Unterhaltung nennt, sondern man konnte es richtiger als die Sitzung eines Präriegerichts bezeichnen.

Wir waren hinter einem nicht allzu dichten Gestrüpp angekommen, durch das wir leidlich sehen konnten. Vor uns lag das Wasser. Rechts waren sechs Pferde angebunden, während links ein einzelnes angehobbelt stand. Es war ein Apatschenpferd, während die andern den Komantschen gehörten, denen wir gefolgt waren. Von diesen sechs Roten lebten nur noch drei. Sie saßen zwischen uns und dem Wasser. Die Leichen ihrer drei Kameraden lagen nicht weit von ihnen. Vor ihnen stand ein einzelner Baum, an dessen Stamm ein Apatsche aufrecht angebunden war. Da er uns den Rükken zukehrte, konnten wir sein Gesicht nicht sehen. Er mußte verwundet sein, denn seine Füße standen in einer Blutlache, doch schien der Blutverlust ihn nicht arg geschwächt zu haben, denn eben, als wir die Gruppe zu Gesicht bekamen, hörten wir ihn mit kräftiger Stimme sagen:

„Die Hunde der Komantschen werden mich töten, aber ihren Zweck doch nicht erreichen. Pesch-endatseh[1]) lacht über sie. Sie waren ihrer sechs. Er hatte drei von ihnen getötet, ehe sie ihn überwältigen konnten. Er wird sterben mit dem Gesang des Todes auf den Lippen, ohne mit der Wimper zu zucken, und die Seelen dieser drei werden ihn in den Ewigen Jagdgründen bedienen müssen."

[1]) Langes Messer

‚Langes Messer'! Den kannte ich gut. Er war ein verwegener und listiger Krieger, der bei dem Stamm der Mescaleros in Ansehen stand und schon oft als Unteranführer tätig gewesen war. Wenn es sich um einen gefährlichen Kundschafterdienst gehandelt hatte, zu dessen Ausführung Mut und Verschlagenheit gehörten, war die Wahl gewöhnlich auf ihn gefallen.

Jedenfalls hatte er hier im Altschese-tschi gesteckt, um auf mich zu warten. Ich hatte mich also nicht geirrt, als ich annahm, Winnetou werde auf Kundschafter seines Stammes getroffen und geradewegs in den Llano Estacado geritten sein und für mich einen Boten zurückgelassen haben.

Einer der Komantschen machte eine verächtliche Handbewegung und antwortete:

„Langes Messer stinkt wie ein Stück verfaultes Fleisch. Seine Seele wird weggeworfen werden und in den Ewigen Jagdgründen keine Diener haben, denn wir werden ihm den Skalp nehmen, ehe wir ihn unter großen Qualen in den Tod senden. Er hat drei von uns töten können, weil er sich feig versteckte, als wir kamen. Hätte er sich offen gezeigt, so wäre nur sein Blut geflossen, aber kein einziger Tropfen von dem unsrigen."

„Ja, die Hunde der Komantschen hätten es gewagt, mit Langem Messer zu kämpfen, weil sie zwölf Arme gegen ihn hatten, während er allein war. Hätten sie nicht so viele gezählt, so wären sie vor dem Apatschen ausgerissen wie Kojoten, die zwar heulen, aber nicht beißen. Wenn die Komantschen Pesch-endatseh in die Ewigen Jagdgründe senden, so wird er dort nur Apatschen, aber keinen einzigen Komantschen finden, weil nur die Seelen tapferer Männer, aber keine Schwachherzen hinkommen. Seht her!"

Er spuckte dreimal kräftig aus. Der Komantsche sagte in dem gleichen verächtlichen Ton wie vorher:

„Langes Messer macht große Worte, um die Kleinheit seines Mutes zu verbergen. Die Angst vor dem Tod steht dir im Gesicht geschrieben. Du weißt, daß wir dir die Haut und das Fleisch in Stükken vom Leibe schneiden werden, und deine stolze Rede soll nur das Angstgewimmer verdecken, das du in deinem Innern hörst. Wir sind aber bereit, gnädig zu verfahren und dich schnell und ohne Qualen sterben zu lassen, wenn du uns die Wahrheit sagst und die Frage beantwortest, die dir jetzt vorgelegt wird."

Langes Messer warf den Kopf stolz empor, erklärte aber, scheinbar zustimmend: „Der Komantsche mag sprechen."

„Sind Eure Krieger gegen die Komantschen ausgezogen?"

„Nein." — „Das glaubt dir niemand."

„Du kannst es glauben. Oder meinst du, daß es dem starken Bären einfallen werde, gegen eine kranke Ratte in den Kampf zu ziehen?" — „Uff! Wenn du so fortfährst, uns zu beleidigen, hast du keine Gnade zu erwarten. Wo befinden sich die Mescalero-Apatschen jetzt?" — „Daheim in ihren Wohnungen."

„Wo ist Winnetou, ihr Häuptling?"

„Weit oben im Norden bei den Indianern, die sich Schlangen nennen." Er sagte das, um sie glauben zu machen, ihr berühmter Gegner sei jetzt nicht zu fürchten.

„Auch das ist eine Unwahrheit. Wir haben Old Shatterhand gesehen, und wo er ist, da weilt auch Winnetou nicht fern."

Langes Messer zwang sich zur Gelassenheit und sagte im Ton der Überzeugung:

„Der Komantsche lügt. Old Shatterhand ist weder in der Prärie, noch in den Bergen. Er ist über das ‚große Wasser' in seine Heimat zurückgekehrt und wird erst nach zwei oder drei Wintern wiederkommen."

„Wer lügt!" brüllte ihn der Komantsche zornig an. „Wir haben ihn gesehen." — „Wo?"

„In unserm Lager. Er kam, uns zu beschleichen. Wir haben ihn aber ergriffen und er wird den Tod am Marterpfahl sterben."

„Old Shatterhand? Den Tod am Marterpfahl?" lachte der Apatsche höhnisch. „Alle Krieger der Komantschen zusammengenommen sind nicht imstande, diesen einen weißen Jäger an den Marterpfahl zu bringen. Selbst wenn sie ihn ergriffen hätten, würde er trotz aller Fesseln plötzlich verschwinden wie der Adler, den zehnmal zehn Sperlinge nicht halten können. Aber das Bleichgesicht ist gar nicht gefangen. Es befindet sich nicht in diesem Land, sondern da, wo es geboren ist."

Pesch-endatseh hatte wohl die Absicht, den Komantschen zum Sprechen zu bringen. Er erreichte seine Absicht, denn der Gegner rief wütend:

„Wir haben ihn! Die Krieger der Komantschen sind keine Sperlinge, sondern Adler, die diesen Sperling zerreißen oder auffressen werden! Wie kann Langes Messer behaupten, eure Leute seien daheim! Sie befinden sich unterwegs, sonst hätten sie nicht einen Kundschafter ausgesandt!" — „Haben sie das getan? Wann denn?"

„Jetzt. Du bist's ja selbst!"

„Wer macht euch weis, Langes Messer sei als Späher ausgeritten? Trägt er etwa die Farben des Kriegs im Gesicht?"

„Du hast es aus Klugheit unterlassen, dich anzumalen!"

„Wo wohnen die Komantschen und wo die Mescalero-Apatschen? Würde Langes Messer östlich reiten, wenn er als Kundschafter nach Norden zu euch soll?"

„Ihr werdet erfahren haben, wohin wir ziehen wollen!"

„Uff, uff, uff! Merkst du nicht, daß du dich jetzt verraten hast? Also die Hunde der Komantschen sind aus ihren Höhlen gekrochen, nicht um gegen die Apatschen zu ziehen, sondern um nach Osten zu reiten."

Der Komantsche sah ein, daß er sich hatte überlisten lassen, und fuhr, zornig über sich selbst, den Gefangenen an:

„Schweig, Kröte! Du wirst es nicht weiterplaudern. Wir nehmen dich mit, und du wirst zu gleicher Zeit mit Old Shatterhand am Marterpfahl sterben."

„Dann wird Pesch-endatseh noch lang leben, denn daß ihr dieses berühmte Bleichgesicht gefangen habt, ist eine Lüge."

„Es ist wahr. Und wir haben ihn nicht allein, sondern noch mehrere Bleichgesichter, die auch sterben müssen." — „Nenne sie!"

„Old Wabble, den greisen Indianertöter." — „Uff!"

„Ferner Old Surehand, das riesige Bleichgesicht."

„Uff, uff! Weiter!" — „Weiter? Genügt das nicht?"

„Ja, das genügt. Wenn ihr diese drei großen Jäger wirklich ergriffen habt und den Apatschen in euer Lager schafft, wird er nicht sterben, sondern wir werden uns freimachen und dann unter die Komantschen fahren wie Büffelstiere, die in ein Rudel feiger Wölfe brechen. Old Shatterhand tötet mit jedem Hieb seiner Faust einen Komantschen. Es gibt für —"

„Schweig von diesem Hund!" unterbrach ihn der andre. „Er hat noch nie einen von uns besiegt!"

„Weil ihm noch keiner von euch feindlich begegnet ist! Und Old Wabble, der wie ein Sturm über die Savanne fegt, wird —"

„— wird sterben, wird sterben!" schrie der Komantsche, ihm abermals in die Rede fallend. „Vielleicht wird er auch nicht sterben, denn dieses alte Bleichgesicht ist ein erbärmlicher Köter, den man nicht töten, sondern mit Prügeln fortjagen sollte. Dieser Schwächling —"

Der Komantsche hielt mitten in der Rede inne. Diesmal wurde er unterbrochen, aber nicht etwa von dem Apatschen, mit dem er sprach, sondern von einer ganz andern Seite. Wir hatten unsre Augen nur auf ihn gerichtet gehabt. Als er sich jetzt plötzlich unterbrach und sichtlich erschrocken zur Seite sah, wendeten wir unsre Blicke auch dorthin und hörten zugleich die Worte:

„Was bin ich? Ein Schwächling, ein Köter? Hund, roter! Ich werde dir zeigen, ob ich schwach und mutlos bin. Wer von euch nur ein Glied bewegt und zu seiner Waffe greift, der bekommt meine Kugel in den Kopf! Hände hoch!"

Es war Old Wabble. Er hatte sich nicht durch das dichte Gebüsch gedrängt, sondern er kam ganz gemütlich durch die schmale, westliche Lücke des Waldes, durch die auch die Komantschen an das Wasser gelangt waren. Das Gewehr an der Wange und den Zeigefinger am Drücker, war er hinter dem nächsten Busch hervorgetreten und schritt langsam näher. — „Hände hoch!" wiederholte er, da die Roten seinem Befehl nicht gleich Folge leisteten.

Dieser Ruf ist alter Brauch im Wilden Westen. Wer die Hände hebt, kann nicht zu den Waffen greifen und sich verteidigen. „Hände hoch!" Wer mit diesen Worten überfallen und angerufen wird und nicht gehorcht, dessen Leben ist keinen Pfennig wert. Das wissen auch die Indianer. Darum hoben die drei Komantschen bei der Wiederholung des Befehls ihre Arme.

„So, jetzt habe ich euch, ihr roten Schufte!" lachte der Alte. „Wer auch nur eine Hand sinken läßt, der bekommt die Kugel. Ich scherze nicht. Also ich bin ein Schwächling! So, so! Und mich habt ihr gefangen! Und Old Shatterhand und Old Surehand auch! Ist das wahr, du Schurke?"

Der Rote, dem die Frage galt, antwortete nicht.

„Aha! Der Atem ist dir ausgegangen. Aber wartet nur, wir werden euch gleich wieder zu Atem bringen! Muß euch doch einige gute Freunde zeigen, sehr bekannte Männer, über deren Anblick ihr euch freuen werdet. Wo stecken sie nur?"

Cutter meinte natürlich Old Surehand und mich. Das Gewehr immer noch auf die Komantschen gerichtet, suchte er mit den Augen in dem östlichen Gebüsch, in dem er uns vermutete und in dem wir auch wirklich steckten. Es war kein Wunder, daß die Roten ihre Arme gehorsam emporhielten, denn er bot einen Anblick, der geeignet war, Respekt einzuflößen. Seine Erscheinung war überhaupt schon außergewöhnlich, und es kam hinzu, daß er mit vier Gewehren bewaffnet war. Das seinige hatte er in den Händen, und auf dem Rücken trug er Old Surehands Büchse, meinen Bärentöter und den Henrystutzen.

Dennoch war ich mit Cutters unerwartetem Erscheinen keineswegs einverstanden. Er sollte draußen bei den Pferden bleiben. Ich nahm mir vor, ihn zur Rede zu stellen, obgleich er seine Sache gar nicht übel gemacht hatte. Jetzt wollte er uns zu sich haben. Ich gab Old Surehand einen Wink. Wir standen auf und drangen durch das Gezweig ins Freie. Als der Alte uns sah, rief er den Komantschen zu: „Das sind die Männer, die ich euch zeigen will, ihr Schurken. Kennt ihr sie?"

„Old Shatterhand!" rief Langes Messer erfreut aus.

„Old Surehand!" schrie der Komantsche erschrocken.

Ich wandte mich an den Komantschen: „Ja, wir sind es, und du sagst, wir seien eure Gefangenen. Mr. Cutter, nehmt ihnen die Waffen!" — Ich zog den Revolver und hielt ihn den Komantschen entgegen. Sie wagten nicht, sich zu bewegen.

„Bindet den Apatschen los, Mr. Cutter!"

Er tat es. Kaum fühlte Langes Messer sich wieder im freien Besitz seiner Glieder, so bückte er sich, raffte einen Tomahawk auf und — — zwei schnelle Hiebe, und zwei Komantschen sanken mit zerschmetterten Schädeln aus ihrer sitzenden Stellung hintenüber. Ich faßte ihn beim Arm und rief: „Was tut mein roter Bruder! Ich wollte mit diesen Kriegern der Komantschen sprechen und —"

Pesch-endatseh hörte nicht, sondern riß sich los und schlug so rasch, daß ich es nicht zu verhindern vermochte, den dritten auch noch nieder. Dann antwortete er mir: „Mein berühmter weißer Bruder mag verzeihen, daß Langes Messer anders handelt, als er wünscht. Der Apatsche weiß, daß Old Shatterhand nicht gern Blut vergießt; deshalb hat Pesch-endatseh es vergossen."

121

„Es sollte aber nicht vergossen werden!"

Er deutete auf seine Brust und fragte:

„Fließt das meinige nicht auch? Ist das Kriegsbeil ausgegraben, so gilt das Gesetz: Leben um Leben, Blut um Blut!"

„So töte meinetwegen die, die du besiegst. Diese drei aber gehörten nicht dir, sondern uns. Seit wann haben die tapfern Krieger der Apatschen ihren Stolz verloren, so daß sie Feinde umbringen, die von andern Leuten überwunden wurden? Schmückt ihr euch, seit ich nicht bei euch war, mit Heldentaten, die ihr nicht vollbracht habt?"

Da bat der stolze Mann: „Langes Messer hat unrecht gehandelt. Wird Old Shatterhand die voreilige Tat verzeihen?"

„Es ist geschehen und nicht zu ändern. Ich verzeihe dir, obgleich du uns wahrscheinlich großen Schaden bereitet hast."

„Schaden? Wie kann mein weißer Häuptling von Schaden reden?"

„Ich wollte mit diesen Leuten sprechen und hätte von ihnen gewiß erfahren, was ich wissen will." — „Sie hätten nichts gesagt."

„Sie hätten gesprochen. Hält mich mein roter Bruder für so unklug, daß ich ihnen gesagt hätte, was ich wissen will? Weiß er nicht, daß die Rede und die Frage eines listigen Mannes wie eine Schlinge ist, in der selbst ein Kluger gefangen werden kann?"

„Pesch-endatseh weiß es. Aber Old Shatterhand braucht diese Hunde der Komantschen nicht zu fragen. Der Apatsche weiß alles, denn er hat es erfahren."

„Hast du mit den Spähern gesprochen?"

„Nein, Langes Messer hat sie belauscht."

„Gut, wollen sehen, ob du mich wirklich befriedigen kannst. Jetzt zeig deine Wunde her! Ist sie tief?" — „Der Apatsche weiß es nicht. Lebensgefährlich kann sie nicht sein."

Er hatte recht; die Wunde war nicht schwer. Das Messer war ihm von der Seite her in den rechten Brustmuskel gedrungen und an einer Rippe abgeglitten. Für einen Indianer war das nur eine leichte Verwundung, obgleich er dem Wundfieber wohl nicht entgehen konnte. Während ich ihn verband, kamen Webster und Jos Hawley uns nach und wunderten sich nicht wenig über das, was sie vorfanden.

„Da seht ihr, Mesch'schurs, wie schnell wir mit den Halunken fertiggeworden sind", sagte Old Wabble zu ihnen. „Als ich kam, waren leider drei schon tot. Ich hätte alle sechs auf mich genommen. Wie schön diese Komantschen die Hände heben konnten!"

„Und wie schön Ihr Euch dabei in die Nesseln setzen konntet, Mr. Cutter!" fügte ich hinzu.

„Ich?" fragte er erstaunt. „Wieso?"

„Wenn sie nun die Hände nicht gehoben hätten?"

„So hätte ich sie erschossen."

„Einen, ja. Dann aber hätten Euch die andern beim Leder

gehabt. Wie hättet Ihr Euch wehren wollen mit einem abgeschossenen Gewehr in der Hand und drei andern auf dem Rücken? Bei dieser Balgerei hättet Ihr gewiß den kürzeren gezogen."

„Hm, ja! Aber ich habe dennoch keinen Fehler begangen, denn es konnte mir nichts geschehen."

„Ah, wohl weil Mr. Surehand und ich in der Nähe waren? Da irrt Ihr Euch. Wenn die Roten nicht so erschrocken, sondern geistesgegenwärtig gewesen wären, hättet Ihr eine Kugel oder einen Messerstich gehabt, ohne daß es uns möglich gewesen wäre, es zu verhindern. Und selbst wenn Ihr in allem recht hättet, so doch darin nicht, daß Ihr gegen meine Weisung gehandelt habt. Es war bestimmt, daß Ihr draußen bei den Pferden bleiben solltet."

„Sir, die Zeit wurde mir zu lang."

„Das ist noch lange kein Grund, Dummheiten zu machen!"

„Dummheiten? Ich muß bitten, Mr. Shatterhand! Old Wabble macht keine Dummheiten!"

„*Pshaw!* Ihr müßt unbedingt auf dem Posten bleiben, der Euch einmal anvertraut worden ist. Was soll daraus werden, wenn jeder nach Belieben von seinem Posten fortlaufen kann! Wie ist es da möglich, sich mit Euch an irgendeinem gefährlichen Unternehmen zu beteiligen? Ihr wißt, daß das, was wir vorhaben, mit großen Gefahren verbunden ist. Da muß man gegenseitig felsenfestes Vertrauen zueinander haben können. Ist das nicht der Fall, so reite ich weiter und lasse Euch sitzen!"

„Bravo, bravo!" rief Webster.

Da fuhr ihn Old Wabble zornig an:

„Was habt Ihr da zu johlen? Ich verbitte mir solches Geschrei!"

„Das glaube ich!" meinte Webster. „Ich soll es mir gefallen lassen, wenn zu mir vom ,Sitzenlassen' gesprochen wird, Ihr aber wollt es nicht hören, alter Wabble! Wir waren nicht dabei. Was für einen Pudel habt Ihr denn geschossen?"

„Gar keinen! Aber wenn Ihr nicht sofort den Schnabel haltet, so schieße ich nachträglich einen, und zwar einen ganz gehörigen, und der seid Ihr; *it's clear!*" Er wendete sich grollend ab.

Ich sorgte zunächst für unsre Sicherheit, indem ich die Pferde holen ließ und dann Posten ausstellte. Hawley war der erste. Er sollte um das Wäldchen streifen und alles Auffällige melden. Die toten Komantschen wurden einstweilen beiseite geschafft. Dann setzten wir uns zusammen, um die Lage zu besprechen. Der Abend dunkelte, aber es war nicht geraten, ein Feuer anzubrennen. Der Schein hätte zwar draußen nicht bemerkt werden können, denn der Kleine Wald war dicht genug. Aber die Komantschen, die später dieses Weges kamen, sollten keine Spur unseres Lagers finden.

Die Hauptsache war zunächst Pesch-endatsehs Bericht. Als ich ihn fragte, ob er Winnetou getroffen habe, erklärte er:

„Ja. Die Krieger der Apatschen hörten, daß die Komantschen die Kriegsbeile ausgegraben hätten, und sandten sogleich Späher aus, um zu erkunden, gegen wen der Angriff gerichtet sei. Langes Messer gehörte zu diesen Spähern und hatte noch einen Krieger mit. Wir ritten am Wasser des Pecos aufwärts, wo die Komantschen zu vermuten waren, und trafen sie am Saskuan-kui, das wir Apatschen Doklis-to, das Blaue Wasser, nennen. Wir konnten sie nicht beobachten und noch viel weniger belauschen, denn sie streiften jagend in der Gegend umher, um Fleisch zu machen."

„Aber des Abends jagt man doch nicht."

„Old Shatterhand hat recht, und wir wußten das auch. Wir ließen unsre Pferde zurück und schlichen uns zu Fuß zum Blauen Wasser. Wir kamen dort an, als es dunkel war."

„Habt ihr etwas gehört?"

„Nein. Wir gaben uns große Mühe, hatten aber kein Glück. Mein weißer Bruder wird das glauben und Langem Messer keine Vorwürfe machen. Es kann dem kühnsten und vorsichtigsten Kundschafter geschehen, daß er trotz aller List heimkehren muß, ohne etwas erfahren zu haben."

„Gewiß. Ich kenne dich, und es fällt mir nicht ein, gering von dir zu denken. Wo trafst du Winnetou?"

„Wir schlichen uns an zwei Abenden zum Blauen Wasser. Am ersten hatten wir keinen Erfolg. Am zweiten trafen wir mit Winnetou zusammen, der noch vor uns gekommen war und gebot, uns nicht länger in Gefahr zu begeben, sondern mit ihm zu kommen."

„Ah, da hatte er gewiß etwas erfahren."

„Ja, der Häuptling erfuhr etwas, worüber sich mein weißer Bruder Old Shatterhand wundern wird. In der großen Wüste, die von den Bleichgesichtern der Llano Estacado genannt wird, gibt es nämlich eine schöne Kleparya-Siyardestar[1]) mit viel Wasser, an dem Bäume, Sträucher und Blumen gedeihen. Dabei steht ein Haus, in dem drei Personen wohnen, nämlich ein Deklil-Inda[2]), eine Deklil-Isonna[3]), die seine Mutter ist, und ein weißer Jäger. Er ist der Herr der Gegend und wird Dil-Mejeh[4]) genannt. Winnetou hat mit ihm das Kalumet der Freundschaft geraucht." — „Ich kenne ihn auch."

„Uff!" rief der Rote verwundert. „Old Shatterhand hat ihn auch schon gesehen? Also wohl auch das Wasser und das Haus in der Wüste?" — „Ja."

„So kennt mein berühmter weißer Bruder den Weg dorthin?"

„Ich war mehrmals dort. Hat Winnetou dir das nicht gesagt?"

„Nein. Der große Häuptling der Apatschen liebt keine langen Erzählungen. Er sagt kein Wort mehr, als nötig ist. Also kennst du die Gegend auch und weißt den Weg. Darum soll Pesch-endatseh auf dich warten dir die Botschaft des Häuptlings bringen!"

Er wunderte sich. Ich ersah aus seinen Worten, wie verschwiegen Winnetou auch in dieser Angelegenheit gewesen war. Er hatte nie ein Wort über die Oase im Estacado gesprochen. Der Apatsche fuhr fort:

[1]) Grüne Insel   [2]) Neger   [3]) Negerin   [4]) Blutiger Fuchs

„Es müssen einst Komantschen bei dem Blutigen Fuchs gewesen sein, wie Langes Messer aus Winnetous Worten entnahm."

„Allerdings. Sie waren mit ihm und mir dort. Der junge Häuptling Schiba-bigk führte sie an."

„Schiba-bigk? Old Shatterhand weiß alles richtig, denn dieser junge Häuptling soll die Komantschen jetzt zur ‚Insel' in der Wüste führen." — „Hast du vielleicht erfahren, weshalb die Komantschen ihren Kriegszug dorthin richten?"

„Winnetou hat es erlauscht. Der Blutige Fuchs ist aus der Wüste gekommen, um zu jagen, und mit einer Schar Komantschen zusammengetroffen. Sie haben ihn angegriffen, um ihn zu töten. Er hat sich verteidigt und mehrere Komantschen erschossen. Seine Kugeln sind ihnen mitten in die Stirn gedrungen. Einer der Übriggebliebenen ist damals bei ihm in der Wüste gewesen und hat ihn erkannt."

„Der Weiße ist ihnen entkommen?"

„Keine ihrer Kugeln hat ihn getroffen und keines ihrer Messer seine Haut geritzt."

„Gott sei Dank! Nun unternehmen die Komantschen einen Rachezug, um ihn zu töten?"

„Ja, sie wollen ihn töten und sein Haus und die Bäume vernichten, daß die ‚Insel' wie die Wüste wird. Das hat Winnetou erlauscht."

„Aber er kann das nicht erst hier am Blauen Wasser erfahren haben, sondern er muß es schon vorher gewußt haben, denn ich habe die Nachricht davon schon oben in der Sierra Madre von ihm erhalten."

„Es sind zwei Komantschen dort jagen gewesen und haben davon gesprochen, ohne ihn zu kennen. Winnetou ist mit ihnen zusammengetroffen und hat sich für einen Kiowa[1]) ausgegeben. Sie haben das geglaubt."

„Dann sind ihre Seelen abwesend gewesen. Weiter!"

„Winnetou ist von der Sierra Madre sofort aufgebrochen, um den Blutigen Fuchs zu warnen. Er fand auf seinem Weg die Spuren der Komantschen und folgte ihnen bis zum Blauen Wasser, wo er sie belauschte. Dabei traf er uns. Der Häuptling war froh darüber und gab uns seine Befehle. Er sandte den Krieger, der bei mir war, um schnell dreihundert Apatschen, die gut bewaffnet und ausreichend mit Fleisch versehen sein sollen, zum Nargoleteh-tsil[2]) zu führen, wo sie auf Old Shatterhand warten sollen. Langes Messer nahm er mit zum Kleinen Wald. Hier ließ er Pesch-endatseh zurück, um Old Shatterhand zu erwarten und ihm zu sagen, daß er zum Nargoleteh-tsil reiten soll, um sich an die Spitze unsrer Krieger zu stellen und Winnetou in den Llano Estacado nachzukommen."

„Gut, gut! Habe es mir gedacht. Das ist alles, was er dir für mich aufgetragen hat?" — „Ja, alles."

„Also zum Regenberg! Wenn man scharf reitet, ist man von

[1]) Sprich: Kei-o-weh   [2]) Regenberg

hier aus in einem halben Tag dort. Der Ort ist gut gewählt, denn dort können sich sogar mehr als dreihundert Mann so verbergen, daß kein Feind sie zu finden vermag. Wie schade, daß du die drei Komantschen hier getötet hast! Wenn sie noch lebten, würde ich gewiß einiges aus ihnen herausfragen, was uns nützlich wäre."

„Was möchte Old Shatterhand wissen?"

„Wer der Anführer der Komantschen ist."

„Schiba-bigk. Ich habe es schon gesagt."

„Das bezweifle ich, denn der ist zu jung dazu. Am Blauen Wasser befiehlt Vupa-Umugi. Der wird keinem jüngern Krieger gehorchen, und dann kommt noch Nale-Masiuv, der gewiß auch zu stolz ist, sich Eisenherz unterzuordnen."

„Uff! Nale-Masiuv, der an jeder Hand nur vier Finger hat? Der will auch kommen?" — „Ja, mit hundert Mann."

„Woher weiß das Old Shatterhand?"

„Ich habe es am Blauen Wasser erlauscht."

„Uff, uff! Old Shatterhand ist auch am Blauen Wasser gewesen, und es ist ihm gelungen, die Hunde der Komantschen zu beschleichen? Was keinem andern Krieger gelingt, das bringen zwei gewiß fertig, Winnetou und Old Shatterhand."

„Es gibt auch andre, die dergleichen fertigbringen. Wie gesagt, es wäre vorteilhaft für uns zu wissen, wer der eigentliche Anführer der Komantschen ist. Von Vupa-Umugi und Nale-Masiuv haben wir nichts Gutes zu erwarten. Schiba-bigk aber ist mir zu Dank verpflichtet, denn wir haben ihm damals das Leben gerettet und ihn sicher durch den Llano gebracht. Er ist zwar jünger als die beiden andern, und sie werden sich ihm wohl kaum unterordnen, aber er ist der Sohn des berühmten Tevua-schohe, der einst oberster Kriegshäuptling sämtlicher Komantschenstämme war. Ich halte es nicht für unmöglich, daß infolge des Ruhmes, den sich der Vater erworben hatte, und der Erfolge, die man ihm verdankte, seine Stellung auf den Sohn übergegangen ist. Wären die drei Komantschen hier noch am Leben, so würde ich von ihnen gewiß etwas darüber erfahren."

Obgleich diese Worte nicht direkt an den Roten gerichtet waren, antwortete er: „Old Shatterhand hat dem Apatschen verziehen. Soll er nicht von diesen sechs toten Komantschen erzählen?"

„Tu es! Wer gewahrte denn den Gegner zuerst, du sie oder sie dich?"

„Pesch-endatseh sah sie eher als sie ihn. Während er hier auf Old Shatterhand wartete, konnten leicht Komantschen hierherkommen. Darum war er vorsichtig und verbarg sein Pferd tief im Gesträuch. Zugleich hütete er sich, Spuren zu machen. Aber das Pferd mußte getränkt werden, und das führte zur Entdeckung. Langes Messer hatte das Tier zum Wasser gebracht, und während es trank, ging er hinaus an den Rand des Kleinen Waldes, um auszuspähen. Da sah der Apatsche die sechs Hunde der Komantschen kommen und fand kaum Zeit, sein Pferd wieder in das Versteck zu bringen. Die Stapfen konnten nicht verwischt werden. Sie kamen, fanden die Spur und folgten ihr ins Gebüsch. Fliehen konnte Peschendatseh nicht. Sie waren schon zu nahe. Langes Messer schoß den ersten nieder und erstach den zweiten und den dritten. Die andern packten ihn. Der Apatsche wurde verwundet, niedergerissen und gefesselt. Dann banden sie ihn an den Baum. Als ihr kamt, wurden die Komantschen erschlagen. Old Shatterhand kann sie nicht mehr fragen; aber etwas möchte Langes Messer noch sagen." — „Was?"

„Sie wollen zur ‚Insel' in der Wüste, um den Blutigen Fuchs und die alte Negerin zu fangen und in das große Dorf der Komantschen zu schaffen. Ich habe, als sie miteinander sprachen, erfahren, wo ihr Dorf jetzt liegt." — „Das ist wichtig. Wo liegt dieses Dorf?"

„Langes Messer kennt den Ort nicht und hat seinen Namen noch nie gehört. Er wurde von ihnen Kaam-kulano[1]) genannt."

„Du hast dich geirrt und kennst dieses Tal gewiß. Die Komantschen nennen den Ort allerdings so, ihr sagt dafür Katscho-Nastla, also auch Hasental."

„Katscho-Nastla? Dieses Tal kennt der Apatsche freilich. Es liegt einen starken Tagesritt nordwärts von hier. Dorthin soll der Blutige Fuchs mit der Negerin geschafft werden, um am Marterpfahl zu sterben. Der Neger ist schon dort."

„Was?" fragte ich erschrocken. „Welcher Neger?"

„Der Sohn der alten schwarzen Frau, der mit bei dem Blutigen Fuchs in der Wüste wohnt."

„Ah! Das ist freilich eine wichtige, aber auch eine recht unerfreuliche Nachricht. Hast du richtig gehört?"

„Langes Messer hat sich nicht getäuscht."

„Es kann von einem andern Neger die Rede gewesen sein!"

„Nur von dem Neger in der Wüste. Die Hunde der Komantschen nannten seinen Namen. Er heißt Bob."

„Wie ist der Schwarze denn in ihre Hände geraten? Haben sie nicht davon gesprochen?"

„Sie sprachen davon. Bob war mit dem Blutigen Fuchs auf der Jagd, wobei der Weiße von den Komantschen überfallen wurde. Der Blutige Fuchs tötete mehrere von ihnen und entkam, der Neger aber fiel ihnen in die Hände und wurde in das Tal der Hasen geschafft. Dort hält man ihn gefangen, bis der ‚Fuchs' und die Negerin gebracht werden. Dann sollen die drei den Martertod sterben."

„Soweit soll es wohl nicht kommen. Dafür werde ich sorgen. Bob muß frei werden. Ich reite sogleich hin."

Ich sprang auf, denn ich war erregt, obgleich es sonst nicht leicht ist, mich in Aufregung zu versetzen. Die andern waren verwundert. Der Apatsche jedenfalls am meisten, denn der Rote verachtet den Neger noch weit mehr als der Weiße. Er wagte es aber

[1]) Hasental

nicht, etwas zu sagen. Dem alten Wabble als früherem Cowboy stand ein Schwarzer fast ebenso tief wie ein Hund. Es war ihm unmöglich zu schweigen. „Was ist's mit Euch, Sir?" fragte er. „Ich glaube gar, dieser Bob bringt Euch aus dem Häuschen."

„Nicht er, sondern der Umstand, daß er Gefangener der Komantschen ist und umgebracht werden soll."

„*Pshaw!* Ein Schwarzer, ein Nigger!"

„Nigger? Neger wollt Ihr wohl sagen, Mr. Cutter!"

„Nigger sage ich. Habe das Wort all mein Lebtag nicht anders ausgesprochen."

„Das tut mir leid. Es scheint, Ihr rechnet die Neger nicht mit zu den Menschen."

„In der Naturgeschichte werden sie wohl mit unter den Menschensorten aufgezählt. Wissenschaftlich sind sie also welche, aber, *my god,* was für welche! Ein Nigger ist ein so niedriges Geschöpf, daß es sich gar nicht lohnt, von ihm zu sprechen!"

„Das also ist Eure Ansicht?"

„*Yes!* Ein farbiger Mensch ist nie ein richtiger Mensch, sonst hätte ihn Gott nicht farbig gezeichnet."

„Mit ebenso großem Recht könnte ein Neger sagen: Ein Weißer ist kein richtiger Mensch, sonst hätte ihn Gott nicht ohne Farbe geschaffen. Ich bin etwas weiter in der Welt herumgekommen als Ihr und habe unter den schwarzen, braunen, roten und gelben Völkern manchen braven Mann gefunden. Man muß einer jeden Rasse ihre Daseinsberechtigung lassen. Versteht Ihr mich, Mr. Cutter? Und was diesen Bob betrifft, so ist er ein ehrlicher Bursche, auf den man sich verlassen kann. Ich weiß nicht, ob man von Euch so ohne weiteres das gleiche sagen darf."

„*Luck-a-day,* ist das eine Schmeichelei! Ihr könnt überaus höflich sein, Mr. Shatterhand, *it's clear!*"

„Ich beabsichtige, aufrichtig, aber nicht höflich zu sein. Ich bin nicht höflich gegen Leute, die einen andren ohne weiteres verachten. Man muß einen Menschen erst auf Herz und Nieren geprüft haben, ehe man ihn einfach abtut. Wie sehr habe ich mich gefreut, Euch kennenzulernen. Soll es mit dieser Freude nun zu Ende sein?"

Es war dunkel geworden, und ich konnte sein Gesicht nicht erkennen. Aber meine Worte schienen ihn zu treffen. Er senkte den Kopf und brummte:

„*Zounds!* Schade, jammerschade, daß Ihr ein Westmann geworden seid! Ihr wärt ein noch viel besserer Pfarrer und Kanzelredner geworden; *it's clear!*"

„Westmann bin ich nur gelegentlich. Vor allen Dingen bin ich Mensch, und wenn sich ein braver Mensch in Not befindet und ich ihm helfen kann, so helfe ich. Diesen Bob lasse ich nicht bei den Komantschen!"

„Meinetwegen! Ich will Euch ja nicht hindern. Will Euch sogar dabei unterstützen. Aber jetzt haben wir keine Zeit dazu."

„Es muß und soll aber gerade jetzt geschehen!"

„Wie? Was? Gerade jetzt? Wir müssen doch zum Nargoletehtsil, um die Apatschen dort zu treffen!" — „Das hat noch Zeit."

„Noch Zeit? Sir, ich begreife Euch nicht."

„Könnt Ihr denn nicht rechnen, Mr. Cutter? Glaubt Ihr, daß die Apatschen schon dort sein können?"

„Das müßt Ihr freilich besser wissen. Ich denke auch weniger an sie als an die Komantschen, denen wir doch zuvorkommen müssen."

„Auch das hat keine Eile. Von gestern abend an in drei Tagen, also etwa übermorgen abend, wird Nale-Masiuv mit seinen hundert Mann zum Blauen Wasser kommen. Denkt Ihr, daß dann gleich aufgebrochen wird?"

„Nein, denn die Roten und ihre Pferde müssen doch erst ausruhen."

„Wenigstens einen Tag ausruhen! Wir haben also von jetzt an drei Tage Zeit. Davon brauche ich nur zwei, um Bob zu befreien."

Der Alte wollte wieder antworten. Da aber kam ihm Old Surehand zuvor, indem er das Wort ergriff:

„Sagt einmal, Mr. Shatterhand, ich hörte von einem Eurer Erlebnisse erzählen, das mich sehr fesselte. Ihr hattet droben im Yellowstone-Gebiet ein Zusammentreffen mit den Sioux. Damals hattet Ihr eine Gesellschaft tapferer Männer bei Euch und auch einen Neger namens Bob, wenn ich mich recht erinnere. War das dieser Bob?"

„Ja." — „Ah, dann habt Ihr allerdings recht. Den dürfen wir nicht stecken lassen. Der muß heraus!"

„So wollt Ihr mit?"

„Unbedingt. Wann werden wir von hier wegreiten?"

„Bei Anbruch des Tags."

„Ist das nicht zu spät?"

„Nein. Von hier bis zum Kaam-kulano ist es freilich ein reichlicher Tagesritt. Aber ich kenne die Gegend, und wir haben ausgezeichnete Pferde. Wir brauchen sie nicht sehr anzustrengen, so sind wir noch vor Abend dort."

„Ja, kurz vor Abend ist's stets am besten. Da hat man noch Zeit, die Örtlichkeiten und die Gelegenheit zu erkunden. Dann, wenn es dunkel geworden ist, wird der Streich ausgeführt. Ich freue mich darauf. Habt Ihr eine Ahnung, wieviel Menschen dort wohnen?"

„Nein. Es wird wohl nur das Zeltdorf Vupa-Umugis sein, und ich vermute, daß sich zur Zeit nicht viele junge, rüstige Krieger dort befinden werden."

„Also ein Kampf mit alten Weibern! *Fi!*"

„Hm! So leicht wird es uns doch nicht werden. Es bleibt bei jedem Zug eine Anzahl von Kriegern zum Schutz des Lagers zurück, hier auch zur Bewachung des Gefangenen. Mit ihnen werden wir es zu tun bekommen."

„Aber ich bezweifle, daß alle unser Pferde den Ritt aushalten werden."

„Alle? Wieviel Pferde meint Ihr da?"

„Nun, soviel, wie wir haben!"

„Also zwei. Nämlich mein Rappe und Euer Fuchs."

Holla! Ihr meint, wie es den Anschein hat, daß nur wir zwei den Ritt unternehmen?"

„Allerdings. Wir haben einen Ritt hin und zurück vor uns, den nur unsere beiden Pferde aushalten können. Von Mr. Webster und Mr. Hawley kann also keine Rede sein. Ihre Pferde sind jetzt schon müde und würden unterwegs zusammenbrechen."

Webster sagte nichts. Es sah wohl ein, daß ich recht hatte. Jos aber fühlte eine große Zuneigung zu mir. Es schien ihm schwer, sich von mir zu trennen. „Ist es denn nicht möglich, daß ich mit kann?" fragte er. „Ihr wißt doch, wie gern ich bei Euch bin, Sir!"

„Ich weiß es, aber es ist nicht möglich, Mr. Hawley. Das Pferd kann nicht so, wie Ihr wollt."

„So wird mir Old Wabble das seinige borgen."

„Was fällt Euch ein?" erwiderte der Alte. „Ich reite ja selbst mit!"

„Ihr?" fragte ich. „Ich denke, Ihr bleibt bei den andern!"

„Warum? Mein Pferd ist gut. Oder meint Ihr, daß es den Ritt nicht aushalten kann?"

„Es würde ihn wahrscheinlich aushalten. Aber es wird sich sträuben und nicht fortzubringen sein, weil es sich um einen Nigger handelt."

„Ah! Meint Ihr es so? Nun, da wird es wohl nicht auf das Pferd, sondern auf mich ankommen!"

„Oder auf mich, Mr. Cutter! Ich habe nicht die Absicht, Euch wegen eines Schwarzen zu bemühen."

„*Pshaw*, es ist keine Bemühung. Ich tu es gern!"

„Vorhin klang es anders."

„Ja, vorhin! Soll ich aufrichtig sein, Mr. Shatterhand?"

„Nun?"

„Es war von Euch gar nicht fein und geschmackvoll gesagt, nämlich die Frage, ob auf Old Wabble Verlaß ist. Aber sie hat bei mir Eingang gefunden, und ich denke, daß Ihr nicht unrecht habt. Ich will Euerm Bob mit heraushelfen und bitte Euch daher, mich mitzunehmen. Wollt Ihr, Sir?"

„Hm! Wenn Ihr so sprecht, da möchte ich wohl, aber es geht dennoch nicht."

„Warum nicht?"

„Eben weil auf Euch kein Verlaß ist. Ihr habt es heute bewiesen. Bedenkt, was wir vorhaben! Wir wollen einen Gefangenen mitten aus einem Indianerdorf herausholen. Dabei haben wir keine Zeit, die passende Gelegenheit abzuwarten, denn der Streich muß in kürzester Frist ausgeführt werden. Da handelt es sich um Leben

oder Tod, und so werdet Ihr einsehen, daß ich Euch nicht mitnehmen kann."

„Ich fürchte den Tod nicht!"

„Das weiß ich. Aber ich befürchte, daß wir, wenn wir Euch mitnehmen, in den Tod reiten. Den Tod nicht fürchten und dem Tod
aus Unvorsichtigkeit in die Arme laufen, das ist zweierlei. Man
kann sich nicht auf Euch verlassen."

„Weil ich nicht draußen bei den Pferden geblieben bin? Sir, das
war das letztemal, daß so etwas vorgekommen ist. Glaubt es mir!
Gebt mir die Hand und nehmt mich mit!"

Was wollte ich machen! Der Alte bat so inständig. Sollte ich ihn,
den erfahrenen, neunzigjährigen Cowboy, wie ein Greenhorn zu-
rückweisen? Ich brachte es nicht fertig, sondern ich gab ihm die die
Hand und erklärte:

„Nun gut, so kommt mit! Aber ich hoffe, daß Euch der jugendliche Übermut nicht wieder mit dem Verstand durchgeht!"

„*Well!* Das soll ein Wort sein! Ihr werdet mir Eure Zufriedenheit
nicht versagen. Was aber wird mit den andern? Bleiben die hier?"

„Nein, sie reiten inzwischen zum Nargoleteh-tsil, wo wir mit den
Apatschen zusammentreffen werden. Langes Messer kennt doch
den Weg dorthin?"

Der Rote, an den ich diese Frage richtete, entgegnete:

„Pesch-endatseh kennt ihn genau. Wann sollen wir reiten?"

„Morgen früh, sobald wir aufbrechen."

„Sollen wir die toten Komantschen hier liegenlassen?"

„Nein, sie müssen spurlos verschwinden. Auch begraben darf
man sie hier nicht. Die Komantschen kommen, wenn sie in die
Wüste reiten, durch dieses Wäldchen und würden die Gräber entdecken."

„Darf der Krieger der Apatschen Old Shatterhand einen Vorschlag machen? Wir binden die Leichen auf ihre Pferde und nehmen sie mit zum Nargoleteh-tsil, wo wir sie begraben."

„Ja, das ist das beste, was geschehen kann. Nehmt sie mit!"

„Wem gehören ihre Pferde, Waffen und Sachen?"

„Dir. Wir mögen nichts. Nur wenn Mr. Webster oder Mr. Hawley ihre Pferde umtauschen wollen, können sie sich zwei auswäh-
len, die ihnen gefallen."

„So mag es sein. Die Skalpe aber nimmt Langes Messer. Sie hätten ihm den seinigen ebenso genommen. Howgh!"

Damit war die Sache abgemacht. Wir aßen und legten uns dann
schlafen. Vorher erboten sich Webster, Hawley und der Indianer,
die Nacht über zu wachen, weil wir andern für morgen einen so
anstrengenden Ritt vorhatten. Darauf gingen wir gern ein.

Der Hase des Westens und besonders der texanische ist etwas
größer als unser deutscher ‚Lampe' und hat auch viel größere Löf-
fel. Damals war er in Mengen vorhanden, denn es gab noch Büffel
und anderes Wild genug, so daß der Westmann nur dann eine Kugel an ein Häslein verschwendete, wenn er sonst gar nichts fand.
Nirgends aber war der Hase so zahlreich anzutreffen wie an einem
Quellflüßchen des Buffalo-Spring, der eigentlich selbst auch nur
eine Quelle war. Dieses Flüßchen entsprang am hinteren Ende einer
Felsmulde, die die Gestalt einer Pfanne hatte und von den erwähnten Nagern stark bevölkert war. Deshalb wurde sie von den weißen
Jägern *Hare-pan*, Hasenpfanne, genannt. Auf der Sohle dieses Tals
stand fast während des ganzen Jahres üppig-grünes Gras, und die
schräg ansteigenden Wände waren mit Gebüsch bestanden, aus
dem hier und da die Krone eines Baumes ragte. Das war das Kaam-
kulano, das Hasental, in dem gegenwärtig die Komantschen Vupa-
Umugis ihre Zelte aufgeschlagen hatten.

Es war am nächsten Tag, ungefähr zwei Stunden vor der Dämmerung, als wir zu dritt in die Nähe dieses Tals kamen. Die Gegend war zwar keine Einöde, aber auch nicht übermäßig grün, und
da wir nun auf Begegnungen gefaßt sein mußten und doch keine
Deckung hatten, so mußten wir suchen, uns eine solche zu verschaffen. Wir konnten sie nur da finden, wo es Büsche gab, und das
war am Flüßchen der Fall. Wir erreichten das Wasser an einer
Stelle, die höchstens den vierten Teil einer Wegstunde vom Ausgang der Talmulde entfernt war. Es war gewiß eine Kühnheit von
uns, uns am hellen Tag so nahe heranzuwagen. Aber wir hatten
keine andere Wahl, da uns die Zeit so karg zugemessen war. Noch
vor Nacht mußten wir erfahren, wie es im Tal stand.

Wir waren so glücklich, am Wasser eine Stelle zu finden, wo uns
das Gesträuch ein Versteck bot, wie wir es uns nicht besser wünschen konnten. Da saßen wir ab und ließen die ziemlich ermüdeten
Pferde saufen und dann grasen. Für uns hatten wir einen Vorrat an
Dürrfleisch mitgebracht, der mehrere Tage reichte. Da nur ich einmal hier gewesen war, bat ich Old Surehand und den alten Wabble,
das Versteck nicht zu verlassen, sondern auf mich zu warten. Ich
aber ging kundschaften.

Zuvor vergegenwärtigte ich mir das Gelände, wie ich es früher
kennengelernt hatte, und machte mir dann meinen Plan. Da, wo
das Wasser aus dem Tal trat, stiegen dessen Seiten allmählich und
weit ausgebaucht rechts und links empor, und das Gebüsch folgte
ihnen bis zur Höhe. Dieser Umstand war für mich günstig. Das Gebüsch ging dann wie eine Kranzeinfassung oben um den Rand der
Talmulde herum und bot mir reichlich Gelegenheit, mich zu verbergen, sobald dies nötig war. Dabei gab es freilich eine nicht zu
unterschätzende Schwierigkeit: ich durfte keine Spuren zurück-

lassen oder nur so undeutliche, daß nicht zu sehen war, ob sie von meinem Stiefel oder von einem indianischen Mokassin stammten. Abgesehen von dem erwähnten Gebüschrand war die Gegend gänzlich baum- und strauchlos, so daß man jeden größeren Gegenstand weithin bemerken konnte.

Während ich behutsam vorwärts ging, blickte ich fleißig ins Freie hinaus. Zu meiner Freude war kein Mensch, weder Mann noch Weib noch Kind zu sehen. Die Zeit war also vorüber, bis zu der sich alle Bewohner des Lagers für den Abend und die Nachtruhe im Tal versammeln mußten. Darauf wird bei Abwesenheit der Krieger streng gehalten.

Als ich die Öffnung des Tals erreicht hatte, wandte ich mich rechts und stieg die Lehne empor. War der Eingang bewacht? Ich blickte hinab, sah aber niemand. Das Lager befand sich wahrscheinlich in der Mitte des Tals, das man zu Fuß in etwa einer halben Stunde durchqueren konnte. Der hintere Teil war jedenfalls für die Pferde bestimmt. Ich schritt weiter. Die Zeit schien ungemein glücklich gewählt zu sein, denn es gab hier oben keinen Menschen und auch keine neue Spur, die angezeigt hätte, daß in den letzten Stunden jemand dagewesen sei.

Bald erblickte ich die ersten Zelte, und als ich noch eine Strecke weitergegangen war, gewahrte ich unten das Lager. Es bestand aus Sommerzelten. Ich nahm mir nicht Zeit, sie zu zählen, aber es waren bestimmt weit über hundert Stück. Belebt waren die Plätze vor und zwischen den Zelten von Knaben, Frauen und Mädchen. Männer sah ich nur wenige, und diese schienen alt zu sein. Sollten die hundertvierundfünfzig Mann, die Vupa-Umugi bei sich hatte, alle seine Krieger sein, so daß keiner hier zurückgeblieben war? Das konnte ich mir nicht denken; denn das wäre eine große Unvorsichtigkeit gewesen. Ohne allen Schutz konnte der Häuptling den Platz unmöglich gelassen haben. Hinter dem Lager sah ich, wie erwartet, eine Anzahl Pferde weiden.

Ich ging noch weiter, um eine Stelle zu finden, die mir eine bessere Aussicht bot. Es galt ja, an irgendeinem Anzeichen das Zelt zu erkennen, worin Bob steckte. Jedenfalls lagen Wächter davor. Und richtig! Am Eingang des hintersten Zeltes erblickte ich zwei Krieger. Es war das Gesuchte. Nicht weit davon stand ein andres Zelt, das größer war als die übrigen. Davor waren zwei Stangen eingerammt, an denen verschiedene sonderbar gestaltete Gegenstände hingen. Waren das Medizinen? War es das Häuptlingszelt? Wahrscheinlich! Jeder Krieger hat nur eine Medizin. Verliert er sie, so hat er die Ehre verloren, bis er die Medizin eines Feindes erobert. Stirbt ein roter Krieger, so bekommt er seine Medizin in das Grab. Es gibt auch Stämme, bei denen die Medizinen von den Nachkommen aufbewahrt werden. Sie bilden ein heiliges, kostbares Andenken an die Vorfahren, und wer sie verliert, ist in den Augen der andern zugrunde gerichtet. Es kam mir ein Gedanke.

Sollten das die Medizinen des Ahnen des Häuptlings Vupa-Umugi sein? Dann mußte ich sie unbedingt haben. Sie konnten mir bei dem Kampf zwischen den Apatschen und Komantschen unschätzbare Dienste leisten.

Als ich noch ein wenig weiter vordrang, entdeckte ich plötzlich eine Fußspur, höchstwahrscheinlich die Spur eines Weibes, das hier den Abhang heraufgeklettert war. Die Squaw durfte mich nicht sehen; ich mußte zurück. Eben wollte ich mich umdrehen, da raschelte es im Gebüsch, und sie stand vor mir. Schon hob ich den Arm, um sie zu fassen, da ließ ich ihn wieder sinken. Nicht weil sie nur ein Weib war, denn in solchen Lagen bedeutet jedes Auge, das einen erspäht, eine Gefahr, sondern des Ausdrucks wegen, der bei meinem Anblick in ihr Gesicht trat.

Die Frau war etwa vierzig Jahre alt, doch hatte der Gram schon tiefe Furchen in ihre Züge gegraben. Ihre ungewöhnlich hohe und breitschultrige Gestalt war nur mit einem blauen, hemdähnlichen Gewand bekleidet. Von dem unbedeckten Kopf hing das ergrauende Haar in ungekämmten, wirren Strähnen nieder. Ihr Gesicht war tiefgebräunt und es war mir, als ob ich ähnliche Züge schon einmal, und zwar vor kurzer Zeit erst, gesehen hätte. Das Gesicht war eingefallen. Und die Augen, diese Augen! Was hatte diese Frau nur für einen Blick! Solch starre und dabei flackernde, wilde und dabei trostlose Augen hatte ich in Irrenhäusern gesehen. Ja, das war es: dieses Weib war geistesgestört. Erst stierte sie mich zornig-forschend an. Dann bekamen die Augen einen milden Glanz. Die farblosen Lippen lächelten, die skelettartigen Finger krümmten sich, um mir zu winken, und endlich hörte ich die leisen, hastigen Worte:

„Komm her, komm her! Ich muß dich fragen!"

Ich trat die drei Schritte, die uns trennten, zu ihr hin. Sie ergriff meinen Arm, grub die Finger in meinen Ärmel und fragte:

„Du bist ein Bleichgesicht?"

„Ja", erwiderte ich ebenso leise. „Wer bist denn du?"

„Ich bin Tibo-wete-elen", raunte sie mir zu.

Wete heißt Frau. Was aber Tibo und elen bedeuten sollte, das wußte ich nicht. In allen Dialekten, die ich kannte, kamen diese beiden Worte nicht vor.

„Hast du einen Mann?" forschte ich. — „Ja. Er heißt Tibo-taka."

Wieder dieses unbekannte Tibo! Taka heißt Mann.

„Wo ist er?" erkundigte ich mich.

Da hielt die Squaw den Mund nahe an mein Ohr und flüsterte mir zu: „Er holt den Blutigen Fuchs. Er muß mit in die Wüste, denn er ist der Medizinmann des Stammes."

Ja, die bedauernswerte Frau war geistesgestört, sonst hätte sie das einem Fremden, einem Weißen, nicht gesagt. Dann faßte sie mich an beiden Armen und fragte mit dem Ausdruck der größten Spannung: „Hast du meinen Wawa Derrick gekannt?"

Wawa heißt Bruder. Und Derrick? Sollte sie den englischen Namen Dietrich meinen? Aber der Bruder dieser Indianerin konnte doch unmöglich Derrick, Dietrich heißen? Wahrscheinlich war mir das Wort, das sie meinte auch unbekannt.

„Nein", entgegnete ich.

„Du bist ein Bleichgesicht und hast ihn nicht gekannt? Besinne dich! Du mußt ihn gekannt haben. Ich will es dir zeigen. Besinne dich!"

Tibo-wete-elen brach einen dünnen Zweig vom Busch, bog ihn rund zusammen, verwand die beiden Enden, setzte sich ihn auf den Kopf und flüsterte mit seligem Lächeln:

„Das ist mein Myrtle-wreath! Gefällt er dir?"

Höchst sonderbar! Dieses Komantschenweib bediente sich des englischen Wortes Myrtle-wreath, Myrtenkranz! Welche Indianerin kennt dieses Wort? Keine! Ich faßte nun sie am Arm und fragte: — „Bist du eine Weiße? Sag es mir!"

Da ließ sie ein eigentümliches, unbeschreibliches Kichern hören und erwiderte:

„Du hältst mich für eine Weiße, weil ich schön bin und einen Myrtle-wreath trage? Blicke mir nicht in die Augen, sonst wird die Sehnsucht dich verbrennen, wie sie mich verbrennt! Hast du meinen Wawa Derrick gekannt? Soll ich dir das Zelt zeigen, in dem ich wohne?" — „Zeig es mir!"

„Komm, tritt weiter vor an den Rand! Aber laß dich nicht sehen, sonst mußt du dein Leben geben! Unsre Krieger töten jedes Bleichgesicht. Ich aber freue mich, daß ich dich getroffen habe, und werde kein Wort davon sagen, denn du wirst tun, worum ich dich bitte."

„Ich tue es. Was willst du von mir?"

Die Irre nahm den Zweig vom Kopf, gab ihn mir und sagte:

„Wenn du meinen Wawa Derrick siehst, so gib ihm diesen Myrtle-wreath! Willst du?"

„Ja. Aber wo ist dein Wawa Derrick?"

„In — in — weiß es nicht mehr; ich habe es vergessen. Du wirst ihn aber finden. Nicht wahr?"

„Ja", entgegnete ich, um sie zu erfreuen. „Was soll ich ihm dazu sagen?"

„Du sagst, daß — daß — daß — du brauchst nichts zu sagen. Wenn er den Myrtle-wreath erblickt, weiß er, was ich meine. Und nun schau hier hinab! Siehst du in der zweiten Reihe das Zelt mit dem Zeichen des Medizinmannes?" — „Ich sehe es."

„Da wohne ich mit Tibo-taka und heiße Tibo-wete-elen. Wirst du dir das merken können? Vergiß es nicht!"

„Ich vergesse es nicht. Und wer wohnt in dem großen Zelt mit den beiden Stangen?" — „Vupa-Umugi, unser Häuptling."

„Er ist fort. Wer ist jetzt drin?"

„Nur sein Weib und seine Tochter."

„Weiter niemand? Auch des Nachts nicht?"

„Auch des Nachts weiter niemand."

„Und wer wohnt da in dem letzten Zelt, vor dem die beiden Krieger liegen?"

„Da wohnt der Neger, der getötet wird, wenn der Blutige Fuchs gefangen ist." — „Wird er streng bewacht?"

„Sehr streng. Stets von zwei Kriegern!" erklärte die Frau wichtig.

„Habt ihr jetzt viele Krieger hier?"

„Nur die beiden, die du siehst. Viele sind mit dem Häuptling in die Wüste, und die andern gingen auf die Jagd, um Fleisch zu holen. Sie kommen morgen oder in zwei Tagen wieder. Du wirst den Myrtle-wreath nicht verlieren, sondern gut bewahren?"

„Sorge dich nicht! Ich halte ihn fest."

„Und ihn meinem Wawa Derrick geben?"

„Sobald ich ihn finde, ja."

„Du wirst ihn finden — —", die Wahnsinnige schaute vor sich nieder, als suche sie in ihrem Innern nach etwas, ergriff dann meine Hand und fuhr fort: „Nun muß ich gehen. Geh du auch! Und sag keinem Menschen etwas davon, daß du mich getroffen hast! Von mir wird es auch niemand erfahren."

„Wirst du wirklich schweigen?" — „Ich schwöre es. Und du?"

„Darf ich wirklich nicht davon sprechen?"

„Zu keinem einzigen Menschen, außer zu meinem Wawa Derrick. Der muß es wissen. Gib mir deine Hand darauf!"

„Hier ist sie."

Ich reichte ihr die Hand und die Irre drückte sie mir. Hierauf stieg Tibo-wete-elen den Berg hinab, doch nicht weit, dann drehte sie sich noch einmal um, legte die Finger zum Zeichen des Schweigens an den Mund und wiederholte:

„Zu keinem einzigen Menschen! Und verliere ja nicht meinen Myrtle-wreath!"

Nun verschwand die Bedauernswerte im Gebüsch. Ich stand noch eine Weile an der gleichen Stelle. Dann ging ich langsam fort. Welch eine Begegnung! Mir war ganz sonderbar zumute. Wer war dieses Weib? War sie wirklich eine Indianerin? Aber konnte es denn möglich sein, daß sie eine Weiße war? Um diese Fragen beantworten zu können, hätte ich sie mehr als dieses eine Mal sehen und sprechen müssen. Sie war geistesgestört, und dennoch hatte sie einen tiefen Eindruck auf mich gemacht. Sie war ein Rätsel, ein unergründliches, tieftragisches Rätsel, unergründlich, weil ich keine Zeit hatte, es zu lösen. Der Wawa Derrick war jedenfalls nicht nur in ihrer Einbildung vorhanden, sondern in Wirklichkeit. Aber wo? Und wer war er? Ein Indianer? Wahrscheinlich, denn der Ausdruck Wawa deutete darauf hin. Und der Myrtle-wreath, was war es mit dem? War er vielleicht die Ursache ihres Wahnsinns? Oder hatte sie in dem Augenblick, als sie geisteskrank wurde, den Myrtenkranz getragen? Entsetzlicher Gedanke! Vielleicht gab es für mich die Möglichkeit einer Lösung. Wahrscheinlich traf ich während des Kampfes mit dem Medizinmann zusammen. Da sollte er mir Rede und Antwort stehen.

Mit diesem Vorsatz kehrte ich zu unserem Versteck zurück, das ich glücklich und unbemerkt erreichte, gerade als es zu dunkeln begann. So lang war ich fort gewesen. „Endlich, endlich!" wurde ich von Old Wabble empfangen, während Old Surehand still blieb. „Fast hätte ich Sorge um Euch gehabt."

„Keine Ursache zur Sorge", beruhigte ich ihn.

„Nicht? So steht wohl alles gut? Ist der Nigger da?"

„Der Neger, wollt Ihr wohl sagen! Ja." — „Aber streng bewacht?"

„Es gibt heute im ganzen Lager nur zwei Krieger, die ihn Tag und Nacht bewachen. Die andern sind fort, um Fleisch zu machen. Da ermüdet die Aufmerksamkeit, und wir werden es verhältnismäßig leicht haben, wie ich vermute."

„Wie werden wir es anfangen?" — „Laßt mich nachdenken!"

Das sagte ich nicht etwa, weil ich Zeit zum Überlegen brauchte, denn mein Plan war schon fertig, sondern weil ich keine Lust zum Sprechen hatte. Die Indianerin lag mir noch zu sehr im Sinn. Und gerade jetzt fiel mein Auge auf Old Surehand, dessen männlich schönes, ernstes Gesicht beim letzten Tagesschimmer in eigenartiger Beleuchtung stand und einen wehmütigen Ausdruck annahm. War es wirklich so, oder täuschte ich mich? Das war die Ähnlichkeit, die ich vorhin, als ich das Weib erblickte, herausgefühlt hatte, ohne sie näher bestimmen zu können. Gesicht, Stirn und Mund schienen nur jünger, voller, männlich anstatt weiblich, nicht von jener erschütternden Tragik, aber sinnig-ernst und wehmutsvoll. Ich war wirklich überrascht. Doch im nächsten Augenblick sagte ich mir, daß ich mich täuschen müsse. Ich stand eben noch unter dem Eindruck der Begegnung auf der Höhe des Kaam-kulano und sah Dinge, die gar nicht vorhanden waren. Weg mit der Täuschung!

Es dunkelte schnell. Bald konnte ich das Gesicht Old Surehands nicht mehr erkennen. Hätte ich die eigentümliche Ähnlichkeit nicht für Täuschung gehalten und ihm von der Indianerin erzählt! Sie wäre viel eher aus der Nacht des Wahnsinns errettet worden.

Wir saßen lange regungslos und ohne Worte, bis Old Wabble die Geduld verlor und fragte:

„Nun, Sir, wie lange wollt Ihr denn eigentlich noch nachdenken? Wollt Ihr mir nicht erlauben, Euch dabei zu helfen?"

Da hielt es Old Surehand für nötig, sein Schweigen zu brechen, um ihn zu ermahnen: „Bei Old Shatterhand bedarf es Eurer Hilfe nicht, alter Wabble. Er wird auch ohne Euch fertig."

„Aber wann! Der Abend vergeht, und wir haben doch keine Zeit zu verlieren."

„Nur Geduld!" bat ich ihn. „Wir können nicht eher etwas tun, als bis die Roten schlafen. Ich weiß, wo das Zelt steht, in dem Bob steckt. Wir schleichen uns hin, schlagen die Wächter nieder —"

„Tot?" unterbrach er mich. — „Nein. Es genügt, sie zu betäuben."

„So übernehmt das selbst! Ich bringe das nicht fertig. Und dann?" — „Dann holen wir Bob heraus." — „Gut! Weiter nichts?"

„O doch! Hierauf gehen wir zum Häuptlingszelt und nehmen die Medizinen weg, die dort an der Stange hängen."

„Medizinen?" fiel Old Wabble erstaunt ein.

„Ja, die Medizinen seiner Vorfahren."

„*Behold!* Wenn Vupa-Umugi das erfährt, wird er verrückt. Da geht ihm ja die Ehre verloren und mit ihr alles, was er hat und was er ist." — „Nein."

„Nicht? Ich denke doch auch die Gebräuche und Gewohnheiten der Roten zu kennen. Wer solche Medizinen verliert, der ist moralisch tot."

„Allerdings. Aber er soll sie nicht verlieren, wenigstens nicht für immer."

„Ihr wollt sie ihm wiedergeben? Sir, das ist widersinnig. Wenn Ihr sie ihm wiedergeben wollt, so laßt sie doch lieber gleich hängen!" — „Ich habe meine Absicht dabei. Dadurch soll Blutvergießen vermieden werden."

„Mit den Medizinen? Wenn Ihr mir das nicht erklärt, so begreife ich's nicht."

„Was wird wohl geschehen, wenn der Häuptling erfährt, daß ich seine Medizinen habe?"

„Er wird einen·heillosen Schreck bekommen; *it's clear!*".

„Und alles in Bewegung setzen, um wieder in ihren Besitz zu gelangen. Nicht wahr?"

„Das versteht sich von selbst. Es wird kein Opfer geben, das ihm zu groß ist, wenn es nur gebracht werden kann."

„Das Opfer, das ich von Vupa-Umugi verlange, ist gar nicht zu groß. Er soll mit den Apatschen Frieden schließen, ohne gekämpft zu haben, und Bloody-Fox in Ruhe lassen."

„Mr. Shatterhand, das ist ein großartiger Gedanke. Der Häuptling wird darauf eingehen. Leider, leider wird er es tun."

„Warum leider?"

„Weil ich dadurch um mein Vergnügen komme, um mein großes, schönes Vergnügen. Ich hatte mich so auf die Lehre gefreut, die die Roten erhalten sollten. Ihr seid zwar andrer Meinung, aber ich sage Euch immer wieder, daß man gar nicht genug Indsmen auslöschen kann. Dieses Ungeziefer muß weg von dieser Welt."

„Da spricht wieder einmal der Cowboy aus Euch, und zwar in einer Weise, die mich zornig machen kann!"

„Den Zorn schenke ich Euch. Wenn Ihr Cowboy gewesen wärt wie ich, so wüßtet Ihr, daß jeder Rote ein geborener Pferdedieb ist. Haben mir die Halunken zu schaffen gemacht!"

„Wie es scheint, hat Euch das nicht geschadet. Ihr seid trotzdem gesund geblieben und alt geworden."

„Ja, der Ärger ist mir gut bekommen. Das gebe ich zu. Aber trotzdem hasse ich sie, und ich freue mich darauf, möglichst viele von ihnen wegputzen zu konnen. Doch bin ich gerecht genug zuzugeben, daß Euer Gedanke prächtig ist. Wenn er gelingt, komme ich, wie gesagt, um meine Freude. Eine kleine Hoffnung gibt es aber doch für mich: die andern Häuptlinge werden nicht darauf eingehen."

„Es ist freilich möglich, daß sie sich weigern, besonders Nale-Masiuv."

„Der vielleicht. Aber ich habe da mehr an Schiba-bigk, den jungen Häuptling gedacht."

„Warum?"

„Eben weil er jung ist. Da gibt es größere Nebenbuhlerschaft. Sein Vater war der oberste Häuptling der Komantschen. Das möchte auch er gerne sein. Vupa-Umugi muß also beseitigt werden, und dazu kann es keine bessere Gelegenheit geben, als wenn er seine Medizinen verliert."

„Ihr legt Euch das recht hübsch zurecht, werdet Euch aber wohl irren. Ich habe Euch schon gesagt, daß Schiba-bigk mir zu Dank verpflichtet ist. Wenn ich ernstlich mit ihm spreche, wird er gewiß auf meinen Wunsch eingehen. Ich schicke bei ihm moralische Truppen ins Feld."

„Moralische? Mr. Shatterhand, denkt Ihr denn im Ernst, daß ein Roter etwas auf Moral gibt? Da irrt Ihr Euch gewaltig!"

„*Pshaw!* Ich habe ihm das Leben gerettet und mit ihm nicht nur die Pfeife des Friedens, sondern sogar das Kalumet der Freundschaft geraucht. Ist das etwa nichts, Mr. Cutter?"

„Das Kalumet der Freundschaft? Das ist allerdings viel. Auf die Friedensraucherei ist nichts zu geben, denn das ist meist nur Rauch. Aber wenn zwei Freundschaft miteinander geraucht haben, so dürfen sie einander nie mit den Waffen in der Hand gegenübertreten; *it's clear!*"

„Also! Wenn Schiba-bigk nicht auf meinen Vorschlag eingehen will, bin ich Manns genug, seinen Treubruch so in die Öffentlichkeit zu bringen, daß in jedem Indianerzelt und an jedem Lagerfeuer davon gesprochen wird. Was dann die Folge ist, könnt Ihr Euch denken!" — „Hm, ja. Es wird kein Weißer und auch kein Roter mehr mit ihm das Kalumet rauchen."

„Das ist gewiß. Darum wird Schiba-bigk, wenn nicht aus Freundschaft und Treue, so doch aus Klugheit auf den Kampf mit uns verzichten. Davon bin ich überzeugt. Ihr nicht auch, Mr. Cutter?"

„*Well,* will es zugeben. Meine Hoffnung scheint also ganz zuschanden zu werden. Doch nein, Sir! Eine bleibt mir doch, daß es uns nämlich nicht gelingt, die Medizinen in unsern Besitz zu bekommen."

„Auch da muß ich Euch enttäuschen. Ich bekomme sie, denn ich kenne die Umstände. Es ist nur ein Fall möglich, in dem ich allerdings auf die Medizinen verzichten müßte, mein sehr werter Mr. Cutter."
— „Warum betont Ihr dabei meinen Namen so?"

„Weil Ihr es seid, um den es sich handelt. Ihr müßtet wieder so eine Eigenmächtigkeit begehen wie gestern: dann könnte es fehlschlagen, sonst aber nicht."

„Da kann ich Euch beruhigen. Ich werde mich genau so verhalten, wie Ihr es mir vorschreibt. Es kommt nicht in Betracht, daß ich mich noch einmal vor allen Gefährten so abkanzeln lasse wie gestern; *it's clear!*"

„So bin ich zufriedengestellt und meiner Sache sicher."

„*Well*. Aber Ihr seid ein so umsichtiger und pfiffiger Westmann und habt doch an einen Punkt nicht gedacht, der von größter Wichtigkeit ist. Das ist das Pferd, das Euer Nigger, wollte sagen, Neger reiten soll. Er kann doch nicht laufen, während wir reiten!"

„Und Ihr denkt, daß ich das vergessen habe? Wenn Ihr recht hättet, dann wäre ich allerdings nicht wert, ein Westmann genannt zu werden."

„Also doch? Wir hätten doch eins mitnehmen sollen."

„Nein. Wir hatten keins, das den schnellen Ritt hierher und wieder zurück ausgehalten hätte. Wir nehmen eins von hier. Ich habe es schon ausgewählt. Es war eins abseits angepflockt, in der Nähe des Häuptlingszeltes, also wahrscheinlich Vupa-Umugis Eigentum, ein schönes, wertvolles Tier, das er wohl zurückgelassen hat, um es beim Kampf nicht einer Verwundung oder gar dem Tod auszusetzen. Das nehmen wir."

„Wird es der Neger reiten können?"

„Ich reite es. Er setzt sich auf das meinige."

„*Well!* So habe ich nur noch ein Bedenken. Gesetzt, Ihr schlagt die Wächter nieder, wir holen Bob heraus und bekommen die Medizinen, das alles, ohne daß es jemand merkt. Das Pferd aber wird Lärm machen. Ich kenne das. Es hat noch keinen Weißen getragen und wird Euch nicht aufsteigen lassen. Und wenn Ihr wirklich hinaufkommt, wird es Euch nicht gehorchen."

„Es muß!" — „Oho! Seid Ihr Eurer Sache so sicher?" — „Ja."

„*Zounds!* Dann seid Ihr ein Reiter, mit dem sich nur noch ein einziger vergleichen kann!" — „Und der wäre?"

„Das ist — das — hm, nehmt es mir nicht übel, aber das ist der alte Wabble." — „Ah, Ihr selbst!" lachte ich.

„Ja, ich selbst. Wißt Ihr, wie man mich auch nennt?"

„Den König der Cowboys."

„Wißt Ihr auch, was das bedeutet? Daß es kein Pferd gibt, das nicht genau so muß, wie ich will! Könnt Ihr das von Euch auch sagen?" — „Was helfen Worte und Prahlereien!"

„*Well*, Ihr habt recht. Die Tat ist der Mann. Ich habe davon gehört und auch gesehen, daß Ihr ein guter Reiter seid, aber es gehört doch —"

„Gesehen? Gesehen habt Ihr noch nichts", fiel ich ihm in die Rede. „Nichts? Ich dächte doch, ich hätte in den letzten Tagen genug Gelegenheit dazu gehabt."

„Da ritt ich mein eigenes Pferd. Heute wird es anders."

„So, so! Da will ich nur hoffen, daß Ihr uns nicht in Grund und Boden reitet!" — „Habt keine Sorge! Wenn ich aufsteige, seid Ihr nicht mehr da." — „Nicht? Wo denn?"

„Es gibt nur zwei erwachsene Krieger im Lager, und die werde ich betäuben. Aber sie werden nach einiger Zeit wieder aufwachen, und weil es mit dem Pferd nicht ohne Lärm abgeht, wird dann das Lager in Aufruhr geraten. Man wird zu Pferd steigen, uns zu verfolgen, und zwar auch die jüngeren Burschen. Wenn wir uns vor solchen Verfolgern auch nicht fürchten, so kann doch die dümmste Kugel den klügsten Menschen treffen. Daher halte ich es für geraten, uns hier nicht aufzuhalten, sondern nach vollbrachter Tat sogleich fortzureiten. Wir machen es also folgendermaßen: Sobald wir den Neger und die Medizinen haben, eilt ihr schnell aus dem Tal hinaus, Ihr, Mr. Cutter, führt Bob, und Mr. Surehand trägt die Medizinen. Hier sitzt ihr dann auf und reitet weiter."

„Bob auf Eurem Pferd?" — „Ja."

„Wird es ihn in den Sattel lassen? Ich weiß, daß der Rappe keinen Fremden trägt, wenn Ihr nicht wollt."

„Bob und mein Hatatitla kennen einander von früher her."

„Schön! Und Ihr?"

„Ich warte so lange, bis ich denke, daß Ihr in Sicherheit seid. Dann steige ich auf und komme nach."

Hier meinte Old Surehand in seiner ruhigen und bestimmten Art: „Ich möchte Euch, wenn Ihr nichts dagegen habt, einen Vorschlag machen. Wie lang ist das Tal von einem Ende bis zum andern?"

„Eine halbe Wegstunde." — „Und von hier bis zum Anfang?"

„Eine kleine Viertelstunde."

„Die Pferde befinden sich wahrscheinlich hinten?" — „Ja."

„Das gibt beinahe drei Viertelstunden zu laufen, wenn wir fertig sind. Ist das nicht zu weit?"

„Hm! Wir könnten den Weg abkürzen, wenn wir unsere Pferde bis zum Eingang des Tals mitnehmen."

„Das wollte ich euch vorschlagen."

„Danke, Sir! Bin einverstanden. Es wird schon über zehn Uhr sein. Die Roten gehen zeitig schlafen, zumal wenn die Krieger nicht da sind. Denkt Ihr, daß wir aufbrechen können?"

„Es wird die rechte Zeit sein, da wir nicht bis nach Mitternacht warten können." — „So wollen wir!"

Wir warfen die Gewehre über, nahmen die Pferde an den Zügeln und gingen. Als wir das Tal erreichten, schlich ich ein Stück hinein, um zu sehen, ob wir es wagen könnten, die Pferde allein zu lassen. Es befand sich kein Mensch hier, und hinten war kein Feuer zu sehen. Die Roten schliefen. Hunde waren glücklicherweise nicht draußen. Wir banden also die Pferde an und begannen dann das Unternehmen.

Die Sterne lieferten uns gerade soviel Licht, wie wir brauchten. Wir hielten uns am linken Rand der Talsohle, den ich auf meiner Erkundung von der Höhe zur Rechten überblickt hatte. Ich kannte ihn also besser als den gegenüberliegenden. Das führte uns so weit an den Zelten vorüber, daß wir von dort, wenn ja noch jemand wach und im Freien sein sollte, nicht gesehen werden konnten. Als wir an ihnen vorüber waren, legten wir uns nieder, um nun rechts hinüber zum letzten Zelt zu kriechen, in dem Bob steckte. Dieses Kriechen wurde uns dadurch erschwert, daß wir die Gewehre mit hatten. Es wäre doch zu gewagt gewesen, sie bei den Pferden zu lassen, und hier konnten wir leicht in die Lage kommen, sie zu unserer Verteidigung zu brauchen.

Old Surehand kroch voran. Ich hatte ihm das Zelt gezeigt und ließ ihn gewähren. Er schien es als Ehrensache aufzufassen, der erste zu sein, und von ihm war keine Unvorsichtigkeit zu befürchten. In der Nähe des Zeltes wartete er, bis ich ihn eingeholt hatte, und flüsterte mir zu: „Da liegen die beiden Wächter vor dem Eingang und schlafen. Soll ich helfen? Ich denke aber, daß Eure Faust geübter ist als die meinige."

„Überlaßt sie mir! Ihr werdet zwei dumpfe Schläge hören, dann kommt Ihr nach."

Ich schob mich leise hin. Die Wächter regten sich nicht; sie schliefen wirklich. Es war so viel Zwischenraum zwischen ihnen, daß ich mir das zunutze machte. Als ich mich dann aufrichtete, lag der eine griffbequem rechts und der andere links von mir. Ich nahm den ersten beim Hals und gab ihm den Hieb an die Schläfe. Es ging ein kurzes Zittern durch seinen Körper. Dann streckte er sich und blieb lautlos liegen. Er war abgefertigt. Ebenso erging es auch dem zweiten. Und nun kam Old Surehand und nach ihm Cutter.

„Setzt Euch her, jeder zu einem von ihnen!" flüsterte ich. „Sorgt dafür, daß sie uns nicht schaden können, bis ich wiederkomme!"

„Die Roten sind ja betäubt", meinte Old Wabble.

„Aber wie lange? Ich kenne die Härte ihrer Schädel nicht und könnte zu leicht geschlagen haben. Wenn einer erwacht, bedroht Ihr Ihn mit dem Messer."

Ich hob den Türvorhang auf und kroch in das Zelt. Deutlich war das laute, ruhige Atmen eines Schläfers zu hören.

„Bob!" versuchte ich, ihn zu wecken.

Er hörte es nicht. Ich nahm eins seiner Beine und schüttelte es.

„Bob!" — Da bewegte er sich. — „Bob, bist du es?"

„Was — wer — wo —", fragte er schlaftrunken.

„Sei munter und vernünftig und höre, was ich dir sage! Bist du allein, Bob?"

„Ja, Bob sein da, ganz allein. Wer kommen jetzt zu Masser Bob? Wer sprechen mit ihm?"

Der Neger hatte nämlich die Eigentümlichkeit, sich selbst

Masser zu nennen, während er zu jedem, den er über sich stehend schätzte, Massa sagte.

„Ich will dir alles erklären, wenn du ganz leise redest. Ich komme, um dich zu befreien."

„Oh — oh — oh! Bob befreien! Masser Bob sollen frei sein, wieder ganz frei? Wer sein das, der Masser Bob freimachen?"

„Du wirst dich freuen, wenn du hörst, wer ich bin. Aber du darfst nicht vor Freude laut werden."

„Bob werden leise sprechen, so leise, daß gar niemand kann hören." — „Gut, rate einmal."

„Bob nicht hören Stimme. Sein Massa Bloody-Fox?" — „Nein."

„Dann nur können sein Massa Shatterhand!"

„Ja, der bin ich."

„Oh — oh — oh — oooooooh!" stöhnte der Schwarze entzückt, wobei ich seine Zähne knirschen hörte. Er biß sie zusammen, um nicht vor Entzücken laut zu schreien. Dafür aber strampelte er so mit den zusammengebundenen Beinen, daß ich zur Seite weichen mußte, um nicht einen Stoß zu bekommen, der einem Ochsen Ehre gemacht hätte, denn Bob war ein besonders kräftiger Bursche, vor dessen Stößen und Hieben man sich in acht nehmen mußte.

„Also still! Deine Freude kannst du äußern, wenn wir glücklich von hier fort sind. Deine Füße sind gebunden. Wo bist Du sonst noch gefesselt?"

„Hände hüben und drüben an Zeltpfahl gebunden und um Leib einen Riemen, der sein tief in Erde gepflockt."

„Wie hat man dich behandelt?"

„Mit sehr große Kraft. Viele Hiebe bekommen."

„Wie stand es mit dem Essen?" — „Bob haben stets Hunger."

„Das wird anders werden. Halte still! Ich werde dich losmachen. Die Riemen können wir draußen brauchen."

„Sein noch viel mehr Riemen da; hängen oben an Pfahl."

„Gut, die sollen deine Wächter fühlen. Ich habe den Rappen mit; den wirst du reiten. Du wirst doch noch mit ihm auskommen?"

„Rappen Hatatitla? Oh, Bob und Rappen sein sehr gut Freund. Reiten gut aufeinander, kommen nicht auseinander."

„Schön! Jetzt wollen wir schnell machen und nicht mehr reden. Später wirst du mir erzählen, wie du in Gefangenschaft geraten bist."

Als ich ihn losgebunden hatte, stand er auf, reckte und streckte die Glieder und stöhnte vor Freude.

„Wo sind die Riemen, von denen du sprachst? Gib sie mir!" — Bob langte sie mir herab, und dann verließen wir das Zelt. Er erkannte meine Gefährten gleich als Weiße, die zu mir gehören mußten. Als er die beiden Wächter liegen sah, sagte er:

„Das sein rote Indsmenhunde, die immerfort prügeln und treten mit Füßen Masser Bob. Massa Shatterhand sie wohl schlagen mit Faust an Schädel?" — „Ja. Jetzt werden wir sie binden."

„Oh — Oh —! Massa erlauben, daß Massa Bob sie binden. Riemen müssen gehen durch Fleisch bis auf Knochen!"

Der Befreite fesselte seine bisherigen Wächter, uns zwar so, daß sie vor Schmerzen erwachten. Wir rissen ihnen einige Fetzen von den Indianerhemden und stopften sie ihnen als Knebel in den Mund, daß sie nicht laut werden konnten. Dann schleiften wir die Roten in das Innere des Zeltes und banden sie so fest an, daß sie von selbst gewiß nicht loskommen konnten.

Dieser Teil unsrer Aufgabe war glücklich gelöst. Nun galt es den Medizinen. Bob und Old Wabble mußten warten, und ich schlich nun mit Old Surehand zum Zelt des Häuptlings. Dort regte sich nichts, und es wurde uns leicht, die Stangen geräuschlos aus der Erde zu drehen. Als wir zu den zwei Wartenden zurückgekehrt waren, knüpften wir die Medizinen von den Stangen los und banden sie mit einem Riemen zusammen.

„Fertig, wenigstens wir!" sagte jetzt Old Wabble. „Nun aber kommt das Schwierigste für Euch, Mr. Shatterhand. Es ist mir wirklich bange. Habt Ihr weit zu dem Pferd?"

„Nein. Es liegt jenseits des Häuptlingszeltes im Gras, wie ich sah, als wir die Stangen holten." — „Wollen wir hin?"

„Ihr möchtet versuchen, wie es sich verhält?" — „Yes."

„So kommt! Ihr sollt den Willen haben, denn es kann uns nun kaum etwas geschehen. Aber nicht zu nahe, sonst wird es laut!"

Wir schlichen geräuschlos hinüber und hatten bis zu dem Tier wohl noch zwanzig Schritte zu tun, da hob es schon den Kopf und schnaubte. Wieder drei Schritte, da sprang es auf, zerrte am Lasso und arbeitete mit den Beinen.

„Kommt wieder fort!" sagte ich. „Es fängt sonst gar an zu wiehern. Dieses Tier hat gute Schule."

„Der Teufel hole die Schule, wenn man dabei, falls man ein Weißer ist, den Hals und die Knochen bricht! Wollt Ihr es wirklich noch in dieser Dunkelheit mit der Bestie versuchen? Ich gebe Euch den guten Rat —"

Cutter hätte mir wirklich den unnützen guten Rat gegeben, wenn er nicht von Old Surehand unterbrochen worden wäre:

„Keine Redensarten, Sir! Wir müssen fort. Nehmt Bob bei der Hand, um ihn zu führen! Ich trage die Medizinen. Vorwärts!"

„Meinetwegen. Ich gehe ja schon und will den Neger führen. Aber neugierig bin ich, wie das enden wird. Ich wasche meine Hände in Unschuld, weil man sie hier in etwas anderen nicht waschen kann; it's clear!"

Meine Gefährten verschwanden im Dunkel der Nacht, und ich konnte nun an den Hauptteil meiner Aufgabe gehen. Denn die Entführung des Pferdes war allerdings weit schwieriger als die Befreiung des Negers und die Fortnahme der Medizinen des Häuptlings. Es fiel mit dabei nicht ein, mich auf die Art, die Old Wabble im Auge hatte, in den Besitz des Pferdes zu setzen. Das wäre unter den gegenwärtigen Verhältnissen und zumal bei Nacht für mich mit Lebensgefahr verbunden gewesen. Das edle Pferd war indianisch geschult. Es scheute vor jedem Weißem, und wenn ich auch nicht daran zweifelte, daß es mir gelingen werde, durch einen kühnen Sprung auf seinen Rücken zu kommen, so doch erst nach langer und energischer Gegenwehr des Tiers, die jedenfalls im Stampfen, Schnauben, Wiehern, Ausschlagen, also mit großem Lärm verbunden war. Und hatte ich das hinter mir, so gab es zum Reiten und zum Lenken des Rosses weder Sattel noch Zaum, ja nicht einmal einen einfachen Kopfriemen, denn das Pferd war mit einem Lasso an die Erde gepflockt, dessen anderes Ende man ihm einfach um den Hals gebunden hatte. Ich war also allein auf den Schenkeldruck angewiesen. Das Tier ging unbedingt erst mit mir durch, und ich konnte es nur nach und nach in meine Gewalt bekommen. Dabei aber mußte allerdings das in Erfüllung gehen, was Old Wabble befürchtete: es rannte mit mir unter die andern Pferde und gegen die Zelte. Es schoß mit mir regellos hin und her, den Berg hinauf und wieder herunter. Es kam zu Fall, und ich konnte dabei Hals und Beine brechen.

Nein, die Sache mußte anders angefangen werden. Glücklicherweise wußte ich genau, wie man so ein indianisches Pferd behandeln muß. Ich hatte das von Winnetou gelernt. Es muß mich für einen Indianer halten. Dann mußte ich ihm die Augen verbinden.

Als ich oben auf der Höhe bei der Geisteskranken gewesen war, hatte ich gesehen, daß am diesseitigen Talrand wilde Mugwortpflanzen standen, und sogleich daran gedacht, den Duft dieser Gewächse zu nutzen, um das Pferd zu täuschen. Dem scharfsinnigen Westmann muß alles dienlich sein. Sein Leben kann unter Umständen an einem kleinen Pflänzchen hängen. Sodann hatte ich vorhin einige Decken vor dem Häuptlingszelt bemerkt, die die Frau, wahrscheinlich der Reinigung wegen, dort im Gras ausgebreitet hatte, lange breite Decken, in die man den ganzen Körper hüllt, wenn es kalt ist oder regnet. Das kam mir gut zustatten. Mehr brauchte ich nicht.

Ich ging also zunächst zu den Mugwortpflanzen, legte mich hinein und wälzte micht tüchtig hin und her, worauf ich mir mit den kräftig riechenden Spitzen die Hände und das Gesicht einrieb. Nun konnte das Pferd nicht durch den Geruch wahrnehmen, daß ich ein Weißer war. Hierauf schlich ich zu den Decken und schnitt von der einen einen Streifen ab, mit dem ich dem Tier die Augen verbinden konnte. In die andere wickelte ich mich so ein, wie es die Indianer tun. Vorher nahm ich den Hut ab und knöpfte ihn unter dem Jagdrock fest, weil er das Pferd mißtrauisch machen konnte. Dann ging ich langsam auf das Tier zu. Es hatte sich wieder niedergelegt, wendete mir neugierig den Kopf zu, sog die Luft prüfend in die Nüstern und — blieb liegen. Es hielt mich für einen Roten. Damit hatte ich schon halb gewonnen.

„Tcha-at, tcha-at — sei gut, sei gut!" sagte ich in der Mundart der Komantschen leise und liebkosend, indem ich mich niederbückte und den Hengst streichelte. Er ließ sich diese Zärtlichkeit gefallen, und ich fuhr mit dem Streicheln fort, bis ich annehmen durfte, daß meine Gefährten bei unsern Pferden angekommen seien. Nun pflockte ich den Lasso los und schnitt ihn in mehrere Stücke, aus denen ich eine Art Kopfgestell zusammenknotete, das sich das Pferd ruhig anlegen ließ. Zwei längere Stücke band ich als Zügel rechts und links an den Nasenriemen und war mit den Vorbereitungen fertig. Hierauf stellte ich mich mit ausgespreizten Beinen über den Leib des Pferdes und forderte es auf:

„Warn, warn — steh auf, steh auf!"

Das Tier gehorchte. Ich saß oben und lenkte es einigemal versuchsweise hin und her. Es ließ sich willig leiten, ohne daß ich der Schenkel dazu bedurfte. Damit hatte ich gewonnen, wenigstens einstweilen; denn später, wenn mich das Pferd als Weißen erkannte, war jedenfalls ein Kampf zu erwarten. Um aus der Nähe der Zelte zu kommen, ritt ich hinüber zum Talrand und daran hin, bis ich das Lager hinter mir hatte. Da ließ ich das Tier traben, bis ich zu der Stelle kam, wo wir unsere Pferde gelassen hatten. Sie waren fort. Nun stieß ich den schrillen Schrei aus, mit dem die Roten ihre Pferde in Galopp setzen. Das Tier gehorchte auch diesmal, und wir flogen zunächst ein Stück am Bach hin und dann rechts ab in die offne Prärie hinaus.

Das Pferd war ausgezeichnet. Ich bemerkte nach einem halbstündigen Galopp noch nicht das geringste Zeichen der Anstrengung an ihm. Da hörte ich vor mir einen langgezogenen Schrei. Das war einer von meinen Gefährten, die wissen wollten, ob ich käme. Sie waren in Sorge um mich. Durch einen gleichen Schrei antwortete ich, und da sie hierauf anhielten, um auf mich zu warten, hatte ich sie schnell eingeholt.

„Hell and damnation, ein Roter!" rief Old Wabble, als er mich erblickte. „Der verfolgt Old Shatterhand und hat ihn verloren. Machen wir ihn kalt!" Ich sah, daß er das Gewehr vom Rücken riß und warnte ihn: „Nicht schießen, Sir! Ich möchte gern noch einige Zeit leben bleiben."

„Zounds! Das ist ja Old Shatterhands Stimme!" — „Natürlich bin ich's". — „Er ist's wahrhaftig. Aber, Sir, ich bin starr vor Verwunderung." — „Worüber?"

„Daß Ihr so hübsch dahergeritten kommt, so einig mit dem Gaul, als hättet Ihr schon tausend Säcke Hafer miteinander gefressen. Das ist doch nicht das Pferd, das Ihr stehlen wolltet, Sir?"

„Es ist's. Seht her!"

„Hm, ja! Bei meiner Seele, es ist's! Da ist ein Wunder geschehen, sonst hättet Ihr es nicht so schnell bezwingen können."

„Es hat gar keines Zwanges bedurft. Das Pferd hat mich ohne allen Widerstand hierhergetragen."

„Unmöglich! Ich bin zu sehr Fachmann, als daß Ihr mir so etwas weismachen könnt."

„Ich mache Euch nichts weis. Wenn ich es hätte zwingen müssen, würde es sich jetzt ganz anders verhalten und einen andern Gang, ein andres Aussehen haben."

„Es ist zu dunkel, um das sehen zu können. Schwitzt, schäumt und geifert es nicht? Ich muß mich doch einmal selbst überzeugen."

Cutter lenkte sein Pferd zu mir heran und streckte die Hand aus, um das meinige anzufühlen. Es schnaubte scheu und stieg vorn hoch.

„Laßt das sein, Sir!" bat ich. „Es kann die Weißen nicht leiden."

„Ihr seid doch auch einer!"

„Ja. Aber es hält mich für einen Roten."

„Ah! Also darum die Maskerade mit der Decke? Wie pfiffig! Man kann wirklich noch viel von Euch lernen. Aber der Geruch, Mr. Shatterhand. Ein Indianer riecht doch wie — wie — hm, wie sage ich doch nur gleich? Er riecht nach Schmutz, nach Herberge, nach — nach — na, mit einem Wort, er riecht eben wild! Ein Weißer hat diese sonderbare Ausdünstung nicht. Wenn Ihr Euch auch maskiert habt, so mußte das Pferd doch am Geruch merken, daß Ihr kein Indsman seid."

„Ich habe eben den Geruch verändert. Es gibt ein erprobtes Mittel, womit man selbst solche Pferde irremachen kann."

„Was ist das?"

„Mein Geheimnis! In einigen Stunden ist dieser Geruch verschwunden, und wenn ich dann die Decke ablege und den Hut aufsetze, wird der Gaul die Täuschung erkennen und sich wehren. Dann wird es bei Tag und in der offenen Prärie den Kampf geben, den ich jetzt umgangen habe, weil ich das Leben dabei aufs Spiel gesetzt hätte."

„*Well*, ich muß Euch glauben, bin aber begierig, zu sehen, wie ihr das Pferd bezwingen werdet."

„Sehr leicht; Mr. Cutter. Nur Raum brauche ich dazu, und den habe ich dann zur Genüge. Jetzt aber wollen wir nicht reden, sondern reiten, damit wir die Gegend des Kaam-kulano weit hinter uns bringen. Laßt mich voran, damit mein Pferd nicht durch Euch scheu gemacht wird."

Um an die Spitze zu kommen, ritt ich vor. Dabei sagte Bob:

„Warum Massa Shatterhand nicht mit Masser Bob reden? Masser Bob will sagen Dank!" — „Ist nicht nötig, Bob."

„Und will erzählen, wie rote Indsmen nehmen Masser Bob gefangen." — „Später. Jetzt haben wir keine Zeit dazu. Die Hauptsache ist, daß du mit meinem Rappen gut auskommst."

„Oh — oh — oh —, Hatatitla sein sehr gutes Pferd, und Bob sein sehr vortrefflicher Reiter. Beide einander gut kennen und fahren wie Blitz über Prärie dahin!"

Ja, der gute Bob ritt jetzt bedeutend besser als damals, da ich ihn zum erstenmal im Sattel sah. Obgleich er sich mit den Händen krampfhaft am Hals und der Mähne des Pferdes festgehalten hatte, war er doch stets immer weiter nach hinten gerutscht und endlich am Schwanz heruntergeglitten. Das hatte ihm den Spitznamen Sliding-Bob eingetragen, also Rutsch-Bob. Später hatte er Übung bekommmen und war schließlich bei Bloody-Fox in eine gute Schule gegangen. Jetzt ritt der Schwarze so, daß er nicht hinter uns zurückblieb, was aber freilich mehr dem Pferd als dem Reiter zuzuschreiben war.

Von dem Augenblick an, da ich das Hasental verlassen hatte, war für uns nichts mehr zu befürchten gewesen, denn bei der Güte unsrer Pferde konnten wir nicht eingeholt werden, und die etwaigen Verfolger wären junge Menschen gewesen, aus denen wir uns nicht viel gemacht hätten. Dennoch ritten wir mehrere Stunden ununterbrochen fort und hielten dann an, weil wir noch einen sehr weiten Ritt vor uns hatten. Es war von da an, wo wir rasteten, noch ein voller Tagesritt bis zum Nargoleth-tsil, wo wir mit den Apatschen zusammentreffen wollten.

Wir pflockten unsre Pferde mit den Lassos an, aber so lang, daß sie Platz zum Grasen hatten. Das meinige mußte ich abseits festmachen, weil es nicht in der Nähe der andern sein wollte. Es schlug und biß nach ihnen. Als wir uns dann zueinander gesetzt hatten, fragte Bob: „Nun haben Zeit, und nun dürfen Masser Bob wohl erzählen, wie Indsmen ihn fangen?"

„Ja, erzähle!" nickte ich, denn er hätte uns doch keine Ruhe gelassen. „Ich habe mich sehr darüber gewundert, daß Bloody-Fox dich in Stich gelassen hat." — „Masser Bob sich nicht wundern."

„Das verstehst du nicht. Ihr seid auf die Jagd geritten?"

„Ja, auf Jagd." — „Also beisammen gewesen?"

„Beisammen", bestätigte der Neger.

„Du wurdest gefangen, und er entkam?" — „Ja."

„Wieviel Rote waren es, die euch überfielen?"

„Zehn und noch zehn und noch einmal zehn. Vielleicht auch mehr. Bob nicht haben gut zählen."

„Also ungefähr dreißig. Wie ich Bloody-Fox kenne, ist er nicht der Mann, der sich scheut, hinter dreißig Roten herzureiten. Er hat doch wohl gewußt, daß du in ihre Gefangenschaft geraten warst?"

„Massa Fox das vielleicht nicht wissen."

„Nicht? Hat er es nicht gesehen?" — „Nein."

„Aber ihr wart ja beieinander?" — „Er nicht bei Massa Bob und ich nicht bei Massa Fox, als Indsmen kamen."

„Oh, das ist etwas andres! Ihr hattet euch also getrennt?"

„Ja. Wir daheim fort, weil nur noch wenig Fleisch haben. Mutter Sanna allein zu Hause bleiben, und wir aus Llano Estacado heraus, um jagen und Fleisch holen. Wir lange kein Wild finden, bis weit, weit fort an Regenberg kommen."

„Ah, am Nargoleteh-tsil seid ihr gewesen? Dahin wollen wir ja heute!" — „Nargoleteh-tsil! Das sein richtig."

„Dort habt ihr gejagt?"

„Ja. Haben schießen zwei Bisons; geben Fleisch, große Menge Fleisch. Schneiden Fleisch in Stücke und hängen auf Riemen, die mitgebracht. Haben auch mitgebracht Packpferde, um Fleisch tragen heim. Als fertig waren mit Aufhängen, gehen fort, um suchen wieder Büffelspuren, Massa Fox links und Masser Bob rechts."

„Das war nicht klug. Entweder durftet ihr euch nicht trennen, oder einer von euch, also jedenfalls du, mußte bei den Pferden und bei dem Fleisch bleiben."

„Vielleicht das richtig sein. Massa Shatterhand es gut verstehen, besser noch als Bloody-Fox und viel besser als Masser Bob. Bob reiten sehr weit und nicht finden Spur von Büffel, kehren endlich um, weil anfangen zu regnen. Da kommen Komantschen und ihn umringen. Er sich wehren, sie aber doch haben fangen Masser Bob. Sie ihn fragen, was hier wollen und was hier tun, er nichts sagen. Indsmen nun schlagen Masser Bob, er aber nichts verraten. Da sie reiten auf seiner Spur nach Regenberg, schicken Späher voraus. Späher kommen wieder und reden leise, was haben gesehen am Regenberg. Dann reiten schnell fort. Drei reiten langsam nach mit Masser Bob. Alsbald sind an Regenberg. Masser Bob hören schießen. Dann hinkommen. Komantschen sind im Lager und beim Fleisch von Bloody-Fox, er aber nicht da. An Erde aber liegen tote Indsmen, erschossen von Fox und er fort."

„So also ist es gewesen. Fox war eher zurückgekehrt als du, und sie haben ihn überfallen. Er hat einige von ihnen erschossen und ist entflohen."

„Ja, war fort, ganz fort. Mehrere ihm nach; aber später wiederkommen und ihn nicht haben funden."

„Was taten die Roten dann?"

„Sie binden Masser Bob auf Pferd, laden Fleisch auf Pferde und reiten fort." — „Wohin?"

„Reiten fast zwei Tage, bis Bob war fangen in Zelt. Sie ihm sagen, daß wollen holen auch Bloody-Fox und, wenn ihn bringen, dann Massa Fox mit Masser Bob sollen sterben am Marterpfahl."

„Hm! Hatte es sehr geregnet?"

„Sehr! Regen gehen Masser Bob bis auf Haut."

„Nun ist mir alles erklärlich. Zu welcher Tageszeit ist es gewesen, Bob?"

„Als Masser Bob umkehren, es bald Abend sein. Und als kommen an Regenberg mit Indsmen, es schon anfangen, sehr dunkel werden."

„Fox ist jedenfalls zurückgekehrt; hat sich aber nicht ganz bis zu dem betreffenden Platz wagen wollen. Und wenn er es gewagt und gemerkt hat, daß sie fort waren, hat er ihnen doch nicht folgen können, weil er im Dunkel ihre Spuren nicht sehen konnte.

Früh aber war die Fährte verschwunden, denn das niedergetretene Gras hatte sich infolge des Regens wieder aufgerichtet. Er wußte nichts davon, daß die Roten dich getroffen und festgenommen hatten. Bloody-Fox glaubte, du hättest dich verirrt, und suchte dich. Er wartete vielleicht, als er dich nicht nicht fand, den ganzen Tag auf deine Rückkehr. Als du nicht kamst, nahm er an, daß du möglicherweise die Roten gesehen habest."

„Ja, das er wohl denken."

„Du konntest ja zurückgekommen sein, als sie ihn schon überfallen hatten. Sie bemerkten dich nicht. Du sahst, daß er fort war, und rittest auch fort." — „Ja, heim zu Mutter Sanna!"

„Das konnte er dir schon zutrauen, und da er den Roten nicht folgen konnte, weil er nicht wußte, wohin sie waren, blieb ihm nichts anderes übrig, als auch heimzukehren, um zu sehen, ob du etwa schon dort angekommen seist."

„Aber als Massa Bloody-Fox sehen, daß Masser Bob nicht da bei Mutter Sanna?"

„Da ist er wahrscheinlich wieder fort, um abermals nach dir zu suchen. Wer weiß, wo und wie lange er sich herumgetrieben hat, ohne dich zu finden!"

„Nun aber er mich wiedersehen, oh — oh — oh! Denn Massa Shatterhand bringen doch Masser Bob jetzt wieder zu Mutter Sanna und Massa Fox?"

„Ja, wir bringen dich hin. Die Roten sind aufgebrochen, um euer Haus zu überfallen und Bloody-Fox zu fangen und zu töten."

„Das sie sollen nicht wagen! Masser Bob sie erschlagen und erschießen alle, alle, alle! Niemand von ihnen leben bleiben, kein einziger!"

Er knirschte mit den Zähnen, und das hatte etwas zu sagen, denn er hatte ein Gebiß, das einem Panther Ehre gemacht hätte. Dann fuhr er fort:

„Ja, sie alle sterben, denn sie haben schlagen Masser Bob und ihm nichts geben zu essen. Er haben viel Hunger, und sie nichts tun, als nur darüber lachen."

„Nun, wir haben jetzt Zeit, Versäumtes nachzuholen. In meinen Satteltaschen ist Fleisch genug für dich. Geh hin und hole dir, was du essen kannst!"

„Ja, Masser Bob sich holen. Er grad großen Hunger haben, als Massa Shatterhand kommen in Zelt und ihn machen frei."

„Nun, davon habe ich nichts gemerkt, denn ich mußte dich wekken. Du schliefst sehr fest."

„Oh — oh — oh —! Masser Bob haben großen Hunger, auch wenn schlafen. Er träumen sogar von Hunger!"

Er holte sich Fleisch und aß; er holte sich wieder welches und aß; er holte sich abermals welches und aß — aß — aß, bis nichts mehr zu holen war. Was er im Essen leisten konnte, das wußte ich. Solch eine Menge wie heute aber hatte er noch nie verschlungen!

Dabei erzählte er uns die Einzelheiten seiner Gefangenschaft im Tal der Hasen. Es war nichts Wichtiges dabei. Wir fragten ihn nach den Beobachtungen, die er gemacht hatte, bekamen aber nichts zu hören, was uns hätte von Nutzen sein können. Er war treu, mutig und klug in seiner Weise, aber Beobachtungen wie ein Westmann zu machen, das war ihm bei seiner geistigen Bescheidenheit nicht möglich. Als der Morgen zu grauen begann, standen wir auf, um die Pferde zu besteigen.

„Jetzt bin ich neugierig, was Euer Pferd machen wird", meinte Old Wabble. „Denn mit der Maskerade hört es jetzt wohl auf?"

„Ja. Wollt Ihr meine Indianerdecke mit auf Euer Pferd nehmen, Mr. Cutter?" — „Ja, gebt sie her!"

„Jetzt noch nicht! Erst dann, wenn ich aufgestiegen bin. Ich werfe sie Euch zu."

Ich ging zu dem Pferd hin, um es zu liebkosen. Es zeigte sich mißtrauisch und unruhig. Es sträubte die Mähne, schnaubte und zerrte am Lasso. Der Pflanzengeruch hatte sich verloren, und das Tier wurde nur noch durch die Indianerdecke getäuscht. Ich zog den Pflock aus der Erde und steckte ihn in die Satteltasche, sprang auf, löste den Lasso vom Hals des Pferdes und wickelte ihn in Schlingen. Die andern standen erwartungsvoll dabei, hielten sich aber fern, um nicht von dem Tier umgerissen zu werden, wenn es plötzlich ausbrechen sollte. Da ging ein eigentümliches Zittern durch den Körper des Hengstes. Ich kannte dieses Zittern. Es war das Vorzeichen des nahen Kampfes. Im Nu flog die Decke herab und zu Old Wabble hinüber. Ebenso schnell warf ich mir den Lasso über die Schulter. Mit der einen Hand die Behelfszügel ergreifend, zog ich mit der andern den Hut unter dem Rock hervor, um ihn aufzusetzen und fest anzudrücken. Da warf das Pferd den Kopf herum, einen kurzen Augenblick nur sah es mich, und schon wieherte es laut und zornig auf und stieg vorn hoch. Die Zügel mit beiden Händen fest anziehend, legte ich die Schenkel noch fester an. Das Tier war dem Überschlagen nahe. Ich drückte es nach vorn und riß es dabei mit solchem Nachdruck seitwärts, daß es sich einmal um seine eigene Achse drehte. Dann kam es vorn nieder und schlug hinten aus — vergeblich. Es bockte, indem es den Rücken krumm bog und mit allen vieren in die Luft ging. Das Pferd stand still, um mich zu täuschen, und sprang dann plötzlich mit steifen Beinen zur Seite, damit ich auf der andern Seite herabstürzen sollte — ebenso vergeblich! Es erging sich in allen Mucken, die einem sogenannten *bucking horse* andressiert werden — ich blieb fest sitzen.

„Bravo, bravo, Sir!" rief Old Wabble. „Ihr habt einen prächtigen Sitz, das muß ich sagen. Der Racker macht es Euch schwer, er hat den Teufel im Leib!"

„Oh, bis jetzt ist das noch nichts!" entgegnete ich. „Es kommt noch besser, wartet nur!"

Da warf sich das Pferd, als hätte es meine Worte verstanden, nieder und wälzte sich, indem es mit den Beinen arbeitete und um sich schlug. Ich kam — und das ist dabei die Hauptsache, sonst ist man verloren — mit den Füßen auf die Erde zu stehen und sprang so, wie es sich wälzte, bald nach rechts, bald nach links, so daß das Tier stets zwischen meinen ausgespreizten Beinen blieb. Das ist anstrengend. Es gehört ein scharfes Auge dazu. Man muß fühlen, auf welche Seite sich das Pferd im nächsten Augenblick zu drehen beabsichtigt, und muß sich dabei in acht nehmen, daß man von den schlagenden Hufen nicht getroffen wird. Noch schärfer muß man erraten, wann es wieder aufspringen will, sonst wird man zur Seite geschleudert und es geht auf und davon.

Jetzt sprang das Tier und nahm mich regelrecht mit in die Höhe, wobei ich die Zügel wieder ergriff, die ich während des Wälzens hatte fahren lassen.

„Bravo, bravo!" rief der Alte. „*By Jove,* ist das ein Vieh! Und meine Hochachtung vor dem Reiter! In dieser eleganten Weise macht es Euch keiner nach als Old Wabble!"

„Es kommt noch schlimmer, Sir!" rief ich. „Erst ermüde ich es hier, und dann lasse ich es durchgehen. Steigt auf, um mir schnell nachzukommen."

Während ich dies sagte, wiederholte das Pferd die schon beschriebenen Versuche, bis es sich zum zweitenmal wälzte und dann wieder aufsprang. Bis jetzt hatte der menschliche Verstand mit dem tierischen Willen gekämpft, nun aber sollte es rohe Kraft gegen rohe Kraft gehen, wobei ich stets Sieger geblieben war. Ich nahm das Pferd also fester in die Zügel, rückte weiter nach vorn und legte die Schenkel mit aller mir zu Gebote stehenden Kraft an. Es stand starr. Ich horchte. Kam der Ton, den ich erwartete, oder kam er nicht? Ja, er kam. Es war ein langes, tiefes, schmerzliches Stöhnen aus eingeengter Brust, das sichere Zeichen, daß der Sieg mein sein werde, wenn meine Kraft nicht ermüdete. Das Tier wollte wieder in die Höhe, vorn, hinten, mit allen vieren. Es konnte nicht. Ich drückte und preßte womöglich noch stärker als vorher. Nach jeder vergeblichen Anstrengung stöhnte es laut. Der Atem ging keuchend. Das dauerte fünf Minuten und noch länger. Das Pferd schäumte und warf die weißen Flocken nach allen Seiten.

„Prächtig, prächtig!" schrie Old Wabble entzückt. „So etwas habe ich noch nie gesehen!"

Ja, prächtig! Das konnte er gut sagen. Wäre er nur an meiner Stelle gesessen! Diese Anstrengung! Die Lunge wollte mir platzen, der Schweiß drang auch mir aus allen Poren, aber ich ließ nicht nach. Da wollte das Pferd sich niederwerfen, um sich wieder zu wälzen. Es konnte nicht. Nun noch ein letzter, langer Schenkeldruck aus allen Leibeskräften — die menschlichen Muskeln und Sehnen siegten. Das Pferd brach zusammen.

„Herrlich!" brüllte der Alte. „Das hätte ich nicht fertiggebracht. Es ist wahr, Sir, Ihr seid ein viel besserer Reiter als ich."

Old Surehand stand still und sagte nichts. Aber seine Augen leuchteten.

„Schön, o schön!" schrie Bob, „Massa Shatterhand das schon oft machen mit fremdem und mit wildem Pferd. Masser Bob dabei sein und es sehen!"

„Ich bin noch lange nicht fertig", erklärte ich. „Paßt auf, jetzt geht es fort!"

Ich stand mit breiten Beinen über dem Pferd, mit gebücktem Oberkörper, die Zügel in der Hand. Es erholte sich, stand auf und nahm mich abermals mit in die Höhe. So verhielt es einige Augenblicke regungslos. Dann schnellte es plötzlich fort, wie von einer Feder getrieben. Ich saß fest und ließ es laufen, nur darauf bedacht, daß es die Richtung nahm, in die wir wollten. Die drei andern kamen hinter mir hergejagt. Nach einer Weile versuchte das Tier abermals, mich loszuwerden, doch meisterte ich es wie zuvor, bis es zusammenbrach. Jetzt wußte ich, daß es keinen Widerstand mehr leisten werde, und stellte mich neben den Hengst, als mich die drei eben einholten. Sie zügelten ihre Pferde, und Old Wabble fragte:

„Ihr gebt die Zügel aus der Hand und laßt das Tier frei liegen? Wenn es Euch nun davongeht, Sir!"

„Es bleibt, es ist besiegt, es ist mein!" versicherte ich.

„Traut der Bestie nicht! Es wäre jammerschade, wenn Euch das Pferd nach dieser riesenhaften Anstrengung entkäme."

„Es läuft nicht fort. Paßt auf! Ich kenne die Dressur."

Ich legte dem Pferd die Hand auf den Kopf und sagte:

„Warn, warn — steh auf, steh auf!" Das ermüdete Tier sprang auf. Ich ging langsam fort und befahl:

„Minam, minam — komm, komm!" Es kam hinter mir her, nach rechts und links, hin und zurück, bis ich stehenblieb. Da blieb es auch stehen.

„Großartig, wirklich großartig!" rief Old Wabble. „Wenn man es nicht sähe, würde man es nicht glauben!"

„Ihr gebt also zu, daß ich es gebändigt habe?" — „Yes, yes!"

„Ohne daß ich Arme und Beine oder den Hals dabei gebrochen habe?"

„Sprecht nicht davon, Sir! Ich konnte ja nicht wissen, daß Ihr im Reiten sogar den alten Wabble übertrefft!"

„Sogar? Ihr scheint Euch für den besten Reiter des ganzen Erdballs zu halten. Ich übertreffe Euch. Ja, das behaupte ich auch, aber nicht voll Stolz oder Überhebung, denn ich füge gleich hinzu: ich habe Reiter kennengelernt, die mich weit übertroffen haben."

„Nicht möglich! So einen Kerl möchte ich sehen!"

„Ich bin auf Pferden gesessen, die fünfzigtausend Dollars und noch mehr gekostet hätten, wenn sie überhaupt verkäuflich gewesen wären. Nun schließt von einem solchen Tier auf seinen Reiter! Versucht doch einmal, ein zugerittenes Kirgisenpferd, einen kurdischen Streithengst oder eine nach der altparthischen Reitkunst geschulte Perserstute zu besteigen! Ihr seid nach hiesigen Begriffen ein vorzüglicher Reiter, dort aber würdet Ihr ausgelacht."

„Kirgisisch, kurdisch, altparthisch — ? Ich lasse mich hängen, wenn ich weiß, was das ist! Seid denn Ihr auf solchen Pferden gesessen?"

„Ja, und unser Bob würde an meiner Stelle sagen: wir sind gut aufeinander geritten."

„Oh — oh — oh!" wandte der Neger mit verlegener Miene ein. „Masser Bob nicht so sagen, denn Bob nicht mit dabeigewesen sein."

„Hm, hm, hm!" brummte der Alte. „Da hat man sich nun für einen tüchtigen Kerl gehalten und ist gar keiner."

„Bitte, so war es nicht gemeint, Mr. Cutter. Ihr seid gar wohl ein tüchtiger Reiter, nämlich in der Art der Cowboys. Ein Roter reitet anders. Das stimmt doch, nicht wahr?" — „Yes."

„Weil ich diese indianische Schule genau kenne, konnte ich das Pferd hier bändigen, sonst nicht. Nun bedenkt, daß es noch viele andre Reitervölker gibt, die Araber, Beduinen, Tuareg, Perser, Turkmenen, Kirgisen, Mongolen und so weiter, und jedes dieser Völker hat eine andre Art zu reiten. Kann sich da jemand, der eine Schule vortrefflich reitet, überhaupt für den besten Reiter halten und dann noch erstaunt von einem andern sagen: der übertrifft mich sogar noch?"

„Nein, Sir! Und ich verstehe, was Ihr sagen wollt. Ihr macht wieder einmal den Kanzelredner, und Eure Predigt soll einfach heißen: brüste dich nicht, alter Wabble!"

„Nicht, weil ich denke, mehr zu sein oder mehr zu können als Ihr, sondern um Euch ein wenig anschmiegsamer zu machen. Ihr wißt, von wegen dem ‚Sitzenlassen‘. Ihr habt mir dahinten im Kaam-kulano wieder gute Lehren geben wollen, und zwar zu einer Zeit und in einer Lage, wo solche Lehren nicht nur überflüssig sind, sondern alles verderben können."

„Egal, Ihr habt recht, Mr. Shatterhand!" gab er zu. „Bin ein alter Querkopf, weil ich noch niemals meinen Meister gefunden habe. Ihr habt mir eine Zurechtweisung erteilt in Worten und noch vielmehr durch die Tat, und ich will sie mir merken. Macht, was Ihr wollt, ich werde nicht wieder daran mäkeln; it's clear!"

„Ja, Ihr werdet sehen, daß sich das Pferd nun wie ein treuer und gehorsamer Hund zu mir verhält", sagte ich. „Jetzt wollen wir weiter!" — „Doch zunächst zum Altschese-tschi, wo wir gestern früh fortgeritten sind?" fragte Old Wabble.

„Nein. Zum Kleinen Wald reiten wir nicht wieder!"

„Warum nicht? Wenn wir zum Regenberg wollen, liegt das Wäldchen doch auf unserm Weg!"

„Denkt an die Kundschafter, die dort getötet worden sind! Sie kehren nicht zurück. Das erregt das Mißtrauen der Komantschen. Ich bin überzeugt, daß Vupa-Umugi ihnen einige Krieger nachsenden wird. Dürfen die auf unsre Fährte treffen?"

154

„Nein, denn sie würden uns zum Regenberg folgen, und alles wäre verraten. Aber Webster, Hawley und Langes Messer haben doch auch eine Fährte gemacht, die dorthin führt!"

„Das war gestern. Sie ist also kaum noch zu sehen."

„So müssen wir einen Umweg machen. Aber wohin? Etwa zwischen dem Kleinen Wald und dem Blauen Wasser hindurch? Das geht nicht, denn da würde unsre Spur noch viel eher und viel leichter bemerkt."

„Wir müssen noch weiter nach rechts abweichen."

„Also wieder über den Rio Pecos hinüber? Das ist allerdings ein Umweg, und was für einer! Sollte er nicht zu groß sein, Sir?"

Da meinte Old Surehand kopfschüttelnd:

„Ihr seid doch unverbesserlich. Old Wabble! Soeben erst habt Ihr davon gesprochen, nicht wieder zu mäkeln, und jetzt fangt Ihr schon wieder an." — „*Well*, ich sage kein Wort mehr!"

„Ich stimme Mr. Shatterhand durchaus bei", fuhr Old Surehand fort. „Ob dieser Umweg groß ist oder nicht, wir müssen ihn machen. Merkt Ihr denn nicht, daß Mr. Shatterhand dadurch zwei Fliegen mit einem Schlag treffen will?" — „Zwei Fliegen? Die erste?" — „Daß unsre Spur nicht gesehen wird."

„*Well!* Und die zweite?" — „Nale-Masiuv."

„Nale-Masiuv? Der soll eine Fliege sein? Wieso?"

„Heut ist doch der dritte Tag!"

„Ah, richtig! Von dem Abend am Blauen Wasser an ist es der dritte Tag, an dem Nale-Masiuv mit seinen hundert Roten kommen soll. Wollen wir nach ihm spüren?"

„Ja", erwiderte ich. „Es ist uns von Vorteil, zu erfahren, ob er schon da ist oder nicht. Denn ich muß annehmen, daß die Roten bald nach seiner Ankunft zum Llano Estacado aufbrechen werden. Wir können uns dann danach richten. Von jetzt an müssen wir uns also mehr rechts halten. Kommt, wir wollen fort, Mesch'schurs!"

„Mesch'schurs!" wiederholte der Neger. „Haben Massa Shatterhand auch Masser Bob mit meinen?" — „Gewiß."

„So sein Masser Bob auch mit Mesch'schurs?"

„Versteht sich, Bob!"

„Oh — oh — oh — Bob auch mit Mesch'schurs! Schwarzer Bob sein also auch Gentleman. Er sich sehr darüber freuen und nun zeigen, daß er ebenso tapfer und mutig wie weiße Jäger. Leider aber er nun haben kein Gewehr, um totschießen Indianer."

„Du wirst eins bekommen. Wir haben am Kleinen Wald mehrere erbeutet. Davon suche ich dir eins aus. Was dir sonst noch fehlt, ein Messer und dergleichen, das bekommst du auch."

Als ich jetzt mein Pferd streichelte, litt es das ruhig, ohne ein Zeichen der Abneigung spüren zu lassen. Ich untersuchte die Hufe. Es gab sie so ruhig her wie ein Bauernpferd, das stets im Stall gestanden ist und mit seinem Herrn auf vertrautem Fuß lebt. Als ich aufgestiegen war, blieb es stehen. Kurz, es verhielt sich genau so wie ein Tier, das man mit dem bekannten Ausdruck als „militärfromm" bezeichnet. Es hatte mich als seinen Meister anerkannt. Old Wabble schüttelte vor Verwunderung darüber den Kopf, sagte aber nichts.

Da das Tier auch vor den Gefährten und ihren Pferden nicht mehr scheute, brauchte ich mich nicht mehr von Ihnen abzusondern. Wir konnten uns beisammenhalten und taten das, indem bald dieser und bald jener eines seiner Erlebnisse zum besten gab. Auch Old Surehand erzählte einige Abenteuer. Er hatte dabei eine kurze, sachliche Art, die den Gedanken, daß er nach Lob strebe, gar nicht aufkommen ließ. Das, was wir aus seinem Mund hörten, waren mehr Berichte als Erzählungen. Old Wabble fand dabei einigemal Gelegenheit, pfiffige Fragen zu stellen, bei deren Beantwortung der Erzähler eigentlich genötigt gewesen wäre, über seine Herkunft und seine Verhältnisse Auskunft zu erteilen. Aber Old Surehand wußte klug auszuweichen, und ich merkte es ihm an, daß es nicht in seiner Absicht lag, sich auch nur zu einer Andeutung bewegen zu lassen. Über sein Leben und seine Erfahrungen im Wilden Westen sprach er. Weiteres aber konnte der Alte nicht erfahren. Ich meinerseits hütete mich, eine Frage aufzuwerfen, die mich Old Surehand hätte als neugierig erscheinen lassen. So verging der Vormittag und ein großer Teil des Nachmittags, und es war gegen Abend, als wir den Rio Pecos an einer Stelle erreichten, die vielleicht eine englische Meile oberhalb der Mündung des Blauen Wassers lag. Wir schwammen hinüber, denn das Blaue Wasser konnten wir nur auf der jenseitigen, der rechten Seite des Flusses umgehen. Drüben stießen wir auf eine Fährte, die in der Nähe des Wassers abwärts führte.

„Hallo!" meinte Old Wabble. „Da sehen wir ja gleich, daß Nale-Masiuv mit seinen Roten schon angekommen ist!"

Old Surehand warf nur einen kurzen Blick auf die Spuren und entgegnete dann: „Das ist er nicht gewesen." — „Nicht? Wieso?" — „Wieviel Krieger sollte er bringen?" — „Hundert." — „Ist das die Fährte von hundert Reitern?"

„Nein. Das gebe ich zu. Aber wenn es nicht Nale-Masiuv gewesen ist, so möchte ich wissen, wer — hm! Sollte es nur ein Vortrab seiner Schar gewesen sein?" — „Möglich."

„Dann kommen die andern nach und entdecken unsre Spuren. Was ist da zu tun? Wir dürfen uns nicht verraten."

„Was zu tun ist, mag Mr. Shatterhand bestimmen."

Ich beugte mich vom Pferd herab, um die Eindrücke der Hufe genau zu betrachten, und erklärte dann:

„Das sind ungefähr zwanzig Reiter gewesen, die sich sehr sicher gefühlt haben müssen, denn sie sind nicht im Gänsemarsch geritten. Die Spur ist wenigstens vier Stunden alt. Wer hinter uns herkommt und ein gutes Auge hat, kann die unsrige also leicht von ihr unterscheiden. Aber der Abend ist nahe. Bald macht die Dunkelheit diese Unterscheidung unmöglich. Wollen der Spur getrost folgen. Ich muß sie besser kennenlernen."

Wir lenkten auf die Fährte ein und kamen bald an eine Stelle, wo die Reiter angehalten hatten. Der Platz wurde an der vom Fluß abgewandten Seite von Büschen begrenzt, in denen es eine schmale Lücke gab. — „Ja, es sind ungefähr zwanzig Reiter gewesen", wiederholte ich. „Weiter ist nichts herauszufinden."

„Also ein Vortrupp?" fragte Old Wabble.

„Das möchte ich bezweifeln. Weshalb sollte Nale-Masiuv seine Schar geteilt und eine Vorhut vorausgesandt haben? Das tut man nur vor einem Kampf oder wenn man sich in einer sehr unsicheren Gegend befindet. An einen Kampf war nicht zu denken, und unsicher haben sich diese Leute nicht gefühlt, sonst wären sie im Gänsemarsch geritten. Wir haben es also nicht mit einer Vorhut zu tun, sondern mit einem selbständigen Trupp. Ich denke an den jungen Häuptling Schiba-bigk, der auch zum Blauen Wasser kommen muß, wenn er mit Vupa-Umugi in den Llano Estacado will. Er soll den Führer machen. Vielleicht ist er es gewesen."

„Das ist leicht möglich, Sir. Was tun wir nun? Folgen wir dieser Fährte?"

„Das hat keinen Zweck und würde uns nur in Gefahr bringen können."

„Aber wir müssen doch stromab, um wieder an das andre Ufer zu kommen."

„Ja, aber nicht so nahe am Wasser hin, wo wir jeden Augenblick auf Rote treffen können. Wir reiten einen Bogen, und zwar so, daß wir die Furt erst dann erreichen, wenn es dunkel ist und wir nicht gesehen werden können."

„Das ist klug und zugleich gefährlich. Denn wenn noch vor Einbruch der Dunkelheit Indsmen hinter uns herkommen, treffen sie auf die Stelle, wo wir diese Fährte verlassen haben. Unsre Spur muß ihnen auffallen. Sie folgen uns, und wir sind verraten."

„Wenn wir es dumm anfangen, ja. Wir müssen eben da abweichen, wo es nicht bemerkt werden kann. Und diese Stelle ist gleich hier. Meint Ihr nicht, daß diese Lücke im Gebüsch die beste Gelegenheit dazu bietet?"

„Die Komantschen werden doch bemerken, daß eine Fährte abseits führt."

„Nein, wenn wir es nämlich richtig machen. Wir reiten nicht langsam in die Buschlücke hinein, sondern im Sprung. Daß unsre Pferde hier zum Sprung angesetzt haben, können sie nicht sehen, weil diese Stelle von Spuren ganz bedeckt und zertreten ist. Unsere Pferde fassen jenseits der Lücke wieder Fuß. Dadurch werden allerdings Hufeindrücke erzeugt. Die können aber von hier aus nicht bemerkt werden, weil die Lücke schmal ist und die Zweige unten ineinander gehen. Wir müssen nur hoch springen und uns dabei hüten, Blätter abzustreifen oder gar Äste abzubrechen."

„*Well*, das geht, Mr. Shatterhand! Wer springt zuerst?"

„Ich. Kommt ihr mir einzeln nach, und macht es genau wie ich!"

Damit nahm ich mein Pferd hoch, gab ihm die Hilfe und flog in einem weiten Bogen zwischen den Büschen hindurch. Drüben hielt ich nicht an, sondern machte für die andern Platz. Sie kamen ebenso gut herüber wie ich, und dann durchquerten wir den schmalen Waldsaum des Flusses, bis wir hinaus auf das offene Gelände kamen. Da ritten wir in gerader, rechtwinklig vom Fluß wegführender Linie weiter, bis wir so weit von ihm entfernt waren, daß wir von dort aus nicht gesehen werden konnten. Von hier an schlugen wir die gleichlaufende Richtung ein und lenkten, als wir weit genug abwärts gekommen waren, wieder zum Pecos zurück. Dort, wo wir an sein Ufer zurückkehrten, mochten wir uns ungefähr eine halbe englische Meile unterhalb der Furt befinden und waren nun gezwungen, uns rückwärts zu wenden. Dabei war große Vorsicht erforderlich, denn es war inzwischen dunkel geworden. Die Lage schien überhaupt nicht ganz geheuer. Infolge des Zuzugs, den Vupa-Umugi erwartete, mußte man an der Furt stets auf Begegnungen gefaßt sein. Wir stiegen also ab und gingen zu Fuß, indem wir die Pferde führten und uns bemühten, so wenig Geräusch wie möglich zu verursachen.

Es zeigte sich bald, daß diese Vorsicht angebracht war, denn wir bemerkten, noch ehe wir die Furt erreicht hatten, einen brenzligen Geruch. Es brannte ein Feuer in der Nähe. Wir blieben stehen. Jetzt galt es zu erkunden, wer das Feuer angezündet hatte. Das wollte ich mit Old Surehand tun. Wir übergaben Old Wabble und Bob unsre Pferde und Gewehre und schlichen weiter. Der Geruch verstärkte sich, und als wir nur noch eine kurze Strecke bis zur Furt hatten, sahen wir das Feuer. Es brannte in der Nähe des Wassers. Wer sich dort befand, das konnten wir nicht feststellen, weil Büsche dazwischenlagen.

Wir huschten mit Anwendung aller Vorsicht immer weiter, bis wir dieses Gebüsch erreicht hatten. Es lag ungefähr zwölf Schritt von dem Feuer entfernt, an dem sich zwei Indianer gegenübersaßen, die Gesichter einander zugekehrt, so daß wir beide im Profil sehen konnten. Es waren Komantschen. Was wollten sie hier an der Furt? Wozu hatten sie dieses Feuer? Die Beantwortung der beiden Fragen konnte uns nicht schwerfallen.

Old Surehand hatte die gleichen Gedanken wie ich. Er gab ihnen Ausdruck, indem er mir zuflüsterte:

„Nale-Masiuv ist noch nicht da. Ihr habt also mit Euern Vermutungen recht gehabt, Sir."

„Ja. Die Indsmen warten auf ihn und haben hier diese Wachen ausgestellt, die ihn empfangen sollen."

„Warum sie das wohl für nötig gehalten haben?"

„Sehr einfach. Nale-Masiuv ist von einem andern Stamm als Vupa-Umugi und hat seine Jagdgründe weit von hier. Darum kennt er die Furt nicht, und diese beiden sollen sie ihm zeigen, wenn er kommt."

„Mag stimmen. Wie gut, daß wir erst am Abend hierherkamen!"

„Ja. Am Tag hätten sie uns wahrscheinlich bemerkt, denn da waren sie jedenfalls auch schon da. Nun hat uns der Geruch ihres Feuers vor Entdeckung bewahrt."

„Wäre schlimm gewesen, wenn sie uns gesehen hätten. Denn wenn es ihnen auch unmöglich gewesen wäre, uns zu fassen, so wüßten die Komantschen nun doch, daß wir noch immer hier sind, während sie so das Gegenteil denken."

„Dieses Feuer ist allerdings ein Beweis, daß sie überzeugt sind, wir seien über alle Berge. Wenn sie uns noch hier in der Gegend glaubten, würden sie sich hüten, eins anzuzünden. Dumme Kerle, sie werden doch nie klug!"

„Sie dürfen sich nicht darüber beschweren, daß sie keine Gelegenheit gehabt hätten, gescheit zu werden. Ihr habt ihnen genug gute Lehren erteilt. Bleiben wir hier?" — „Ich möchte."

„Ich auch. Jetzt sitzen sie zwar stumm wie Ölgötzen da, aber es ist doch möglich, daß sie miteinander reden."

„Wenn sie das tun, werden wir etwas erfahren. Der eine rechts ist nämlich ein hervorragender Krieger." — „Kennt Ihr ihn?"

„Ja. Als ich sie drüben am Blauen Wasser belauschte, saß er beim Häuptling und nahm am Gespräch teil. Wenn sie reden, dann wahrscheinlich doch von ihrem kriegerischen Vorhaben. Horcht!"

Der Rote, von dem wir sprachen, hatte ein Wort gesagt, aber so kurz und unterdrückt, daß es nicht zu verstehen gewesen war. Der andre erwiderte, aber auch für uns unverständlich. So fielen eine Zeitlang einzelne Worte hin und her, ohne daß wir wußten, wen oder was sie betrafen. Da legten wir jeder ein Ohr auf die Erde, um besser lauschen zu können.

Kaum hatten wir das getan, so stieß mich Old Surehand mit dem Ellbogen bedeutungsvoll an. Ich wußte sogleich, was er meinte, denn ich hatte das Geräusch, auf das er mich aufmerksam machen wollte, auch gehört. Wir kannten es beide genau: es war das dumpfe Hufstampfen von Pferden auf weichem Grund, wobei an eine Wurzel oder sonst etwas Festes gestoßen wird.

„Waren das etwas unsre Pferde?" fragte Old Surehand.

„Nein. Der Schall kam von aufwärts."

„Dann handelt es sich um Komantschen, sonst würden sich die Reiter in acht nehmen und ihre Pferde besser führen."

„Komantschen sind es. Aber sie wissen nicht, daß hier auch Rote sitzen." — „Sollten sie das Feuer nicht sehen?"

„Nein. Der Schall läßt auf eine Entfernung von wenigstens achtzig Schritt schließen, und stromaufwärts stehen dichte Sträucher, die das Feuer verdecken."

„Aber riechen müssen sie es doch!"

„Nein, denn der Wind kommt von Norden und weht den Rauch

und somit auch den Geruch südwärts. Sobald die Ankömmlinge das Feuer entdecken, werden sie die Pferde anhalten, um abzusteigen und herbeizuschleichen. Dann erfahren wir jedenfalls etwas."

Wir warteten. Das dumpfe Geräusch wiederholte sich noch zweimal. Die beiden Komantschen am Feuer hörten es nicht, weil sie nicht so wie wir ein Ohr auf die Erde legten. Dann war es still. Es verging eine Weile. Die Kommenden waren aufmerksam geworden und hatten sich jedenfalls leise herbeigemacht. Da raschelte es plötzlich im gegenüberliegenden Gebüsch, und ein lautes ,Hiiiiii!' erschallte. Die beiden Wächter sprangen erschrocken auf. Schon machten sie Miene, sich in den Sträuchern zu verbergen, hinter denen wir steckten. Wir sprangen auch bereits auf, um schleunigst zu flüchten, da ertönte von jenseits der laute fragende Ruf: „Vupa, Vupa?"

Infolgedessen blieben die Wächter stehen, und der eine von ihnen entgegnete: „Umugi, Umugi!"

Beide setzten sich wieder nieder; sie waren beruhigt, denn dieser Zuruf hatte sie überzeugt, daß die Ankommenden keine Feinde waren. ,Vupa — Umugi', das war ein verabredetes Erkennungszeichen. Man sieht, daß die Roten von den Weißen den Gebrauch des Losungswortes gelernt und sich angeeignet haben.

Es verging einige Zeit, dann kamen zwei Reiter herbei. Sie hatten ihre zurückgelassenen Pferde geholt und stiegen am Feuer ab. Wir beide hatten uns wieder niedergelegt. Die Ankömmlinge setzten sich zu den Wächtern, ohne zunächst ein Wort zu sagen. Das ist so Indianersitte. Erst als einige Minuten vergangen waren, begann der, den ich als hervorragenden Krieger bezeichnet hatte und der nun die Unterhaltung führte, während sein Gefährte schwieg:

„Meine Brüder sind erwartet worden. Vupa-Umugi harrt voller Ungeduld."

„Darf ein Krieger ungeduldig werden?" fragte einer der Angekommenen.

„Er darf es nicht zeigen, aber er darf es sein. Wir haben schon am Nachmittag gewartet. Nun kommt ihr als Vorhut. Wann wird Nale-Masiuv folgen?"

„Heute nicht mehr. Wir kommen nicht als Vorhut, sondern als seine Boten. Wo ist Vupa-Umugi, mit dem wir sprechen sollen?"

„Er lagert am Blauen Wasser." — „Führe uns zu ihm!"

„Wartet noch! Meine Brüder wissen, daß Weiße Feder das Ohr und das Vertrauen des Häuptlings besitzt. Wenn sie nicht zornig empfangen werden wollen, mögen sie ihre Botschaft sagen, damit ihr Bruder den Häuptling vorbereite."

Die beiden Boten sahen einander fragend an. Dann erwiderte der Sprecher:

„Ja, wir wissen, daß mein älterer Bruder der Mund und das Ohr des Häuptlings Vupa-Umugi ist. Darum soll er erfahren, was er hören will, obgleich wir den Befehl erhielten, nur mit dem Häuptling zu sprechen. Nale-Masiuv kann mit seinen hundert Kriegern heute nicht kommen." — „Uff! Warum nicht?"

„Weil er von Bleichgesichtern aufgehalten wurde, mit denen er kämpfen mußte." — „Gibt es Bleichgesichter in der Nähe?"

„In der Nähe nicht, aber jenseits des Mistake Cañon. Dort stießen wir plötzlich auf Soldaten der Bleichgesichter, die über uns herfielen. Es waren ihrer so viele, daß wir fliehen mußten, wobei viele unsrer Krieger verwundet oder gar getötet wurden. Die Bleichgesichter verfolgten und zerstreuten uns, und als es Abend wurde, hatten sich nur fünfzig Krieger bei dem Häuptling eingefunden."

„Uff, uff, uff! Was wird Vupa-Umugi sagen! Vielleicht verschiebt er jetzt den Zug in den Llano Estacado und zieht erst hin zum Mistake Cañon, um euch zu rächen."

„Das soll er nicht. Nale-Masiuv, unser Häuptling, hat uns befohlen, ihm dies zu sagen. Die Bleichgesichter, mit denen wir kämpften, sind keine Westmänner, sondern Soldaten. Wenn wir sie besiegen, und es kommt auch nur einer in sein Fort zurück, so werden hundert und wieder hundert neue Soldaten gesandt, um uns zu züchtigen. Unsre Toten sollen gerächt werden, aber so, daß kein Soldat heimkehrt, sondern daß alle sterben müssen."

„Hat Nale-Masiuv einen Plan ersonnen, wie das geschehen kann?" — „Ja. Vupa-Umugi soll ihn erfahren."

„Darf Weiße Feder ihn hören?"

„Ihr alle sollt ihn erfahren. Die Soldaten der Bleichgesichter werden in den öden Llano Estacado gelockt, um dort zu verschmachten."

„Uff, uff, uff! Das ist ein Gedanke, der den Beifall unsres Häuptlings haben wird. Diese weißen Hunde müssen alle untergehen, und keiner darf zurückkehren, um zu erzählen, was geschehen ist."

„Mein Bruder hat recht. Darum darf der Zug in den Llano nicht verschoben werden, sondern muß schnell unternommen werden. Denn wenn wir die Bleichgesichter in den Tod treiben und nicht selbst verschmachten wollen, brauchen wir das Wasser, an dem der Bloody-Fox wohnt. Wir müssen es haben, ehe wir die Soldaten in den Llano Estacado locken können."

„Und wie sollen sie dorthin gelockt werden?"

„Ist der junge Häuptling Schiba-bigk schon hier bei meinen roten Brüdern eingetroffen?"

„Er kam am Nachmittag mit zwanzig Kriegern."

„Schiba-bigk kennt den Weg zum Wasser in der Wüste und wird von Vupa-Umugi so viele Krieger erhalten, wie nötig sind, sich in den Besitz des Wassers zu setzen und den Blutigen Fuchs zu fangen. Während er das tut, wartet Vupa-Umugi hier so lange, bis Nale-Masiuv kommt, um zu ihm zu stoßen. Nale-Masiuv hat nach dem Kampf zwei Boten heimgesandt, die noch hundert Krieger holen müssen. Diese Schar soll im Rücken der weißen

Soldaten bleiben, ohne sich von ihnen sehen zu lassen, bis die Bleichgesichter in der Wüste sind. Jetzt wartet Nale-Masiuv einen Tag, um seine versprengten Krieger zu sammeln. Dann greift er die Soldaten an. Er wird aber nicht ernsthaft mit ihnen kämpfen, sondern sich bis hierher an das Blaue Wasser zurückziehen, wo er mit seinen wenigen Leuten die Soldaten umgehen wird, um sich mit den erwarteten hundert Kriegern seines Stammes zu vereinigen. Das ist nicht schwer, denn er hat es mit Soldaten und nicht mit Westmännern zu tun. Die Bleichgesichter aber werden Vupa-Umugi und seiner Schar folgen in der irrigen Meinung, Nale-Masiuv und dessen Leute vor sich zu haben. Kommen sie hier an, so seid ihr schon fort. Ihr laßt euch stets sehen, aber sobald ihr angegriffen werdet, weicht ihr zurück, bis ihr die weißen Hunde in der Wüste habt. So seid ihr ihnen voraus, und Nale-Masiuv kommt hinter ihnen her. Sie werden also eingeschlossen sein. Auch wenn sie euch dann angreifen wollen, werdet ihr nicht kämpfen, sondern immer weiter in die Wüste zurückweichen, denn ihr habt Wasser, sie aber nicht. Sie werden also verschmachten und sterben müssen, während unsre beiden Stämme keinen Mann verlieren. Denkt mein Bruder, daß Vupa-Umugi auf diesen Plan eingehen wird?"

„Er wird es. Und wenn er dagegen wäre, würde Weiße Feder ihn überreden. Die Versammlung der Ältesten ist ganz gewiß auf seiner Seite." — „So wollen wir sofort zum Blauen Wasser, damit Vupa-Umugi alles erfährt, denn Nale-Masiuv wartet auf Antwort."

„Mein Bruder harre noch eine kleine Weile. Der Plan ist sehr gut. Er wird zum völligen Verderben der Bleichgesichter führen. Aber er hat eine Lücke: Schiba-bigk, der die Wüste kennt, soll mit einer Schar vorausreiten und sich in den Besitz des Wasser setzen. Wie finden wir aber den Ort, wo das Wasser ist?"

„Schiba-bigk wird zurückkehren und uns den Weg zeigen."

„Wird er das können? Wird er Zeit dazu haben? Wird er durch nichts verhindert werden?"

„Auch daran hat Nale-Masiuv gedacht. Als die drei Häuptlinge den Zug in den Llano besprachen, hat Schiba-bigk gesagt, daß es an der letzten Höhe vor dem Beginn der Wüste ein Wasser gebe, das Suks-ma-lestavi[1] heißt. Mehrere von den Kriegern der Komantschen sind an diesem Ort gewesen. Sie kennen ihn und werden ihn leicht finden."

„Suks-ma-lestavi? Diese Stelle kennt Weiße Feder, denn er ist dort gewesen."

„Das ist gut. Weil dieser Ort an dem Weg liegt, den Schiba-bigk nehmen muß, wird er dort die Vorbereitungen treffen, die nötig sind, damit wir von da aus auf alle Fälle den Weg zu dem Wasser finden. Es gibt dort viele Büsche und junge Bäume. Schiba-bigk wird viele Stangen schneiden und sie von da an bis zu dem Wasser in den Sand der Wüste stecken."

[1] Hundert Bäume

„Uff! So, wie es die Bleichgesichter tun, wenn sie durch die Wüste reiten und den Weg nicht verlieren wollen!"

„Ja, so! Wenn wir dann zum Suks-ma-lestavi kommen und Schiba-bigk uns dort nicht erwarten kann, so finden wir die Stangen, die uns den Weg weisen."

„Und die Bleichgesichter kommen hinter euch her und finden das Wasser dann auch!"

„Nein. Hat mein Bruder schon einmal von den weißen Räubern gehört, die Stakemen genannt werden? Weiß mein Bruder auch, was diese Leute tun, um die Reisenden in den Tod zu führen?"

„Sie ziehen die Stangen heraus und setzen sie anders."

„Können die roten Krieger das nicht auch tun? Wir gehen erst zur Oase, versorgen uns dort mit genügend Wasser, tränken die Pferde und kehren dann eine Strecke zurück. Dabei ziehen wir hinter uns Schiba-bigks Stangen heraus und stecken sie in einer Richtung ein, wo es kein Wasser gibt und wo die Soldaten verschmachten müssen. Wenn Vupa-Umugi auf diesen Plan eingeht, wird nicht nur das Wasser in der Wüste den Komantschen für immer gehören, sondern wir werden auch den Blutigen Fuchs fangen und die weißen Soldaten verderben."

„Vupa-Umugi wird tun, was ihm Nale-Masiuv durch dich vorschlagen läßt. Weiße Feder hat es gesagt. Howgh!"

„So wollen wir zum Blauen Wasser reiten, denn wir haben keine Zeit zu verlieren. Wir müssen sofort wieder umkehren, weil Nale-Masiuv auf uns wartet."

„Und wir können hier das Feuer auslöschen, denn wenn eure Krieger nicht kommen, brauchen wir nicht auf sie zu warten. Wir werden euch durch die Furt führen."

Sie traten das Feuer aus und entfernten sich dann, um in den Fluß zu gehen, die beiden Boten zu Pferd und die beiden Wächter zu Fuß.

Als sie fort waren, standen wir auf und sahen einander an, obgleich wir in der Dunkelheit unsre Gesichter nicht erkennen konnten. Das, was wir gehört hatten, war von größter Wichtigkeit.

„Da möchte man wie ein Indianer ,Uff, uff!' ausrufen", meinte Old Surehand.

„Nun, habe ich nicht gesagt, daß wir hier etwas hören würden, Sir?" — „Und was! Solch ein Plan!"

„Ich bin da oben im Lager der Truppen gewesen. Also von ihnen ist Nale-Masiuv angefallen worden. Der Anführer hat mir zwar nicht gefallen. Er war ein anmaßender Kerl, der eine Demütigung verdient. Aber das, was diese Roten mit ihm vorhaben, können wir unmöglich geschehen lassen."

„Habt Ihr mit ihm gesprochen?" — „Ja."

„Kannte er Euch?" — „Nein."

„Und Ihr habt dem Kommandanten nicht gesagt, wer Ihr seid?"

„Ist mir nicht eingefallen."

„Dann will ich seine Anmaßung begreifen, denn Ihr wißt Euch recht bescheiden zu geben. Was aber sagt Ihr zu dem Plan, den dieser Nale-Masiuv ausgeheckt hat?" — „Meisterhaft ist er nicht."

„Ganz meine Meinung. Doch solch ein Kavallerieoffizier ist kein Westmann. Ich halte es für möglich, daß er sich in den Llano locken läßt."

„Und ich bin sogar überzeugt davon. Wenn ich den Plan nicht für meisterhaft halte, so will ich damit nicht etwa sagen, daß er nichts taugt. O nein! Ich meine nur, daß zum Beispiel wir beide ihn anders gestaltet hätten. Dennoch werden die Weißen in die Falle gehen."

„Wenn Vupa-Umugi mit Nale-Masiuv einverstanden ist!"

„Das ist er sicherlich."

„Eigentlich sollten wir uns jetzt zum Blauen Wasser schleichen, um zu beobachten oder gar zu erlauschen, was beschlossen wird. Meint Ihr nicht?"

„Dieser Gedanke liegt nahe. Aber wir werden ihn aus zweierlei Gründen nicht ausführen." — „Und diese Gründe sind?"

„Erstens nehme ich für gewiß an, daß Vupa-Umugi zustimmt, also brauchen wir nicht zu lauschen. Und zweitens haben wir keine Zeit dazu. Ich bin überzeugt, daß Schiba-bigk morgen früh oder gar noch während dieser Nacht zum Suks-ma-lestavi aufbricht, und da wir ihm zuvorkommen müssen, haben wir keine Zeit zu verlieren. Wir müssen schnell zum Nargoleteh-tsil, um zu sehen, ob unsre Apatschen schon dort angekommen sind. Wenn sie da sind, lassen wir unsre Pferde nur kurze Zeit ausruhen und reiten noch vor Anbruch des Morgens dem Llano zu."

„Ist Euch die Stelle bekannt, die von den Komantschen Suks-ma-lestavi genannt wurde?"

„Sehr genau sogar. Ich habe da stets Lager gemacht, wenn ich Bloody-Fox besuchte oder von ihm kam. In der Sprache der Apatschen lautet der Name Gutes-nontin-tsi, was ganz dasselbe bedeutet, nämlich Hundert Bäume."

„Diesem Namen nach scheint es dort Wald zu geben?"

„Wald im eigentlichen Sinne nicht. Nur in Anbetracht der Lage am Wüstenrand ist dieser Name gerechtfertigt. Wirkliche Bäume gibt es wenig. Man findet lichtes Buschwerk und dürres, hoch aufgeschossenes Langholz, das sich allerdings gut zu den Pfählen eignet, die Schiba-bigk dort schneiden soll. Und nun wollen wir zu den Gefährten zurück. Wir müssen über den Fluß, solange die Furt frei und unbeobachtet ist. Kommt!" — —

„Das hat eine halbe Ewigkeit gedauert", empfing uns Old Wabble, als wir bei ihm ankamen. „Hätte sich Eure Abwesenheit verlängert, so wäre ich nachgekommen."

„Um uns in Gefahr zu bringen!" entgegnete ich. „Das ist es ja, was ich Euch abgewöhnen möchte. Diese Eigenmächtigkeiten, die Ihr offenbar nicht lassen könnt, werden Euch noch einmal ins Verderben führen."

164

„Old Wabble ins Verderben? Der denkt gar nicht daran."

Ja, Cutter glaubte es nicht, denn er war trotz seines hohen Alters noch der leichtblütige, unbesorgte Cowboy von früher.

Wir setzten über die Furt, ritten langsam durch den schmalen Waldstreifen des Flußufers und konnten dann unsre Pferde ausgreifen lassen, weil uns die Sterne das nötige Licht spendeten. Dieser günstige Umstand erlaubte mir auch, eine so schnurgerade Linie einzuhalten, daß wir den Regenberg ohne jeden Umweg erreichten. Es war um Mitternacht, als wir die zwei unbedeutenden Höhen des Bergs vor uns auftauchen sahen.

Der Fuß des Bergs war mit Gebüsch umsäumt. Als wir an diesen Sträuchern hinritten, hörten wir den Apatschenruf erschallen: „Ti arku — wer da?"

„Old Shatterhand", antwortete ich.

„Owan ustah arhonda — kommt hierher!"

Wir lenkten hin. Es trat ein Roter auf uns zu, der nahe zu mir herankam, um mich zu betrachten.

„Ja, das ist Old Shatterhand, der Blutsbruder unsers Häuptlings Winnetou", sagte er. „Wir haben an verschiedenen Seiten des Berges Posten ausgestellt, um auf euch zu warten."

„Sind die Krieger der Apatschen angekommen?"

„Ja, drei mal zehn mal zehn an der Zahl."

„Mit Mundvorrat?"

„Fleisch und Maismehl für mehrere Wochen."

„Wer ist ihr Anführer?"

„Entschar-Ko[1]), der Winnetous Zuneigung besitzt, wie mein großer Bruder Old Shatterhand weiß."

„Ist Langes Messer mit zwei Bleichgesichtern bei euch eingetroffen?"

„Sie sind hier angekommen und haben von den letzten Taten Old Shatterhands erzählt. Meine Brüder mögen mir folgen."

Der Krieger führte uns ein Stück in das flache Tal hinein, das sich zwischen den beiden Berghälften aufwärts zog, und bald langten wir im Lager der Apatschen an.

Entschar-Ko besaß nicht nur Winnetous Zuneigung, sondern auch die meinige. Wir begrüßten uns mit aufrichtiger Herzlichkeit, und er erklärte mir, daß er sich und seine Schar unter meinen Befehl stelle. Webster und Hawley kamen auch herbei, um uns die Hände zu drücken. Wir erzählten ihnen in kurzen Worten, wie uns die Befreiung Bobs gelungen war. Sie hatten Sorge um uns gehabt. Um so größer war nun ihre Freude.

Eine Beratung brauchte nicht gehalten zu werden. Ich wollte in den Llano, das genügte. Also teilte ich Entschar-Ko einfach mit, wie die Verhältnisse lagen, und da wir schlafen mußten, übernahm er es, die notwendigen Vorbereitungen zu treffen, daß wir nach unserm Erwachen sofort aufbrechen konnten.

[1]) Großes Feuer

Am nächsten Morgen, als die Sonne aufging, waren wir schon fern vom Regenberg, und unser Zug bewegte sich mit hinreichender Schnelligkeit über die Ebene, die zu dem bereits mehrfach erwähnten Höhenzug führt, von dem man in den Llano hinabsteigt. Zwischen seinen östlichen Ausläufern gibt es jene fließenden Wasser, die später im Sand versickern und sich wahrscheinlich dann in dem See sammeln, an dem Bloody-Fox seine geheimnisvolle Heimstätte aufgeschlagen hatte.

Old Surehand freute sich über unsre Apatschen. Er bemerkte, daß sie fast militärisch geschult waren. Eines so vortrefflich eingerichteten Verpflegungswesens wie sie konnte sich wohl kein andrer Indianerstamm rühmen, und als ich ihm während des Rittes erzählte und erklärte, welche Mühe sich Winnetou gegeben und welche Umsicht er aufgewendet hatte, um aus seinen Mescaleros eine Mustertruppe zu machen, wuchs die Hochachtung, die er bisher schon vor dem Häuptling empfunden hatte, noch mehr. Es waren sogar aus Antilopenhäuten gefertigte Wasserschläuche vorhanden, damit die Krieger nicht zu dursten brauchten.

Am Nachmittag überstiegen wir die erwähnten Höhen. Ich führte den Trupp in ein mir bekanntes Tal, in dem wir ausruhten. Hier floß ein kleines, freilich sehr dünnes Wässerchen, das aber trotzdem hinreichte, unsre Schläuche zu füllen. Dieses Tal lag ungefähr einen Vierteltagesritt südlich von den Hundert Bäumen, wohin die Komantschen kommen wollten. Dann ging es in Llano Estacado hinab, in dessen leichtem, weißgelbem Sand wir nordostwärts ritten.

Als die Sonne sank, machten wir mitten in der Wüste halt. Sie lag rund um uns als eine durch nichts unterbrochene Sandebene, deren Horizont eine wie mit dem Zirkel gezogene Kreislinie bildete, ein riesengroßes, mit Grieß und Zucker bestreutes, rundes Kuchenblech. Eigentlich ein kühner Vergleich, wenn es sich um den öden, dürren, unfruchtbaren Estacado handelt!

Wir stellten, obgleich wir nichts zu fürchten brauchten, Wachen aus und legten uns dann schlafen, nachdem die Pferde Wasser und Maiskolben bekommen hatten, von denen eine ansehnliche Menge mitgebracht worden war. Der Schlaf in der kühlen Wüstennacht tat uns wohl, und als wir am Morgen erwachten, waren wir zum Weitermarsch gestärkt.

Der heutige Weg führte uns zuweilen an dürren Kaktusstrecken vorüber, vor denen wir unsere Pferde hüten mußten, damit sie sich nicht an den Füßen verwundeten. Diese Kaktusflächen treten häufig nahe zusammen und schieben sich dabei oft so ineinander, daß man zu bedeutenden Umwegen gezwungen ist und sich nur schwer zwischen ihnen hindurchwinden kann. Wer ihre Lage, Ausdehnung und Beschaffenheit nicht kennt, der kann so in die Irre geraten, daß er sich nicht wieder herausfindet und verloren ist, wenn er keinen Mundvorrat und kein Wasser mit sich führt.

Am Nachmittag war es glühend heiß. Die Sonne brannte hernieder, und es wehte ein Backofenwind, der die Luft mit dichtem Sandstaub erfüllte. Ich hatte einen schweren Posten, denn ich war der einzige, der den Weg kannte und deshalb für unser aller Wohlergehen verantwortlich war. Der Blick konnte die dicke Luft kaum durchdringen, und obgleich ich überzeugt war, die gerade Richtung eingehalten zu haben, gab es doch verschiedenes, was geeignet war, mich irre zu machen. Zwar war der Neger bei mir, aber, die geistigen Schwächen seiner Rasse überhaupt nicht gerechnet, war er stets nur mit Bloody-Fox durch die Wüste geritten, hatte sich auf ihn verlassen und konnte mir nun nicht die geringste Auskunft geben. Es hatte Kaktusfelder gegeben, die jetzt verschwunden waren, und wo es keine gegeben hatte, da waren welche entstanden. Den Kompaß zu fragen, hütete ich mich. Der Ortssinn des Westmanns ist sicherer als die trügerische Magnetnadel.

Ich mußte unbedingt an der Stelle sein, wo zwischen zwei ausgedehnten Kaktusstrecken ein offener Weg zu dem ‚Wüstenwasser' führte. Diesen Weg aber fand ich nicht. Eigentlich mußte mir das Fernrohr von da aus, wo wir waren, die Bauminsel zeigen, die sich rund um den kleinen See gebildet hatte. Aber die Luft war zu sehr mit Sand geschwängert. Ich wendete mich nochmals an Bob und erfuhr nach vielem Hin- und Herfragen endlich, was er mir schon längst hätte sagen können.

Bloody-Fox hatte sich nämlich noch mehr als bisher abschließen wollen und den Weg, den ich suchte, zugepflanzt. Er hatte mit großer Mühe und mit Hilfe des Wassers, das ihm zu Gebote stand, einen so breiten Kaktuskreis um sich gezogen, daß sein Heim von dessen Rand aus mit bloßem Auge nicht gesehen werden konnte. Das wäre freilich unmöglich gewesen, wenn es nicht schon vorher rundum meilenweite Kaktusstrecken gegeben hätte. Er hatte nur Lücken auszufüllen gehabt und dennoch mit Bob und Sanna monatelang daran gearbeitet. Während wir früher von Westen oder von Norden her zu ihm kommen konnten, hatte er da die Lücken ausgefüllt und dafür im Osten eine neue hergestellt. Sie war sehr schmal und ging so im Zickzack, daß sich jeder Fremde sicher gehütet hätte, ihr zu folgen.

Nun wußte ich endlich, woran ich war, und wie ich zu Bloody-Fox kommen konnte. Die Apatschen durfte ich nicht mitnehmen, weil die Niederlassung ein Geheimnis war und für sie wahrscheinlich auch bleiben sollte. Sie mußten sich also lagern. Ich ließ auch alle Weißen bei ihnen und nahm nur den Neger mit, um ihm so rasch wie möglich die Gelegenheit zu geben, seine Mutter und Bloody-Fox wiederzusehen.

Wir jagten im Galopp um die gewaltige Kaktusstrecke herum, bis wir an deren Ostseite angekommen waren, was beinahe eine Stunde dauerte. Wir fanden die Lücke und mußten, um ihr zu folgen, langsamer reiten, bald nach rechts, bald nach links, wie es das Zickzack mit sich brachte. Endlich erblickte ich die grünen, vom Sand freilich grau bestaubten Wipfel der Bäume und bald darauf das Haus, das in ihrem Schatten lag. Vor ihm bewegte sich arbeitend eine weibliche Gestalt. Als Bob sie erblickte, trieb er sein Pferd an und schrie: „Das sein Mutter Sanna, Mutter Sanna von Masser Bob! Oh — oh — — oh! Mutter, Mutter! Sanna, Sanna! Dein Bob kommen! Bob sein da, sein wieder da!"

Die Negerin drehte sich um, sah ihren Sohn und öffnete die Arme. So stand sie da, starr vor Freude, ohne ein Wort sagen zu können. Er hielt sein Pferd bei ihr an, sprang herab und warf die langen Arme jauchzend um sie.

Sein Schreien war gehört worden. Die Tür wurde geöffnet und heraus trat einer, dem die Wiederkehr des Negers gewiß ein Rätsel war, der aber keine Miene verzog und dessen Gesicht nicht das geringste Zeichen der Überraschung zeigte.

Er stand still und unbeweglich vor der Tür, das dunkle Auge leuchtend auf Mutter und Sohn gerichtet. Sein langes, blauschwarzes Haar war in einen helmartigen Schopf geordnet, durchflochten mit einer Klapperschlangenhaut, und hing weit auf den Rücken herab. Keine Adlerfeder schmückte diese Haartracht. Man sah es ihm auch ohne das an, daß er kein einfacher Krieger war. Wer seinen Blick auf ihn warf, der war gewiß sofort überzeugt, einen bedeutenden Mann vor sich zu haben. Er war in Leder gekleidet wie ich. An einer Halsschnur hing der kostbar gestickte Medizinbeutel und die künstlerisch geschnittene Friedenspfeife, und außerdem trug er eine dreifache Halskette von den Krallen und Zähnen der Grizzlybären, die er erlegt hatte. Die Züge seines ernsten, männlich-schönen Gesichts waren fast römisch zu nennen, nur daß die Backenknochen kaum merklich hervorstanden. Die Farbe seiner Haut war ein mattes Hellbraun mit einem leisen Bronzehauch.

Das war Winnetou, der Häuptling der Apatschen, der herrlichste der Indianer. Sein Name lebte in jedem Zelt, in jeder Blockhütte, an jedem Lagerfeuer. Gerecht, treu und klug, tapfer bis zur Verwegenheit, aufrichtig und ohne Falsch, ein Freund und Beschützer aller Hilfsbedürftigen, mochten sie weiß oder rot von Farbe sein, aber ebenso ein Feind und ein strenger, unerbittlicher Gegner aller Ungerechten. So war er bekannt bei allen, die von ihm gehört oder ihn gar gesehen hatten. Welch ein Glück, der Freund dieses Mannes zu sein!

Bob schrie immer noch auf seine Mutter ein. Sein Entzücken schien sich zu steigern, anstatt zu vermindern. Inzwischen war ich langsam nähergekommen, und Winnetou hörte die Schritte meines Pferdes. Er drehte sich um und erblickte mich. Auch jetzt blieb sein ehernes Gesicht unbeweglich; keine Wimper zuckte. Aber sein Auge vergrößerte sich, und ein leuchtender Glanz inniger Liebe strahlte mir daraus entgegen. Ich stieg ab. Wir schlangen die Arme fest umeinander wie Brüder, die sich lange nicht gesehen haben. Dann hielt er meine Hände fest, trat einen halben Schritt zurück, ließ seinen Blick an mir herabschweifen und sagte:

„Mein Bruder Scharlih kommt wie der Tau in den Kelch der dürstenden Blume und wie der Adler, der mit mächtigen Fängen das Nest seiner Jungen beschützt. Du hast droben in den Bergen meinen Zettel gefunden?" — Ich entgegnete:

„Mein Bruder Winnetou ist meinem Herzen ersehnt wie der Sonnenstrahl dem Kranken und meiner Seele teuer wie das Kind der Mutter, die es geboren hat. Es sind mehr als vier Monde vergangen, seit mein Auge dich zum letztenmal erblickte. Ich war an der Lebenseiche und habe deine Zeilen gefunden und gelesen. Nun komme ich mit dreihundert Apatschen unter Führung des tapferen Entschar-Ko, um sie deinem Befehl zu übergeben. Ist Bloody-Fox nicht daheim?"

„Er reitet täglich mehrmals hinaus, um die Kaktusstrecke zu umkreisen und zu sehen, ob du kommst. Auch jetzt ist er fort und — — sieh da!"

Der Häuptling unterbrach seinen Satz und deutete bei dem letzten Wort dahin, woher ich gekommen war. Da kamen mehrere Reiter: Old Surehand, Old Wabble, Webster, Hawley und Entschar-Ko, der Apatsche. Ihnen voran ritt Bloody-Fox, wie die mexikanischen Vaqueros in Büffelkuhleder gekleidet, und zwar so, daß alle Nähte mit Fransen versehen waren. Eine breite rote Schärpe umschlang anstatt des Gürtels seine Hüften und hing mit ihren Enden an der linken Seite herab. In dieser Schärpe steckten ein Bowiemesser und zwei mit Silber ausgelegte Pistolen. Auf dem Kopf trug er einen breitkrempigen Sombrero[1], quer über die Knie hielt er eine schwere doppelläufige Kentuckybüchse, und vorn zu beiden Seiten des Sattels waren nach mexikanischer Art Schutzleder angebracht, um die Beine bis hinunter auf die Füße zu bedecken und gegen Lanzenstöße und Pfeilschüsse zu schützen.

Bloody-Fox war jetzt wenig über zwanzig Jahre alt. Ein voller, starker Schnurrbart beschattete seine Lippen. Der untere Teil seines Gesichts mit dem stark entwickelten Kinn deutete auf einen festen, unerschütterlichen Willen. Seine Augen aber schauten, vielleicht nur jetzt, da er sich freute, froh und mild in die Welt, wie die eines Kindes, das kein Würmchen, keinen Schmetterling anrührt, um ihm keinen Schmerz zu bereiten. Und doch war dieser jugendliche Mann der gefürchtete *Avenging-ghost,* dessen sichere Kugel jeden ‚Geier' des Estacado mitten in die Stirn traf.

Er sprang im Trab von seinem Pferd und reichte mir die Hand. Nachdem er mich mit herzlichen Worten begrüßt hatte, wendete er sich an Winnetou.

„Diesmal habe ich sie gefunden, die ich suchte. Aber es sind nicht die Krieger der Apatschen allein. Ahnt Winnetou, was für berühmte Männer ihm sein Freund und Bruder Old Shatterhand mitgebracht hat?"

[1] Spanisch: Sombra = Schatten, also Schattenspender

Der Häuptling antwortete mit einem leisen Schütteln des Kopfes. Hierauf stellte Fox sie vor:

„Hier steht Old Surehand, einer der berühmtesten unter den weißen Jägern. Er ging nach Süden, um den Häuptling der Apatschen kennenzulernen, und traf dabei auf Old Shatterhand."

Jetzt standen diese beiden Männer einander gegenüber. Ihre Augen waren prüfend aufeinander gerichtet. Dann reichte Winnetou dem Jäger die Hand und sagte: „Wen Old Shatterhand bringt, der ist dem Häuptling der Apatschen willkommen. Ich habe viel von dir gehört. Nun mag die Tat an die Stelle des Wortes treten wie heute die Person an die Stelle der Erzählung."

Old Surehand erwiderte einige Worte. Ich sah, daß Winnetou auf ihn einen tiefen Eindruck machte.

„Und hier", fuhr Bloody-Fox fort, „ist Old Wabble, der ‚König der Cowboys'. Er hat Old Shatterhand und Old Surehand geholfen, Bob zu befreien."

Es ging ein eigentümliches, ich möchte sagen, heiteres Zucken über das Gesicht Winnetous, als er dem Alten seine Hand mit den Worten bot:

„Old Wabble ist dem Häuptling der Apatschen wohlbekannt. Er ist pfiffig wie der Fuchs, reitet wie der Teufel und raucht gern Zigaretten."

Das Gesicht des Alten strahlte bei dem Anfang dieser Begrüßungsrede. Kaum aber hörte er die letzten Worte, so verfinsterten sich seine Züge, und er rief aus:

„*My word,* das ist freilich wahr! Aber ich habe nun schon seit Monaten keine mehr zwischen die Lippen gebracht. Wo soll man sie hernehmen in dieser verteufelten Gegend? Wenn das nicht bald anders wird, fahre ich vor Sehnsucht aus der Haut und wickle mir Zigaretten daraus; *it's clear!*"

Bloody-Fox stellt nun noch Webster und Hawley vor, die auch einige freundliche Worte zu hören bekamen. Er hatte einen Rundritt gemacht, um nach mir und den Apatschen auszuschauen, und war, von Norden kommend, während ich mit Bob östlich geritten war, auf sie gestoßen. Die Weißen hatten ihm sofort gesagt, wer sie waren, und er hatte sie eingeladen, mit ihm zu kommen.

Was hätten Winnetou, Fox und ich jetzt einander zu fragen und zu erzählen gehabt! Dazu gab es aber keine Muße, denn die Komantschen nahmen zunächst unsre Zeit in Anspruch. Bob und Sanna mußten unsre Pferde zur Tränke führen, und wir nahmen alle vor dem Haus Platz, um zu beraten. Da stand eine aus rohen Brettern zusammengefügte Tafel mit zwei Bänken, wo wir uns niedersetzen konnten.

Fox trat in das Innere seiner Wohnung., um uns zu bewirten. Aber obgleich das, was er uns vorsetzte und vorlegte, unsre Beachtung verdiente, die Aufmerksamkeit derer, die noch nicht hier gewesen waren, wurde nach ganz andern Richtungen gezogen.

Sie blickten staunend rund umher. Was war das für ein Paradies hier mitten in der glühenden Wüste! Da stand ein von der Natur gebildetes, fast kreisrundes Becken, dessen Durchmesser vielleicht achtzig Schritt betragen mochte, bis an den Rand voll von hellem, köstlichem Wasser, über dessen Oberfläche die Sonne leuchtende Brillantblitze warf. Darüber zuckten schillernde Libellen hin und her, die nach Fliegen, Mücken und andern kleinen Insekten jagten.

Am Ufer naschten unsre Pferde wie Feinschmecker von den frischen Halmen des üppigen Delicacygrases. Niedrige Palmen spiegelten sich im Wasser, das der Wind bewegte. Über ihren Federkronen bildeten hohe Zedern und Sykomoren ein schützendes Wipfeldach. Hinter dem Häuschen lag ein großes Maisfeld, in dem sich eine Schar von Zwergpapageien um die goldigen Körner zankte.

Das Häuschen selbst war nicht groß, aber für die Bedürfnisse Bloody-Fox' hatte es Raum genug. Aus welchem Stoff es erbaut worden war, das konnte man nicht sehen, denn alle vier Seiten wurden ebenso wie das Dach völlig eingehüllt von den dichten Ranken, Blättern und Blüten der weißen, rotfädigen Passionsblume. Hier und da sah man schon die gelben, süßen, dem Hühnerei gleichenden Früchte aus der Fülle der gelappten Blätter hervorleuchten. An andern Stellen, wo die Blüten noch nicht verwelkt waren, schwirrten winzige Kolibris von Blume zu Blume. Diese Liliputaner der Vogelwelt, die fliegenden Edelsteinen gleichen, hatten den Weg über den Llano herüber zu der herrlichen Insel gefunden.

Die Sykomoren, Zedern und Zypressen am Wasser waren alte Bäume, deren Samen von Vögeln hierhergetragen worden war, zu einer Zeit, als noch kein Mensch eine Ahnung von dem Dasein dieser Oase hatte. Weiterhin gab es Anpflanzungen von Kastanien, Mandeln, Orangen- und Lorbeerbäumen. Diese hatte Bloody-Fox vor Jahren angelegt, ebenso einen breiten, sich weit um das Wasser ziehenden Streifen schnellwachsender Sträucher und immergrüner Kräuter, die den vom Wind herbeigewehten Sand von der Oase abhalten sollten. Fox hatte von dem kleinen See aus Gräben in allen Richtungen gezogen, um dieses Grün bewässern zu können. Wo die Bewässerung aufhörte, ging der üppige Pflanzenwuchs in Kaktusarten über, die an der Erde hinkrochen. Sie bildeten jenen großen, schützenden Ring um die Besitzung, von dem ich bereits gesprochen habe.

Dieser schöne, von der Welt abgelegene Ort machte ganz den Eindruck der Tropen. Man hätte sich nach Südmexiko, in das mittlere Bolivien oder auch an die Urwaldränder Brasiliens versetzt fühlen können. Darum war das Staunen, mit dem dieses kleine Paradies mitten in der Wüste betrachtet wurde, nur zu begreiflich. Ich hatte zu Old Surehand und Old Wabble, zu Webster und Hawley davon gesprochen, aber daß es so reizend hier sei, das hatten sie doch nicht gedacht.

Als meine Gefährten ihrem Entzücken durch Worte Ausdruck gaben, fühlte sich Bloody-Fox geschmeichelt und bat sie, mit in das Haus zu kommen, er wolle es ihnen zeigen.

Wenn man durch die von den Passifloren umrahmte Tür eintrat, sah man, daß das Innere aus einem einzigen Raum bestand. Die vier Wände waren aus Schilf errichtet. Als Füll- und Bindemittel hatte der feine Schlamm des Sees gedient. Die Decke bestand aus langem, geflochtenem Rohr. An drei Wänden gab es ja ein kleines Fenster, dessen Öffnung von den Blumenranken freigehalten war. An der vierten Wand, von der dort befindlichen Tür weit fortgerückt, stand der aus Erde gebaute Herd, über dem sich der auch aus Schilf und Schlamm gefertigte Rauchfang öffnete. Darunter hing ein eiserner Kessel.

Der Fußboden war mit enthaarten Fellen belegt. An den Wänden standen drei Bettstellen, das heißt Riemen, die an Pfählen befestigt waren. Darüber waren Bärenfelle gebreitet. Unter der Decke hingen Stücke geräucherten Fleisches und an den Wänden alle möglichen Waffen, die im Fernen Westen zu sehen und zu haben sind. Einige Kisten dienten als Schränke oder Truhen. Einen Tisch und mehrere Stühle, von Bloody-Fox selbst zusammengezimmert, gab es auch.

Den größten Schmuck der Stube aber bildete das zottige Fell eines weißen Büffels, an dem der Schädel gelassen worden war. Das war die ‚Uniform‘ des *Avenging-ghost.* Fox hatte es stets übergeworfen, wenn er ausgeritten war, um einen Stakeman zu bestrafen. Daher die Schilderungen von dem entsetzlichen Aussehen des ‚Geistes des Llano Estacado‘! Zu beiden Seiten des Büffelfells steckten viele Messer in der Wand, grausige Erinnerungszeichen: der Rächer hatte sie den Stakemen abgenommen, die von ihm durch einen Schuß mitten in die Stirn getötet worden waren. Unter dem Lager des Bloody-Fox gab es eine mit Fellen verdeckte Vertiefung, die in Blechkisten seine Munition enthielt.

An der nördlichen Wand des Hauses, wohin die Sonne nicht kam, hing eine Anzahl von Lederschläuchen, zur Aufnahme von Wasser bestimmt. Mit ihrem Inhalt hatte Fox schon manchen im Llano verirrten Reisenden vom Tod des Verschmachtens errettet.

So war die ‚Insel in der Wüste‘ und so war das Haus auf dieser Insel beschaffen.

Dann saßen wir draußen und aßen, mit Appetit zwar, aber schnell, um zur Beratung zu kommen. Bevor sie begann, ging Bloody-Fox noch einmal in das Haus. Er kam mit einer kleinen Pappschachtel zurück, reichte sie dem alten Cowboy hin und sagte: „Hier, Mr. Cutter, das ist für Euch, weil ich wünsche, daß meine Gäste sich bei mir wohl fühlen."

Old Wabble nahm die leichte Schachtel, wog sie in der Hand und sagte zweifelnd:

„Wohl fühlen? Meint Ihr, daß dieses Ding da mein Wohlbefinden stärken wird? Was ist denn drin?" — „Öffnet und seht selbst!"

Old Wabble entfernte das Papierband, nahm den Deckel ab und — stieß einen Freudenschrei aus.

„Himmel! Zigaretten, es sind Zigaretten! Und zwar volle fünfzig Stück! Und wem sollen die gehören, Mr. Fox? Etwa mir?"

„Natürlich." — „Alle fünfzig? By Jove! Ihr seid ein edler Jüngling, ein vorzüglicher Mann! Kommt an mein Herz! Ich muß Euch einen tüchtigen smack[1]) geben."

Cutter zog Bloody-Fox an sich und gab ihm einen ‚Schmatz‘, daß es nur so schallte. Dann brannte er sich eine Zigarette an und blies den Rauch mit einem Behagen von sich, das aus jeder Falte und jedem Fältchen seines Gesichts hervorlugte. Eigentlich hätte die Kameradschaftlichkeit ihn bewegen sollen, jedem der Anwesenden eines der kleinen Dingerchen anzubieten. Er tat es aber nicht, denn er war ein zu leidenschaftlicher Raucher, als daß er ein so großes Opfer hätte bringen mögen.

Über Winnetous Gesicht glitt ein leises nur mir verständliches Lächeln. Er hatte keine Leidenschaft und keine Angewohnheit, und es war ihm unbegreiflich, daß sich ein alter Westmann, den man gar den ‚König der Cowboys‘ nannte, durch eine Zigarette in solche Begeisterung versetzen ließ.

5. Eisenherz

Der heiße Wüstenwind war zur Ruhe gegangen, und die Sonne hatte das letzte Achtel ihres Tagesbogens erreicht. Es gab keinen Flugsand mehr in der Luft, und wir konnten deutlich sehen, wie sich der leuchtende Ball im Niedersinken vergrößerte. Welche Bilder werden seine Strahlen wohl morgen um diese Zeit bescheinen? So fragten sich vermutlich die meisten von uns, als wir zunächst still auf unsern Plätzen saßen. Denn so wenig Angst wir vor den Komantschen hatten, es wußte doch jeder, daß auch die besten und vorsichtigsten Berechnungen des Menschen durch einen unerwarteten Zwischenfall zuschanden gemacht werden können.

Ich erzählte Winnetou zunächst, was ich seit meiner Ankunft an dem verabredeten Treffpunkt in der Sierra Madre erlebt hatte. Da die Erlebnisse meiner Begleiter hierin eingeschlossen waren, brauchte der Apatsche, um eine klare Anschauung zu erhalten, nach diesen Dingen nicht zu fragen. Als ich geendet hatte, faßte er das Gehörte in die Worte zusammen:

„Wir dürfen jetzt nur an die gegenwärtige Lage denken. Alles übrige können wir später besprechen. Also Vupa-Umugi hat hundertfünfzig Krieger am Saskuan-kui bei sich?"

[1]) Schmatz, im Gegensatz zu kiss oder buss, was Kuß bedeutet

173

„Hundertvierundfünfzig waren es. Davon gehen die sechs Komantschen ab, die wir am Altschese-tschi überwunden haben."

„Nale-Masiuv will mit hundert Mann zu ihm stoßen?"

„Von diesen hundert sind beim Kampf gegen das Militär viele getötet oder kampfunfähig gemacht worden. Aber er hat heimgesandt, um noch hundert holen zu lassen."

„Wieviel Krieger hat Schiba-bigk gebracht?" — „Zwanzig."

„So werden wir ungefähr dreihundert Feinde gegen uns haben. Wir haben ebenso viele Apatschen draußen vor unserm Kaktusfeld. Demnach sind wir ihnen gewachsen."

„Gewachsen? Bloß gewachsen?" fiel da Old Wabble ein. „Ich meine sogar, daß wir ihnen weit überlegen sind! Ich habe die Krieger der Apatschen gesehen, wie gut bewaffnet und geschult sie sind. Zweihundert von ihnen würden dreihundert Komantschen besiegen. Dazu kommen wir Weißen. Winnetou, Old Shatterhand und Old Surehand nehmen eine ganze Menge Feinde auf sich. Von mir, Bloody-Fox, Webster und Hawley will ich gar nicht reden. Die Kerle sollen nur kommen! Wir schießen sie alle über den Haufen, und keiner von ihnen wird sein Wigwam wiedersehen!"

Winnetou schaute ihn ernst an und entgegnete:

„Mein alter Bruder ist, wie Winnetou weiß, ein unerbittlicher Feind aller roten Männer. Er hält sie für Diebe, Räuber und Mörder, ohne zu bedenken, daß sie nur zu den Waffen greifen, um ihr Eigentum zu verteidigen oder das zu rächen, was an ihnen verbrochen wurde. Old Wabble hat noch nie einem roten Mann, der in seine Hände fiel, Gnade gegeben. Er ist auf der ganzen Savanne als Indianertöter bekannt. Aber wenn er sich bei Old Shatterhand und Winnetou befindet, muß er diese Gesinnung ändern, sonst sind wir gezwungen, uns von ihm zu trennen. Wir sind Freunde aller roten und weißen Männer, und wenn wir einen Feind vor uns haben, mag er weiß oder rot aussehen, so besiegen wir ihn womöglich ohne Blutvergießen. Old Wabble nennt sich einen Christen. Er wird Winnetou einen Heiden nennen. Wie kommt es doch, daß dieser Christ so gern Blut vergießt, während der Heide das zu vermeiden sucht?"

Daß der sonst so wortkarge Apatsche sich herbeiließ, so viele Worte zu machen, war ein Beweis, daß ihm der Alte sympathischer war, als der Inhalt dieser Worte eigentlich vermuten ließ. Old Wabble senkte den Kopf, hob ihn jedoch nach einer Weile wieder und verteidigte sich: „Die Roten, mit denen ich bisher zusammengetroffen bin, waren alle Schufte."

„Das bezweifle ich. Und wenn es wahr sein sollte, wer hat sie denn zu Schuften gemacht?" — „Ich nicht!"

„Du nicht? Sie sind es durch die Bleichgesichter geworden. Und ist Old Wabble nicht auch ein Weißer?"

„Der bin ich, ja. Und ich denke sogar, ich bin einer, der sich schon sehen lassen kann."

„Und Winnetou denkt, es wäre besser, die Roten, von denen du redest, hätten dich nicht gesehen. Du sagtest, daß alle Komantschen niedergeschossen werden sollen. Winnetou aber sagt dir, daß wir, wenn es möglich ist, keinen einzigen von ihnen töten. Ist mein Bruder Old Shatterhand einverstanden?"

„Durchaus", entgegnete ich. „Du weißt, daß ich ganz deiner Meinung bin."

Old Wabble machte ein verlegenes Gesicht, versuchte aber doch, sich weiter zu verteidigen:

„Aber die Roten wollen ja Bloody-Fox überfallen, dem wir helfen müssen! Wir wollen ihn und uns verteidigen, und das kann doch wohl nur durch Gegenwehr geschehen; *it's clear!*"

„Es gibt Gegenwehr verschiedener Art, Mr. Cutter", erwiderte ich. „Laßt Winnetou sprechen, dann werdet Ihr hören, daß wir die Komantschen keineswegs nur durch rohe Gewalt von der Ausführung ihres Vorhabens abhalten können. Es gibt noch andre Mittel."

„Ja, jedenfalls wieder Eure berühmte List!"

Der Alte sagte das in einem Ton, der mich reizte. Ich brauchte ihn aber nicht zurückzuweisen, denn Webster tat dies, indem er einfiel:

„Wird es nicht besser sein, wenn Ihr schweigt, alter Wabble? Ihr seht, daß ich auch still bin. Wenn Mr. Shatterhand und Winnetou meiteinander sprechen, ist es nicht nötig, daß andre, ohne gefragt zu werden, ihre Meinungen dazugeben. Ihr habt mehr als zehnmal versprochen, nur das zu tun, was Mr. Shatterhand will. Wenn Ihr dieses Versprechen nicht halten wollt, so tun wir das, was schon oft gesagt worden ist: wir gehen fort und lassen Euch sitzen!"

Dieses ‚Sitzenlassen', von mir nur einmal ausgesprochen, war zur stehenden Redensart geworden, über die sich Old Wabble maßlos ärgern konnte. Er fuhr auch jetzt auf:

„Haltet Euern Schnabel! Wer hat Euch um Eure Meinung gefragt? Wenn ich nicht reden darf, so müßt Ihr erst recht schweigen! Ich habe mir noch von niemand einen Elk schenken lassen und dann gesagt, ich hätte ihn selbst geschossen."

„Und ich habe noch nie das große Wort geführt und trotzdem solche Dummheiten gemacht wie Ihr zum Beispiel am Saskuankui, wo Ihr mit —"

„Still!" fiel ich ein. „Wir haben weit Wichtigeres zu tun, als solche Grillenduelle auszukämpfen. Wir wurden vorhin bei der Feststellung unterbrochen, daß wir genausoviel Krieger haben wie die Komantschen und ihnen somit gewachsen sind. Ich geben gern zu, daß Old Wabble recht hatte, als er sagte, wir seien ihnen sogar überlegen. Das gedenke ich freilich nicht, so wie er, dadurch zu begründen, daß wir große, unüberwindliche Helden sind, gegen die ein roter Krieger nichts gilt. Der Grund liegt vielmehr in dem Umstand, daß wir unsre dreihundert Apatschen beisammen haben, während die Komantschen in einzelnen Abteilungen kommen und dabei auch noch die weiße Reiterei gegen sich haben werden."

„Da hat mein Bruder recht, wie immer", stimmte Winnetou bei. „Zunächst wird Schiba-bigk mit einer Schar nahen, um dies Haus und seine Bewohner zu überfallen und die Stangen in den Sand der Wüste zu stecken. Nach ihm kommt Vupa-Umugi, um diese Stangen falsch zu stecken und die weißen Soldaten dem Tod des Verschmachtens zuzuführen. Nach diesen weißen Reitern folgt der Häuptling Nale-Masiuv mit seinen Leuten, um den Bleichgesichtern den Rückzug abzuschneiden und sie vollends einzuschließen. Das sind drei verschiedene Trupps, die wir einzeln angreifen werden und vielleicht ohne alles Blutvergießen besiegen können. Old Shatterhand wird meinen Worten seine Zustimmung erteilen."

„Die gebe ich allerdings", bestätigte ich. „Ich glaube nicht, daß Schiba-bigk, der zuerst kommt, mehr als fünfzig Krieger bei sich haben wird. Wenn wir sie mit unsern dreihundert einschließen, werden sie einsehen, daß es für sie am besten ist, sich ohne Gegenwehr zu ergeben."

Old Wabble konnte trotz der vorhin erhaltenen Zurechtweisung nicht schweigen. Er entgegnete:

„Sollte er wirklich nur fünfzig mitbekommen, da wir doch dreihundert haben?"

„Ihr vergeßt, daß die Komantschen gar nicht wissen, daß wir da sind. Sie glauben, es nur mit den Bewohnern der Oase zu tun zu haben." — „Hm, ja, mag sein! Aber das Einschließen ist nicht so leicht, wie man denkt."

„In diesem Fall ist es sogar sehr leicht. Wir brauchen die Feinde nur an ein Kaktusfeld zu drängen. Da können sie nicht hinein. So haben wir es nicht nötig, einen ganzen Kreis um sie zu bilden, sondern es genügt ein halber. Vor sich den undurchdringlichen Kaktus und hinter sich dreihundert Feinde, da müßten die fünfzig wahnsinnig sein, wenn sie glaubten, sich mit heiler Haut durchschlagen zu können." — „Wenn sie es aber doch glauben?"

„So werde ich mit Schiba-bigk, dem jungen Häuptling, sprechen. Er hat uns sein Leben zu verdanken, ist hier der Gast unsers Fox gewesen und hat damals sein Wort gegeben, die Oaste nicht zu verraten. Das ist mehr als genug, um ihn meinen Worten geneigt zu machen."

„Bin neugierig, ob Ihr Euch da nicht irren werdet. Ihr seht ja, wie er sein Wort gehalten hat. Verspricht, die Oase nicht zu verraten, und bringt doch volle dreihundert Komantschen hergeschleppt! Hoffentlich brauchen wir nicht lange zu warten, bis er kommt." — „Schiba-bigk wird morgen abend hier sein."

„Und da wollen wir ihn noch in der Nacht einschließen?"

„Vielleicht schon am Tag. Je eher er kommt, desto eher wird er umzingelt."

„Da müssen wir aber wissen, wann der junge Häuptling kommt. Es ist also nötig, ihm Kundschafter entgegenzusenden."

„Das wäre ein großer Fehler, denn er würde die Spuren dieser Späher entdecken und infolgedessen Verdacht schöpfen!"

„Hm! Also keine Kundschafter! Wie aber wollen wir erfahren, ob und wann diese —"

„Mein alter Bruder kann getrost annehmen, daß Old Shatterhand weiß, was er sagt und tut", schnitt ihm Winnetou die Rede ab. „Schiba-bigk ist hier gewesen und von hier aus direkt zum Gutesnontin-tsi geritten, wo er sich jetzt befindet, um Pfähle zu schneiden. Er wird auf dem gleichen Weg wiederkommen. Wir reiten ihm seitwärts dieses Wegs entgegen und werden ihn sehen, ohne daß er uns bemerkt. Wenn der Komantsche vorüber ist, kehren wir um, ihm nach, und treiben ihn gegen ein Kaktusfeld, durch das er und seine Schar nicht reiten kann. Dann haben wir ihn. Ich errate, daß mein Bruder Scharlih dies sagen wollte?"

„Ja, genau das war mein Plan", bestätigte ich dem scharfsinnigen Freund.

Da ergriff Bloody-Fox, der bisher geschwiegen hatte, obgleich die Angelegenheit ihn naturgemäß am meisten berühren mußte, zum erstenmal das Wort:

„Winnetou mag mir eine Frage gestatten. Schiba-bigk wird sehr vorsichtig sein, um nicht vor der Zeit bemerkt zu werden. Wenn wir uns nun seitwärts aufstellen, ihn zu erwarten, dürfen wir uns seinem Weg doch nicht so weit nähern, daß er uns sieht. Ist es da nicht möglich, daß er vorüberkommt, ohne daß wir ihn und seine Komantschen erspähen?" — „Nein."

„Was Winnetou, der gre Häuptling der Apatschen, sagt, ist nicht anzufechten. Aber in der Wüste gibt es keinen festgelegten Weg, es gibt nur eine Richtung, von der man leicht rechts oder links abweichen kann. Ist es da nicht möglich, daß Schiba-bigk auch abweicht und gerade deshalb auf uns trifft?"

„Nein. Mein Bruder Fox mag sich an Old Shatterhand wenden, um zu erfahren, warum Winnetou nein sagt!"

Da mich Fox infolge dieser Worte fragend anblickte und ebenso die andern, erklärte ich:

„Ein Weißer könnte von der geraden Richtung abweichen, ein Roter aber nicht. Ein Roter hat den untrüglichen Ortssinn des Vogels, der meilenweit schnurgerade zu seinem Nest fliegt, obwohl es in der Luft, genauso wie hier im Sand, keine vorgezeichneten Wege gibt. Und sodann ist zu bedenken, daß die erste Schar der Komantschen, die kommt, die Aufgabe hat, den Weg durch die Wüste zur Oase mit Stangen zu bezeichnen. Das Feststecken der Stangen ist eine Arbeit, die die Ankunft Schiba-bigks so kenntlich machen muß, daß wir die Schar nicht übersehen können. Er muß in unsre Hände geraten. Wir schaffen ihn und seine Leute dann nicht etwa hierher, denn er darf den neuen Weg durch den

Kaktus nicht kennenlernen, sondern sie werden gefesselt und draußen in der Wüste gut bewacht, bis alles vorüber ist."

„Und was wird aus den Stangen? Es wurde vorhin gesagt, daß
wir sie entfernen und in falscher Richtung wieder feststecken wollen?" — „Das werden wir allerdings tun, um Vupa-Umugi irrezu-
führen." — „Wohin?"

„Hm! Irgendwohin, wo wir ihn leicht einschließen und fassen
können. Die Kaktusstrecken haben sich, seit ich zum letztenmal
hier war, so verändert, daß ich im voraus nichts sagen kann."

„Darf ich da einen Vorschlag machen?" fragte Fox. „Es gibt
einen guten Tagesritt südöstlich von hier eine Kaktuswildnis von
großer Ausdehnung, in die ein offner, nach und nach immer
schmaler werdender Sandstreifen hineinführt. Wenn man langsam
reitet, kann man fast zwei Stunden zubringen, ehe man an das Ende
des Streifens kommt."

„Sind die Kakteen alt oder frisch?"

„Beides durcheinander. Aber dicht sind sie, sehr dicht."

„Dann wäre dies freilich ein Ort, wie wir ihn uns für unsern
Zweck nicht besser wünschen können. Hält mein Bruder Winnetou ihn für ebenso passend?"

Der Häuptling der Apatschen nickte zustimmend und entschied
in seiner ruhigen, bestimmten Weise:

„Wir werden die Komantschen in diesen Kaktus treiben."

„So sind wir fertig mit dem, was zunächst zu besprechen war.
Das weitere muß sich nach den Ereignissen richten. Die Sonne hat
den Horizont erreicht. Wir wollen Menschen und Tieren die Ruhe
gönnen, die sie brauchen, um morgen kräftig und ausdauernd zu
sein."

Man stimmte mir bei. Wir versorgten unsre Pferde, und Winnetou
begab sich hinaus zu seinen Apatschen, um ihnen die Lagerbefehle zu
erteilen und ihnen den Weg durch den Kaktus zur Oase zu zeigen, denn
sie mußten ihre Pferde tränken und auch sich selbst mit Wasser versorgen. Dann legten wir uns auf die Maisstrohlager, die Mutter Sanna
inzwischen für uns bereitet hatte.

Aber die meisten von uns kamen nicht sofort zum Schlafen. Ich
lag neben Winnetou und vernahm seinen leisen Bericht über das,
was er seit unsrer Trennung erlebt hatte. Dabei hörte ich, daß Old
Wabble und Webster sich noch eine ganze Weile, gleichfalls flüsternd, miteinander zankten. Durch die offnen Fenster des Hauses
schallten die Stimmen des Negers und seiner Mutter, die beide
glücklich waren, einander wieder zu besitzen, und vom Wasser her
waren die Schritte der Apatschen und ihrer Pferde noch stundenlang zu vernehmen.

Als ich am Morgen erwachte, stand Winnetou schon am See, um
seinen Oberkörper in einem mit Wasser gefüllten großen Kürbis zu
waschen. Sanna lief leise, aber geschäftig hin und her, dafür besorgt, daß die Gäste ein gutes, reichliches Frühstück fin-

den möchten. Die andern schliefen noch, wachten aber auch bald auf. Dann kamen die Apatschen wieder mit ihren Pferden, die sich jetzt für den ganzen Tag satt trinken mußten. Ein leichter Rauch fern draußen vor dem Kaktusfeld sagte uns, daß sich die Roten mit Hilfe trockener Kakteen einige Feuer angezündet hatten, um daran ihr Essen zu bereiten. Als wir gefrühstückt hatten, ritten wir hinaus zu ihnen. Sie hatten nun auch gegessen und waren zum Aufbruch bereit. Eine Abteilung der Krieger, bei der Bloody-Fox blieb, wurde zum Schutz der Oase zurückgelassen. Dann ritten wir fort.

Gestern waren wir aus Westsüdwest gekommen, heute mußten wir westlich reiten, denn dort lag der Gutesnontin-tsi. Die Linie, auf der die Komantschen zu erwarten waren, konnten wir uns ungefähr denken. Wir hielten uns gleichlaufend mit ihr, und zwar so, daß wir zunächst ungefähr eine halbe englische Meile von ihr entfernt waren, denn jetzt konnten die Feinde noch nicht kommen. Später mußten wir uns vorsichtshalber von dieser Linie entfernen, falls die Luft so rein blieb, wie sie war. Man konnte sehr weit sehen. Trotzdem befanden wir uns im Vorteil den Komantschen gegenüber, weil Winnetou und ich Fernrohre besaßen.

Wir hielten uns auf diesem Ritt keineswegs in einem Trupp beisammen, denn das wäre der größte Fehler gewesen. Die erwähnte gedachte Linie lag nördlich, also rechts von uns. Es war nicht ganz unrichtig, was Old Wabble gestern abend gesagt hatte, daß nämlich die Komantschen doch von dieser Linie abweichen könnten, und wenn es auch nur wenig wäre. Darum mußte sich, als der Vormittag ziemlich vergangen war, unsre Schar weiter südlich halten, während nur einige der erfahrensten Leute mehr rechts ritten. Die der gedachten Linie am nächsten Befindlichen waren Winnetou, Old Surehand und ich, und auch wir ritten so weit entfernt voneinander, daß wir unsre Zurufe gerade noch hören konnten. So war dafür gesorgt, daß die Komantschen uns unmöglich entdecken konnten, außer in dem unwahrscheinlichen Fall, daß sie von ihrem Weg sehr weit südlich abgewichen waren. Aber selbst dann durften wir noch hoffen, sie zu umzingeln und keinen von ihnen entkommen zu lassen. Das letzte war für alle Fälle die Hauptsache, denn gelang es auch nur einem einzigen, uns zu entschlüpfen, so war es natürlich seine erste Aufgabe, zurückzureiten und Vupa-Umugi, dem Großen Donner, Mitteilung von unsrer Anwesenheit zu machen.

Es wurde Mittag, und noch hatten wir nichts gesehen. Da, es mochte wohl fast ein Uhr sein, stieß Winnetou, der in diesem Augenblick sein Fernrohr an das Auge gesetzt hatte, einen lauten Ruf aus und winkte Old Surehand und mich zu sich heran. Als wir ihn erreichten, streckte er die Hand nach Norden aus und sagte:

„Weit draußen am Horizont hält ein Reiter, den man nicht mit bloßem Auge sehen kann."

„Ist es ein Indianer?" fragte Old Surehand.

„Das ist nicht zu unterscheiden. Mein Bruder mag das Rohr nehmen und dahin blicken, wohin ich zeige."

Er gab ihm das Fernrohr, und ich setzte das meinige ebenfalls an.

„Ja, es ist ein Reiter", bestätigte Old Surehand, „aber man kann nicht erkennen, ob ein roter oder ein weißer."

„Es ist ein roter", warf ich ein. — „Erkennt Ihr das, Sir? Dann ist Euer Rohr viel besser als das Winnetous."

„Ich erkenne es nicht. Dennoch aber behaupte ich sogar, daß es ein Komantsche ist, und zwar einer von Schiba-bigks Schar. Vielleicht ist er es selbst."

„Uff, uff! Warum denkt mein Bruder das?"

„Er ist nicht allein. Mein Bruder Winnetou mag sein Rohr dahin richten, woher dieser Reiter gekommen sein muß, also ein wenig mehr nach links. Dort sind noch mehr Reiter zu sehen und dabei kleinere Punkte, wahrscheinlich Fußgänger, die von ihren Pferden gestiegen sind."

„Uff, uff, es ist richtig! Ich sehe größere Punkte — das sind Reiter — und kleinere Punkte, die sich hin und her bewegen — das sind Männer zu Fuß."

„Weiß mein roter Bruder, warum diese kleineren Punkte nicht geradeaus gehen, sondern sich immer hin und her bewegen?"

„Nun, da mein Bruder Scharlih mich darauf aufmerksam gemacht hat, weiß ich es. Es sind die Männer, die die Pfähle einstekken. Um das tun zu können, sind sie von ihren Pferden gestiegen."

„Ganz richtig! Ihr wißt, Mr. Surehand, daß es unter diesen Komantschen nur einen gibt, der den Weg kennt?"

„Ja, nämlich Schiba-bigk", erwiderte der Gefragte.

„Er ist also nicht nur der Anführer, sondern überhaupt der Führer. Darum nehme ich an, daß der erste, den wir gesehen haben und der an der Spitze der andern hält, der junge Häuptling Schiba-bigk ist. Er reitet voran und bleibt von Zeit zu Zeit an der Spitze des Zuges halten, bis ein Pfahl festgesteckt ist. Schaut! Winnetou wird durch sein Rohr bemerken, daß die Fußgänger jetzt ihre Pferde wieder besteigen. Es ist ein Pfahl eingesteckt worden, und nun reiten die Indsmen weiter."

Es war so, wie ich sagte. Wir sahen, daß sich die Komantschen von der Stelle, wo sie sich bisher befunden hatten, im Galopp entfernten. Sie wurden dabei kleiner und immer kleiner, bis wir sie nicht mehr sahen. Sie waren in der Richtung zur Oase verschwunden.

„Habt Ihr sie zählen können Sir?" fragte mich Old Surehand.

„Nicht genau, aber ich denke, daß ich gestern recht gehabt habe; es werden nicht mehr als fünfzig sein."

„Was tun wir nun?"

„Wir reiten der Sicherheit wegen noch ein Stück so weiter wie bisher. Dann wenden wir uns nach Norden, um auf ihre Spur zu

180

kommen. Haben wir diese, so befinden wir uns in ihrem Rücken und folgen ihnen so lange, bis wir eine passende Stelle oder Gelegenheit finden, sie einzuschließen."

Dies wurde ausgeführt. Wir vereinigten uns mit unserm Trupp, sagten, daß wir die Gesuchten gesehen hätten, und folgen unsrer bisherigen Richtung noch einige Minuten lang. Nachher bogen wir rechts ab und erreichten nach zehn Minuten die Fährte der Komantschen. Sie war sehr deutlich; ein Blinder hätte sie fühlen müssen. Sie bestand nicht nur aus den Eindrücken der Pferdehufe und Menschenfüße, sondern außerdem aus einer Menge von Strichen, die tief im Sand fortliefen. Die mitgeschleppten Stangen waren nämlich mit einem Ende an den Sätteln befestigt und schleiften mit dem andern Ende hinterher. In dieser Weise schafften die Indianer auch ihre Zeltstangen von einem Ort zum andern, und dadurch waren hier im tiefen, leichten Sand die Striche und Linien entstanden. Da sie ineinanderliefen, konnte man sie nicht zählen, aber es war doch zu sehen, daß eine bedeutende Menge von Pfählen mitgeschleppt wurde.

Wir folgten der Fährte so lange rasch, bis wir die Komantschen durch die Fernrohre erkennen konnten. Dann mußten wir, um nicht selbst gesehen zu werden, die Schritte unsrer Pferde mäßigen. Während wir von da an stets in gleicher Entfernung von den Roten blieben, war es uns leicht, festzustellen, wie schnell sie vorwärts kamen und wie lange sie brauchen würden, um in die Nähe der Oase zu kommen. Die Entfernung von einer Stange zur andern mochte vielleicht einen Kilometer betragen, und wenn die Roten ihre Arbeit in der bisherigen Weise fortsetzten, mußten sie bis zum Abend ihr Ziel beinahe erreicht haben. Wahrscheinlich war es die Absicht Schiba-bigks, des Nachts dann über die Bewohner der Oase herzufallen. Daß er schon am Tag auf Bloody-Fox treffen könne, mußte zwar auch in seiner Berechnung liegen, konnte ihn aber nicht irremachen, weil er jedenfalls glaubte, daß es diesem einen Bleichgesicht unmöglich sei, gegen fünfzig rote Krieger aufzukommen.

Während wir der Fährte folgten, ritt ich zwischen Winnetou und Old Surehand. Beide waren still. Desto lauter ging es unmittelbar hinter uns her, wo Old Wabble zwischen Webster und Hawley ritt. Dem alten Cowboy war es unmöglich, in einer solchen Lage ruhig zu sein. Er erging sich in allerlei Berechnungen und Vermutungen, die ihm von den beiden andern widerlegt wurden, doch fiel es ihm gar nicht ein, ihre Widersprüche als begründet gelten zu lassen.

„Und Ihr könnt sagen, was Ihr wollt", äußerte er soeben, „ich meine, daß wir die Halunken vielleicht gar nicht bekommen, wenn wir es nicht klüger anfangen als bisher. Wenn ich als Anführer da vorn ritte und etwas zu sagen hätte, wüßte ich etwas Besseres. Ich würde kurzen Prozeß machen und befehlen, den

Pferden die Zügel schießen zu lassen und die Roten einfach über den Haufen zu reiten."

„Das, alter Wabble, würde wohl das allerdümmste sein, was Ihr anordnen könntet. Die Komantschen würden uns kommen hören oder sehen und schnell ausreißen", erklärte Old Surehand, sich umwendend. „Was schadet das? Wir würden sie einholen und gefangennehmen."

„Das ist leicht gesagt. Wenn sie sich auf der Flucht zerstreuten, würde uns gewiß mehr als einer von ihnen entgehen. Und das darf nicht sein. Habe ich da nicht recht, Mr. Shatterhand?"

Ich wandte mich ebenfalls um und antwortete ihm:

„Ja. Laßt Mr. Cutter reden! Er kennt Winnetous Absichten nicht, und so darf man es ihm nicht verübeln, daß er unser Verhalten für falsch hält."

Der Alte sah mich fragend an. Er hätte wohl gern gewußt, was ich meinte, getraute sich aber nicht, zu fragen. Deshalb erklärte ich ihm: „Winnetou weiß, daß ungefähr eine Reitstunde von hier eine Talmulde liegt, durch die der gerade Weg zu der Oase des Bloody-Fox führt. Sie ist ziemlich lang und tief, so daß jeder, der sich darin befindet, nicht sehen kann, was außerhalb auf der höherliegenden Fläche der Wüste vorgeht. Bis in diese Talsenkung wollen wir die Komantschen kommen lassen, nicht weiter."

Da fiel der Apatsche ein:

„Mein Bruder will mir einen Ruhm geben, der mir nicht gebührt, denn dieser Plan ist von ihm. Er hat schon gestern abend, bevor wir einschliefen, davon gesprochen. Ich wollte reden, du kamst mir aber zuvor. Denn meine Gedanken sind die deinigen, und deine sind die meinigen. Wir haben gegenseitig unser Blut getrunken und besitzen nicht zwei Herzen, sondern ein einziges. Was wir beide dachten, das soll geschehen: wir werden die Komantschen in einer Stunde in dem Tal des Sandes gefangennehmen." — „Ohne daß einer von ihnen vorher ein Wort sagen darf?"

Als ich diese Frage aussprach, sah mich Winnetou forschend an. Doch nur einen kurzen Augenblick, dann erkundigte er sich:

„Will mein Bruder den jungen Häuptling ausfragen?" — „Ja."

„Glaubst du, daß er dir sagen wird, was du wissen willst? Schiba-bigk ist zwar noch jung, aber dennoch klug. Winnetou weiß, daß Old Shatterhand seine Fragen und Worte so zu setzen versteht, daß er selbst einen sehr listigen Mann auszuhorchen vermag. Schiba-bigk weiß dies auch und wird schweigen."

„Der Komantsche wird sprechen, denn er wird glauben, daß ich nicht als Feind zu ihm komme, sondern ihm nur zufällig begegne. Ich werde ihm nämlich nicht nachreiten, sondern mich von euch trennen und einen Bogen schlagen, so daß ich von der entgegengesetzten Seite das Tal des Sandes erreiche. Das muß ihn auf die Vermutung bringen, daß ich von Bloody-Fox aus der Oase komme. Er wird also meinen, daß ich seine Spur nicht gesehen und keine Ahnung von seinen Absichten habe. Schiba-bigk wird glauben, mich leicht fangen zu können, und wird mich deshalb für unschädlich halten. Das wird ihm zwar den Mund nicht öffnen, ihn aber nicht scharf auf die Worte achten lassen, mit denen ich aus ihm herauslocken will, was mir zu wissen nötig ist. Sieht das mein roter Bruder ein?"

„Winnetou sieht es ein. Aber warum willst du dich in Gefahr begeben, um heute etwas zu erfahren, was du morgen ohne alle Gefahr hören und entdecken wirst?"

„Weil ich vermute, daß es mir heute mehr Nutzen bringt als morgen. Und Gefahr? Winnetou weiß, daß ich mich nicht in eine Gefahr begebe, ohne sie vorher genau zu berechnen."

„Howgh! Aber hast du auch daran gedacht, daß die Komantschen, wenn sie uns sehen, dich als Geisel betrachten werden?"

„Auch das habe ich überlegt, doch kenne ich einen Schild, mit dem ich jeden Schuß und Stich von mir abzuwehren vermag: Schiba-bigk."

„Uff, uff! Winnetou erkennt, daß er seinen Bruder Scharlih nicht zu warnen braucht. Er mag getrost ausführen, was er sich vorgenommen hat."

„So will ich nur noch einiges über eure Mitwirkung mit dir besprechen. Das Tal des Sandes geht von West nach Ost. Sobald ihr seht, daß die Komantschen im Eingang der Bodensenkung verschwunden sind, bildet ihr vier Abteilungen, die sich voneinander trennen. Mit dem ersten Viertel deiner Krieger reitest du im Galopp einen Bogen bis zum östlichen Ausgang des Tals. Old Surehand reitet mit dem zweiten Viertel zur südlichen und Entschar-Ko mit dem dritten Viertel zur nördlichen Seite. Wenn dann Old Wabble mit den übrigen seinen Weg fortsetzt und am Eingang der Bodenmulde halten bleibt, in der sich die Feinde befinden, so sind sie von allen Seiten eingeschlossen. Natürlich dürft ihr euch nicht sehen lassen. Ich weiß, daß der starke Knall meines Bärentöters durch das ganze Tal tönt und von euch allen gehört werden kann. Sobald ich dieses Gewehr abfeure, kommt ihr von allen Seiten herbei, und ich bin überzeugt, daß uns dann kein Komantsche entkommen kann. Hat dieser Plan die Billigung meines roten Bruders?"

„Er hat sie", bestätigte Winnetou kurz. Old Surehand aber war nicht so schnell einverstanden. Er meinte:

„Euern Plan in Ehren, Sir, aber ich glaube doch, daß er ein wenig verwegen ist. Was kann der kühnste Mann einer abgeschossenen Kugel gegenüber tun?" — „Ihr ausweichen."

„Sir, das ist leichter gesagt als getan. Glaubt mir, daß ich Euch viel zutraue. Aber ich habe Euch liebgewonnen, und ich wüßte nicht, was —"

Da fiel ihm der Apatsche schnell in die Rede:

„Winnetou hat ihn noch viel lieber und läßt ihn dennoch fort. Mein Bruder Surehand mag also keine Sorge haben: es gibt vier scharfe Augen, die über Old Shatterhand wachen werden, nämlich die seinigen und die meinigen."

„Und die meinigen auch!" fügte Old Wabble, sich in die Brust werfend, schnell hinzu. „Er hat mir ein Kommando anvertraut und soll erfahren, daß er sich nicht in mir täuschen wird. Wehe dem roten Halunken, der es wagen sollte, ihm auch nur ein Haar krümmen zu wollen! Meine Kugel würde ihn sofort fressen; *it's clear!*"

Auf diese eifrige Versicherung war ein kleiner Dämpfer nötig. Ich warnte also: „Nicht so hitzig, Mr. Cutter! Wenn ich Euch heute wieder einmal Vertrauen schenke, geschieht es in der Absicht, zu erfahren, ob Ihr imstande seid, eine Euch erteilte Weisung genau zu befolgen. Geschieht das nicht, so könnt Ihr sicher sein, daß ich Euch nie wieder einen Auftrag geben werde. Ihr reitet mit Eurer Abteilung weiter, bis ihr den Eingang zum Tal erreicht habt. Dort bleibt ihr versteckt und habt nichts zu tun, als auf den Schuß zu warten. Hört ihr den, so kommt ihr im Galopp ins Tal geritten und haltet vor den Komantschen eure Pferde an! Das ist alles, was von Euch verlangt wird."

„*Well!* Deutlich genug gesprochen! Werde genau so exerzieren, wie Ihr es vorgeschrieben habt. Will mir nicht wieder sagen lassen, daß Old Wabble Jugendstreiche verübt."

„Recht so! Und nun muß ich mich von euch trennen, wenn ich die hintere Seite des Tals zur rechten Zeit erreichen will. Macht eure Sache gut!"

Diese Aufforderung galt natürlich nur dem Alten. Die andern drei zu ermahnen, war nicht nötig. Ich bog von der Fährte, der wir folgten, rechts ab und ritt im Galopp einen Bogen, dessen Sehne eben diese Fährte war. Dabei hielt ich mich so weit fern von ihr, daß die Komantschen mich nicht sehen konnten. Als ich nach einer halben Stunde das Pferd wendete, sah ich das östliche Ende der Talmulde vor mir. Ich ritt jetzt umgekehrt gegen vorher, nach Westen, während die Komantschen und hinter ihnen unsre Apatschen ostwärts auf mich zukamen.

Ich kann nicht sagen, daß ich irgendwelche Besorgnis hegte. Ich war nur gespannt darauf, wie sich Schiba-bigk bei meinem Anblick verhalten würde. Im übrigen stellte es sich heraus, daß die Zeit gut berechnet war, denn als ich ungefähr die Hälfte des Tals durchritten hatte, sah ich die Roten kommen.

Sie hatten es nicht für nötig gehalten, hier im Tal auch einen Pfahl zu stecken. Dadurch brauchten sie sich nicht aufzuhalten und kamen in scharfem Trab auf mich zu. Als sie mich erblickten, stutzten sie. Ich hielt mein Pferd an, als sei mir diese Begegnung gänzlich unerwartet, und nahm meinen Stutzen zur Hand. Sie griffen auch zu den Waffen und machten Miene, mich zu umringen. Da legte ich das Gewehr an und drohte:

„Halt! Wer mir in den Rücken will, der erhält eine Kugel. Welche roten Krieger können hier —"

Ich hielt mitten in der Rede inne und richtete, getreu meiner Rolle, den Blick erstaunt auf den Anführer.

„Uff, uff! Old Shatterhand!" rief Schiba-bigk überrascht, indem er sein Pferd zügelte.

„Ist's möglich?" ließ ich mich hören. „Schiba-bigk, der junge tapfre Häuptling der Komantschen!"

„Ich bin es", erwiderte er. „Ist Old Shatterhand von dem Geist der Savanne durch die Luft in diese Gegend getragen worden? Die Krieger der Komantschen glaubten ihn weit im Westen von hier."

Ich sah es ihm an, daß er nicht wußte, welchen Ton er gegen mich anschlagen sollte. Wir waren Freunde gewesen. Demnach hatte ich das Recht, auch heute noch Freundschaft von ihm zu verlangen, und doch war er jetzt gezwungen, mein Feind zu sein.

„Wer hat meinem jungen, roten Bruder gesagt, daß ich im Westen sei?" entgegnete ich.

Schiba-bigk öffnete schon den Mund, wahrscheinlich um zu sagen, daß er es von Vupa-Umugi erfahren habe, besann sich aber eines Besseren und erklärte:

„Ein weißer Jäger sagte es, der Old Shatterhand gegen Untergang der Sonne getroffen haben wollte."

Das war eine Lüge. Die Blicke seiner Krieger waren finster und feindselig auf mich gerichtet. Ich tat, als bemerkte ich dies nicht und hätte auch keinen von ihnen am Blauen Wasser gesehen, sondern stieg ruhig und scheinbar unbefangen vom Pferd, setzte mich nieder und sagte:

„Ich habe mit Schiba-bigk, dem jungen Häuptling der Komantschen, die Pfeife des Friedens und der Freundschaft geraucht. Mein Herz ist entzückt, ihn nach so langer Zeit und so unverhofft wiederzusehen. Wenn Freunde und Brüder einander begegnen, so begrüßen sie sich nach der Sitte, von der kein Krieger abweichen darf. Mein junger Bruder mag aus dem Sattel steigen und sich zu mir setzen, damit ich mit ihm sprechen kann!"

Die Blicke seiner Leute wurden drohender. Sie waren bereit, über mich herzufallen, doch hielt er sie durch eine gebieterische Handbewegung zurück. Deutlich sah ich seinem Gesicht an, daß ihm ein Gedanke gekommen war, jedenfalls der, den ich in ihm zu wecken beabsichtigte. Ich hatte gesagt, daß ich mit ihm sprechen wolle, und er ging bereitwillig darauf ein, um mich auszufragen. Er hegte also die gleiche Absicht mir gegenüber, die ich ihm gegenüber hatte.

„Old Shatterhand hat recht", meinte er. „Häuptlinge müssen sich würdig begrüßen."

Bei diesen Worten stieg er ab und setzte sich mir gegenüber nieder. Als seine Leute das sahen, verließen auch sie die Sättel und wollten einen Kreis um uns bilden. Dabei wären mir mehrere von ihnen in den Rücken gekommen. Das mußte ich verhindern. Darum fragte ich, daß alle es hörten:

„Gibt es unter den Kriegern der Komantschen welche, die sich nicht getrauen, Old Shatterhand ins Angesicht zu schauen? Ich glaube nicht. Auch bin ich nicht gern unhöflich, einem tapfern Krieger den Rücken zuzuwenden."

Das half. Sie setzten sich so, daß ich sie alle im Auge hatte. Von einem sofortigen Angriff sahen sie ab, weil sie mich allein wähnten und mich sicher zu haben glaubten. Ich knüpfte die Friedenspfeife, die ich am Hals hängen hatte, von der Schnur, tat, als wollte ich sie stopfen, und sagte:

„Mein junger Bruder Schiba-bigk mag den Gruß des Kalumets mit mir rauchen, um zu erfahren, daß Old Shatterhand noch sein Freund ist wie früher." — Da hob er zurückweisend die Hand.

„Schiba-bigk war einst stolz darauf, einen so berühmten Bruder zu besitzen, jetzt aber möchte er wissen, ob Old Shatterhand wirklich noch sein Freund ist."

„Warum zweifelst du daran?" fragte ich, scheinbar erstaunt.

„Weil Schiba-bigk erfahren hat, daß Old Shatterhand ein Feind der Komantschen geworden ist. Ist Old Shatterhand nicht an dem Wasser gewesen, das Saskuan-kui genannt wird? Was wolltest du da?"

„Nichts. Mein Weg führte mich vorüber. Ich wollte da lagern und am Morgen weiterreiten." — „So, hast du dort auch nichts getan?"

„Doch. Ich sah rote Männer da, die einen weißen Krieger gefangen hatten. Den habe ich befreit. Ich erfuhr nachher von dem Bleichgesicht, daß es Komantschen vom Stamm der Naiini waren."

„Welches Recht hattest du, dieses Bleichgesicht zu befreien?"

„Es hatte den Komantschen nichts getan. Ebenso würde ich einen Komantschen befreien, wenn er unschuldig in die Hände von Bleichgesichtern gefallen wäre. Old Shatterhand ist aller Guten Freund und aller Bösen Feind. Er fragt nicht nach der Farbe des Hilfsbedürftigen."

„Du hast dir aber dadurch die Feindschaft und Rache der Komantschen zugezogen."

„Nein, denn ich habe am andern Morgen mit Vupa-Umugi, ihrem Häuptling, gesprochen und ein Bündnis mit ihm geschlossen. Er war mein Gefangener, und ich gab ihn frei."

„Wußtest du, was die Komantschen dort am Saskuan-kui wollten?"

„Wie sollte ich das wissen? Ich habe sie nicht gefragt! Sie werden wahrscheinlich dort gewesen sein, um Fische zu fangen."

„Weißt du, wo sie sich jetzt befinden?"

„Ich vermute es. Sie werden westwärts zum Mistake Cañon gezogen sein, um den Komantschen beizustehen, die, wie ich hörte, dort von weißen Reitern bedroht werden."

„Uff!" rief Schiba-bigk aus, indem er überlegenes Lächeln zeigte. Seine Leute warfen sich Blicke zu, die mir sagten, daß ich mir in diesem Augenblick auf meine Klugheit gar nichts einzubilden brauchte. Dann fuhr er fort:

„Waren noch andre Männer bei dir?"

„Einige Bleichgesichter."

„Wohin seid ihr vom Saskuan-kui aus geritten?"

„Nach Westen."

„Und doch befindest du dich jetzt so weit östlich vom Blauen Wasser! Wie kommt das?"

„Ich hörte von der Feindschaft zwischen den weißen Soldaten und den Kriegern der Komantschen. Als Weißer hätte ich den Soldaten helfen müssen. Da ich aber ein Freund der roten Männer bin, suchte ich dies dadurch zu umgehen, daß ich mich ostwärts wandte." — „Wieder zum Blauen Wasser?"

Es war für ihn wichtig, zu erfahren, ob ich wieder dort gewesen sei. Ich erwiderte:

„Weshalb hätte ich dorthin zurückkehren sollen? Ich bin in den Llano geritten, um meinen jungen Bruder Bloody-Fox zu besuchen, den auch du kennst, denn auch du bist damals sein Gast gewesen und hast die Pfeife des Friedens und der Freundschaft mit ihm geraucht."

„Hast du die Bleichgesichter mit zu ihm genommen, die bei dir waren?"

„Das fragst du, obwohl du doch weißt, daß wir Bloody-Fox versprochen haben, sein Geheimnis nicht zu verraten? Kann ich da fremde Männer zu ihm bringen?" — „Wo sind sie jetzt?"

„Als ich mich von ihnen trennte, wollten sie an den großen Fluß und nach El Paso hinüber."

„Hast du Bloody-Fox getroffen?" — „Ja."

„Wo befindet er sich jetzt?" — „In seinem Haus."

„Du bist so schnell von ihm fort. Hat er seinen berühmten Bruder Old Shatterhand nicht bei sich behalten wollen?"

„Doch. Ich kehre zu ihm zurück. Weißt du nicht mehr, daß es seine Aufgabe ist, den Llano von den Geiern zu säubern?"

„Dabei hilfst du ihm?"

„Ja, heute genau noch so wie damals, als du bei uns warst. Doch, nun habe ich alle deine Fragen beantwortet, und du weißt, was du wissen wolltest. Jetzt wollen wir das Kalumet sprechen lassen." — „Warte noch!"

Ich hatte mich scheinbar wie ein Knabe ausfragen lassen, und der Jüngling war stolz darauf, mich so ausgehorcht zu haben. Das sah ich den triumphierenden Blicken an, die er auf seine Begleiter warf. Er glaubte wahrscheinlich in diesem Augenblick, mir wirklich gewachsen zu sein, denn sein „Warte noch!" klang gebieterisch, und in einem Ton der Überlegenheit, über den ich mich im stillen belustigte, fuhr er fort:

„Es sind Sonnen und Monde vergangen, seit wir uns damals voneinander trennten, und während so langer Zeit verändern sich die Menschen. Aus Klugen werden Kinder, und Kinder werden stark und weise. Old Shatterhand ist auch ein Kind geworden. Du hast dich ausfragen lassen wie ein Knabe, der noch kein Hirn besitzt, oder wie ein altes Weib, dessen Hirn vertrocknet ist. Deine Augen sind dunkel geworden und deine Ohren taub. Du ahnst nicht, wer wir sind und was wir wollen."

„Uff, uff! Ist das die Rede eines jungen Mannes, mit dem ich einst die Pfeife des Friedens rauchte?"

„Es ist die Rede eines jungen Mannes, aus dem ein großer und berühmter Krieger geworden ist. Das Kalumet gilt nichts mehr, denn du bist nicht mehr mein Freund, sondern mein Feind, den Schiba-bigk töten muß. Du hast unsern Gefangenen befreit!"

„War er der deinige? Ich befreite ihn aus den Händen der Naiini-Komantschen. Du aber gehörst zu einem andern Stamm."

„Die Naiini sind meine Brüder; ihr Feind ist auch mein Feind. Kennst du sie nicht, die hier vor dir sitzen?"

„Gehören diese Krieger nicht zu deinem Stamm?"

„Nur zwanzig von ihnen. Die übrigen dreißig sind Naiini, die du am Blauen Wasser gesehen hast. Wir haben die Kriegsbeile gegen alle Bleichgesichter ausgegraben, und du bist ein Bleichgesicht. Weißt du, was deiner wartet?"

„Ich weiß es: ich werde mein Pferd wieder besteigen und ruhig weiterreiten."

„Uff! Es ist wirklich wahr, daß Old Shatterhand ein Kind geworden ist. Du wirst unser Gefangener sein und am Marterpfahl sterben."

„Ich werde nicht euer Gefangener sein und nicht sterben, wann und wie es euch, sondern dem großen Manitou gefällt."

Die Ruhe und Unbefangenheit, mit der ich dies sagte, war ihm und seinen Leuten unerklärlich. Ich regte mich nicht, ich machte keine Bewegung, weder der Flucht noch der Verteidigung. Das hielt ihre Hände von den Waffen ab. Sie bemerkten freilich nicht, daß ich einen jeden von ihnen scharf im Auge hatte.

Es war ein geringschätziges oder gar mitleidiges Lächeln, mit dem Schiba-bigk mich jetzt fragte:

„Glaubst du etwa, uns widerstehen zu können? Siehst du denn nicht, daß du fünfmal zehn tapfere Krieger gegen dich hast?"

„Hat Old Shatterhand jemals seine Feinde gezählt?"

„So rechnest du auf dein Zaubergewehr?"

Im Nu hatte ich den Henrystutzen in der Hand, sprang auf, stellte mich hinter mein Pferd, so daß es meinen Körper deckte, und rief:

„Ja, darauf verlasse ich mich! Wer von euch zu einer Waffe greift, bekommt augenblicklich eine Kugel! Ihr wißt, daß ich mit diesem Gewehr unaufhörlich schießen kann!"

Das war so rasch geschehen, daß sie, als ich diese Worte gesprochen hatte, noch saßen wie zuvor. Einer langte hinter sich, wo seine Flinte lag. Als er aber meinen Lauf sofort auf sich gerichtet sah, zog er den Arm zurück. Die Angst vor dem ‚Zaubergewehr‘ war noch ebenso stark wie früher. Ich wußte, was nun kommen würde, nämlich ein Angriff, einstweilen noch mit Worten. Das hatte ich beabsichtigt, denn dabei hoffte ich, das zu erfahren, was ich wissen wollte. Keiner getraute sich, der erste mit der Hand an der Waffe zu sein. Darum stand zu erwarten, daß man mich durch Drohungen bewegen wollte, mich freiwillig zu ergeben.

Man denke nicht, daß allzuviel Verwegenheit zu meinem Verhalten gehörte. Ich kannte die Roten und ihre Furcht vor meinem Stutzen, und ich hatte, von ihnen unbemerkt, den mir gegenüberliegenden Rand der Talmulde gemustert, wohin ich Old Surehand mit seinen Apatschen bestellt hatte. Von dort drohten über siebzig Gewehrmündungen herab, allerdings nur mir sichtbar, der ich davon wußte. Die Besitzer dieser Gewehre lagen tief im Sand eingewühlt, für die Komantschen unsichtbar. Auf der Höhe hinter mir befand sich jedenfalls die Abteilung Entschar-Kos ebenso bereit. Links hinten hielt Winnetou, und von rechts her mußte Old Wabble beim ersten Schuß erscheinen. Da war es gar nicht schwer, so zuversichtlich zu sein, wie ich mich zeigte.

Was ich erwartet hatte, das geschah: der junge Häuptling versuchte es zunächst mit Überredung.

„Techzek — unmöglich!“ rief er mit einem Lachen, das etwas gezwungen klang. „Wir wissen, daß dein Gewehr unaufhörlich schießt, aber fünfzigmal kannst du doch nicht auf einmal schießen. Du wirst zwei oder drei oder vier treffen; dann aber haben wir dich ergriffen!“

„Pshaw!“ gab ich höhnisch zurück, um ihn zu den gewünschten Mitteilungen zu verleiten. „Euch fünfzig fürchte ich nicht. Kommt doch heran! Wenn ich mich entferne und auf jeden schieße, der mir folgt, wird keiner von euch es wagen, mich zu halten!“

„Du wirst trotzdem nicht entkommen. Wir sind nicht allein, sondern nur der Vortrab eines ganzen Heeres.“ — „Lüge!“

„Es ist keine Lüge, es ist Wahrheit!“ versicherte er eifrig. „Wohin wolltest du fliehen?“

„Zu Bloody-Fox.“

„Den wollen wir ja überfallen. Da gerietest auch du in unsre Hände.“

„So reite ich nach Westen.“

„Dorthin gibt es nur einen Weg. Du müßtest zum Suks-ma-le-stavi flüchten. Dabei würdest du doch auf Vupa-Umugi stoßen, der dorthin gezogen kommt.“

„Ich weiß es. Aber er kommt erst in drei Tagen.“

„Nichts kannst du wissen. Er wird schon morgen abend dort eintreffen." — „Da ist es dunkel, und es wird mir leicht gelingen, mich vorüberzuschleichen."

„So wirst du von Nale-Masiuv gefangen, der nur einen halben Tag später kommt. Auch jenseits der Wüste ist eine weite Ebene, in der du nicht unbemerkt bleiben wirst. Wie kannst du so vielen Kriegern entgehen? Wenn dein Verstand noch nicht geschwunden ist, wirst du dich uns ergeben."

„Old Shatterhand sich ergeben? Wem? Einem Knaben, wie du bist? Bist du überhaupt ein Knabe? Bist du nicht ein kleines, wimmerndes Mädchen, das noch auf den Rücken der Mutter gehört, nicht aber unter erwachsene Männer, die sich Krieger nennen?"

Einen Indsman ein altes Weib heißen, ist eine große Beleidigung. Noch größer aber ist die, ihn ein kleines Mädchen zu nennen. Schiba-bigk sprang wütend auf und schrie mich an, freilich ohne zu seinem Gewehr oder zu seinem Messer zu greifen:

„Hund, soll Schiba-bigk dich töten? Er braucht nur ein Wort zu sagen, so fallen fünfzig Krieger über dich her."

„Und ich brauche nur ein Zeichen zu geben, so seid ihr in zwei Minuten tot, wenn ihr euch mir nicht ergebt."

Bei diesen Worten zog ich mit der linken Hand den Hahn des Bärentöters, den ich auf dem Rücken trug, auf.

„So gib doch dieses Zeichen!" höhnte er. „Tu es doch! Wir wollen sehen, wer dir zu Hilfe kommt, uns zu töten oder zu fangen!"

„Sofort sollst du es sehen. Paß auf!"

Mein Schuß krachte. Da kamen von der gegenüberliegenden Höhe siebzig Apatschen unter Kriegsgeheul herabgesprungen. Sie hatten ihre Pferde droben zurückgelassen. Hinter mir wurde das Geheul erwidert, von links her kam Winnetou mit seiner Abteilung und von rechts her Old Wabble mit der seinigen gesprengt. Die Komantschen waren starr, bewegungslos vor Schreck.

„Entwaffnet und bindet sie!" rief Winnetou.

Die Roten lagen, ehe sie an Gegenwehr dachten, am Boden, und jeder wurde von fünf, sechs Apatschen niedergehalten, um gebunden zu werden. Wenige Minuten nach der letzten höhnischen Aufforderung Schiba-bigks waren sie alle gefesselt, ohne daß auch nur ein Apatsche die geringste Verletzung davongetragen hatte. Nun ließen sie allerdings ihre Stimmen hören und versuchten, sich unter dem Druck der unzerreißbaren Riemen aufzubäumen. Vergeblich.

„Nun, Sir, habe ich meine Sache gut gemacht?" fragte Old Wabble, indem er zu mir trat.

„Ja", antwortete ich. „Aber viel dürft ihr Euch nicht darauf einbilden, denn es war kinderleicht."

„Ja, wenn man einmal denkt, fehlerlos gehandelt zu haben, dann war es kinderleicht; *is's clear!*" Er wendete sich mißmutig ab.

Das Tal wurde jetzt voller Pferde und Menschen. Die Tiere wurden angehobbelt, und die Menschen lagerten sich. Die Gefangenen schob man so zusammen, daß sie eng nebeneinander lagen. Ihren jungen Häuptling aber ließ ich so weit von ihnen entfernen, daß sie nicht hören konnten, was ich mit ihm sprach. Das geschah aus Rücksicht auf ihn, denn ich wollte ihn nicht unglücklich machen. Wären die Demütigungen, die ihm bevorstanden, an ihre Ohren gekommen, so hätte er auf seine Häuptlingswürde für immer verzichten müssen. Ich wußte, daß seine gegenwärtige Niederlage überhaupt schon böse Folgen nach sich ziehen konnte, selbst wenn ihm nichts Schlimmes geschah.

Nach den unter ‚Gentlemen' herrschenden Regeln wäre es freilich sehr unedel gewesen, ihm die Beleidigungen zurückzugeben. Ich hätte stolz darüber schweigen müssen. Hier aber lagen die Dinge anders. Es galt, dem Seelenleben eines jungen, hoffnungsvollen Indianers eine Richtung zu geben, die es ihm ermöglichte, seinen einstigen Untergebenen etwas Besseres als ein roher, blutdürstiger Kriegshäuptling zu werden. Ich setzte mich neben ihn und winkte alle fort, die sich uns nähern wollten. Er wendete das Gesicht von mir weg und schloß die Augen.

„Nun?" fragte ich. „Wird mein junger Bruder auch jetzt noch behaupten, er sei ein großer Krieger?"

Schiba-bigk antwortete nicht, aber er schien den milden Ton, in dem ich das sagte, nicht erwartet zu haben, denn seine finsteren Züge erhellten sich ein wenig.

„Oder ist Schiba-bigk immer noch der Ansicht, daß man Old Shatterhand zu den alten Weibern rechnen muß?"

Er regte sich nicht und sagte nichts. Ich fuhr fort:

„Der Vater meines jungen Freundes hieß Tevuaschohe, das ist Feuerstern. Ich war sein Freund und Bruder, und er war der einzige Krieger der Komantschen, den ich liebte."

Jetzt öffnete er die Lider halb und warf einen forschenden Blick in mein Gesicht, schwieg aber noch immer.

„Feuerstern starb unter den Händen weißer Mörder, und mein Herz wurde krank, als ich es hörte. Wir haben ihn an den Mördern gerächt, und die Liebe, die ich für ihn hegte, ist auf seinen Sohn übergegangen."

Er schlug die Augen auf, drehte den Kopf herum und richtete den Blick voll auf mich, verharrte aber auch jetzt noch in seinem Schweigen. Ich sprach weiter:

„Old Shatterhand hatte einen Namen, der an allen Lagerfeuern ertönte, und Schiba-bigk war ein Knabe, den niemand kannte. Dennoch nahm sich Old Shatterhand seiner an, denn er wünschte, der junge Sohn der Komantschen möge ein Mann werden, wie sein Vater war, mild und treu im Herzen, hell und klar in der Faust. Ich geleitete dich damals durch den öden Llano Estacado. Ich half dir gegen deine Feinde. Ich führte dich zur Wohnung des Bloody-Fox und war dein Lehrer in all den Tagen, die wir dort verlebten. Wenn ich zu dir sprach, erschien dir meine Stimme wie die Stimme des toten Vaters, und wenn ich deine Hand in die meinige nahm, glänzte Wonne auf deinem Gesicht, als sei meine Hand die deiner Mutter. Damals hattest du mich lieb." – „Uff, uff!" sagte der junge Rote jetzt leise, und seine Augenlider zitterten.

„Da füllte ich mein Kalumet und rauchte die Pfeife des Friedens und der Brüderschaft mit dir. Ich war der ältere und du warst der jüngere Bruder, denn wir hatten miteinander einen Vater, den guten Manitou, von dem ich dir erzählte. Ich ließ dich in mein Herz und in meinen Glauben blicken und meinte, ein Maiskorn in das deinige gepflanzt zu haben, das sich nach und nach zu einer großen, reichen Ernte vermehren würde, denn dein Herz war ein fruchtbarer Boden und verhieß tausendfältige Frucht."

„Uff, uff, uff!" wiederholte er abermals leise und gepreßt.

„Was ist aus diesem Maiskorn geworden? Es hat keinen Tau und keine Sonne gefunden und ist elend vertrocknet und verdorrt." – „Ke, ke – nein, nein!" versicherte er, endlich ein Wort sprechend, wobei ihm aber das Gewissen oder die Scham das Gesicht von mir wieder abwandte.

„He, he – ja, ja", behauptete ich, „es ist so, wie ich sage. Was ist aus meinem jungen Freund und Bruder geworden? Ein undankbarer Gegner, ein Feind, der mich verhöhnt und mir nach dem Leben trachtet. Das ist traurig bei einem jungen Krieger, der nur das strenge Gesetz der Prärie kennt. Noch viel trauriger aber ist es bei einem Jüngling, der einen Christen liebgehabt und durch ihn den großen, guten Manitou kennengelernt hat. Als du vorhin Old Shatterhand beschimpftest und verhöhntest, konntest du mich nicht beleidigen. Aber es hat meinem Herzen wehgetan, daß du meine Lehren vergessen hast und geworden bist wie einer, dem ich meine Hand nie wieder reichen kann. Wer ist schuld daran?"

„Nale-Masiuv und die andern Häuptlinge", entgegnete er, sich mir wieder zuwendend. „Schiba-bigk erzählte ihnen alles, was er von dir gehört hatte. Da lachten sie und sagten, Old Shatterhand habe den Verstand verloren und sei ein *priest*[1]) geworden."

„Mein junger Bruder, ich wollte, ich wäre ein *priest* und könnte der deinige sein. Du hast dich also Old Shatterhands geschämt?"

„Ja", nickte er.

„So sollte ich mich jetzt nun deiner schämen. Ich tu es aber nicht, sondern traure um dich. Eure Häuptlinge und Medizinmänner einerseits und anderseits jene, die nach dem Willen des großen, guten Manitou handeln, sind an ihren Taten zu erkennen und voneinander zu unterscheiden. Was hättet ihr mir getan, wenn ich in eure Hände gefallen wäre?"

„Wir hätten dich an den Marterpfahl gebunden."

„Und doch habe ich euch nichts Übles zugefügt. Ihr aber habt mir nach dem Leben getrachtet. Was denkst du wohl, was wird nun mit euch und dir geschehen, da wir euch ergriffen haben?"

[1]) Priester, Nebenbedeutung: Pfaffe

Er bäumte sich in den Fesseln halb auf, sah mir starr ins Gesicht und fragte hastig: „Sag du es selbst, wie ihr euch rächen werdet!"

„Rächen? Old Shatterhand rächt sich nicht, denn er weiß, daß der große und gerechte Manitou alle Taten der Menschen so vergilt, wie sie es verdienen. Du wirst einige Tage unser Gefangener sein und dann die Freiheit zurückerhalten."

„Ihr werdet mich nicht töten, nicht vorher martern?"

„Nein. Wir verzeihen dir."

Der Komantsche sank unter einem langgedehnten Seufzer wieder zurück, fragte aber hierauf schnell und mit blitzendem Auge:

„Glaubt Old Shatterhand etwa, daß ich aus Angst vor den Schmerzen so gefragt habe?"

„Nein. Ich weiß, daß du die Schmerzen verachtest, die man deinem Körper zufügen würde. Es waren Schmerzen der Seele, die dir geboten, diese Frage auszusprechen. Ist es so oder nicht?"

„Old Shatterhand hat recht."

„Und noch eins will ich meinem jungen Freund sagen. Ich weiß freilich nicht, ob du mich verstehen wirst. Du glaubtest vorhin, mich recht klug ausgefragt zu haben. Aber ich wußte bereits alles, denn ich habe die Naiini am Blauen Wasser und die Boten Nale-Masiuvs belauscht, und in den Antworten, die ich dir erteilte, waren, ohne daß du es ahntest, Fragen verborgen, die du mir alle ohne dein Wissen beantwortet hast. Nicht du hast mich, sondern ich habe dich ausgefragt. Du warst so stolz und deiner Sache so sicher, und doch hast du mir verraten, daß Vupa-Umugi morgen abend und Nale-Masiuv einen halben Tag später zum Suks-ma-lestavi kommen werden. Wie ist das zu erklären?"

„Schiba-bigk weiß es nicht. Er wollte nichts verraten."

„Aber ich weiß es. Du hattest dich zwar Old Shatterhands und seiner Lehren geschämt, aber beide wohnten, ohne daß du dachtest, noch in deinem Herzen. Als ich dann vor dir stand, in deinen Augen als Besiegter und doch eigentlich als Sieger, empörte sich dein Herz gegen dich selbst und hieß dich Dinge sagen, die du verschweigen solltest. Hast du das verstanden?"

„Nicht ganz, aber Schiba-bigk wird darüber nachdenken. Was wird mit ihm geschehen, wenn die andern Häuptlinge erfahren, daß er alles verraten hat?"

„Ich habe das alles schon vorher gewußt, denn ich lag am Beratungsfeuer, als Vupa-Umugi mit den alten Kriegern den Überfall auf Bloody-Fox besprach. Und ich war dabei, als die zwei Boten Nale-Masiuvs kamen und den Wächtern am Fluß ihre Botschaft anvertrauten. Ich habe auch die Späher belauscht, die VupaUmugi nach dem Kleinen Wald schickte. Ja, Winnetou hat schon längst gewußt, daß Bloody-Fox von euch dort überfallen werden soll, und ist schleunigst in den Llano geritten, um ihm beizustehen." — „Uff, uff! Winnetou! Deshalb sieht Schiba-bigk ihn hier mit so vielen Kriegern der Apatschen!"

„Damit du dir keine Vorwürfe machst, will ich dir noch etwas anvertrauen: Wir wissen sogar, daß die weißen Soldaten in den Llano gelockt und durch die Pfähle, die ihr heute gesteckt habt, in den Tod geführt werden sollen. Du mußtest die Stangen stecken. Dann kommt Vupa-Umugi mit seinen hundertfünfzig Kriegern. Hierauf folgen die Soldaten, und endlich soll Nale-Masiuv erscheinen, der zu seinen Wigwams um neue hundert Mann gesandt hat."

„Uff! Uff! Entweder seid ihr viel klügere Männer als wir, oder Manitou hat euch lieber als uns und steht euch gegen uns bei."

„Manitou hat alle Menschen gleich lieb, die roten wie die weißen. Aber wer ihm gehorcht und nach seinem Willen handelt, den beschützt er in jeder Gefahr und gibt ihm Weisheit und Verstand, alle Feinde zu überwinden. Wir werden sämtliche Krieger der Komantschen gefangennehmen."

„Schiba-bigk glaubt es. Was werdet ihr dann mit den vielen Gefangenen tun?"

„Wir werden sie zum Guten ermahnen und ihnen schließlich die Freiheit wiedergeben."

Er wendete den Kopf wie unter einer inneren Qual hin und her und meinte, tief und schwer atmend:

„So können nur die Bleichgesichter sein. Ein roter Krieger aber kann und darf das nicht."

„Du irrst. Gerade der tapferste und berühmteste unter den roten Kriegern ist genauso, wie du es jetzt von mir hörtest."

„Wen meinst du?"

„Wen anders als Winnetou? Ihr wart stets die ersten, die zum Angriff schritten, und doch sagte Winnetou erst gestern abend, daß womöglich das Blut keines einzigen Komantschen vergossen werden soll! Die roten Männer und Völker müssen untergehen, weil sie nicht aufhören, sich untereinander zu zerfleischen. Ihr Manitou ist ein Gott des Blutes und der Rache, der ihnen selbst in den Ewigen Jagdgründen keinen Frieden, sondern Schlachten und Kämpfe ohne Ende bietet. Unser Manitou aber hat uns ein großes Gebot gegeben, das alle, die an ihn glauben, schon hier auf Erden glücklich und nach dem Tod ewig selig macht."

„Will Old Shatterhand mir dieses Gebot sagen?"

„Es lautet: Wir sollen ihn allein verehren und alle Menschen lieben wie uns selbst, mögen sie nun unsre Freunde oder unsre Feinde sein."

„Auch unsre Feinde?" fragte er, indem er mich mit weit offenen, erstaunten Augen ansah. „So soll der Komantsche einen Apatschen, der ihm nach dem Leben trachtet, so lieben wie Schiba-bigk seinen Vater liebte?"

„Ja. Es gibt eine einzige große Liebe, die, wenn sie wahr ist, nicht in größere und kleinere Teile zerfallen kann."

„Dann sind es nur die Bleichgesichter, die sie haben. Einem roten Krieger aber ist es niemals möglich, seinen Feind zu lieben."

„Denke an Winnetou! Wir waren Todfeinde und sind Brüder geworden, die allzeit bereit sind, ihr Leben füreinander zu lassen. Ihr seid seine Feinde, und doch verzeiht er es euch, daß ihr ihm und den Seinen nach dem Leben trachtet. Er gibt euch die Freiheit zurück, obwohl er weiß, daß ihr ihn trotzdem nicht weniger hassen werdet. Wie oft war ich dabei, wenn er Feinde besiegte, die ihn töten wollten. Ihr Leben lag in seiner Hand. Er konnte es ihnen nehmen, hat es ihnen aber geschenkt. Darum ist er geehrt und berühmt, soweit man seinen Namen kennt, und darum kann ich behaupten, daß es auch einem roten Krieger sehr wohl möglich ist, seinem Feind zu verzeihen und ihm Liebe zu erweisen. Ich wollte, mein junger Bruder könnte so sein wie Winnetou."

Er hielt die gefesselten Hände an die Stirn, schwieg eine Weile und bat mich dann:

„Old Shatterhand mag gehen und Schiba-bigk allein lassen! Der Komantsche will mit sich selbst sprechen und sich fragen, ob er so sein kann wie Winnetou, der große Häuptling der Apatschen."

Ich folgte seiner Aufforderung und ging, und wußte wohl, daß ich ihn in innerer Pein zurückließ.

Winnetou saß mit Entschar-Ko und den Weißen beratend beisammen, und ich ging zu ihnen. Dabei bemerkte ich, daß Winnetou sich schweigend verhielt oder verhalten hatte, denn wenn ich mich bei ihm befand, war es nicht seine Art, andern Leuten eher als mir seine Ansicht darzulegen.

„Gut, daß Ihr kommt, Mr. Shatterhand", meinte Old Wabble. „Wir müssen doch besprechen, was geschehen soll. Wir haben hin und her geredet, doch will es uns nicht gelingen, einig zu werden. Also sprecht, Mr. Shatterhand! Wann soll von hier aufgebrochen werden?" — „Sogleich", entschied ich. — „Wohin? Zur Oase?"

„Ja, aber nicht alle. Wir werden uns teilen. Es gilt, die bereits eingesetzten Stangen, die den richtigen Weg zur Oase verraten, schleunigst zu entfernen und in der Richtung in den Sand zu stecken, von der Bloody-Fox sprach."

„Wer soll das tun? Ich möchte mit."

„Das geht nicht an. Das Umstecken der Stangen darf nur von Indianern geschehen, denn wer diese Aufgabe lösen muß, wird zahlreiche Spuren zurücklassen, und das müssen Indianerspuren sein, damit Vupa-Umugi sie für die Spuren seiner Komantschen hält, wenn er kommt. Es dürfen auch nicht weniger und nicht mehr Leute sein, als wir hier Komantschen festgenommen haben. Darum wird Winnetou mit fünfzig Apatschen und den noch vorrätigen Stangen sofort von hier zum Gutesnontin-tsi aufbrechen, um die Arbeit auszuführen." Kaum hatte ich das gesagt, so stand der Häuptling auch schon auf und fragte mich:

„Hat mein Bruder noch etwas hinzuzufügen? Winnetou will fort."

„Nur eine Bemerkung: da du das Kaktusfeld nicht kennst, in

das wir die Komantschen locken wollen, wirst du die Stangen in südöstlicher Richtung aufstellen müssen. Ich sende dir dann Bloody-Fox, der dich genauer führen wird. Das ist alles, was ich dir zu sagen habe."

Eine längere eingehende Besprechung war zwischen uns beiden nicht nötig. Schon kurze Zeit später galoppiert er mit fünfzig Apatschen aus dem Tal hinaus, den Hundert Bäumen zu.

„Das ist ein Kerl!" bewunderte ihn Old Wabble. „Der bedarf keiner stundenlangen Anweisung, um zu wissen, wie er etwas anfassen soll! Welche Weisung werdet Ihr dann uns erteilen, Mr. Shatterhand?"

„Gar keine. Wir reiten geradewegs zur Oase. Dann bleibt ihr zur Bewachung der Gefangenen so lange dort, bis ihr Nachricht von mir bekommt." — „Von Euch? Ihr werdet also nicht bleiben?"

„Nein. Ich muß auch zu den Hundert Bäumen, um dort die Ankunft der Komantschen zu beobachten. Mr. Surehand wird mich begleiten."

„Könnte ich denn nicht mit? Ich verspreche Euch, ganz gewiß keinen Bock oder Pudel zu schießen."

Ich hatte keine Lust, Cutter mitzunehmen, seiner bekannten Voreiligkeit wegen, aber er gab so lange gute Worte, bis ich endlich beistimmte:

„Nun wohl, so reitet mit! Aber wenn eine einzige Unbedachtsamkeit vorkommt, sind wir geschiedene Leute. Was werdet ihr inzwischen mit Euern gewaltigen mexikanischen Sporen machen? Die könnt Ihr nicht an den Füßen behalten, Sir, weil auch wir indianische Fußeindrücke machen müssen, um nicht den Argwohn der Komantschen zu erregen. Wir werden also unsre Stiefel mit Mokassins vertauschen." — „Woher sollen wir sie nehmen?"

„Von den Gefangenen. Die werden schon die Güte haben, uns auszuhelfen."

„Hm! Wird schwerfallen. Ja, Ihr mit Euern Parkettfüßchen findet jedenfalls passende. Aber seht da meine Ständer an!"

Der Alte hatte allerdings Füße, die selbst für seine hochaufgeschossene Gestalt zu lang waren, und brauchte deshalb Schuhe, wie man sie scherzhaft mit dem Ausdruck ‚Kindersärge' bezeichnet.

Es war Zeit zum Aufbruch. Ich ließ die Komantschen aufsitzen und mit Riemen an die Pferde festbinden. Sie fügten sich, denn sie sahen ein, daß eine Weigerung nutzlos gewesen wäre. Ihren jungen Anführer aber wollte ich nicht ebenso behandeln. Deshalb sagte ich zu ihm:

„Ich habe meinem roten Bruder mein Herz geschenkt, und es würde mir weh tun, ihn ebenso fesseln zu müssen wie seine Leute. Wenn ich ihm erlaube, frei mit uns zu reiten, wird er da zu entfliehen versuchen?"

„Diese Frage ist schwer zu beantworten. Ihr werdet die Krieger der Komantschen alle ergreifen. Wenn es Schiba-bigk aber gelänge, zu entkommen und sie zu warnen, würde kein einziger von ihnen in eure Gewalt geraten. Er muß die Flucht versuchen."

„Diese Worte überzeugen mich, daß du nicht nur ein wackerer Krieger, sondern auch ein aufrichter, ehrlicher Mann bist. Dennoch werde ich dich nicht mit Riemen quälen."

„Uff!" rief er erstaunt aus. „Da entflieht Schiba-bigk!"

„Pshaw! Selbst wenn wir zwei allein wären, würdest du nicht entwischen. Du siehst, wieviel Reiter ich bei mir habe. Übrigens werde ich ein Mittel anwenden, das dich fester als alle Fesseln bei uns halten wird: ich nehme dir die Medizin ab."

„Uff, uff!" rief er.

„Ja, das tu ich. Beim ersten Versuch zu entfliehen, werden alle Gewehre auf dich gerichtet sein, und würdest du, was aber gar nicht möglich ist, von keiner Kugel getroffen, so hättest du im nächsten Augenblick über zweihundert Verfolger hinter dir. Sollte dich trotzdem keiner von ihnen fangen, was wieder gar nicht zu denken ist, so würde ich deine Medizin vernichten und mit ihr deine Seele."

Schiba-bigk senkte den Kopf und ließ ein ergebungsvolles „Uff" hören. Er tat auch keinen Griff, es zu verhindern, als ich ihm die Medizin abnahm und an meinen Hals hängte. Er gab sich die größte Mühe, seine Gedanken zu verbergen, konnte mich aber nicht täuschen. Ein kurzes Aufblitzen seiner Augen sagte mir, daß er alles wagen und selbst den Verlust der Medizin daransetzen werde, die Freiheit zu erlangen. Ich hatte also wohl Grund, ihn fesseln zu lassen, tat dies aber nicht, denn ich wollte wissen, weshalb er entgegen allen indianischen Anschauungen selbst auf die Medizin verzichtete, um frei werden zu können. Sollten meine Lehren doch so tief in ihm gehaftet haben, daß sie imstande gewesen waren, seine heidnischen Ansichten über die Ewigen Jagdgründe ins Wanken zu bringen? Denn wenn die ‚Medizin' ihre Macht über ihn verloren hatte, so konnte er unmöglich noch an eine derartige Fortdauer nach dem Tod glauben. Das stand fest. Also ließ ich ihn, um ihn in dieser Hinsicht auf die Probe zu stellen, nicht binden, sorgte aber dafür, daß ihm die Flucht nicht gelingen konnte.

Die beste Art etwas zu verhindern oder wirkungslos zu machen, was andre tun wollen, ist die, es selbst herbeizuführen. Dann hat man den Gang der Ereignisse in der Gewalt und kann zur rechten Zeit seine Gegenmaßnahmen treffen. Darum mußte ich, um des jungen Häuptlings sicher zu sein, ihm zu irgendeinem Augenblick die Flucht so leicht wie möglich machen. Ging er auf die Finte ein, so konnte ich ihn schnell fassen, etwa so wie die Katze die Maus, mit der sie spielt.

Als wir aufgebrochen waren, ritt ich zunächst allein hinterher, um unbemerkt meinen Lasso in fertigen Rollen so um die Schulter zu legen, daß es nur eines schnellen Griffs bedurfte, ihn wurfgerecht in die Hand zu bekommen. Dann setzte ich mich als Führer an die Spitze und rief Schiba-bigk an meine Seite. Ich unterhielt mich mit ihm so, als beaufsichtige ich ihn nicht, und blieb dann, als es zu dunkeln begann, mit ihm immer weiter zurück, bis wir uns schließlich am Ende des Zugs befanden. Die Dämmerung verdichtete sich schnell zum völligen Abenddunkel. Schiba-bigk ritt mir zur rechten Seite. Ich tat so, als sei mir am Sattelzug etwas in Unordnung geraten, hielt das Pferd an und beugte mich, ohne abzusteigen, an der linken Seite nieder. Ich drehte ihm den Rücken zu. Wenn er jetzt nicht floh, so hatte er überhaupt nicht die Absicht, uns zu entwischen. Gespannt griff ich mit der rechten Hand zum Lasso. Richtig! Ein Knirschen des Sandes, wie unter den Hufen eines Pferdes, das auf den Hinterbeinen herumgeworfen wird — schnell erhob ich mich wieder im Sattel und drehte mich um: da hinten flog er in wilder Flucht den Weg zurück, den wir gekommen waren. Doch im selben Augenblick hatte ich mein Pferd gewendet und eilte hinter ihm her. Mein Rappe hatte nicht ohne Grund den Namen Hatatitla, was ,Blitz' bedeutet. Er war dem Pferd Schiba-bigks weit überlegen. Noch nicht eine Minute war vergangen, da war ich dem Flüchtling so nahe, daß mein Lasso ihn erreichen mußte. „Halt an!" rief ich ihm zu.

„Uff, uff!" entgegnete er schrill, was soviel bedeuten sollte wie: nein, das fällt mir gar nicht ein.

Da schwirrte mein Lasso durch die Luft. Die Schlinge senkte sich auf den Flüchtling, faßte ihn bei beiden Armen und zog sie ihm an den Leib. Ich zügelte meinen Rappen, und der Ruck, den der Lasso dadurch erhielt, riß den Indianer vom Pferd. Sofort sprang ich ab und kniete bei Schiba-bigk nieder. Er lag bewegungslos.

„Ist mein junger Bruder noch am Leben?" fragte ich besorgt, denn es war leicht möglich, daß er den Hals gebrochen hatte. Solche Unfälle kommen beim Fang mit dem Lasso vor.

Er antwortete nicht.

„Wenn Schiba-bigk nicht redet, werde ich ihn wie eine Leiche auf das Pferd schnallen. Sollten ihn dann die Glieder schmerzen, hat er es sich selbst zuzuschreiben", warnte ich.

„Schiba-bigk lebt", erwiderte er jetzt.

„Hast du Schaden genommen?" — „Nein."

„So rufe dein Pferd herbei!"

Das Tier war, als der Reiter aus dem Sattel gerissen wurde, noch eine Strecke weit fortgelaufen. Er stieß einen scharfen Pfiff aus, und das Pferd kam. — „Jetzt werde ich meinem jungen Bruder die Hände binden. Er selbst ist schuld daran, daß ich das tun muß."

Schiba-bigk lag noch am Boden. Die Schlinge des Lasso hielt ihm die Arme am Leib fest. Ich half ihm beim Aufstehen, band ihm die Hände zusammen und befahl ihm aufzusteigen. Hierauf zog ich ihm unter dem Bauch des Pferdes einen Riemen von einem Fuß zum andern und nahm seine Zügel herüber. Dadurch bekam ich sein Pferd in meine Gewalt, und er konnte nicht herunter. Nachdem ich mir den zusammengeschlungenen Lasso wieder über die Schulter gehängt hatte, stieg ich auf und ritt mit dem Gefangenen im Galopp zurück, den andern nach.

Die Schar war haltengeblieben, weil man bemerkt hatte, daß wir fehlten. Old Surehand, Old Wabble, Webster, Hawley und Entschar-Ko kamen uns entgegen.

„Gott sei Dank, da seid Ihr ja!" rief der alte ‚König der Cowboys‘ aus. „Wo habt Ihr denn gesteckt, Mr. Shatterhand? Der Rote wollte wohl entwischen?" — ‚Ja."

„Da habt Ihr es! Sagte ich nicht, daß diese Kerle alle nichts taugen? Solche Burschen darf man nicht mit Handschuhen anfassen, wie das so Eure Art ist. Hoffentlich ist er nun gebunden?"

„Ganz nach Euerm Wunsch, Mr. Cutter."

„Warum sagt Ihr das so spöttisch, Sir?"

„Weil er schon vorher gefesselt war."

„Das ist mir neu. Habe nichts davon gesehen."

„Ob mit Riemen gefesselt oder durch meine Augen bewacht, das ist ganz das gleiche."

„So? Na, wenn Eure Augen Riemen sind, so laßt sie nur nicht zu lang herunterhängen! Die Pferde könnten sie Euch sonst wegtreten; *it's clear!*"

Ich hätte jetzt ruhig hinterherreiten können, denn eine Wiederholung des Fluchtversuchs war nun ausgeschlossen. Dennoch begab ich mich wieder an die Spitze, weil ohne meine Führung die andern den Weg verfehlt hätten. Auch Schiba-bigk hätte, selbst wenn er nicht in unsre Hände geraten wäre, die Oase nicht überfallen können, weil es ihm unmöglich gewesen wäre, den neuen Durchgang durch den Kaktus zu finden. Er kannte nur den alten, und der war, wie schon erwähnt, von Bloody-Fox zugepflanzt worden.

Es war nach sechs Uhr dunkel geworden. Ungefähr anderthalb Stunden später kamen wir im Lager der Apatschen an, wo sich auch Bloody-Fox befand. Er war begierig zu erfahren, welchen Erfolg wir gehabt hatten, fügte aber seiner Erkundigung gleich die Antwort hinzu:

„Hallo! Da sehe ich, daß es gar keiner Frage bedarf. Das sind ja eine ganze Menge Komantschen, die Ihr mitbringt. Ihr seid also mit ihnen zusammengetroffen und habt sie gebeten, mitzukommen. Ist Schiba-bigk dabei?"

„Gewiß", entgegnete Old Wabble. „Werden doch die Roten nicht ohne ihren Anführer bringen! Will es Euch erzählen, wie wir die Kerle erwischt haben, wenn es Euch Vergnügen macht. Fürs erste aber wollen wir hinein zum Wasser, um die Pferde zu tränken. Das ist das Notwendigste."

Er hatte recht. Ich stieg ab und band Schiba-bigk los.

„Wenn mein roter Bruder sich eingebildet hat, Bloody-Fox überfallen zu können, so befand er sich in einem großen Irrtum. Die Gegend ist ganz anders geworden, als sie damals war. Weil du der Flucht verdächtig bist, wirst du den richtigen Weg nicht sehen dürfen."

Ich nahm ihn vom Pferd, verband ihm die Augen und ergriff ihn beim Arm, um ihn durch den Kaktus zur Hütte zu führen. Die Weißen und Entschar-Ko folgten uns. Die Gefangenen waren den Apatschen sogleich zur Bewachung übergeben worden. Auch ihre Pferde wurden hereingebracht, um getränkt zu werden.

Eigentlich hatte ich die Absicht gehabt, nicht nur den feindlichen Komantschen, sondern auch den Apatschen den Zutritt zum Innern der Oase zu verwehren. Es war immer am besten, niemand mit der Örtlichkeit vertraut zu machen. Aber diese Absicht hatte sich wegen des unvermeidlichen Tränkens der Pferde als undurchführbar erwiesen. Wenn über dreihundert Pferde und ebenso viele Menschen mit Wasser zu versehen waren, konnte der Quell nicht geheim bleiben.

Während sich die andern draußen am Tisch niedersetzten, führte ich Schiba-bigk ins Innere des Hauses, wo ich ihn anband und ihm die Augenbinde abnahm.

„Mein Bruder mag es nur sich selbst zuschreiben, daß ich so mit ihm verfahre", meinte ich. „Hätte er mir sein Wort gegeben, nicht zu entweichen, so dürfte er jetzt frei hier umhergehen."

„Dieses Wort darf Schiba-bigk nicht geben", erklärte er. „Er ist ein Häuptling der Komantschen, und da sich unsre Krieger in Gefahr befinden, hat er die Pflicht, zu fliehen, sobald es möglich ist."

„Diese Möglichkeit wird nicht eintreten."

„Vorhin war sie da. Wenn das Pferd meines weißen Bruders nicht schneller gewesen wäre, so würde Schiba-bigk entkommen sein." — „Hast du das wirklich geglaubt? Ich hätte dich für scharfsinniger gehalten. Wir befanden uns erst am Anfang des Zugs. Warum blieb ich dann mit dir zurück?"

„Weil du glaubtest, Schiba-bigk sicher zu haben."

„Nein, ganz im Gegenteil, weil ich wußte, daß du fliehen wolltest. Und weshalb hielt ich an, um nach meinem Sattelzeug zu sehen?" — „Weil etwas daran zerrissen oder verschoben war."

„Auch nicht, sondern um dir Gelegenheit zu geben, die Flucht zu ergreifen."

„Uff!" rief er verwundert. „Old Shatterhand wollte den Häuptling der Komantschen an der Flucht hindern und hat ihm doch die Gelegenheit dazu gegeben?"

„Das begreifst du nicht? Grad weil ich die Flucht verhindern wollte, habe ich dir die Gelegenheit dazu gegeben. Wärst du in einem Augenblick geflohen, als ich nicht darauf vorbereitet war, hättest du in der Dunkelheit trotz der Schnelligkeit meines Pferdes entkommen können. Ich mußte also vorbereitet sein, und das konnte nur dadurch geschehen, daß ich selbst den geeigneten Augenblick herbeiführte. Dann war ich um so schneller hinter dir her."

„Uff, uff! Der Komantsche sieht ein, daß es wahr ist, was alle roten und weißen Krieger wissen: Old Shatterhand ist nicht zu überlisten, aber er überlistet jeden."

„Hm, dich heute zu überlisten, dazu gehörte nicht viel. Sei froh, daß mein Pferd schneller war als das deinige und ich infolgedessen nur den Lasso angewendet habe! Hätte ich dich nicht so rasch einholen können, wäre ich gezwungen gewesen, dich zu erschießen!"

„Schiba-bigk hat keine Angst vor dem Tod!"

„Das weiß ich. Aber die Flucht hatte doch nur den Zweck, die Komantschen zu benachrichtigen. Hättest du das tun können, wenn du erschossen worden wärst? Du mußt einsehen, daß du in dieser Hinsicht unüberlegt gehandelt hast. Und wie konntest du vergessen, daß ich deine Medizin besitze! Mochte dir die Flucht gelingen oder nicht, deine Seele wäre für immer verloren gewesen."

„Old Shatterhand sagt da etwas, was er selbst nicht glaubt."

Trotz des schwachen Scheins der in der Stube brennenden Talgkerze sah ich, daß sein Gesicht einen selbstbewußten, ja, ich möchte sagen, einen überlegenen Ausdruck annahm.

„Was ich glaube, ist hierbei Nebensache", erwiderte ich. „Aber du glaubst es."

„Nein. Schiba-bigk hat es nur so lang geglaubt, bis ihm Old Shatterhand vom großen Manitou erzählte, der alle Menschen erschaffen hat, der allen gleiche Liebe gibt und zu dem alle Seelen zurückkehren werden. Kein Mensch kann einem andern seine Seele nehmen. Es wird nach dem Tod keine Herrscher und keine Diener, weder Sieger noch Besiegte geben. Vor dem großen, guten Manitou werden alle Seelen gleich sein. Es wird weder Kampf noch Jagd und Blutvergießen geben."

Er hatte das in einem Eifer gesagt, der sich von Wort zu Wort steigert. Darüber freute ich mich herzlich. Das war es ja, was ich hatte erfahren wollen! Der Same, den ich damals in sein Herz gesät hatte, war also doch aufgegangen und hatte unter der starren Rinde feste Wurzeln geschlagen.

„Ja, wenn du so denkst, dann hat ja keine Medizin mehr Wert für dich", sagte ich, scheinbar absichtslos.

„Sie ist das Zeichen des Kriegers, weiter nichts." — „Dann hat es auch keinen Zweck, daß ich sie behalte. Hier hast du sie zurück."

Ich nahm den Beutel von meinem Hals und hängte ihn dem Roten wieder um. Dann fuhr ich fort: „Da du fliehen willst, muß ich dich allerdings noch als Feind betrachten. Aber du sollst dich wenigstens zwischen diesen vier Wänden frei bewegen dürfen."

„So willst du Schiba-bigk losbinden?"

„Bob, der Neger, wird das später tun."

„Der Nigger? Soll ein Nigger mich berühren? Weißt du nicht, daß kein roter Krieger mit einem Nigger etwas zu tun haben mag?"

„Was hast du gegen unsern Bob?" fragte ich ihn. „Er war dabei, als wir dich damals retteten. Du bist ihm nicht weniger Dank schuldig als uns. Er ist ein besserer Mensch, als du gewesen bist. Er hat niemals einem andern Freundschaft vorgelogen. Du aber hast Bloody-Fox dein Leben zu verdanken und mit ihm die Pfeife des Friedens und der Freundschaft geraucht und bist trotzdem jetzt hierhergekommen, ihn aus seinem Heim zu vertreiben und zu töten. Sag mir aufrichtig, wer steht höher, der Neger oder du?"

Schiba-bigk antwortete nicht.

„Du schweigst. Das ist genug. Denke über dich nach! Damit du das ungestört tun kannst, werde ich jetzt gehen."

Meine Worte klangen streng, aber sie waren gut gemeint, und ich hoffte, daß sie den beabsichtigten Eindruck machen würden. So ging ich hinaus und winkte den Neger zu mir. Ich kannte ihn und wußte, daß er seiner Aufgabe gewachsen sei. Man mußte ihm die Sache nur richtig klarmachen. Der Gefangene war sorgsam zu bewachen, sollte aber nicht gequält werden.

„Komm her, Bob", sagte ich. „Ich habe dir etwas Wichtiges mitzuteilen. Ich weiß, daß du ein starker und tapfrer Mann bist. Nicht wahr, alter Bob?"

„Oh, ja, oh! Masser Bob sein sehr stark und tapfer."

„Aber auch listig?" — „Sehr listig! Listig wie — wie —"

Der Schwarze sann nach. Es schien ihm kein genügend augenfälliges Beispiel von List einzufallen. Dann schlug er froh die Hände zusammen, denn er hatte eins gefunden, und fuhr fort:

„Listig wie Fliege!"

„Fliege? Hältst du die Fliege für ein besonders listiges Geschöpf?"

„Yes! Oh, oh, Fliege sehr listig! Setzen sich immer nur auf Nasenspitze." — „Und das ist List?"

„Sehr viel List, denn Nasenspitze sein ganz vorn und Fliege da kann gleich schnell wieder fortfliegen."

„Schön, das leuchtet mir allerdings ein. Also, ich brauche deine Stärke, deine Tapferkeit und deine List. Du hast gesehen, daß ich Schiba-bigk in die Stube geschafft habe. Er will fliehen. Darum muß er streng bewacht werden. Das sollst du tun."

„Well! Masser Bob sich setzen zu ihm ganze Nacht und ganzen Tag und ihn nicht lassen aus allen zwei Augen."

„Das wird nicht gerade nötig sein. Du wirst ihn nachher, wenn ich fort bin, losbinden. Der Indsman soll frei in der Stube umhergehen können. Aber heraus darf er nicht."

„O no, darf nicht heraus! Sobald er steckt Nase heraus, Masser Bob ihm geben einen Hieb darauf."

„Das darfst du nicht tun. Schläge sind für einen roten Krieger die größte Beleidigung."

Da kratzte er sich verlegen hinter dem Ohr und sagte:

„Oh, hm, oh! Das bös, sehr bös! Masser Bob ihn nicht lassen

heraus und doch nicht dürfen schlagen! Masser Bob ihn müssen losbinden und doch ihn festhalten!"

„Ja", lächelte ich, „es ist eine schwierige Angelegenheit. Aber du bist der richtige Mann dazu. Er wird losgebunden und bekommt zu essen und zu trinken, darf aber nicht zur Tür heraus, auch nicht etwa zu einem Fenster. Und schlagen darfst du ihn nicht."

„Auch nicht erschießen?" — „Das schon gar nicht! Du mußt dich da ganz auf deine Pfiffigkeit verlassen."

Er sann nach und meinte mit einem glückseligen Lächeln:

„Oh, ah, oh, Masser Bob sein pfiffig! Masser Bob weiß, wie machen. Soll Masser Bob es sagen?"

„Nein, ich brauche es jetzt nicht zu wissen. Aber ich bin überzeugt, daß ich mit dir zufrieden sein kann, wenn ich zurückkehre."

„Sehr zufrieden! Masser Bob haben einen Gedanken, der sehr pfiffig, sehr. Schiba-bigk drinstecken, werden losbinden und doch nicht können heraus. Ihn auch nicht schlagen oder schießen. Das machen Masser Bob schlau. Massa Shatterhand werden sehen."

„Gut, lieber Bob. Es soll mich freuen, wenn ich dich bei meiner Rückkehr loben kann."

Ich wußte gar wohl, warum ich den ‚Gedanken' nicht wissen wollte, der dem Neger gekommen war, denn ich wollte nichts mit einer Kränkung zu tun haben, die es nach den Anschauungen der Bleichgesichter vielleicht nicht gab, die aber nach indianischen Begriffen sehr groß sein konnte. Tat der Schwarze ohne mein Wissen mit dem Gefangenen etwas, was das Ehrgefühl Schiba-bigks verletzte, so durfte der Rote nicht den gleichen Maßstab daran legen, als wenn es mit meiner Genehmigung oder gar in meinem Auftrag geschah.

Nun ging ich zu Bloody-Fox, um mit ihm über seine Aufgabe zu sprechen. Er stand mit Old Surehand beisammen und empfing mich mit den Worten:

„Ich habe gehört, daß ich zu Winnetou reiten soll, um ihn und seine Apatschen in die gewünschte Richtung zu bringen. Wann soll ich fort von hier?" — „Noch heute abend, so bald wie möglich." — „Und wo werde ich den Häuptling treffen?"

„Das ist nicht genau zu sagen, läßt sich aber ungefähr berechnen. Er ist auf der Spur Schiba-bigks zurück, die bis zu den Hundert Bäumen geht. Da er die Pfähle entfernen und mitschleppen soll, mit denen der junge Häuptling den Weg hierher bezeichnete, wird er länger zubringen, als wenn er ohne Aufenthalt reiten könnte —"

„Er kann diese Arbeit auch während des größten Teils der Nacht tun, denn der Mond wird in kurzer Zeit erscheinen", unterbrach er mich. „Allerdings, und darum denke ich, daß er wahrscheinlich gegen Mittag bei den Hundert Bäumen ankommen wird."

„Dort muß Winnetou die Pferde tränken und wenigstens eine Weile ausruhen lassen."

„Ganz recht. Aber lange wird er sich dort nicht verweilen. Die Hauptsache ist, daß die Tiere Wasser bekommen. Auf ihre Müdigkeit wird er weniger Rücksicht nehmen, weil er weiß, daß er sie dann unterwegs nach Bedarf schonen kann, denn es steht da in seinem Belieben, anzuhalten und auszuruhen, wann und wo es ihm gefällt. Ich habe ihm gesagt, daß er sich von den Hundert Bäumen an genau südöstlich halten soll. Nehmen wir an, daß der Häuptling von Kilometer zu Kilometer einen Pfahl anbringt und sich damit nicht allzusehr beeilt, so läßt sich nicht schwer berechnen, an welchem Punkt er von hier aus zu treffen sein wird."

„Well. Da weiß ich nun, woran ich bin. Habt Ihr sonst noch eine Bemerkung, Mr. Shatterhand?"

„Ja. Vupa-Umugi wird hinter Winnetou herkommen und darf nur auf indianische Spuren treffen."

„Also muß ich meine Stiefel ausziehen und Mokassins anlegen. Ich habe stets mehrere Paare hier, weil ich in dieser Abgeschiedenheit gezwungen bin, auf Vorrat zu sehen."

„Ah, wenn ich auch ein Paar haben könnte!"

„Und ich auch", fiel Old Surehand ein. „Wir müßten uns sonst von den gefangenen Komantschen welche nehmen, und was die an den Füßen gehabt haben, hm!"

„Da kann ich wahrscheinlich Rat schaffen, denn ich habe zwei Größen, weil Bob oft auch welche trägt. Wartet einige Augenblicke! Ich werde sie holen."

Er ging ins Haus und brachte die indianischen Schuhe. Eine Probe ergab, daß sowohl für Old Surehand als auch für mich passende vorhanden waren. Wir zogen sie an und übergaben Bob unsere Stiefel, um sie bis zur Rückkehr aufzubewahren.

Anders stand es mit Old Wabble, für dessen Meterfüße Fox nichts Geeignetes besaß. Wir schickten ihn mit Entschar-Ko hinaus zu den Komantschen. Vielleicht gab es unter ihnen einen, der ähnlich ausgebildete Gehwerkzeuge besaß.

„Um in Hinsicht auf Winnetou die Hauptsache nicht zu vergessen: er muß Wasser haben", fuhr ich in dem unterbrochenen Gespräch fort. „Glücklicherweise sind Schläuche hier."

„Ja", nickte Fox. „Ich werde sie sogleich füllen lassen. Aber allein kann ich mich nicht mit ihnen schleppen. Darf ich einige Apatschen mitnehmen?"

„Natürlich! Doch nicht zu viele, sonst sieht Vupa-Umugi, daß er einer größern Schar von Reitern folgt, als Schiba-bigk bei sich gehabt hat. Hierbei komme ich auf einen Gedanken, der mich wahrscheinch vor einem Unterlassungsfehler bewahrt oder uns doch wenigstens den Fang der Komantschen erleichtert. Ich wollte erst nur mit Euch, Mr. Surehand, und mit Old Wabble reiten, denke aber jetzt, daß es besser ist, wenn wir fünfzig oder sechzig Apatschen mitnehmen."

„Auf einen Kundschafterritt?" fragte Old Surehand verwundert. „Da ist man doch so wenig zahlreich wie möglich!"

„Allerdings. Aber vielleicht wird aus dem beabsichtigten Späherritt etwas ganz andres. Soweit wir jetzt den Plan der Komantschen kennen, kommt zunächst Vupa-Umugi mit seiner Schar bei den Hundert Bäumen an. Das wird, wie ich erlauscht habe, morgen abend sein. Er wird dort während der Nacht bleiben und dann längs der Pfähle weiterreiten. Er lockt die weiße Reiterei hinter sich her. Wann diese folgt, das weiß man nicht, läßt sich aber vermuten, da ich aus Schiba-bigk herausgeholt habe, daß Nale-Masiuv einen halben Tag später kommen wird als Vupa-Umugi, und die Weißen sind doch vor Nale-Masiuv zu erwarten, da er die Aufgabe hat, sie vor sich herzutreiben."

„Das Militär wird also wahrscheinlich übermorgen vormittag bei den Hundert Bäumen eintreffen."

„Das denke ich auch. Sind diese Weißen dann fort, hinter Vupa-Umugi her, wird Nale-Masiuv erscheinen und ihnen folgen. Unsre Absicht war nun bisher, diese einzelnen Trupps ziehen zu lassen und sie in einer Falle einzuschließen —"

„— und das ist das beste, ja das einzige, was wir tun können", fiel Bloody-Fox ein.

„Leider nicht. Ich wundere mich jetzt darüber, daß keiner von uns darauf gekommen ist, welche Dummheit wir dadurch begehen würden. Bedenkt doch, daß es zwei verschiedene Indianertrupps sind, die wir im Kaktus einschließen wollen!"

„Nun? Was ist da zu bedenken?"

„Daß sich die Weißen zwischen ihnen befinden."

„*Zounds,* es ist wahr!" rief Old Surehand aus. „Das ist allerdings eine falsche Berechnung in unserm Plan! Wir müßten die Weißen mit den Roten einschließen und hätten dadurch das Spiel verloren!"

„Wenn auch das nicht, Mr. Surehand, aber es würde für uns weit schwerer zu gewinnen sein. Die Komantschen würden sich der Soldaten bemächtigen und dadurch einen Trumpf in die Hände bekommen, der nicht leicht zu überbieten wäre. Darum werden wir drei nicht allein reiten, sondern eine Abteilung unsrer Apatschen mitnehmen. Wir lassen Nale-Masiuv gar nicht in die Falle gehen, sondern nehmen ihn schon bei den Hundert Bäumen gefangen."

„Ein vortrefflicher Gedanke, Sir, wenn er nicht zu kühn ist", bemerkte Bloody-Fox. „Bedenkt, daß Nale-Masiuv wahrscheinlich über hundertfünfzig Krieger bei sich haben wird. Und die wollt Ihr mit fünfzig bis sechzig Apatschen fangen?"

„Nein. Das wäre freilich ein mehr als kühnes, es wäre ein leichtsinniges Unternehmen. Ich werde aber viel mehr Leute bei mir haben, nämlich die Soldaten. Dieser Trupp wird uns beistehen. Ich werde Entschar-Ko sagen, daß — ah, da kommt er!"

Der Unterführer der Apatschen kam mit Old Wabble zurück. Ich schickte ihn wieder hinaus, um jene Krieger auszuwählen, die uns begleiten sollten. Der alte ‚König der Cowboys' stand dabei in einer so eigentümlichen Haltung vor uns, daß ich ihn unwillkürlich fragte: „Was habt Ihr, Sir? Ist Euch nicht wohl?"

„*Yes*, durchaus nicht wohl!" nickte er und zeigte dabei auf seine Füße. „Ach! An den Füßen? Die Mokassins — ?"

„— mag der Teufel holen!" platzte Cutter zornig heraus.

„Habt ja welche gefunden." — „Und was für welche!"

„Groß genug?" — „Und wie groß! So groß, daß man sich geradezu schämen muß, sie anzuziehen! Der Rote, dem wir sie nahmen, hat wahre Bärentatzen! Und diese riesigen Schuhe passen mir noch immer nicht. Sie sind noch zu klein. Meine Zehen sind rund gebogen wie Nullen. Aber ich kann doch die Schuhe nicht länger machen!"

„Nein. Aber Löcher könnt Ihr hineinschneiden."

„Ah — Löcher —! Vortrefflicher Gedanke! Das werde ich gleich tun, sofort. Die Zehen werden zwar ein wenig herausgukken, aber das schadet nichts. Ich gönne ihnen die Freude, auch einmal das liebe Tageslicht zu sehen."

Er zog das Messer und setzte sich nieder, um die vorgeschlagene Operation auszuführen.

Als wir uns dann von Fox, Webster und Hawley verabschiedet hatten und mit unsern Pferden hinaus zu den Apatschen kamen, standen sechzig von ihnen bereit, uns zu begleiten.

„Hat mein weißer Bruder noch einen Befehl?" fragte mich Entschar-Ko.

„Du wirst dafür sorgen, daß sich an dem Weg, der zur Oase führt, stets einige Wachen befinden. Ich habe Schiba-bigk dem Neger übergeben, der ihn nicht aus dem Haus lassen soll. Auf keinen Fall kann der junge Häuptling durch den dichten Kaktus entkommen. Er muß, wenn er wirklich fliehen will, den einzigen Weg wählen, der hindurchführt, und dabei auf diese Wächter treffen." — „Was sollen wir tun, wenn er kommt?"

„Ihn festhalten." — „Wenn er sich aber wehrt?"

„Dann muß natürlich Gewalt angewendet werden. Ich will Schiba-bigk soviel wie möglich schonen, aber entkommen darf er auf keinen Fall. Wenn es nicht anders geht, muß er das Leben lassen. Ebenso streng hast du darauf zu sehen, daß keiner von seinen Komantschen entweicht."

Nun war weiter nichts zu sagen, und wir ritten fort, als soeben der fast noch volle Mond am Himmel erschien.

Ein nächtlicher Ritt durch die im Mondschein sich dehnende Wüste! Wie gern gönnte ich meinen lieben Lesern die hehren Empfindungen, die die Menschenbrust dabei höher schwellen lassen! Nur muß das Herz frei sein von Sorge und von allem, was es beklemmen und beengen kann.

Ich habe zuweilen geträumt, ich könnte fliegen. Der Körper hat alle Schwere verloren und scheint sich in ein rein geistiges Wesen verwandelt zu haben, das frei in alle Richtungen streben kann, ohne durch den hindernislosen Raum beengt zu werden. So bin ich geschwebt, hoch über der Erde hin, weit über sie hinaus, von Stern zu Stern, aus einer Unendlichkeit in die andre, von unaussprechlicher Wonne erfüllt. Das war aber nicht eine Wonne des Stolzes darüber, daß ich selbst es war, der den Raum besiegte, sondern die bescheidene und vertrauensvolle Seligkeit, daß allmächtige Liebe mich trug und immer weiter und weiter führte. Dann lag ich nach dem Erwachen noch lange geschlossenen Auges da, um mich langsam zu besinnen, daß es nur ein Traum gewesen und ich ein ohnmächtiger Sklave der Zeit und des Raums sei.

Ähnlich wie in einem solchen Traum ist es, wenn man auf leichtfüßigem Pferd oder Dromedar über die Wüste fliegt. Man kennt nichts Störendes, nichts Hemmendes, denn das einzige Hindernis ist der Boden, der hinter einem verschwindet und dabei mehr einen Halt als eine Hemmung bietet. Das Auge haftet nicht auf ihm, sondern auf dem Horizont, der sich wie eine sichtbare, aber nicht zu greifende Ewigkeit immer von neuem gebiert. Es richtet sich empor, wo zwischen den strahlenden Lichtern des Himmels immer wieder andre, immer mehr Lichter erscheinen, bis der Blick sie nicht mehr zu fassen vermag. Und wenn der Sehnerv an dieser Endlosigkeit ermüdet und die staunend erhobene Wimper sich niedersenkt, so währt das Gefühl der Unendlichkeit im eigenen Innern fort, und es entstehen Gedanken, die nicht auszudenken sind. Es steigen Ahnungen auf, die man vergeblich in Worte fassen möchte, und es quellen Gefühle und Empfindungen empor, die man aber nicht einzeln zu fühlen vermag, weil sie eine einzige Woge bilden, auf der man weiterschwebt, immer tiefer hinein in ein andächtiges Staunen und ein Vertrauen auf die unfaßbare und doch allgegenwärtige Macht, die der Mensch trotz des Wortreichtums seiner Sprache nur durch die eine Silbe zu stammeln vermag: — — Gott!

Könnte mir jemand eine Feder geben, aus der die richtigen Worte flössen, den Eindruck zu beschreiben, den ein solcher nächtlicher Wüstenritt auf ein gläubiges Menschenherz hervorbringt! Es senkt sich von den leuchtenden Sternen eine große, himmlische Bestätigung nieder auf das Gemüt: du hast den rechten Teil erwählt, und der soll nicht von dir genommen werden! Der aber, der seinen Gott verloren hat, der reitet durch Sand und wieder Sand. Er sieht nichts als Sand. Er hört ihn stundenlang von den Hufen des Pferdes rieseln, und wie die traurige Öde sich vor ihm immer erneut und ihm nichts bringt und bietet als Sand und wieder Sand, so gibt es in den Tiefen seines Innern auch nur eine unsagbar elende Wüste, einen trostlosen, toten Sand, der keinem Hälmchen, keinem Würzelchen Leben bieten kann.

Ich war, ohne daß ich darauf achtete, lange Zeit vorangeritten, mich ganz der wortlosen Anbetung hingebend, die mir die Hände gefaltet und die Zügel hatte sinken lassen. Da wurde ich aus meiner Andacht aufgestört. Die Stimme des alten Wabble erklang neben mir:

„Sir, was treibt Ihr da? Ich glaube gar, Ihr betet?"

Die Worte klangen spöttisch. Ich erwiderte nichts.

„Nehmt die Zügel auf!" fuhr er fort. „Wenn Euer Pferd bei diesem Galopp stolpert, könnt Ihr den Hals brechen."

„Was geht Euch mein Hals an!" entgegnete ich kurz und ärgerlich.

„Eigentlich nichts, Mr. Shatterhand. Aber da wir hier zusammengehören, kann es mir nicht gleichgültig sein, ob Ihr im nächsten Augenblick ein ganzes oder ein zerbrochenes Genick habt."

„Habt keine Sorge um mich! Ich breche es nicht."

„Sah aber ganz so aus. Wenn man so schön dahinfliegt, legt man dem Pferd doch nicht die Zügel auf den Hals."

„Wollt Ihr mich das Reiten lehren?"

„Fällt mir nicht ein. Habe ja gesehen, daß Ihr keinen Lehrer braucht. Was ich aber noch nicht gesehen habe, das ist ein Reiter, der mit gefalteten Händen reitet, als ob er in einem Bet- und Lamentierstuhl säße. Das wart nämlich jetzt Ihr, Mr. Shatterhand."

„Bet- und Lamentierstuhl? Wie kommt Ihr zu dieser Zusammenstellung? So ist wohl Beten und Lamentieren bei Euch das gleiche?" — „Yes, Sir."

„Hört, das ist ein dummer Scherz! Welcher denkende Mensch kann das Gebet als ein Jammern bezeichnen!" — „Ich."

Da wandte ich mich mit einem Ruck zu ihm hin. „Ihr habt wohl nie gebetet, Mr. Cutter?"

„Nie!" schüttelte er den Kopf, und es klang fast wie Stolz in seinem Ton. — „Das glaube ich nicht!"

„Glaubt's oder glaubt's nicht! Mir gleich. Aber ich betete noch nie."

„Aber doch in Eurer Jugend, als Kind?" — „Auch nicht."

„Hattet Ihr denn keinen Vater, der von Gott zu Euch redete?" „Nein."

„Keine Mutter, die Euch die Hände faltete?" — „Nein."

„Keine Schwester, die Euch ein kurzes Kindergebet lehrte?" „Auch nicht."

„Wie traurig! Es gibt auf dieser Gotteswelt einen Menschen, der über neunzig Jahre alt geworden ist und in dieser langen Zeit noch nicht ein einziges Mal gebetet hat! Tausend Menschen könnten mir dies beteuern, ich würde es nicht glauben, Sir."

„Da ich selbst es sage, könnt Ihr es ruhig glauben."

„Ruhig? Ich bin aber gar nicht ruhig dabei!"

„Wüßte keinen Grund für Euch, Euch durch eine so klare und dabei gleichgültige Sache in Eurer Ruhe stören zu lassen."

„Gleichgültig? Ist Euch das wirklich so gleichgültig, Mr. Cutter?"

„Gewiß. Habe nicht geahnt, daß Ihr ein solcher Betbruder seid."

„Betbruder? Der bin ich nicht, wenn Ihr nämlich dieses Wort in dem Sinn meint, wie es von den Gottlosen genommen wird."

„Ich meine es genau so. Ob ich aber gottlos bin? Hm!"

„Das seid Ihr: los von Gott nämlich!"

„Hört, treibt's nicht zu arg Mr. Shatterhand! Ich bin ein Gentleman, kein Lump. Ich habe stets getan, was ich für recht hielt, und möchte den sehen, der mich im Ernst als gottlos bezeichnet."

„So seht mich an! Ihr habt stets getan, was Ihr für Recht hieltet, seid also stets Euer eigener Gesetzgeber gewesen. Sollte es kein Gesetz geben, das über Euerm Eigenwillen steht?"

„Hm! Die Gesetze der Vereinigten Staaten, nach denen ich mich richte."

„Weiter keine? Gibt es nicht ethische, religiöse, göttliche Gesetze?"

„Für mich nicht. Ich bin geboren. Das ist ein Fact[1]). Ich bin geboren, wie ich bin. Das ist ein zweiter Fact. Ich kann nicht anders sein, als ich bin. Das ist ein dritter Fact. Ich trage also nicht die geringste Schuld an dem, was ich bin und was ich tue. Das ist der Hauptfact. Alles andere ist Unsinn und Albernheit."

„Eure Logik hinkt auf allen Beinen."

„Laßt sie hinken, Sir! Ich bin ins Leben hineingehinkt, ohne um Erlaubnis gefragt zu werden, und der Teufel soll mich holen, wenn ich nun meinerseits beim Hinaushinken irgendwen um Erlaubnis frage. Ich brauche dazu weder Religion noch Gott."

Ich hatte ein Gefühl, als führe mir jemand mit einem Eisstück über den Rücken. Vor wenigen Minuten hatte ich mir den Ritt eines ungläubigen Menschen in der Wüste vorgestellt, und jetzt waren diese Gedanken zur Wahrheit geworden! Dieser Greis, der nicht daran dachte, wie nahe sich das Grab vor ihm befand, sprach einen Gedanken aus, der mich schaudern machte.

„So glaubt ihr nicht an Gott?" fragte ich mit beinahe bebender Stimme. — „Nein" — „An den Heiland?" — „Nein." — „An ein Leben nach dem Tod?" — „Nein."

„An eine Seligkeit, eine Verdammnis, die ewig währt?"

„Fällt mir nicht ein! Was kann mir so ein Glaube nützen?"

Sollte ich über diese Worte traurig oder empört sein? Ich wußte es nicht; aber es kam etwas über mich, was mich zwang, ihm von meinem Pferd hinüber die Hand auf die Schulter zu legen und zu sagen:

„Hört, Mr. Cutter, ich habe Euch eine Teilnahme geschenkt, wie ich sie nicht für jeden hege. Jetzt aber graut mir vor Euch. Dennoch will ich zu Euch halten und mich bemühen, Euch zu beweisen, daß Ihr Euch auf einem schrecklichen Irrweg befindet."

„Was soll das heißen? Ihr wollt mich belehren in dem, was Ihr Religion nennt?" — „Ja."

---

[1]) Englisch = Tatsache, Faktum

„Danke, sehr! Das müßte ich mir verbitten. Schon der Versuch würde mich beleidigen. Ihr habt vorhin gehört, was und wie ich denke. Mit Worten und Lehren darf mir keiner kommen. Dazu bin ich zu alt und zu klug. Ich habe Euch einen Fact nach dem andern genannt. Redensarten gelten bei mir nicht, und wenn sie noch so schön klingen. Bei mir gilt der Fact als Beweis, sonst nichts." —

„Ihr habt, nach allem, was Ihr sagtet, keinen Religionsunterricht genossen, und so könnt Ihr auch kein Urteil über den —"

„Schweigt, oder bringt einen Fact!" unterbrach er mich.

„Hört mich nur einige Minuten an, Mr. Cutter! Ich bin überzeugt, daß Ihr meine Worte —"

„Keine Worte! Einen Fact will ich haben!" fiel mir der Greis wieder in die Rede.

„Ich werde ja gar nicht viele Worte machen, ich will nur eine Frage aussprechen, die —"

„Unsinn! Eine Frage ist kein Fact!"

Da lief mir denn doch die Galle über. Ich hielt mein Pferd mit einem Ruck an, fiel dem Alten in die Zügel, daß er auch halten mußte, und ließ meinen Zorn, den ich nicht beherrschen konnte, reden:

„Fact, Fact und wieder Fact! Ihr habt vorhin allerdings einen Fact nach dem andern gebracht und scheint stolz auf die falsche Logik zu sein, mit der Ihr sie verbindet. Ihr sagt, daß Ihr weder Gott noch Glauben braucht. Ich aber sag Euch und bitte Euch, meine Worte wohl zu merken: ich sehe es kommen, daß Gott Euch einen Fact entgegenschleudern wird, an dem Ihr zerschellen müßt wie ein dünnes Kanu am Felsen, wenn Ihr nicht zu der einzigen Rettung greift, die im Gebet liegt. Möge Euch der, an den Ihr niemals geglaubt und zu dem Ihr niemals gebetet habt, dann gnädig und barmherzig sein!"

Ich erschrak jetzt fast selbst über den Ton, in dem meine Worte laut hinaus in die Wüste klangen. Sie konnten hier in dieser weiten Ebene kein Echo geben. Dennoch war es mir, als würden sie schmetternd zu uns zurückgeworfen, wohl eine Folge meiner Erregung. Er aber ließ ein kurzes Lachen hören und meinte:

„Ihr habt eine wunderbare Begabung zum Hirten, der seine Schäflein weidet, Sir, doch bitte ich Euch, mich nicht als Schaf zu betrachten! Old Wabble wird niemals ein frommes Lämmlein sein; it's clear!"

Wie oft hatte mir dieses ,it's clear!' heimlich Spaß gemacht. Jetzt widerte es mich an, und ich fühlte, daß sich auch der Mann um meine Zuneigung gebracht hatte. Ich entgegnete kalt:

„Lämmlein oder nicht! Ich will nicht wünschen, daß einmal ein Augenblick kommt, da Ihr Euch so rettungslos verloren seht, daß Ihr mich bittet, Euer Hirt zu sein!"

„Würdet Ihr dann mein Flehen erhören und mich auf eine grüne Weide führen, mein frommer Sir?"

„Ja, das würde ich, und wenn ich mein Leben daransetzen müßte. Jetzt aber kommt weiter! Wir sind fertig!"

Old Surehand und auch die Apatschen waren haltengeblieben. Wir trieben unsere Pferde wieder an. Old Wabble blieb hinter mir zurück, während sich Old Surehand an seiner Stelle an meiner Seite hielt, zunächst ohne ein Wort an mich zu richten.

Ich war tieftraurig wie selten. Ein unendliches Mitleid fühlte ich mit dem Alten, trotz des Hohns, den ich von ihm geerntet hatte. Keinen Vater, keine Mutter! Keine Unterweisung über höhere Dinge! Niemals, auch nicht ein einziges Mal gebetet! Das war der berühmte *king of the cowboys*! Meine Warnung war mir absichtslos über die Lippen geflossen. Ich hatte so und nicht anders sprechen müssen. War ich das Werkzeug eines höheren Willens? Als später diese Prophezeiung fast wörtlich in Erfüllung ging, war es mir gleichsam, als sei ich es gewesen, der dadurch den schrecklichen Tod des Alten heraufbeschworen hatte, und es dauerte lange, bis ich darüber hinwegkam.

Old Surehand ritt still neben mir. Es hatte alles gehört und schien darüber nachzudenken. Erst nach längerer Zeit unterbrach er das Schweigen.

„Darf ich Euch stören, Sir? Ich sehe, daß Ihr in Euch versunken seid."

„Es ist mir ganz lieb, aus diesen Gedanken geweckt zu werden."

„Ihr wißt, daß ich viel von Euch habe sprechen hören. Dabei wurde stets auch erwähnt, daß Ihr fromm seid."

„Hat man unter fromm dabei verstanden, daß ich das, was ich denke und glaube, stets im Munde führe? Hat man sich über diese sogenannte Frömmigkeit lustig gemacht?"

„Nein. Ihr sprecht ja Eure religiösen Ansichten mehr in Taten als in Worten aus, und das macht Eindruck. Ich habe Euch dann auch genau so gefunden. Ihr habt von Religion kein Wort zu mir gesprochen." — „Ist auch nicht nötig!" — „Vielleicht doch!"

„Wieso?" — „Weil — hm! Sagt, Sir, Euer Leben ist wohl, ich meine nämlich Euer inneres, stets sehr ruhig und gleichmäßig verlaufen? Ihr habt als Kind gehört, daß es einen Gott gebe, und habt an ihn geglaubt. Dieser Glaube ist nie angetastet worden und lebt nun als schöner Kinderglaube noch in Euerm Herzen? Das denke ich und werde mich nicht irren."

„Ihr irrt. Es gibt keinen Sieg ohne vorhergehenden Kampf. Mein inneres Leben war fast nicht weniger ereignisvoll als mein äußeres. Der Strom, auch des Seelenlebens, fließt nicht immer gleichmäßig zwischen seinen Ufern. Er hat seine Wellen und Wogen, seine Klippen und Versandungen, seine Wassermängel und Überschwemmungen."

„So habt Ihr auch gekämpft?"

„Oft bis zur Anstrengung der letzten Kraft! Aber es ist mir mit diesem Kampf stets heiliger Ernst gewesen. Es gibt Millionen

Menschen, die durchs Leben gehen, ohne nach Klarheit zu ringen. Ob Gott oder nicht, das ist ihnen einerlei. Es ist das ein Leichtsinn, über den man weinen könnte. Mir aber ist der höchste Zweck meines Daseins der gewesen, zur Erkenntnis zu gelangen. Ja, ich habe das unendliche Glück gehabt, gläubige Eltern zu besitzen. Ich war der Liebling meiner Großmutter, die im Alter von fünfundachtzig Jahren starb. Sie lebte in Gott, leitete mich zu ihm und hielt mich bei ihm fest. Das war ein wunderbarer, seliger Kinderglaube, voll hingebender Liebe und Vertrauen. Ich habe als Knabe des Abends und des Morgens und auch sonst noch dem lieben Gott alle meine kleinen Wünsche und Bitten vorgetragen. Ich erinnere mich, daß einst ein Schwesterchen schlimmes Zahnweh hatte. Kein Mittel half. Da tröstete ich sie: ‚Paulinchen, ich gehe jetzt hinaus in die Schlafstube und sag's dem lieben Gott. Paß auf, da hört es auf!‘ Werdet Ihr mich auslachen, Sir, wenn ich Euch versichere, daß das Zahnweh wirklich aufgehört hat?"

„Fällt mir nicht ein! Es wäre ein Unrecht, über so etwas zu lachen."

„Ich könnte Euch viel erzählen von recht sonderbaren Wünschen, die ich da dem lieben Gott vorgetragen habe. Er schickt seine Engel, um auch solche Bitten zu erfüllen. Später als Schüler begann ich nachzudenken. Ich bekam ungläubige Lehrer, die ihre Verneinung in ein verlockendes Gewand zu hüllen wußten. Ich studierte alle Sprachen, um die Bibel im Urtext zu lesen. Der Kinderglaube schwand; der Zweifel begann, sobald die gelehrte Wortklauberei anfing. Der Unglaube wuchs von Tag zu Tag, von Nacht zu Nacht, denn ich opferte meine Nächte dem Beginnen, die Wahrheit durch meine eigene Klugheit zu erfassen. Welche Torheit! Aber Gott war barmherzig gegen den Toren und führte ihn auch auf dem Weg des Studiums zu der Erkenntnis, daß jener fromme Kinderglaube der richtige sei. Meine späteren Reisen brachten mich mit den Bekennern aller möglichen Anbetungsformen in Berührung. Ich besaß nicht jenes Christentum, das sich über alle Andersgläubigen erhaben dünkt, sondern ich prüfte auch hier. So studierte ich den Koran, die Veda, den Zarathustra und Cangfu-the[1]. Diese Lehren konnten mich nicht ins Wanken bringen wie früher die Werke unsrer großen Philosophen. Mein Kinderglaube ist durch zahlreiche Prüfungen gegangen. Er hat sich in ihnen bewährt und wohnt mir darum doppelt unerschütterlich im Herzen." — „Glaubt Ihr, ihm auch ferner treu zu bleiben?"

„Bis in den Tod und darüber hinaus!"

Es lag ein tiefer, dringlicher Ernst in der Art, wie er fragte. Ich begann zu ahnen, daß dieser gewaltige Jäger auch in seinem Innern jage — nach der Wahrheit, die er vielleicht noch nicht kennengelernt hatte, oder die ihm wieder entrissen worden war. Da hielt er mir die Hand herüber und bat:

[1]) Confucius

„Gebt mir Eure Hand, Sir, und versprecht mir bei Eurer Seligkeit und bei dem Andenken an jene alte Großmutter, die Euch heute noch teuer ist, mir nur so zu antworten, wie Ihr wirklich denkt!" — „Hier meine Hand. Ich verspreche es."

„Gibt — es — einen — Gott?"

Old Surehand zog diese vier Worte auseinander und betonte jedes einzelne. Es war ihm Ernst, tiefer Ernst. Er hatte gerungen und gekämpft mit heißer Anstrengung, war aber noch nicht zum Sieg gelangt. „Ja", entgegnete ich mit gleicher Betonung.

„Ihr glaubt, Eure Großmutter wiederzusehen? Es gibt also ein Leben nach dem Tod?" — „Ja." — „Beweise!" — „Ich beweise es Euch, indem ich zwei Zeugen vorführe: Gott selbst und mich."

Er senkte den Kopf und schwieg lange Zeit.

„Beleidigt Euch die Zusammenstellung des allerhöchsten Wesens mit einem Sterblichen, der an Eurer Seite reitet?" fragte ich endlich, da er noch immer nichts sagte.

„Nein, denn ich weiß, wie Ihr es meint."

„Gott spricht in seinen Worten und in seinen Werken. Wer beiden die Ohren und die Augen willig öffnet, der muß zu der Erkenntnis gelangen, die ich jetzt ausgesprochen habe."

„Und Ihr?" — „Es ist die Stimme meines Herzens."

„Ihr sagt das so ruhig und einfach, und doch ist es etwas Großes um diese Stimme. Wollte doch Gott auch mein Herz reden lassen!" — „Bittet Gott darum! Er wird die Stimme erklingen lassen."

„Sie war früher lebendig. Dann ist sie gestorben."

Das klang so sehnsüchtig, so traurig.

„Ihr wart einst auch gläubig, Mr. Surehand, und habt den Glauben verloren?" — „Ja. Gänzlich. Wer gibt ihn mir zurück?"

„Der die Gefühle des Herzens lenkt und der sagt: ‚Ich bin der Weg, die Wahrheit und das Leben!' Ihr ringt und strebt nach dieser Wahrheit, Sir. Kein Nachdenken und kein Studieren kann sie Euch bringen. Aber seid getrost, Sir, sie wird Euch ganz unerwartet und plötzlich aufgehen, wie einst den Weisen aus dem Morgenland jener Stern, der sie nach Bethlehem führte. Euer Bethlehem liegt gar nicht weit von heute und von hier. Ich ahne es."

Er hielt mir die Hand abermals herüber und bat:

„Helft mir dazu, Mr. Shatterhand!"

„Ich bin zu schwach dazu. Die wahre Hilfe liegt bei Gott. Es müssen schlimme Mächte gewesen sein, die Euch das raubten, was jedem Menschen das Nächste und das Heiligste sein soll!"

„Ja. Es waren Ereignisse, die mir alles nahmen, auch den Glauben. Ein Gott, der die Liebe, die Güte, die Gerechtigkeit ist, kann das nicht zugeben. Wenn es trotzdem geschieht, so gibt es keinen Gott."

„Diese Folgerung ist nicht richtig, Sir. Ihr spracht nur von Güte, Liebe und Gerechtigkeit. Wollt Ihr nicht auch an die Allweisheit denken? Ich weiß nicht, was geschehen ist, und will auch nicht danach fragen. Aber sagt mir nur das eine, Mr. Surehand: Haltet Ihr Euch etwa für einen Gott?" — „Nein."

„Es scheint aber so, denn Ihr habt Euch unterfangen, mit Gott zu rechten und zu hadern. Das kann nur unter Gleichstehenden geschehen. Ihr überhebt Euch, Gott und sein Walten vor Euern Richterstuhl zu ziehen. Sind Euch die Bücher des Allmächtigen aufgeschlagen, daß Ihr seine Ratschlüsse kritisieren dürft? Ist es seinem Willen nicht möglich, das, was Euch bedrückt, in Wohltat zu verwandeln? Kann er nicht jene Ereignisse, die Euern schwachen, kurzsichtigen Augen als Unglück erscheinen, zu einem Ende führen, das Euch vor seiner Allweisheit in den Staub sinken läßt? Darf das Kind, wenn es die Rute des Vaters fühlt, zu ihm sagen: komm her und rechtfertige dich vor mir?"

„Ich — hatte — diese Rute — nicht verdient", antwortete er zögernd wie einer, der nur etwas sagen will.

„Nicht verdient? Seid Ihr der Mann, darüber zu entscheiden? Glaubt Ihr der einzige Mensch zu sein, der meint, es sei ihm unrecht geschehen? Haben nicht Tausende und aber Tausende mehr, viel mehr gelitten als Ihr? Denkt Ihr etwa, mein Himmel habe stets voller Geigen gehangen? Was heißt, nicht verdient? Ich wurde als ein krankes, schwaches Kind geboren, das noch im Alter von fünf Jahren auf dem Boden rutschte, ohne stehen oder gar laufen zu können. Hatte ich das verdient? Seht Old Shatterhand jetzt an! Ist dieses Kind in ihm noch zu erkennen? Bin ich nicht vielmehr ein lebendes Beispiel jener Weisheit, mit der Ihr gehadert habt? Ich bin dreimal blind gewesen und mußte dreimal operiert werden. Hatte ich das verdient? Ich habe nie gemurrt wie Ihr, sondern getrost meinen Herrgott über mir walten lassen, und wie hat er alles so herrlich hinausgeführt! Ich habe als armer Schüler wochenlang nur trockenes Brot und Salz gehabt, weil ich keinen Menschen hatte, der mir half, und zu stolz zum Betteln war. Ich mußte mich durch Privatunterricht ernähren, und während andre Studenten das Geld ihrer Väter mit ihrer Gesundheit und dadurch oft ihre ganze Zukunft verjubelten, hielt ich im Winter mein Buch zum Dachfenster meines Bodenstübchens hinaus, um meine Lektion im Mondenschein durchzunehmen, weil ich kein Geld zu Licht und Feuerung hatte. Hatte ich das verdient? Und doch bin ich niemals irgend jemand einen Pfennig schuldig gewesen und habe nur zwei Gläubiger gehabt; die waren Gott und ich: Gott, der mir ein Pfund verliehen hatte, um damit zu arbeiten, und ich, der ich die strenge Forderung an mich stellte, keine Stunde meines Lebens vergehen zu lassen, ohne mir sagen zu können, daß sie pflichtgetreu ausgenützt worden sei und mir Früchte getragen habe. Gott war gütig mit mir. Ich aber habe nie einen so strengen Gebieter gehabt, wie ich mir selbst einer gewesen bin. Und dann später in den langen Jahren meiner Reisen und Wanderungen habe ich mich oft in Lagen befunden, in denen ich auch fragen konnte: Habe ich das verdient? Der Ausgang war stets so, daß ich in Dankbarkeit die Hände falten und sagen mußte: Nein, das habe ich nicht verdient!"

Ich machte eine Pause. Old Surehand sah still vor sich nieder und sagte kein Wort. Darum fuhr ich lebhaft fort:

„Ihr werdet Euch darüber wundern, daß ich in solchem Eifer gesprochen habe. Aber wenn ich jemand von verdient oder nicht verdient reden und über sein Schicksal murren höre, so treibt es mich, ihm zu sagen: wer hat vor Gott weder Rechte noch Verdienste, sondern nur Pflichten? Wir müssen ihm täglich für das irdische Leben danken, das uns für ein höheres vorbereiten soll."

„Könnte ich das auch!" seufzte er jetzt. „Ihr habt Euch durchgerungen und seid innerlich gefestigt. Mich aber treibt das Schicksal von Ort zu Ort. So habe ich auch innerlich den haltenden Anker verloren und die Heimat und bin ruhelos geworden."

„Ihr werdet die Ruhe da finden, wo sie allein zu suchen ist. Sie bleibt Euch unauffindbar außer in Gott und der heiligen Religion. Und wenn Old Wabble vorhin in seiner Vermessenheit sagte, er brauche beide nicht einmal zum Sterben, so hoffe ich, daß Ihr ihn Euch nicht als Muster, sondern als abschreckendes Beispiel gelten laßt!"

„Keine Sorge, Mr. Shatterhand! Ich bin kein Leugner und Verächter Gottes, sondern ich habe ihn verloren und ringe danach, ihn wiederzufinden."

„Er wird Euch entgegenkommen und sich finden lassen."

„Das hoffe ich von ganzem Herzen. Und nun laßt uns dieses Thema abbrechen, sonst wird es mir zuviel auf einmal! Ihr seid vorhin streng mit mir verfahren, als Ihr mich an meine Nichtigkeit erinnertet, aber ich bin Euch dankbar dafür. Es ist mir, als müßte ich Euch dafür die Hände drücken, denn es regt sich etwas in meinem Herzen, was mich gemahnt wie eine Verheißung, daß mein Hoffen sich erfüllen werde. Ihr habt ein Licht entzündet, das ich jetzt zwar erst in weiter Ferne sehe. Rührt nicht daran, damit es nicht wieder verlischt. Ich hege die Zuversicht, daß es mir immer näher kommen wird."

Diese Worte machten mich glücklich. Sollte ich wirklich die Freude erleben, die Seele eines Mannes wie Old Surehand durch meinen Fingerzeig zurechtgewiesen zu haben? Es mußten außergewöhnliche und sehr traurige Verhältnisse gewesen sein, die ihn um seinen Glauben gebracht hatten. Er hielt sie geheim und sprach nicht darüber. Diese Verschwiegenheit war wohl nicht die Folge eines Mißtrauens gegen mich. Er wollte nicht an die Wunden rühren, die wahrscheinlich noch heute in ihm bluteten. Hätte er doch gesprochen! Ich war, freilich ohne daß ich es ahnen konnte, in der Lage, ihm das Herz zu erleichtern und ihn auf die Spur zu bringen, nach der er lange Zeit gesucht hatte, ohne sie entdecken zu können.

Unser Ritt nahm einen so ungestörten Verlauf, daß nichts Besonderes darüber zu sagen ist. Gegen Morgen hielten wir an, um unsre Pferde ausruhen zu lassen, und am späten Vormittag sahen wir links von uns die erste Stange und kamen auf die Fährte Winnetous und seiner Apatschen, zu denen Bloody-Fox nun sicher schon gestoßen war. Einen Kilometer von dieser Stelle entfernt steckte die zweite Stange, und indem wir den Pfählen folgten, gelangten wir bald an unser Ziel.

Dieser Ort, von den Apatschen, wie schon erwähnt, Gutesnontin-tsi und von den Komantschen Suks-ma-lestavi genannt, was beides Hundert Bäume bedeutet, lag am Rand der Wüste und war folgendermaßen beschaffen:

Die Grenze zwischen dem Llano und der westlich von ihm liegenden grünen Ebene verlief nicht in gerade Linie. Sie war stellenweise deutlich ausgeprägt, sonst aber kaum zu erkennen und bildete bald kleine, bald größere Aus- und Einbuchtungen. Eine solche kleine Bucht stellten die Hundert Bäume dar. Sie besaß die Gestalt eines Hufeisens, dessen ziemlich hoher Rand sich wie eine Böschung allmählich abwärts senkte. Im Hintergrund entsprang ein Wasser, das sich zunächst in einem Becken von vielleicht sechs Meter Durchmesser sammelte und dann ostwärts abfloß, um nach und nach im Sand zu versiegen. Infolge der Feuchtigkeit gab es hier frisches Gras, das unsern Pferden zugute kam. Die Hufeisengestalt hob sich besonders dadurch von der Umgegend ab, daß die erwähnte Böschung bis hinauf auf ihre Höhe mit ziemlich dichtem Gebüsch bewachsen war, über das dünnes Stangenholz in Menge emporragte. Diese Stangen hatten die Pfähle geliefert, mit denen Schiba-bigk, allerdings vergeblich, bemüht gewesen war, den nachfolgenden Komantschen den Weg zur Oase inmitten des Llano zu bezeichnen. Man sah deutlich, wo man die Stangen abgeschnitten hatte, und überall lagen die Äste und Zweige, die unter den Messern seiner Leute gefallen waren.

Wir stiegen an der Quelle ab, um zunächst selbst zu trinken und dann auch die Pferde saufen zu lassen. Sie taten das in vollen Zügen und durften dann weiden. Hierauf lagerten wir am Wasser, und ich schickte vorsichtshalber einen Apatschen auf die Höhe, um westwärts Ausschau zu halten, damit wir nicht von Vupa-Umugi überrascht würden.

Hier wollten wir nur einige Stunden ausruhen; länger durften wir nicht verweilen. Als diese Zeit verstrichen war, wurden die Pferde nochmals getränkt, und dann stiegen wir wieder auf, um uns an den Ort zu begeben, wo wir die Nacht zu verbringen beabsichtigten.

Dieser Ort lag ungefähr zwei englische Meilen nordwärts von den Hundert Bäumen und bildete mitten in der Ebene eine Vertiefung, die dem Tal des Sandes ähnelte, in dem wir Schiba-bigk mit seinen Leuten gefangen hatten.

Hier gab es nichts als Sand, keinen einzigen Grashalm, und schon darum konnten die Komantschen kaum auf den Gedanken kommen, daß es jemand einfallen werde, dort eine Nacht und vielleicht auch noch länger zuzubringen. Und außerdem gewährte diese Vertiefung auch noch deshalb ein sicheres Versteck, weil ein Feind, wenn er sich nicht bis an den Rand näherte, unmöglich sehen konnte, daß wir da lagerten. Es gab überhaupt keinen Grund, der einen Komantschen veranlassen konnte, hierherzukommen. In dieser Bodensenkung angelangt, hobbelten wir unsre Pferde an und legten uns in den weichen Sand. Natürlich stellten wir einen Posten aus, der oben auf der Höhe lag, um nach Vupa-Umugi und seiner Schar auszuschauen.

Wie ich von Schiba-bigk erfahren hatte, war die Ankunft dieser Roten heute abend zu erwarten. Ich wünschte sehr, sie möchten nicht später kommen, denn der Aufenthalt in unserm wasserlosen, traurigen Lagerort war keineswegs angenehm.

Glücklicherweise erfüllte sich mein Wunsch noch eher, als ich dachte, denn die Sonne hatte den Horizont noch lange nicht erreicht, als der Posten von oben herunterrief:

„Uff! Naiini an khuan peniyil — die Komantschen kommen!"

Ich nahm mein Fernrohr und stieg mit Old Surehand hinauf. Obwohl die Entfernung so groß war, daß wir nicht gesehen werden konnten, machten wir unsre Beobachtungen liegend. Ja, die Feinde kamen, und zwar in einer Marschordnung, die uns sagte, daß sie sich sehr sicher fühlten. Sie ritten nämlich nicht nach ihrer sonstigen Art im sogenannten Gänsemarsch, sondern einzeln und in Trupps nach Belieben neben- und hintereinander.

Die Reiter hatten, von uns aus gesehen, scheinbar die Größe kleiner Hunde, die nach Osten liefen und, immer kleiner werdend, endlich in dieser Richtung unsern Augen entschwanden.

Nun war es allerdings für uns wichtig zu wissen, ob sie unsre Spuren finden würden. Eigentlich mußten die Komantschen sie sehen. Es kam nur darauf an, ob sie die Fährte beachteten. In diesem Fall nahm ich an, daß Vupa-Umugi die Eindrücke für die Spuren Schiba-bigks halten würde, und eben darum hatten wir unsre Stiefel mit indianischen Mokassins vertauscht.

Schöpften die Komantschen Verdacht, so erschienen sie ganz sicher sofort hier bei uns. Wir spähten also in gespannter Erwartung nach Süden aus, woher sie in diesem Fall kommen mußten. Aber es verging eine Stunde und noch mehr, ohne daß sich jemand sehen ließ, und als dann die Sonne sank und die kurze Dämmerung anbrach, durften wir uns sagen, daß wir keine Entdeckung zu befürchten hatten. Wir verließen also den Rand der Vertiefung und stiegen wieder hinunter zu unsern Leuten. Dort empfing uns Old Wabble mit den Worten: „Also die Feinde sind da. Eigentlich sollte man sich den Spaß machen, sie während der Nacht zu überrumpeln und niederzuschießen."

„Das nennt Ihr einen Spaß, anderthalb hundert Menschen umbringen?" fragte ich. „Ihr kennt ja meine Meinung in dieser Beziehung. Wir lassen die Roten, so wie es ausgemacht ist, ruhig weiterziehen und schließen sie später ein. So werden sie ohne Blutvergießen unser."

„Weiterziehen, ja! Wenn sie das nun aber morgen früh nicht tun, sondern den ganzen Tag hierbleiben? Woher bekommen wir dann das notwendige Wasser für uns und die Pferde?"

„Die Komantschen bleiben nicht. Darauf könnt Ihr Euch verlassen. Was für einen Grund sollten sie haben, einen ganzen Tag zu verlieren? Und selbst wenn ihnen ein solcher Zeitverlust gleichgültig wäre, müßten sie schon morgen früh die Hundert Bäume verlassen, um dem Militär Platz zu machen."

„Ob das aber auch kommen wird?"

„Das wird sich bald zeigen. Ich werde die Komantschen belauschen." — „Herrlich, herrlich! Da gehe ich mit."

„Ist nicht nötig, Mr. Cutter. Mr. Surehand wird mich begleiten."

„Also habt Ihr zu ihm mehr Vertrauen als zu mir?"

„Das ist gleichgültig. Ich nehme ihn mit und Ihr bleibt hier!"

Man sah es ihm an, daß er eine zornige Entgegnung auf den Lippen hatte. Er beherrschte sich aber und schwieg. Er mit seiner Unvorsichtigkeit wäre der letzte gewesen, den ich zu den Komantschen hätte mitnehmen mögen.

Da ich annahm, daß die Roten morgen früh zeitig aufbrechen würden, war vorauszusehen, daß sie sich heute zeitig schlafen legten. Also durfte ich nicht lange warten, falls ich sie belauschen und wirklich etwas erfahren wollte. Deshalb ließ ich nach Einbruch der völligen Dunkelheit nicht mehr als eine Stunde vergehen, um mich dann mit Old Surehand auf den Weg zu machen. Später, wenn der Mond aufging, war es schwerer als jetzt, unentdeckt zu bleiben.

Wir benutzten unsre eigene Fährte als Weg und wendeten uns bei den Hundert Bäumen zur Höhe der Hufeisenbucht, um, wie die Vorsicht es erforderte, nachzuforschen, ob dort Wachen standen. Es dauerte lange, bis wir den ganzen Halbkreis abgesucht hatten. Einen Komantschen entdeckten wir dabei nicht. Vupa-Umugi hatte hier oben keine Posten ausgestellt; er mußte seiner Sache sicher sein.

Unten am Wasser brannten mehrere kleine Feuer, genährt von den abgeschnittenen Ästen und Zweigen, die wir hatten herumliegen sehen. An der Quelle schien der Häuptling mit seinen hervorragendsten Kriegern zu sitzen. Die andern hatten sich zu beiden Seiten des Wasserlaufs gelagert, wie weit hinaus, das konnten wir nicht feststellen. Auch die Pferde sahen wir nicht. Es war jetzt noch zu dunkel dazu. Ob da unten, dem Llano zu,

Posten standen, das entging unsern Augen ebenso, konnte uns aber gleichgültig sein, weil wir auf diese Seite nicht kamen.

Es war unsre Aufgabe, uns dem Häuptling möglichst weit zu nähern, um ihn günstigenfalls sprechen zu hören. Wir drangen also in das Gesträuch ein und krochen, Old Surehand hinter mir her, zwischen den Büschen die Böschung hinab. Das war nicht leicht, weil sich unter unsern Füßen jeden Augenblick ein Teil des lockeren Bodens lösen und uns durch das beim Hinabrollen verursachte Geräusch verraten konnte. Die Indianer verhielten sich so ruhig, daß ein solches Geräusch unbedingt gehört werden mußte. Ich setzte also bei jedem Schritt den Fuß erst tastend voran, um die betreffende Stelle durch das Gefühl zu untersuchen. Das ging langsam und es war während dieses Hinabsteigens gewiß eine Stunde verstrichen, als wir endlich hinter einem dichten Strauch lagen, der dem Quell so nahe stand, daß wir die daran lagernden Roten sprechen hören konnten — wenn sie überhaupt sprachen.

Die Komantschen sprachen aber nicht. Sie saßen stumm und bewegungslos beieinander und sahen in die glimmende Helle des kleinen Feuers, an dem, wie der noch bemerkbare Geruch uns verriet, Fleisch gebraten worden war. Wir warteten eine Viertelstunde und noch eine. Es blieb so still wie bisher, und man hätte meinen können, es mit leblosen Figuren zu tun zu haben, wenn nicht zuweilen einer der Indsmen den Arm bewegt hätte, um einen Zweig in das Feuer zu legen. Schon stieß Old Surehand mich an, ein fühlbares Fragezeichen, ob es nicht besser sei, wieder zu gehen, da ertönte außerhalb des Lagers plötzlich ein lauter Ruf, dem mehrere andre folgten. Da draußen standen also doch Posten, und diese schienen etwas Auffälliges bemerkt zu haben, denn die Rufe mehrten sich und wurden so dringend, daß sie das ganze Lager in Bewegung brachten. Vupa-Umugi sprang auf, und die bei ihm Sitzenden taten ebenso. Der Lärm wurde größer, und das Rufen war bald hier und bald dort zu hören. Es klang so, als wenn jemand gejagt wird, den man fangen will. Es bemächtigte sich meiner eine Besorgnis, die ich nicht von mir weisen konnte.

„Was mag das sein?" raunte mir Old Surehand zu.

„Es klingt, als würde ein Mensch hin und her getrieben", erwiderte ich ebenso.

„Ja, da ist jemand, der gefangen werden soll. Ich irre mich nicht. Man kann es deutlich hören. Wer aber mag es sein? Sollte —", er sprach die Frage nicht aus.

„Was wolltet Ihr sagen?" flüsterte ich.

„Nichts, Sir. Es wäre wirklich zu toll von ihm!" — „Von wem?"

„Von — doch nein, es ist nicht möglich."

„Es ist möglich. Ich weiß, wen Ihr meint. Old Wabble."

„Teufel! Auch Ihr denkt es?" — „Es ist ihm zuzutrauen."

„Ja, er ist auf das Anschleichen geradezu versessen, und da er vorhin gar so gern mitwollte, so — horcht!"

Es war ein Ruf, der linker Hand draußen erscholl:

„Sim tavo — ein Mann!"

Und gleich darauf hörten wir rechts, jenseits des Gebüsches, rufen: „Sim pokh — ein Pferd!"

Dann wurde es still. Aber wir bemerkten, mehr mit den Ohren als mit den Augen, eine Bewegung, die sich uns näherte. Von links und dann auch von rechts her wurde jemand oder etwas gebracht. Wer oder was mochte es sein?

Um das zu erfahren, brauchten wir nicht lange zu warten. Die Befürchtung, die wir ausgesprochen hatten, erfüllte sich zu unserm Schrecken. Eine Anzahl Komantschen brachte — Old Wabble geführt. Er war entwaffnet und mit Riemen gefesselt. Und einige Augenblicke später wurde auch sein Pferd gebracht. Er war uns also gefolgt, und zwar zu Pferd. Welch ein Unsinn! Daß ihm eine solche Eigenmächtigkeit zuzutrauen war, wußte ich aus Erfahrung. Daß er sich aber vornehmen werde, sich zu Pferd anzuschleichen, eine solche Dummheit hätte ich doch nicht von ihm erwartet.

Cutter brachte uns durch diese Voreiligkeit nicht nur in große Verlegenheit, sondern in die augenscheinlichste Gefahr. Die Komantschen mußten sich doch sagen, daß er nicht allein hier sein könne, sondern Gefährten bei sich haben müsse. Die Vorsicht erforderte eigentlich, daß wir uns sofort entfernten. Aber durften wir das? Mußten wir nicht vielmehr bleiben, um zu erfahren, was geschah? Der Alte war trotz seiner großen Unvorsichtigkeit ein pfiffiger Kerl. Vielleicht kam er auf eine Ausrede, die den Verdacht der Roten ablenkte.

„Uff, Old Wabble!" rief Vupa-Umugi aus, als er den Alten erblickte. „Wo habt ihr ihn ergriffen?"

Der Rote, an den diese Frage gerichtet war, gab Bescheid:

„Er lag im Gras und schlich hindurch wie ein Kojote, der auf Raub ausgeht. Unsre Pferde wurden unruhig, denn sie rochen das seinige, das er da draußen jenseits der Posten angepflockt hatte."

„Hat er sich gewehrt?"

„Neatz — pah! Old Wabble wollte fliehen und wir jagten ihn wie einen räudigen Hund hin und her. Als wir ihn dann ergriffen, wagte er nicht, sich zu verteidigen."

„Habt Ihr noch andre Weiße gesehen?"

„Nein."

„So geht und sucht nach Spuren von ihnen. Dieses alte Bleichgesicht kann sich nicht allein hier am Rand des Llano Estacado befinden."

Der Krieger ging, um nachzuforschen, und der Häuptling setzte sich mit seinen Leuten so ruhig nieder, als sei nicht das geringste vorgekommen. Er sah Old Wabble, der, von zwei Roten gehalten, vor ihm stand, mit drohendem Blick an, zog sein Messer, stieß es vor sich in die Erde und sagte dann zu dem Alten:

„Hier steckt das Messer des Verhörs. Es kann dich töten, dir aber auch das Leben lassen. Du hast das in deiner Hand. Wenn du die Wahrheit sagst, wirst du dich retten."

Das Auge des *king of the cowboys* schweifte herüber ins Gebüsch. Er suchte uns, aber glücklicherweise nur mit einem kurzen Blick. Hätte er sich in diesem Fall nicht beherrscht, so hätte er uns leicht verraten können.

„Wo hast du deine Begleiter?" fragte der Häuptling.

„Ich habe keine", entgegnete der Alte.

„Das ist eine Lüge. Wir werden sie suchen und finden."

„Ihr werdet niemand finden."

„Wenn es sich herausstellt, daß du lügst, bist du schuld an dem harten Tod, den ihr erleiden werdet."

„Laß nur suchen! Ich habe nichts dagegen."

„So sag mir, was du hier am Rand des Llano Estacado zu schaffen hast! Wirst du etwa die Ausrede machen, du seiest hierhergekommen, um zu jagen?"

„Nein, so dumm ist Old Wabble nicht. Aber dennoch möchte ich es sagen, denn es ist wirklich wahr."

„Was könntest du jagen wollen? Es gibt hier kein Wild."

„Es gibt welches, und zwar viel: Rotwild, nämlich Indianer. Ich kam hierher, um euch zu jagen."

Das war kühn. Wahrscheinlich verließ sich Old Wabble auf uns. Er schien überzeugt zu sein, daß wir in der Nähe steckten und ihn hörten. Und wahrscheinlich nahm er es als selbstverständlich an, daß wir ihn nicht in seiner jetzigen Lage stecken lassen würden. Es war aber vorauszusehen, daß er sich in dieser Hinsicht täuschte. Hatte er sich ganz wörtlich ‚hineingeritten', so mochte er nun zunächst selbst sehen, wo er blieb.

Wir mußten vor allen Dingen für uns selbst sorgen und darauf bedacht sein, nicht auch ergriffen zu werden. Wir durften nicht, um ihn zu befreien, das Gelingen unsres schönen Plans, so leichtsinnig wie er, preisgeben.

Die mutige Antwort des Alten hatte den Häuptling überrascht; man sah es ihm an. Er zog die Brauen finster zusammen und fragte mißtrauisch:

„Was sollen die Mokassins an deinen Füßen?"

„Ich nahm diese Fußbekleidung einem der Krieger Nale-Masiuvs ab und benutzte sie, um bei meinem Kundschafterritt keine verdächtigen Spuren zu hinterlassen."

Jetzt fuhr der Häuptling drohend fort:

„Old Wabble mag sich ja hüten, den Zorn der Komantschen zu erwecken!"

„Wozu diese Drohung? Du hast ja gesagt, daß ich die Wahrheit sagen soll!"

„Ja. Aber du sprichst sie nicht! Du sagst, du seiest gekommen, uns zu jagen. Kann ein einziger Mann zehnmal fünfzehn rote Krieger jagen?"

„Nein. Aber ich bin als Kundschafter hier. Die andern kommen nach. Und ich warne euch! Wenn ihr mir etwas zuleide tut, werden sie mich blutig an euch rächen."

„Tsaart — großartig! Wer sind die Leute, mit denen du uns zu drohen wagst?"

„Ich sollte es eigentlich nicht sagen, denn ihr habt keine Ahnung davon, daß sie euch auf den Fersen sind. Aber es macht mir Spaß, euch schon jetzt die Augen zu öffnen. Und ein Fehler von mir ist es auch nicht, weil ihr ihnen unmöglich entgehen könnt."

Sein altes, faltenreiches Gesicht zeigte eine triumphierende Miene, als er fortfuhr:

„Kennst du den Häuptling Nale-Masiuv? Er hat es gewagt, weiße Reiter anzugreifen und ist geschlagen worden."

„Uff!" entfuhr es Vupa-Umugi.

„Er war dann so unvorsichtig, Boten zu euch zu senden. Das Militär hat ihre Fährte entdeckt und ist ihr gefolgt."

„Uff!"

Die Soldaten sind durch die Fährte zum Blauen Wasser geführt worden, wo euer Lager war. Ihr hattet den Platz schon verlassen. Da sind sie hinter euch her, und mich haben sie als Kundschafter vorangesandt, um zu entdecken, wo ihr heute Lager macht. Ihr habt mich zwar gefangen, werdet mich aber wieder freigeben müssen, denn sie kommen mir nach und werden euch bis auf den letzten Mann vernichten."

„Gott sei Dank!" dachte ich; denn das war die einzige Ausrede, die Cutter machen konnte. Nur auf diese Weise war es möglich, den Verdacht der Roten von uns abzulenken und sie glauben zu lassen, er sei wirklich allein. Ja, er war ein alter, pfiffiger Kerl, was aber den Zorn, den ich gegen ihn hegte, nicht abschwächen konnte.

Vupa-Umugi machte eine wegwerfende Handbewegung und drohte:

„Old Wabble mag ja nicht zuviel und zu früh hoffen. Er wird der ‚Indianertöter' genannt, und wir alle wissen genau, daß noch nie ein roter Krieger vor seiner Kugel oder seinem Messer Gnade gefunden hat. Wir sind froh, ihn erwischt zu haben, und werden uns hüten, ihn freizugeben. Er wird am Marterpfahl sterben und mit den größten, ausgesuchtesten Schmerzen alle die Morde büßen, die er beging."

„Das sagst du jetzt. Es wird aber anders kommen", entgegnete Cutter überlegen.

„Hund, sei nicht so keck!" fuhr ihn der Häuptling an. „Glaubst du wirklich, uns etwas Neues gesagt zu haben? Wir wissen längst, daß die weißen Soldaten mit Nale-Masiuv gekämpft haben. Die Weißen sind Sieger geblieben, aber nur für kurze Zeit, denn er hat heimgesandt und noch weitere hundert Krieger kommen lassen."

„Ah!" rief Old Wabble aus, indem er sich enttäuscht stellte.

„Ja", fuhr der Häuptling fort, nun seinerseits triumphierend. „Und ebenso genau wissen wir, daß diese weißen Hunde hinter uns her sind. Wir selbst haben das ja so gewollt, denn wir haben sie uns nachgelockt, um sie zu verderben. Euch ist eine Falle gestellt, aus der es kein Entrinnen gibt."

„Ja, vielleicht, wenn wir so dumm sind, hineinzulaufen."

„Du bist ja schon hineingelaufen; du befindest dich schon drin!"

„Um so aufmerksamer und vorsichtiger werden die weißen Soldaten sein."

„Sie laufen auch hinein; sie können gar nicht anders. Wir sind nur darum vom Blauen Wasser hierhergeritten, damit die Soldaten uns folgen sollen. Auch dieses Lager werden wir verlassen, um sie in die Wüste zu führen, wo sie elend umkommen müssen."

„Umkommen? Sie werden kämpfen und euch besiegen."

„Es wird gar keinen Kampf geben. Wir locken sie tief in den Sand hinein, wo es kein Wasser gibt. Dort werden sie verschmachten, ohne daß ihnen ihre Waffen etwas nützen. Sie werden einige Zeit nach Tagesanbruch hier ankommen. Da sind wir schon fort, sie werden uns folgen. Hinter ihnen aber kommt dann Nale-Masiuv mit weit mehr als hundert Kriegern. Dadurch geraten sie zwischen ihn und uns, zwischen den Hunger, den Durst und unsre Gewehre und müssen sterben."

„Hang it all!" rief Old Wabble anscheinend erschrocken.

„Ja, da fährt dir das Entsetzen in die Glieder!" lachte der Häuptling grimmig. „Du mußt einsehen, daß ihr verloren seid. Aber Vupa-Umugi hat noch ein andres Wort mit dir zu sprechen. Wo sind die Bleichgesichter, die sich am Blauen Wasser bei dir befanden?" — „Bleichgesichter? Wen meinst du da?"

„Old Shatterhand, ferner Old Surehand, den ihr uns entführt habt, und die andern."

„Wo die sind, weiß ich nicht. Wir haben uns getrennt."

„Du lügst! Du willst mir verschweigen, daß sie sich bei den Soldaten befinden."

„Bei den Soldaten? Fällt ihnen nicht ein. Old Shatterhand ist nicht der Mann, sich zu den Soldaten zu gesellen und dadurch seine Selbständigkeit einzubüßen. Oder glaubst du vielleicht, daß er sich dazu hergibt, ihren Spion zu machen?"

„Old Shatterhand ist stolz", gestand der Häuptling.

„Nicht bloß das. Er ist ein Freund der Weißen wie auch der Roten. Wird er sich da in den Streit mengen, der zwischen ihnen ausgebrochen ist?" — „Uff, das klingt wahr!"

„Und hat der weiße Jäger nicht am Blauen Wasser Frieden mit dir geschlossen?"

„Auch das ist richtig. Aber wo befindet er sich?"

„Old Shatterhand ritt den Rio Pecos hinab, um im Pueblo der Mescalero-Apatschen mit Winnetou zusammenzutreffen."

„Ritt er allein?" — „Nein, die andern begleiteten ihn."

„Warum du nicht auch?"

„Weil ich zu den Soldaten wollte, deren Scout ich jetzt bin."

„Solltest du wirklich so allein geritten sein? Deine letzten Worte erregen neuen Verdacht. Old Shatterhand ist bei euch."

„Ich habe Vupa-Umugi für weit klüger gehalten, als er sich jetzt zeigt. Sieht er denn nicht ein, daß er sich mit seinem Mißtrauen eine große Blöße gibt? Ist Old Shatterhand während eines Kriegszuges nicht mehr wert als hundert Krieger? Und ist Old Surehand ihm nicht gleich? Wenn sich so berühmte Männer bei uns befänden, würde ich es dir da nicht sagen, um dich abzuschrecken, dich an mir zu vergreifen?"

„Uff!" nickte der Häuptling zustimmend.

„Es wäre für mich ein großer Vorteil, wenn ich dir mit diesen beiden Bleichgesichtern drohen könnte. Wenn ich das nicht tu, mußt du einsehen, daß sie wirklich nicht bei uns sind."

„Uff!" erklang es abermals bejahend.

„Also, wollte ich eine Lüge erfinden, so würde ich noch lieber sagen, daß diese beiden kommen werden, um mich zu retten, als daß ich es verneine. Wenn Vupa-Umugi das nicht einsieht, steht es schlimm um seinen Verstand."

„Was geht dich mein Verstand an, Hund! Vupa-Umugi weiß nun, woran er ist, und es wird darauf ankommen, ob die Krieger, die jetzt die Gegend nach Gefährten von dir absuchen, jemand finden oder nicht. Auf alle Fälle aber bist du verloren. Wir nehmen dich mit, denn unser ganzes Volk soll dich sterben sehen und sich über deine Qualen freuen.

Nun, was ist? Was hast du zu melden?"

Er richtete diese Frage an einen Roten, der soeben herbeigeritten kam und vom Pferd sprang.

Der Mann antwortete:

„Wir haben die ganze Gegend umkreist und abgesucht, doch niemand gefunden. Dieses Bleichgesicht hat sich allein in unsere Nähe gewagt."

„Old Wabble wird das Wagnis mit dem Leben bezahlen. Bindet ihm nun auch die Füße und fesselt ihn so, daß er sich nicht bewegen kann! Fünf Krieger mögen ihn bewachen und mit ihren Köpfen für ihn haften. Auch mögen Wachen den Rand da oben hinter uns besetzen, damit wir uns keiner Unvorsichtigkeit schuldig machen!"

Diese Unvorsichtigkeit hatte er freilich schon begangen und uns dadurch die heimliche Annäherung bedeutend erleichtert. Nun galt es, uns schnell zu entfernen und nicht zu warten, bis sich die Posten da oben aufstellten, sonst liefen wir Gefahr, von ihnen entdeckt zu werden. Wir krochen also schleunigst, doch möglichst leise, die Böschung hinauf.

Dann eilten wir zunächst weit fort, um nicht gesehen und gehört zu werden. Später konnten wir diese Eile mäßigen.

„Nun, Sir, was sagt Ihr dazu?" fragte mich Old Surehand. „Das ist ein böser Streich, den uns der Alte wieder gespielt hat."

„Glücklicherweise für ihn böser als für uns."

„Ja. Nachdem das Unglück einmal fertig war, hat er sich nicht übel benommen."

„Es ist jammerschade um Cutter. Er ist sonst ein tüchtiger Kerl, und wenn er nicht die Angewohnheit hätte, so sinnlos selbständig zu handeln, wäre er gut zu brauchen. So aber muß man mit ihm vorsichtiger sein als mit irgendeinem Greenhorn. Er ist ein Mensch, der am besten für sich allein bleibt, denn jeder Gesellschaft, der er sich anschließt, muß er gefährlich werden. Wenn er die Freiheit wieder hat, mag er reiten, wohin er will. Ich habe mich freilich erst gefreut, ihn kennenzulernen. Er hat mir aber diese Freude gehörig vergällt. Jetzt ist es wahrlich kein Vergnügen mehr, ihn bei sich zu haben und Dummheit über Dummheit begehen zu sehen. Da ist mir doch der unerfahrenste Neuling lieber. Ein Greenhorn fügt sich und folgt dem erfahrenen Westmann eben in der Überzeugung seiner Unerfahrenheit. Hier aber gibt es einen alten *horseman,* der stolz darauf ist, einst der ‚König der Cowboys‘ geheißen zu haben, und es in diesem Stolz unter seiner Würde hält, sich einem andern Willen unterzuordnen. Ein guter Cowboy mag ein tüchtiger Hirt und Reiter, vielleicht auch ein annehmbarer Schütze sein. Zu einem Westmann aber gehört weit mehr!"

Ich war in Eifer geraten und hätte wohl noch weiter gewettert, wenn wir jetzt nicht unser Lager erreicht hätten.

Als die Apatschen erfuhren, daß Old Wabble von den Komantschen gefangen worden sei, sagte der älteste von ihnen, der für die andern das Wort führte: „Das alte Bleichhaar ritt fort, ohne uns zu fragen. Konnten wir Old Wabble halten?"

„Nein", erwiderte ich. Er hätte auf keinen Fall auf euch gehört. Aber warum stieg er zu Pferd, anstatt zu Fuß zu gehen? Wißt ihr das?"

„Wir wissen es. Es war das einzige, was Old Wabble sagte. Er bediente sich der Schnelligkeit wegen des Pferdes, denn er wollte eher bei den Komantschen sein als ihr und dann auch eher zurückkehren."

„Um sich dann gegen uns zu brüsten! Nun hat er ja allen Grund, seinen Ruhm auszuposaunen. Sorge dafür, daß die Wachen aufmerksam sind! Wir wollen uns jetzt schlafen legen, denn wir müssen mit der Sonne wieder munter sein."

Mit dem Schlaf hatte es so seine Wege, denn der Ärger über Cutter hielt mich noch lange Zeit wach, und als ich bei Sonnenaufgang geweckt wurde, hatte ich noch nicht ausgeschlafen.

Jetzt galt es, den Abzug der Komantschen zu beobachten. Wir sahen zwar den dunklen Streifen, den die Hundert Bäume am südlichen Horizont bildeten, sie selbst aber konnten wir nicht er-

kennen. Darum nahm ich das Fernrohr und verließ mit Old Surehand den Lagerplatz, um die große Entfernung zu verringern. Auf
halbem Weg setzten wir uns nieder und warteten. Es dauerte gar
nicht lange, so tauchten die Gestalten der Komantschen hinter den
Büschen auf. Sie ritten genau so fort, wie sie gekommen waren,
nämlich nicht im Gänsemarsch. Die Roten taten das, um eine recht
breite, sichtbare Fährte zu machen und dadurch den Truppen die
Verfolgung zu erleichtern. Als Wegweiser ließen sie sich, wie wir es
ja beabsichtigten, die Pfähle dienen, die, wie sie glaubten, von
Schiba-bigk eingesteckt worden seien. Sie ahnten nicht, welche Veränderung inzwischen mit den Stangen vorgegangen war.

Als die Komantschen fern im Südosten verschwunden waren,
warteten wir wohl über eine Stunde lang. Da tauchten im Westen
sechs Reiter auf, deren Weg sichtlich zu den Hundert Bäumen
führte.

„Das sind Dragoner", meinte Old Surehand. „Reiten wir hin?"

„Nein. Ich möchte mir gern einen Spaß machen. Der Kommandant hat mich, als ich ihn jenseits des Mistake Cañon in seinem
Lager traf, nicht für voll angesehen und wie einen Neuling behandelt." — „Der Dummkopf!"

„Hm! Er konnte nicht gut anders, weil ich mich für einen Gräbersucher ausgab. Ich verstellte mich damals. Es war wirklich
nicht allzu schwer, mich für ein Greenhorn zu halten. Jetzt
möchte ich gern sehen, was für ein Gesicht der Kommandant
macht, wenn er mich so unerwartet hier am öden Llano Estacado
wiederfindet!"

„So wollt Ihr erst ohne unsre Apatschen zu ihm? Wohl auch
ohne mich?" — „Ihr könnt mit."

„Recht so! Möchte auch wissen, was er sagt, wenn er erfährt,
daß der vermeintliche Gräberforscher kein andrer ist als Old Shatterhand. Wird ein ungeheuer kluges Gesicht dabei machen."

Wir sahen durch das Fernrohr, daß die sechs Reiter — es schien
eine Vorhut zu sein — sich zerstreuten, um einzeln die Hundert
Bäume zu erreichen. Das war pfiffig von ihnen, aber in diesem
Fall nicht nötig, weil die Komantschen sich entfernt hatten.

Als sie verschwunden waren, dauerte es nur zehn Minuten, da
sahen wir wieder einen von ihnen, der im gestreckten Galopp zurückritt, wahrscheinlich um dem Kommandanten zu melden, daß
er nachkommen könne, weil die Hundert Bäume frei seien vom
Feind. Eine Stunde später sahen wir dann die Dragoner kommen,
und wir kehrten in unser Lager zurück, um unsre Pferde zu holen
und den Apatschen die Weisung zu erteilen, sie sollten in einer
Stunde folgen.

Wir ritten erst schnell und dann, als wir von den Hundert Bäumen aus gesehen werden konnten, so langsam wie Leute, die
nichts zu versäumen haben, weil der Zweck ihres Ritts nicht
wichtig ist. Als wir uns dem Gebüsch auf ungefähr tausend Schritt

genähert hatten, gewahrten wir einige Wachen. Die andern konnten wir nicht sehen, weil sie im Innern der Einbuchtungen lagerten. Wir wurden von diesen Posten bemerkt. Sie meldeten uns, und nun kamen viele Soldaten hinter dem Gesträuch hervor, um uns zu betrachten. Da wir nur zwei Personen und noch dazu keine Indianer waren, wurde unser Kommen mit Ruhe erwartet.

„Halt!" rief uns der äußerste Posten an. „Was wollt ihr hier?"

„Ausruhen."

„Wer seid Ihr?"

„Das geht Euch nichts an. Das zu erfahren ist Sache Euers Offiziers!"

„Oho! Ich habe euch zu fragen, und ihr habt mir zu antworten, sonst schieße ich!"

„Versucht es doch! Bevor Ihr Euern Schießprügel anlegt, seid Ihr eine Leiche."

Bei diesen Worten richtete ich den Stutzen auf ihn und fuhr fort:

„Wir haben hier nämlich das gleiche Recht wie ihr. Wir können auch fragen: wer seid ihr? Was wollt ihr hier? Und wer ist der Offizier, der euch befehligt? Und nun laßt uns in Ruhe! Wir wollen zum Wasser."

Wir bogen um das Gebüsch und ritten zum Quell, an dem das Offizierszelt bereits errichtet war. Der Posten hinderte uns nicht, aber die Soldaten, die meine Antworten gehört hatten, liefen uns voran, um dem Kommandanten zu sagen, wie wir uns verhalten hatten und was für widersetzliche Leute wir seien. Er stand vor dem Zelt, hörte ihren Bericht und sah uns mit drohend gefurchter Stirn entgegen. Als wir ihm nahe genug gekommen waren, erkannte er mich und rief aus:

„Zounds! Das ist ja der Gräbersucher! Nun, dem sind solche Dummheiten wohl zuzutrauen. Der versteht das nicht. Was weiß der vom Kriegszustand und von den Pflichten, die ein Posten hat, wenn ihm nicht Gehorsam geleistet wird!"

Während er das sagte, hatten wir ihn erreicht und stiegen von den Pferden. — *„Good morning,* Sir!" grüßte ich unbefangen. „Erlaubt uns, hier Platz zu nehmen! Wir brauchen Wasser für uns und für die Pferde."

Er lachte laut auf und wendete sich zu seinen Offizieren, die in sein Gelächter einstimmten:

„Seht diesen Mann, Gentlemen! Wahrscheinlich kennt ihr ihn noch. Der Kerl ist ein Sonderling und hat Raupen im Kopf, die ihresgleichen suchen. Natürlich hat er keine Ahnung davon, daß unsre Posten ihn eigentlich niederschießen mußten. Er hat einen Kameraden gefunden, der ihm wahrscheinlich gleichwertig ist. Solche Leute können wir getrost hier aufnehmen, ohne befürchten zu müssen, daß sie uns schaden."

Und uns das Gesicht wieder zukehrend, sagte er zu uns:

„Ja, ihr mögt hierbleiben und soviel Wasser trinken, wie ihr wollt. Habt Ihr viele Gräber gefunden, wie Ihr sie sucht, Sir?"

„Kein einziges", erwiderte ich.

„Läßt sich denken. Wer Indianergräber suchen will, der darf nicht in den wilden Llano Estacado gehen!"

„Llano Estacado?" fragte ich, scheinbar verblüfft. — „Ja!"

„Wo liegt denn der?" — „Das wißt Ihr nicht?"

„Ich weiß nur, daß das eine sehr traurige Gegend sein soll."

„Heilige Einfalt! Wohin seid Ihr denn geritten, nachdem Ihr da oben unser Lager verlassen hattet?"

„Immer ostwärts." — „Und dann?"

„Dann an den See, den die Indianer das Blaue Wasser nennen."

„An das Blaue Wasser?" rief er erstaunt, ja fast erschrocken aus. „Gerade dort hat eine bedeutende Komantschenschar gelagert!"

„So?" fragte ich harmlos.

„So — oo — oo?" ahmte er meine Stimme nach. „Haben sie euch denn nicht gesehen und ertappt?"

„Gesehen? Vielleicht! Ertappt? Nein! Wir haben uns sogar den Spaß gemacht, im See zu schwimmen."

„Und seid nicht erwischt worden?"

„Nein. Wenn ich mir die Sache richtig überlege, so denke ich, daß wir jetzt nicht hier säßen, wenn wir von ihnen erwischt worden wären."

Da lachte er laut auf und rief:

„Das ist freilich richtig. Sie hätten euch getötet und skalpiert!"

„Sir, das ist nicht so leicht, wie Ihr zu denken scheint. Wir hätten uns gewehrt."

Ich sagte das so ernst und überzeugt, daß sich abermals ein schallendes Gelächter erhob. Old Surehand gab sich alle Mühe, seine Gesichtszüge zu beherrschen. Dennoch sah ich es ihm an, wie sehr er sich innerlich belustigte. Als sich das Gelächter gelegt hatte, fuhr der Kommandant fort:

„Das ist denn doch zu toll! Wie lang seid ihr denn am Blauen Wasser geblieben?" — „Einen Tag."

„Und wohin seid ihr dann geritten?"

„Immer wieder nach Osten."

„Das ist wirklich ein himmelblaues Wunder! Ich sehe doch, daß ihr ohne allen Schaden und ganz heil hier angekommen seid!"

„Ja, heil und gesund sind wir. Was sollte uns fehlen?"

„Was euch fehlen sollte? Es ist wirklich großartig! Die Komantschen sind nämlich auch vom Blauen Wasser hierhergeritten. Haben euch diese Halunken denn nicht gesehen?"

„Das weiß ich icht. Sie müssen es wissen."

„Ja, sie müssen es wissen!" lachte er grimmig. „Und ich weiß es auch. Sie haben euch nicht gesehen, sonst lebtet ihr nicht mehr. So etwas ist wirklich kaum zu glauben. Da reiten diese beiden Männer immer dahin, wo die Komantschen sind. Sie trollen ihnen immer im Weg und vor den Augen hin und her und werden doch nicht ertappt. Einem tüchtigen Westmann oder Soldaten könnte das nicht passieren. So ein Glück! Und dabei ahnen diese Leute nicht einmal, in welcher Gefahr sie sich befunden haben. Es ist doch wahr, was das alte Sprichwort sagt: Die Dummen haben Glück!"

„Ja, ja", nickte ich. „In meiner Heimat gibt es ein Sprichwort, das lautet: Die dümmsten Bauern ernten die größten Kartoffeln."

Als ich das so ruhig lächelnd vorbrachte, schien er endlich doch aufmerksam zu werden. Er betrachtete mich mit einem langen forschenden Blick und meinte dann:

„Hört, Ihr wollt doch nicht etwa so tun, als hättet ihr es hinter den Ohren? Bildet Euch ja nicht ein, klüger zu sein als wir!"

„Keine Sorge, Sir! Wir haben nicht die Absicht, zwischen uns und euch einen Vergleich anzustellen. Das wäre Torheit."

„Denke es auch!" nickte er befriedigt, ohne den eigentlichen Sinn meiner Worte zu verstehen. „Ich habe es nicht nötig, aufrichtig mit euch zu sein. Aber ihr tut mir in eurer Dummheit so leid, daß ich euch sagen will, wie die Verhältnisse stehen. Wir haben nämlich die Komantschen angegriffen und besiegt. Sie sind vor uns zum Blauen Wasser geflohen, und wir sind ihnen nach. Von dort sind sie wieder hierher geflohen und nun hetzen und jagen wir sie in den öden Llano Estacado hinein, wo sie entweder vor Durst sterben oder von unsern Kugeln gefressen werden, wenn sie sich uns nicht ergeben. Das ist es, was ich euch mitteilen will, und wovon ihr keine Ahnung gehabt habt."

„Keine Ahnung? Glaubt Ihr denn wirklich, daß wir nichts davon wissen?" fragte ich, jetzt in ganz anderm Ton.

„Was könnt ihr wissen!" meinte er verächtlich.

„Zunächst wissen wir, daß Ihr, wenn es nach Eurem Plan geht, die Komantschen auf keinen Fall bekommen werdet."

„Nanu!" rief der Offizier spöttisch. — „Ja. Ich füge sogar hinzu, daß nicht sie es sind, sondern Ihr es seid, denen das Los bevorsteht, im wüsten Llano zu verschmachten."

„Wieso? Wie klug Ihr plötzlich seid! Warum werden wir verschmachten?" — „Gibt's im Llano Wasser?" — „Nein."

„Habt Ihr Schläuche, um Wasser mitzunehmen?"

„Zum Teufel, nein! Fragt doch nicht so dumm!"

„Meine Frage ist gar nicht dumm! In der Wüste braucht man Wasser. Wißt Ihr, wie weit Ihr in die Wüste hinein müßt, um die Komantschen zu treffen? Wißt Ihr, wie lange Eure Pferde in der Glut des Llano dursten können?"

„Wir wissen, daß wir gar nicht weit hineinmüssen, denn die Roten haben auch kein Wasser."

„Hört, Ihr tut mir jetzt ebenso leid, wie Euch vorhin meine Dummheit erbarmt hat. Die Komantschen wissen nämlich einen Ort im Llano Estacado, wo es genug Wasser gibt."

„Ah! Es gibt einen solchen Ort? Unmöglich!"

„Warum unmöglich? Habt Ihr noch nie gehört, daß es in Wüsten Oasen gibt?" — „Aber nicht im Llano Estacado."

„Grad da gibt es ein Wasser, das tausend Pferde nicht auszutrinken vermögen."

„Unsinn! Was wollt Ihr von diesem Wasser wissen?"

„Redet doch Ihr nicht von Ahnen und Wissen! Ihr selbst ahnt ja gar nicht, was wir beide wissen, mein Kamerad hier neben mir und ich." — „Zwei Gräbersucher! Was wißt ihr denn, he?"

„Daß Ihr Euch mit allem was Ihr denkt und beabsichtigt, in einem gefährlichen Irrtum befindet und Euerm sicheren Untergang entgegenreiten würdet, wenn es nicht einige Männer gäbe, die sich vorgenommen haben, Euch zu retten."

„Unserm sicheren Untergang? Das ist toll! Aber Euch sind solche Reden zuzutrauen. Wer sind diese braven Männer, Sir?"

„Es sind drei, nämlich Winnetou, Old Surehand und Old Shatterhand." Da zog er die Brauen hoch und fragte:

„Die wollen sich unser annehmen?"

„Sie müssen es, wenn sie nicht ruhig zusehen wollen, daß Ihr in die Falle geht, die die Komantschen Euch gestellt haben."

„Sprecht Ihr im Fieber? Ich glaube, Ihr leidet an Wahnvorstellungen."

„Wenn jemand in irgendwelcher Sinnestäuschung befangen ist, so sind nicht wir es, sondern Ihr seid es. Kennt Ihr den Anführer der Komantschen, mit denen Ihr gekämpft habt?"

„Weiß nicht, wie er heißt. Wir haben keinen Scout, der das erfahren konnte."

„Dieser Häuptling heißt Nale-Masiuv, was soviel wie Vier Finger bedeutet. Und wie heißt der Häuptling der Komantschen, die am Blauen Wasser lagerten?"

„Das war eben jener Nale-Masiuv, wenn Ihr seinen Namen richtig genannt habt."

„Nein. Das war Vupa-Umugi, was Großer Donner heißt."

„Unsinn! Es muß ein und derselbe gewesen sein, denn wir haben ihn bis an das Blaue Wasser vor uns hergetrieben, Sir."

„Ah! Sind das die Wahnvorstellungen, von denen Ihr geredet habt? Ihr seid so freundlich gewesen, uns vorhin den Stand der Dinge klarzulegen, ohne daß Ihr es eigentlich für nötig hieltet. Dafür wollen wir nun Euch, ohne daß es notwendig ist, sagen, wie die Verhältnisse liegen. Nale-Masiuv hat sich nämlich mit Vupa-Umugi verbündet, Euch zu verderben. Er ist nicht zum Blauen Wasser geflohen, sondern er hat heimgeschickt, um schnell noch hundert Krieger kommen zu lassen. Während Ihr glaubtet, ihn zu verfolgen, blieb er in Euerm Rücken und verfolgte Euch. Ihr wurdet an das Blaue Wasser gelockt, wo Vupa-Umugi auf Euch wartete und Euch, als Ihr kamt, Platz machte. Vupa-Umugi, der Häuptling der Naiini, wendete sich hierher zu dem Ort, wo wir uns jetzt befinden, den die Komantschen Suks-ma-lestavi, Hundert Bäume, nennen. Vupa-Umugi kam gestern abend hier an. Ihr seid ihm nachgeritten, und er ging, ehe Ihr hier erschient, in die Wüste, um Euch hinter sich herzuziehen. Während Ihr glaubt, ihn zu verfolgen und ihn vernichten zu können, lockt er Euch in eine Falle. Er reitet mit seinen Naiini voran und hinter Euch kommt Nale-Masiuv mit weit über hundert Kriegern. Ihr befindet Euch zwischen diesen beiden feindlichen Trupps. So liegen die Verhältnisse, Sir, so und nicht anders."

Seine Offiziere blickten fragend von mir zu ihm hinüber und wieder von ihm zu mir herüber. Er selbst starrte mich staunend an, als sei ich ein Rätsel, und fragte mich:

„Aber, Sir, was sind das für Phantastereien?"

„Meine Phantasie ist hierbei gar nicht nötig. Ich spreche von Dingen, die wirklich sind."

„Ihr kennt die Namen alle. Woher wißt Ihr sie?"

„Ich spreche die Sprache der Komantschen."

„Ihr, der Gräbersucher?"

„Gräbersucher, *pshaw!* Wollt Ihr denn noch immer nicht einsehen, daß Ihr Euch in bezug auf mich in einem großen Irrtum befindet?"

„Irrtum? Seid Ihr denn nicht der, für den ich Euch gehalten habe, Sir?"

„Nein. Habt Ihr es denn wirklich für möglich gehalten, daß sich ein Gelehrter, also ein studierter Mann, als Dummkopf im Wilden Westen nur zu dem Zweck herumtreibt, Gräber zu entdecken? Und daß er den Indianern nur immer so im Weg herumkrabbelt, ohne von ihnen entdeckt zu werden?"

„Ich bin erstaunt, Sir!"

„Staunt über Euch, aber nicht über mich! Ich habe Euch vorhin die Namen dreier Männer genannt, von denen Ihr wohl gehört haben werdet. Ist Euch bekannt, was für ein Pferd Winnetou gewöhnlich reitet?" — „Einen Rapphengst, der ‚Wind' heißen soll."

„Ja, Wind. Der Apatschenname dafür ist Iltschi. Habt Ihr auch von dem Pferd Old Shatterhands gehört?"

„Auch ein Rapphengst, ‚Blitz' genannt."

„Richtig! Das Apatschenwort dafür ist Hatatitla. Jetzt paßt einmal auf mein Pferd dort auf!"

Mein Rappe hatte sich grasend wohl über siebzig Schritt von mir entfernt. Ich drehte mich zu ihm um und rief den Namen Hatatitla. Sofort kam er herbeigesprungen und rieb sein Maul liebkosend an meiner Schulter.

„*Zounds!*" rief der Kommandant aus. „Sollte etwa gar —"

„Ja, sollte etwa gar —!" lachte ich. „Ihr seid Kavallerist und habt diesen Hengst schon einmal gesehen. Betrachtet ihn jetzt genauer! Saht Ihr schon ein so edles Pferd? Kann ein Gräbersucher ein so unvergleichliches Tier besitzen?"

Er drückte und drückte, um etwas zu sagen, brachte aber vor Verlegenheit lange nichts heraus, bis er endlich rief:

„Wo habe ich nur meine Augen gehabt!"

„Ja, wo habt Ihr sie gehabt, und zwar nicht nur in bezug auf das Pferd, sondern auch in Hinsicht auf den Reiter. Wißt Ihr, wie Winnetou bewaffnet ist?" — „Mit seiner berühmten Silberbüchse."

„Und Old Shatterhand?"

„Mit dem Bärentöter und dem Henrystutzen."

„Habt Ihr denn nicht schon in Euerm Lager jenseits des Mistake Cañon gesehen, daß ich zwei Gewehre habe?"

„Ja, aber sie waren eingewickelt, wenigstens das eine."

„Nun, jetzt sind sie nicht verhüllt. Da, seht sie an!"

Ich hielt sie ihm hin. Seine Offiziere richteten ihre Blicke neugierig auf die Gewehre.

„*By jove*, Sir", stieß er hervor, „sollte diese starke, schwere Rifle der Bärentöter sein?" — „Sie ist es."

„Und dieses Gewehr mit dem sonderbaren Schloß —?"

„— der Henrystutzen? Ja, der ist es."

„So wäret — Ihr —"

„— Old Shatterhand?" fiel ich ein. „Der bin ich allerdings."

„Und Euer Gefährte hier?"

„Heißt Old Surehand."

Die Offiziere wiederholten in lebhafter Überraschung diese beiden Namen, die augenblicklich von Mund zu Mund durchs Lager gingen. Der Kommandant ließ seinen Blick zwischen uns beiden hin- und hergleiten und fragte:

„Old Shatterhand und Old Surehand! Ist's zu glauben?"

„Ihr glaubt es nicht?" fragte ich. — „O doch, aber — aber —"

Er wurde unterbrochen, denn draußen, wo die Posten standen, erscholl jetzt der laute Ruf: „Indsmen kommen!"

„Woher?" fragte der Kommandant mit schallender Stimme.

„Von dort, aus Norden", lautete die Antwort, wobei die Posten in die angegebene Richtung deuteten. Der Offizier wollte den Alarmbefehl erteilen, doch ich hinderte ihn daran.

„Seid ruhig, Sir! Es hat nichts zu bedeuten. Wenn Ihr noch nicht glaubt, daß wir die sind, für die wir uns ausgegeben haben, so kommen jetzt Zeugen, die bestätigen werden, daß wir die Wahrheit sagen."

„Meint Ihr die Roten? Aber das sind ja Feinde! Ich muß sofort —"

„Nichts müßt Ihr, Sir. Sie sind Freunde. Sie sind sogar Eure Retter. Es sind Apatschen, die ich hergebracht habe, um Euch gegen die Komantschen beizustehen."

„Apatschen? Da bringt Ihr mich in eine Lage, Sir, die für mich recht bedenklich ist. Rote sind Rote. Es ist keinem zu trauen, und noch weiß ich nicht, ob Ihr wirklich Old Shatterhand seid."

„*Well*, so trefft die Maßnahmen, die Ihr für notwendig haltet!

Nur hütet Euch vor Feindseligkeiten! Ich werde Euch alles erklären, vorher aber den Apatschen einen Wink geben, sich dem Lager nicht auf Schußweite zu nähern, bis Ihr Vertrauen gewonnen habt."

„Ich will gehen und es ihnen sagen", erbot sich Old Surehand.

„Ja, tut das, Sir! Sagt ihnen auch, daß sich einige von ihnen auf der Höhe an das Gebüsch stellen sollen!"

„Dahinauf? Warum?" fragte der Kommandant noch immer mißtrauisch. „Warum Posten in meinem Rücken?"

„Um nach Nale-Masiuv auszuschauen. Ich habe Euch gesagt, daß er hinter Euch her ist. Er kann jeden Augenblick kommen."

„Ich könnte doch Posten von meinen Leuten aufstellen."

„Meine Apatschen haben schärfere Augen."

„Hm! Wenn Ihr — wenn Ihr —!"

„Nur heraus damit, Sir! Ihr wollt sagen: wenn ihr Feinde und Betrüger wärt?"

„Ja", gestand er. „Ich weiß nicht, ob die Roten, die da kommen, wirklich Apatschen sind."

„So versteht Ihr es nicht, Apatschen von Kommantschen zu unterscheiden?"

„Nein."

„Und da führt Ihr Krieg mit Indianern? Ihr könnt ja die tollsten Fehler begehen! Übrigens seht, da draußen kommen sie! Es sind fünfzig Mann. Ihr habt, wie ich schätze, gegen hundert gutgeschulte Soldaten bei Euch. Könnt Ihr Euch da vor den Roten fürchten?"

„Nein. Ich will Euch trauen, Sir. Nur müssen die Indsmen dem Lager fernbleiben, bis ich ihnen erlaube herbeizukommen. Das zu verlangen, gebietet mir meine Pflicht."

„Das sehe ich ein. Und Ihr seht jetzt, daß Ihr ruhig sein könnt. Mr. Surehand hat sie erreicht. Sie bleiben halten und sitzen ab. Nur drei von ihnen reiten fort, hinauf zu Höhe. Das sind die Wachen, die für unsre Sicherheit sorgen sollen."

„Schön. Ich bin zufrieden, Sir. Dennoch darf ich das nicht unterlassen, was zu tun mir die Sorge für unsre Sicherheit gebietet."

Der Offizier erteilte einige Befehle, denen zufolge seine Truppen mit schußbereiten Gewehren sich so aufstellten, daß sie einen Angriff der Apatschen leicht abschlagen konnten.

„Das darf Euch nicht erzürnen", entschuldigte er sich.

„Fällt mir nicht ein", erwiderte ich. „Wenn Ihr mich bis zu Ende angehört habt, werdet Ihr Vertrauen haben. Da kommt Mr. Surehand zurück. Setzen wir uns zusammen nieder! Ich will Euch weitererzählen und dadurch die Beweise bringen, daß ich vorhin die Wahrheit gesagt habe und Ihr ohne uns verloren wärt."

Wir nahmen am Wasser Platz, und ich teilte ihm soviel mit, wie er wissen mußte. Es lag in unserm persönlichen Vorteil, das zu übergehen, was für ihn nicht wichtig war. Meine Erzählung machte starken Eindruck auf ihn und seine Offiziere. Sein Gesicht wurde immer ernster, seine Miene immer bedenklicher, und als ich geendet hatte, blieb er noch eine ganze Weile unbeweglich und sinnend sitzen, ohne ein Wort zu sagen. Auch seine Offiziere waren nun überzeugt, daß sie ohne unser Eingreifen in eine schlimme Falle gegangen wären. Endlich hob er den Blick und meinte:

„Vor allen Dingen eine Frage, Mr. Shatterhand: Wollt Ihr mir verzeihen, daß ich so — so — gegen Euch gewesen bin?"

„Gern! Ihr glaubt also nun, daß ich Old Shatterhand bin?"

„Ganz gewiß! Wie ein Westmann, wie Ihr seid, doch selbst dem tüchtigsten Offizier überlegen ist! Wir können beim besten Willen, bei aller List und Tapferkeit nichts tun, wenn wir nicht Führer bei uns haben, die nicht nur die Gegend, sondern auch die Roten und ihre Sprachen und Gewohnheiten genau kennen. Ihr habt die Komantschen belauscht und darum alle ihre Pläne erfahren. Konnten wir das? Wir wären ahnungslos in eine Mühle geraten, die uns wahrscheinlich alle zermalmt hätte. Dafür werden diese Hunde von Komantschen aber gehörig bluten müssen. Unserm Kreuzfeuer soll keiner von ihnen entkommen!"

„Halt, Sir! Da ist ein Punkt, über den wir uns einigen müssen, ehe ich Euch die versprochene Hilfe fest zusage. Ich bin kein Mörder!"

„Ich auch nicht. Aber ich bin ausgesandt worden, gegen die Indsmen zu kämpfen, bis ich sie besiege, bis sie sich ergeben."

„Und wenn sie sich ohne Kampf ergeben?"

„Auch dann muß Strafe sein. Ich werde den zehnten oder zwanzigsten Mann erschießen lassen."

„So versucht, ob Ihr das fertigbringt! Auf unsre Hilfe aber müßt Ihr dann verzichten."

„Was fällt Euch ein? Euch kann ich nicht entbehren."

„Das denke ich auch, und darum meine ich, daß das Schicksal der Roten in unsern Händen liegt."

„Ganz in Euern? Das wohl nicht, Mr. Shatterhand. Ich bin so gerecht, alles, was Ihr getan habt und noch tun wollt, anzuerkennen, und darf wohl verlangen, daß Ihr die Rechte, die ich habe, ebenso anerkennt."

„Wollt Ihr mir nicht sagen, welche Rechte Ihr da zu haben glaubt?"

„Ihr und ich, wir sind Verbündete gegen die Komantschen. Wenn wir siegen, müssen wir beide gleich berechtigt sein zu bestimmen, was mit den Roten geschehen soll. Ihr werdet doch zugeben, daß es ohne Strafe nicht abgehen kann."

„Nein, das gebe ich nicht zu."

„Dann sind wir eben verschiedener Meinung; doch hoffe ich, daß wir uns einigen. Wenn Ihr etwas nachlaßt und ich etwas nachlasse, treffen wir in der Mitte zusammen, und jeder kann sagen, daß es halbwegs nach seinem Willen gegangen sei."

„Für mich gibt es hier keine Mitte. Wenn die Komantschen sich wehren, werden wir allerdings unsre Waffen brauchen. Wenn sie sich aber ergeben, darf keinem von ihnen ein Leid geschehen. Das ist meine Ansicht, von der ich auf keinen Fall abweiche."

„Aber, Sir, Strafe muß doch sein dafür, daß sie sich empört haben."

„Was nennt Ihr Empörung? Wenn jemand sein gutes Recht verteidigt? Wenn sich ein Indianer nicht gewaltsam von seinem Wohnsitz vertreiben lassen will? Wenn er von der Regierung verlangt, sie soll die Versprechungen halten, mit denen man ihn gewissenlos übervorteilt hat?"

„Hm! Ich überzeuge mich da, daß das, was man von Euch sagt, wahr ist, Mr. Shatterhand, daß Ihr es nämlich stets mehr mit den Roten als mit den Weißen haltet."

„Ich halte es mit jedem guten Menschen und bin Gegner jedes schlechten."

„Aber die Roten sind doch schlecht."

„*Pshaw!* Streiten wir uns nicht darüber! Ihr seid Yankee und außerdem Offizier. Ich kann Euch nicht zu meiner Ansicht bekehren. Das ist aber auch gar nicht nötig. Wir sind ein Trupp von weißen Jägern, die es mit einer ganzen Schar von Komantschen aufnehmen und haben dreihundert Apatschen bei uns, die viel besser geschult und bewaffnet sind als die Komantschen. Außerdem haben wir die Örtlichkeit für uns, andre Vorteile gar nicht gerechnet. Glaubt Ihr, daß wir die Komantschen auch ohne Eure Hilfe besiegen werden?"

„Na, hm — hm —!" er wiegte den Kopf nachdenklich hin und her.

„Sagt getrost ja! Wir brauchen Euch wirklich nicht dazu. Ich gebe Euch mein Wort, daß uns nicht ein einziger Komantsche entgeht, auch wenn wir auf Eure Hilfe verzichten. Und darum meine ich, daß das Schicksal der Besiegten allein von unserm Willen abhängt."

„*My word,* Sir, das ist sehr aufrichtig! Ihr gebt uns also den Abschied?"

„Nein. Ich sage zwar, daß wir Euch nicht brauchen, aber ich gestehe, daß uns die Ausführung unsres Plans erleichtert würde, wenn wir dabei auf Eure Hilfe rechnen könnten."

„Gut. Aber wer mit hilft, der will auch mit richten!!"

„Dann danken wir. Wenn Ihr uns unterstützt, soll es aus Anerkennung für unsre maßgebliche Hilfe geschehen, nicht aber in der Absicht, ein unnützes Blutbad anzurichten. Wir haben keine Zeit, die Komantschen können jeden Augenblick kommen. Entscheidet Euch! Entweder ja oder nein!"

„Hm! Man kann gegen Euch wirklich nicht aufkommen. Gebt mir fünf Minuten Zeit, mit meinen Offizieren zu reden!"

„Die sollt Ihr haben, mehr aber nicht. Durch Euer Zögern wird leicht alles aufs Spiel gesetzt."

Ich stand auf und entfernte mich für die kurze Zeit. Als ich dann zurückkehrte, erhielt ich von ihm den Bescheid:

„Was wollen wir machen, Sir? Ihr sollt Euern Willen haben. Wir können uns weder von Euch retten lassen, ohne mitzutun, noch können wir ohne Euch mit den Roten fertig werden. Also helfen wir Euch."

„Und das Schicksal der Komantschen ist unsre Sache?"

„Yes."

„Dann sind wir einig, und ich freue mich, in Euch einen so braven Bundesgenossen gefunden zu haben."

„Well! So sagt uns nun, was geschehen soll!"

„Laßt Eure Pferde tüchtig saufen und brecht Euer Zelt ab! Dann reitet Ihr Vupa-Umugi nach. Die Stangen zeigen Euch den Weg." — „Ihr bleibt hier?"

„Nur bis wir die Komantschen kommen sehen."

„Und wie weit entfernen wir uns?"

„Nur etwas über Gesichtsweite. Wenn Ihr diese Büsche hier nicht mehr sehen könnt, haltet Ihr an. Wir kommen schnell nach."

„Warum reitet Ihr nicht mit uns?"

„Weil ich Nale-Masiuv beobachten will, und weil unsre Apatschen auch hier an das Wasser müssen, bevor ihre Pferde die dürre Wüste unter die Hufe nehmen."

„Well, so mag es losgehen!"

Der Offizier gab die nötigen Befehle und ritt nach Verlauf einer halben Stunde mit seinen Dragonern fort. Nun konnten unsre Apatschen heran, um ihre Pferde zu tränken und ihre Schläuche zu füllen. Während das geschah, stieg ich auf die Höhe, um mit Hilfe meines Fernrohrs nach den Feinden auszuschauen. Da sie jedenfalls auf der Fährte der Dragoner kamen, kannte ich den Punkt des Gesichtsfeldes genau, an dem sie erscheinen mußten. Dabei war ich überzeugt, daß ich nicht lange auf die Roten zu warten brauchte, denn sie nahmen jedenfalls an, daß sich das Militär nur kurze Zeit bei den Hundert Bäumen aufgehalten habe und den Komantschen Vupa-Umugis schnell gefolgt sei, um ihnen stets auf den Fersen zu bleiben.

Diese Voraussetzung erwies sich als richtig, denn ich befand mich noch nicht lang auf meinem Posten, Old Surehand neben mir, als ich draußen im westlichen Gesichtsfeld einen dunklen Punkt erscheinen sah, der sich langsam auf uns zu bewegte.

„Sie kommen", sagte ich zu Old Surehand.

„Schon? Leiht mir einmal Euer Fernglas!"

Ich gab es ihm. Als er einige Sekunden lang hindurchgeblickt hatte, fragte er:

„Ihr meint den dunklen Punkt, gerade im Westen von uns? Er teilt sich jetzt. Es werden sechs, acht kleinere Punkte daraus, die sich im Halbkreis immer mehr voneinander entfernen."

„So sind es Kundschafter."

„Sicher! Sie können nicht in gerader Richtung hierher reiten, weil sie von den Truppen gesehen würden, falls diese noch hier wären. Stimmt es so?" — „Es ist so. Die Späher umreiten die Hundert Bäume, um nicht von hinten, sondern von beiden Seiten hierherzukommen, bis sie die Ebene erreichen und hinter das Gebüsch sehen können. Das ist die einzig ungefährliche Art für sie zu erfahren, ob die Dragoner noch da sind. Gebt mir das Glas!"

Als ich noch einmal hindurchblickte, stellte ich zwei Abteilungen der Kundschafter fest. Sie waren noch so entfernt, daß man sie nur durch das Fernrohr erkennen konnte. Bis in Sehweite durften wir sie nicht herankommen lassen, sonst würden wir ebenso von ihnen erspäht, wie sie von uns. Wir stiegen also schnell zum Wasser hinab, und ich erteilte den Apatschen den Befehl, aufzubrechen. Eine Minute später jagten wir davon, der großen Fährte nach, die längs der eingesteckten Pfähle nach Südosten führte. Nach kaum zehn Minuten kamen wir bei den Dragonern an, die, bei ihren Pferden lagernd, auf uns gewartet hatten.

Von der Stelle aus, wo wir uns jetzt befanden, konnten wir die Hundert Bäume mit bloßen Augen nicht erkennen. Aber eine Probe überzeugte mich, daß das Fernrohr bis hin trug.

Ich brauchte nicht lang zu warten, so bemerkte ich wirklich die Kundschafter, die sich dem Wasser langsam und vorsichtig von beiden Seiten näherten. Sobald sie sahen, daß niemand dort war, ritten sie schnell hin. Sie durchsuchten die Büsche, und als sie keinen Feind fanden, lagerten sich sieben von ihnen, während der achte zurückritt. Er wollte Nale-Masiuv melden, daß er kommen könne.

Nun verging eine volle Stunde, bis ich sah, daß sich die Lagerstelle wieder belebte. Die Komantschen waren eingetroffen. Als ich das Old Surehand mitteilte, sagte er:

„Jetzt beginnt der erste Akt des geplanten Schauspiels, die Gefangennahme von Nale-Masiuv. Ich denke, wir dürfen nicht lange warten. Meint Ihr nicht auch?"

„Ja. Die Komantschen bleiben jedenfalls nur solange dort, wie nötig ist, den Menschen und Pferden Wasser zu geben. Also fort!"

„Wir alle auf einmal?"

„Nein. Wir müssen die Roten umzingeln, erst von weitem, ohne daß sie uns sehen. Dann ziehen wir plötzlich den Kreis eng zusammen. Diejenigen von uns, die am weitesten zu reiten haben, müssen also eher fort als die andern. Das seid Ihr mit den Apatschen, die ich unter Euern Befehl stelle, Mr. Surehand."

„Freut mich. Danke Sir!"

„Ihr reitet außer Sichtweite um die Hundert Bäume herum und besetzt die Höhe rund um den Rand des Gebüschs, so daß Ihr mit den fünfzig Apatschen einen Halbkreis bildet. Eure Leute steigen von den Pferden und legen sich so in die Büsche, daß sie das Lager unten am Wasser mit ihren Gewehren bestreichen können."

„Sollen wir schießen?"

„Nur dann, wenn die Komantschen sich wehren oder mit Gewalt durch Eure Linie dringen wollen. Wie lang werdet Ihr brauchen, um hinter ihren Rücken zu kommen?"

„Ihr werdet die Zeit möglichst genau wissen wollen, um Euch nach mir richten zu können. Ich denke, daß Ihr von jetzt an in einer halben Stunde kommen könnt. Habt Ihr noch eine Verhaltungsmaßnahme?"

„Ich muß mich auf Euern Scharfsinn verlassen und kann mich nur im allgemeinen dahin aussprechen, daß wir lediglich dann zu den Waffen greifen, wenn es unbedingt nötig ist. Ich werde mit den Dragonern so geritten kommen, daß wir einen Bogen bilden, dessen beide Enden sich eng an Euern Halbkreis schließen. Dann haben wir die Komantschen in der Mitte. Sie werden zunächst nur uns sehen und nach rückwärts fliehen wollen, wo Ihr seid. Um ihnen zu zeigen, daß sie auch dort eingeschlossen sind, laßt Ihr Eure Apatschen ihr Kriegsgeheul anstimmen, sobald wir mit Euch Fühlung genommen haben."

„Schön! Also mag's beginnen. Lebt einstweilen wohl!"

Old Surehand ging zu den Apatschen, gab ihnen einige kurze Anweisungen und ritt dann mit ihnen fort. Ich wendete mich an den Kommandanten, indem ich ihn fragte:

„Wer soll jetzt Eure Leute befehligen, Sir? Der Tanz beginnt."

„Natürlich ich!"

„Gut. Aber schießt mir keine Böcke!"

„Habe mich freilich von den Roten übertölpeln lassen. Jetzt aber könnt Ihr überzeugt sein, daß keine Fehler vorkommen."

„So hört, was ich Euch sage! Wir reiten im Galopp auf die Hundert Bäume zu und bilden gleich von hier aus einen Halbkreis, dessen Enden die äußersten Büsche berühren."

„Ich verstehe. Hinter diesen Büschen stecken die Apatschen?"

„Ja. Eure Leute sollen mit ihnen rechts und links eng Fühlung nehmen." — „Und was dann?"

„Unser Ziel ist vorläufig nur das, die Komantschen zu umzingeln. Auf ihr Verhalten kommt es an, was dann geschieht. Schießen sie, so schießen wir auch. Verhalten sie sich aber abwartend, so lassen wir die Waffen ruhen. In diesem Fall werde ich ein Gespräch mit ihrem Häuptling herbeiführen, von dessen Ergebnis das Weitere abhängt."

„Werde ich bei diesem Gespräch mit anwesend sein?"

„Nein. Es gibt keinen Grund dazu."

„Grund genug! Als Kommandant der Truppen bin ich doch wohl der Mann, auf den Nale-Masiuv vor allen Dingen hören muß."

„Er wird nicht auf Euch hören."

„Auf wen sonst?" — „Auf mich."

„Hm! Ich weiß, daß Ihr ein tüchtiger Jäger seid, Mr. Shatterhand, aber täuscht Ihr Euch hier nicht? Bei so einer Unterredung gilt es vor allen Dingen, Eindruck zu machen. Und da seid Ihr doch nur Westmann. Ich aber bin Truppenkommandant, Mr. Shatterhand!"

„Ach so!" lachte ich ihm freundlich ins Gesicht.

„Ja. Schon die Uniform macht Eindruck!"

„Schon diese? Was noch?"

„Der Ton, in dem unsereiner gewohnt ist, zu sprechen."

„Ihr wollt mit Nale-Masiuv reden? Sprecht Ihr die Sprache der Komantschen?" — „Nein."

„Wie wollt Ihr Euch ihm da verständlich machen?"

„Durch Euch als Dolmetscher."

„So! Also Ihr seid der Kommandant, der zu bestimmen hat, und ich bin nur Euer Werkzeug. Euer Dolmetscher! Hört, Verehrtester, da beurteilt Ihr Old Shatterhand falsch. Als Dolmetscher soll ich mit Nale-Masiuv reden. Wozu brauche ich da Euch? Was hilft Euch Euer ‚Ton', wenn ich die Worte übersetzen muß? Und Eure Uniform? Ich sage Euch, daß Nale-Masiuv vor meinem ledernen Jagdrock und meinem Stutzen erheblich mehr Achtung hat als vor Eurer Uniform und vor Euerm Säbel. Streiten wir uns nicht um Rangunterschiede! Ich sag Euch, was geschehen soll, und Ihr befehligt in diesem Sinn Eure Untergebenen. Ich aber bin Euch nicht unterstellt. Und dann noch eins: Habt Ihr auch an die Gefahr gedacht, der Ihr Euch aussetzen würdet, wenn Ihr mit dem Komantschen verhandeln wolltet?"

„Gefahr? Die Person des Unterhändlers, des Parlamentärs ist doch heilig?"

„Diesem Indianer nicht. Er ist ein heimtückischer Mensch. Nale-Masiuv erscheint, und Ihr erscheint, beide ohne Waffen. Ihr setzt euch einander gegenüber und beginnt zu verhandeln. Plötzlich zieht der Kerl ein verborgenes Messer und sticht Euch nieder."

„Das darf er nicht."

„Der Häuptling fragt nicht viel danach, ob er darf! Er will den Anführer töten, um dann über die verwirrte Schar des Gegners herzufallen. Wollt Ihr auch auf diese Gefahr hin noch mit Nale-Masiuv sprechen, Sir?"

„Ich möchte wohl, denn ich fürchte mich nicht, will Euch aber nicht vorgreifen. Ihr habt recht. Da ich die Sprache nicht verstehe, würde ich die Verständigung zwischen uns und ihm nur erschweren. Es ist also besser, ich überlasse es Euch."

„Recht so! Brechen wir auf."

„Sogleich. Will nur meine Offiziere erst kurz unterrichten."

Dieser Herr Kommandant befand sich wirklich in dem Glauben, die Komantschen mit seiner Uniform zu beeindrucken. Und gar der ‚Ton'! Er hatte keine Ahnung von dem Ton, in dem man mit feindlichen Indianern redet. Wer während einer so wichtigen Verhandlung einen Häuptling wie Nale-Masiuv wie einen Rekruten ‚antönen' will, reizt den Feind höchstens zum äußersten Widerstand. Glücklicherweise hatte mein Hinweis auf die Hinterlist des Roten seine Wirkung nicht verfehlt.

Es war jetzt hohe Zeit, uns auf den Weg zu machen, denn Old Surehand war mit seinen Apatschen unsern Augen schon entschwunden. Die Dragoner bildeten eine Linie, die sich während des Ritts zu einem Halbkreis ausweiten sollte. Ich stellte mich an die Spitze, und dann ging es im Galopp vorwärts, auf der großen ausgetretenen Fährte zurück und auf die Hundert Bäume zu.

Es galt, so schnell zu sein, daß die Roten völlig überrascht wurden und keine Zeit zum Überlegen fanden. Wir flogen wie ein Sturm über die Ebene; still und lautlos. Nur der Hufschlag der Pferde war zu hören. Der Boden verschwand sozusagen hinter uns. Unsre Linie rundete sich. Die beiden Spitzen griffen schneller aus als die Mitte. Wir näherten uns dem Lager mit rasender Schnelligkeit. Dort sah man uns, ohne zunächst zu erkennen, wer wir waren. Als dann die Komantschen sahen, daß sie es mit Bleichgesichtern zu tun hatten, stießen sie ein markdurchdringendes Geheul aus, griffen zu den Waffen und rannten zu den Pferden. Doch zu spät, denn unser Halbring hatte sich bereits geschlossen. Nun wollten sie sich nach rückwärts wenden. Da aber erscholl weithin über das ganze Lager und in die Wüste hinaus der Kriegsruf der Apatschen. Er klingt wie ein mit der höchsten Kopfstimme ausgestoßenes, langezogenes Hiiiiiii, wobei man mit der Hand rasch hintereinander auf den Mund schlägt. Als die Komantschen diesen Ruf hörten, wichen sie schnell von den Büschen zurück, denn sie erkannten, daß sie auch auf dieser Seite eingeschlossen waren.

Wir hielten außer Schußweite von ihnen und sahen, welche Verwirrung sich ihrer bemächtigt hatte. Die Komantschen liefen hin und her. Laute Rufe ertönten. Da sie aber merkten, daß ihnen von keiner Seite etwas geschah, wurden sie ruhiger und hielten in einem engen Trupp am Wasser beisammen. Jetzt stieg ich vom Pferd und ging langsam auf das Lager zu. Sie sahen mich kommen und waren jedenfalls neugierig zu erfahren, was ich beabsichtigte. Ich näherte mich ihnen bis auf Sprechweite und rief ihnen laut und vernehmlich zu:

„Die Krieger der Komantschen mögen mich hören! Hier steht Old Shatterhand, der weiße Jäger, der mit Nale-Masiuv sprechen will. Wenn der Häuptling der Komantschen Mut besitzt, mag er sich mir zeigen!"

Es entstand eine Bewegung unter ihnen, und trotz der Entfernung, und obwohl sie leise sprachen, war es mir, als hörte ich halb unterdrückte Ausrufe des Schreckens. Nach einer Weile trat einer hervor, der mehrere Federn im Schopf trug. Er schwang den Tomahawk und rief mir zu:

„Hier steht der Häuptling der Komantschen. Wenn Old Shatterhand seinen Skalp geben will, mag er herkommen. Nale-Masiuv wird sich die Kopfhaut nehmen."

„Sollen das die Worte eines tapfern Häuptlings sein?" erwiderte ich. „Ist Nale-Masiuv so feig, daß ihm ein Skalp, den er haben will, entgegengebracht werden muß? Wer Mut besitzt, der holt sich ihn!"

„So komme Old Shatterhand her, um zu erfahren, ob er den meinen bekommen kann!"

„Old Shatterhand geht nicht auf Skalpe aus. Er ist ein Freund der roten Männer und möchte sie vor dem Untergang bewahren. Die Krieger der Komantschen sind ringsum eingeschlossen. Ihr Leben gleicht der Wolle der wilden Rebe, die jeder Windhauch mit sich nimmt. Aber Old Shatterhand will sie retten. Nale-Masiuv mag zu mir kommen, um sich mit mir zu beraten."

„Nale-Masiuv hat keine Zeit", scholl es zurück.

„Wenn er keine Zeit zur Beratung hat, so wird er Zeit haben zu sterben. Ich gebe ihm eine kurze Frist zum Überlegen. Hat er da noch nicht zugesagt, so werden unsre Gewehre sprechen. Howgh!"

Der Häuptling trat zu seinen Leuten zurück und verhandelte mit ihnen. Als einige Minuten verflossen waren, rief ich ihnen zu:

„Die Frist ist vorüber. Was hat Nale-Masiuv beschlossen?"

Er kam wieder einige Schritte auf mich zu und fragte:

„Meint es Old Shatterhand ehrlich mit dieser Unterredung? Und wo soll sie stattfinden?"

„Genau in der Mitte zwischen uns und euch."

„Wer soll daran teilnehmen?" — „Nur du und ich."

„Und jeder kehrt frei zu den Seinen zurück? Bis wir zurückgekehrt sind, dürfen die Krieger keiner Partei eine Feindseligkeit beginnen?" — „So ist es."

„Und wir haben keine Waffen bei uns?" — „Keine!"

„So mag Old Shatterhand gehen und alle seine Waffen ablegen! Ich werde gleich kommen."

Ich kehrte zu unsrer Linie zurück und legte alles, was ich an Waffen besaß, bei meinem Pferd nieder. Als ich mich dann umdrehte, sah ich Nale-Masiuv mit langen, eiligen Schritten schon kommen, gar nicht so langsam und würdevoll, wie es ihm als Häuptling ziemte. Das fiel mir auf. Er wollte sichtlich eher am Platz sein als ich. Warum wohl? Während ich ihm gemessenen Schrittes entgegenging, beobachtete ich ihn scharf. An einer Stelle, die etwa die angegebene Mitte sein konnte, blieb er stehen und setzte sich nieder. Dabei hielt er die rechte Hand länger hinter sich, als notwendig war, um sich beim Niederlassen zu stützen. Aus welchem Grund konnte es sein? Hatte er etwas hinter sich gelegt, was ich nicht sehen konnte? War der Komantsche darum eher als ich gekommen, um diesen Gegenstand verbergen zu können? Mußte diese Frage mit Ja beantwortet werden, so konnte dieser Gegenstand nichts anders sein als eine Waffe.

Jetzt hatte ich den Roten erreicht und stand nur noch drei Schritte von ihm entfernt. Sollte ich diese drei Schritte auch noch tun, um zu sehen, was er hinter seinem Rücken hatte? Nein. Das wäre Old Shatterhands nicht würdig gewesen. Ich setzte mich langsam nieder. Dann bohrten sich unsre Augen förmlich ineinander. Jeder wollte seinen Gegner abschätzen.

Nale-Masiuv war lang und schmal gebaut, aber starkknochig und sehnenkräftig, ein Mann im Alter von vielleicht fünfzig Jahren. Seine Backenknochen traten weit hervor. Seine scharfe Adlernase und die dünnen, zusammengekniffenen Lippen ließen in Verbindung mit den kleinen, wimperlosen Augen auf festen Willen, Tatkraft, Falschheit und Verschlagenheit schließen. Er musterte mich langsam vom Kopf bis zu den Füßen, öffnete dann den Gürtel und das Jagdhemd und begann: "Old Shatterhand mag hersehen, um sich zu überzeugen, daß ich keine Waffe habe."

Nun war ich ganz im Gegenteil überzeugt, daß er hinter sich ein Messer oder etwas Ähnliches liegen oder in die Erde gesteckt hatte.

"Warum sagt Nale-Masiuv diese Worte?" forschte ich. "Sie sind überflüssig. Nale-Masiuv ist ein Häuptling der Komantschen, und Old Shatterhand ist nicht nur ein weißer Jäger, sondern er wurde zum Häuptling der Mescalero-Apatschen ernannt. Die Worte von Häuptlingen müssen wie Schwüre gelten. Ich habe versprochen, keine Waffe mitzubringen, und so habe ich auch keine mit. Das brauche ich dir nicht erst zu zeigen und zu beweisen."

Indem ich dies sagte, bog ich das rechte Bein ein und legte den Fuß unter das linke, um nötigenfalls schnell aufspringen zu können. Darauf achtete der Rote nicht. Er fühlte den Stich, den ich ihm mit meinen Worten versetzt hatte, und entgegnete:

"Old Shatterhand spricht sehr stolz. Es wird die Zeit kommen, da er demütiger redet." — "Wann wird das sein?"

"Wenn wir ihn gefangengenommen haben."

"Da kann Nale-Masiuv warten, bis er gestorben ist. Du wirst mein Gefangener sein, aber nicht ich der deinige."

"Uff! Wie könnte Nale-Masiuv gefangen werden?"

"Du bist es schon. Sieh dich um!"

"Ma-ma-o — Unfug! Nale-Masiuv sieht Bleichgesichter!" sagte er mit einer wegwerfenden Handbewegung.

"Diese Bleichgesichter sind geübte Soldaten, denen deine Krieger nicht widerstehen können."

"Sie sind Hunde, denen wir die Felle lebendig über die Ohren ziehen werden. Kein solches Bleichgesicht ist imstande, es mit einem Roten aufzunehmen."

"So sag einmal, ob die Apatschen rote Krieger sind?"

"Sie sind es."

"Dann magst du erfahren, daß der hintere Teil eures Lagers von Apatschen eingeschlossen ist."

"Old Shatterhand lügt!"

"Ich lüge nie, und du weißt gar wohl, daß ich auch jetzt die

Wahrheit sage. Oder willst du behaupten, das Kriegsgeschrei der Apatschen nicht gehört zu haben? Bist du taub?"

„Wie groß ist ihre Zahl?"

Ich war natürlich nicht so aufrichtig, ihm zu sagen, daß es nur fünfzig waren, sondern wich ihm aus.

„So groß, daß sie allein genügen, euch zu vernichten."

„Von welchem Stamm sind sie?"

„Vom Stamm der Mescaleros, zu dem Winnetou und ich gehören."

Bei diesem Namen hob der Häuptling schnell den Kopf und fragte: „Wo ist Winnetou?"

„Im Llano Estacado. Er reitet mit fünfzig Apatschen vor Vupa-Umugi her, um die Pfähle in die Erde zu stecken, die ins Verderben führen." — „Uff, uff!" rief er aus.

„Winnetou verrichtet diese Arbeit an Stelle des jungen Häuptlings Schiba-bigk, der sie nicht tun kann, weil wir ihn gefangengenommen haben. Nun führt Winnetou mit seinen Pfählen die Komantschen so in die Irre, wie Vupa-Umugi die weißen Reiter in den Tod des Verschmachtens führen sollte."

Jedes Wort, das ich sagte, war ein Schlag für Nale-Masiuv. Er versuchte sich zu beherrschen, konnte aber die Aufregung, in der er sich befand, nicht ganz verbergen. Seine Stimme zitterte, als er scheinbar leichthin sagte:

„Nale-Masiuv versteht nicht, was Old Shatterhand spricht. Er mag deutlicher reden!"

„Du weißt gar wohl, was ich meine. Von dir kommt doch der Plan, den ihr hier ausführen wollt."

„Was für ein Plan?"

„Die weißen Reiter durch falsch gesteckte Pfähle in die Irre zu führen."

„Old Shatterhand scheint zu träumen."

„Leugne nicht! Du siehst doch, ich rede in aller Aufrichtigkeit mit dir. Als du geschlagen worden warst, sandtest du nach hundert neuen Kriegern heim. Zugleich schicktest du zwei Boten zum Blauen Wasser zu Vupa-Umugi, die ihm deinen Plan mitteilen sollten. Ich habe sie belauscht, bevor sie über den Rio Pecos gingen."

„Uff! Der Häuptling wird sie aus der Reihe der Krieger stoßen!"

„Tu das! So unvorsichtige und schwatzhafte Leute sind nicht wert, Krieger zu heißen. Ich habe auch Vupa-Umugi selbst belauscht und alles erfahren, ohne daß er es ahnte."

Der Rote sagte nichts dazu, aber sein Auge war durchdringend und forschend auf mich gerichtet. Dabei schien es hinter den Lidern zu zittern wie von einer zurückgehaltenen Angst. Deshalb fuhr ich fort:

„Ich habe auch die sechs Kundschafter belauscht, die Vupa-Umugi nach Osten sandte. Sie mußten im Altschese-tschi sterben."

„Uff! Deshalb sind sie nicht zurückgekehrt, und deshalb haben wir sie hier nicht getroffen!"

„Es wird dir noch manches andre Licht aufgehen. Winnetou ist sofort in den Llano Estacado geritten, um Bloody-Fox zu warnen, und hat vorher nach so viel Kriegern der Apatschen gesandt, wie nötig waren, euern Anschlag zu vereiteln. Mit diesen Apatschen bin ich euch vorausgeeilt und habe Schiba-bigk mit seinen fünfzig Kriegern gefangen, als sie die Pfähle einsteckten, mit deren Hilfe ihm Vupa-Umugi folgen sollte."

„Sagt du die Wahrheit?" stieß er mühsam hervor.

„Ich sage sie. Dann haben wir, so wie ihr es mit den weißen Reitern machen wolltet, für euch die Pfähle falsch gesteckt. Das hat Winnetou mit fünfzig Apatschen besorgt, deren Spuren Vupa-Umugi für die Fährte der Komantschen halten sollte, die bei Schiba-bigk waren. Nun reitet Vupa-Umugi hinter den Apatschen her und glaubt, Schiba-bigk vor sich zu haben. Er wird in eine wasserlose Wüste kommen und so vom Kaktus eingeschlossen sein, daß er sich ergeben muß, wenn er nicht verschmachten will."

„Old Shatterhand ist das allerschlimmste der Bleichgesichter!" zischte mich der Komantsche wütend an.

„Das glaubst du ja selbst nicht. Du weißt, daß ich es gut mit allen roten Männern meine. Ich will auch jetzt alles zum Guten führen und euch zum Frieden mit euern Feinden bringen."

„Wir wollen keinen Frieden!"

„So erntet ihr Blut. Ganz wie ihr wollt."

„Wir werden kämpfen!"

„Versucht es doch! Hundert Schüsse von den Bleichgesichtern, die du hier siehst! Dazu mein Zaubergewehr und das Gewehr Old Surehands, der niemals fehlt!" — „Old Surehand ist da? Wo?"

„Er ist da oben bei den Apatschen, deren Kugeln auch unter euch wüten werden. Es ist unmöglich, daß ihr uns entkommen könnt!"

„Du täuschst Nale-Masiuv, um ihn zur Ergebung zu bewegen. Schiba-bigk ist nicht gefangen!"

„Er ist gefangen. Ich beweise dir das, indem ich feststelle, daß er dreißig Naiini und zwanzig Komantschen seines Stammes bei sich hatte." — „Und Vupa-Umugi geht nicht in die Irre!"

„Er ist auf dem Weg zur Falle, in der wir ihn fangen wollen. Ich will dir sogar sagen, daß ich, während er am Blauen Wasser lagerte, ins Kaam-kulano geritten bin, wo sein Stamm wohnt. Von da habe ich alle seine Medizinen mitgebracht. Ich habe sie von den Lanzen genommen, die vor seinem Zelt steckten."

„So ist Vupa-Umugi verloren!" Nale-Masiuv senkte den Kopf und sagte nichts mehr.

„Du wirst nun einsehen", fuhr ich fort, „daß du weder auf Schiba-bigk noch auf Vupa-Umugi rechnen kannst. Es bleibt auch dir nichts übrig, als dich zu ergeben."

Nale-Masiuv schwieg eine ganze Weile. Was dachte er? Was ging in ihm vor? Er machte ein sehr niedergeschlagenes Gesicht. Aber gerade weil er das so zeigte, traute ich ihm nicht. Da blickte er wieder auf und fragte:

„Was geschieht mit Schiba-bigk und seinen Leuten?"

„Wir werden sie freigeben, weil noch kein Blut zwischen uns geflossen ist." — „Was werdet ihr mit Vupa-Umugi tun?"

„Auch er wird mit seinen Kriegern frei, wenn er so klug ist, sich nicht zu wehren."

„Und was hätte Nale-Masiuv mit seinen Kriegern zu erwarten, wenn wir uns euch jetzt überlieferten?"

„Ebenfalls die Freiheit." — „Und die Beute?"

„Wir Weißen trachten nicht nach Beute. Aber die Apatschen werden eure Pferde verlangen." — „Die brauchen wir selbst!"

„Zu Raubzügen, ja. Wenn ihr keine habt, müßt ihr Ruhe halten."

„Die Waffen aber wird man uns wohl lassen?" erkundigte er sich weiter. — „Das weiß ich nicht." — „Du mußt es wissen!"

Bei diesen Worten blitzten seine Augen für eine Sekunde auf, und er griff mit der rechten Hand langsam hinter sich. Ich wußte, daß jetzt wahrscheinlich ein Angriff auf mich erfolgen werde, erwiderte aber trotzdem ruhig:

„Ich kann es jetzt nicht wissen, weil ich mit Winnetou und Old Surehand darüber beraten muß."

„Wirst du vorschlagen, daß wir beide sie behalten dürfen oder nicht?"

„Die Pfeile, Bogen und Messer, auch die Tomahawks mögt ihr behalten. Ihr braucht sie zur Jagd, um euch zu ernähren. Aber die Gewehre werden wir euch nehmen. Habt ihr keine Gewehre mehr, so müßt ihr endlich Frieden halten."

Ich hätte anders antworten, ihm das erwartete Versprechen machen können, vielleicht hätte er dann auf seinen heimtückischen Angriff verzichtet. Aber einesteils widerstrebte es mir, diesem Mann auch nur das kleinste Zugeständnis zu machen, und andernteils glaubte ich, ihn gerade durch seine Hinterlist um so leichter und schneller in meine Gewalt zu bekommen.

„Frieden halten?" fragte er. „Das wollen wir nicht. Wir wollen den Kampf. Da hast du ihn!"

Er rief die vier letzten Worte mit erhobener Stimme. Seine Augen glühten auf, sein Oberkörper bog sich blitzschnell zu mir herüber, und in der Rechten blitzte sein Messer. Sonderbar! Messer! Also ganz so, wie ich zu dem Kommandanten gesagt hatte. Ich war auf meiner Hut gewesen. Kam der Rote mir schnell, so kam ich ihm noch schneller. Ein rascher Griff mit meiner linken Hand, und ich hatte seine rechte Faust mit dem Messer gefaßt. Dann versetzte ich ihm, indem ich mich aufrichtete, mit der Rechten einen Schlag gegen die Schläfe, daß er wie eine leblose Puppe zusammensank.

Das Messer in der Hand, sprang ich vollends auf und rief den uns mit Spannung beobachtenden Komantschen zu:

„Das ist Verrat! Nale-Masiuv wollte mich erstechen. Hier habt ihr sein Messer!"

Ich schleuderte es weit fort in der Richtung zu ihnen hin. Dann faßte ich den betäubten Häuptling beim Gürtel, hob ihn auf, warf ihn mir über die Schulter und rannte mit ihm fort, unsrer Stellung zu.

Hei, gab es da ein Brüllen und Heulen hinter mir! Die Komantschen kamen gerannt, mich zu verfolgen. Da krachten oben von der Höhe mehrere Schüsse herab. Old Surehand hatte den Befehl dazu gegeben, um die Komantschen zu erschrecken. Er erreichte seinen Zweck. Sie gaben es auf, mir nachzuspringen, aber ihr Brüllen und Wehklagen dauerte fort.

Der Häuptling wurde gebunden. Dann nahm ich den Stutzen in die Hand und ging wieder auf das Wasser zu. In Sprechweite machte ich den Komantschen ein Zeichen zum Schweigen. Sie gehorchten, und ich rief ihnen zu:

„Die Krieger der Komantschen mögen aufmerksam hören, was Old Shatterhand sagt! Sie wissen, daß ihr Häuptling ein Messer zur Beratung mitgenommen hat, obgleich bestimmt war, daß wir ohne Waffen kommen sollten. Nale-Masiuv wollte mich erstechen, worauf ihr auf uns eindringen solltet. Ich war vorsichtig und vereitelte es. Die Faust Old Shatterhands hat ihn zu Boden geschmettert. Aber er ist nicht tot, sondern nur besinnungslos. Sobald er wieder zu sich kommt, werde ich weiter mit ihm sprechen. Bis dahin wird euch nichts geschehen, wenn ihr euch ruhig verhaltet. Versucht ihr aber zu entfliehen, oder hören wir von euch einen einzigen Schuß, so werdet ihr sofort Hunderte von Kugeln bekommen. Ich habe gesprochen. Howgh!"

Diese Drohung machte den gewünschten Eindruck. Die Komantschen bildeten einen dichten, vielbewegten Haufen, blieben aber sonst ruhig. Als ich zurückkam und bei Nale-Masiuv niederkniete, um ihn zu untersuchen, sagte der Kommandant zu mir:

„Wollte er Euch wirklich erstechen? Wie gut, daß ich nicht an Eurer Stelle war! Bei mir wäre es ihm gewiß gelungen."

„Hm! Wer weiß, ob er das für der Mühe wert gehalten hätte, Sir." — „Für der Mühe wert? Soll das heißen, daß ich keinen Messerstich wert bin?"

„Ich wollte damit nur sagen, daß ein Roter einen so kühnen und gewagten Streich nur dann ausführt, wenn es sich darum handelt, einen Mann aus dem Weg zu räumen, der ihm besonders gefährlich ist."

„Ah so! Was tun wir nun mit dem Verräter, dem Halunken? Ich schlage vor, daß wir ihn schimpflich aufknüpfen. Ein Kerl, der bei einer solchen Beratung sein Versprechen bricht, muß unbedingt baumeln!"

„Wenn auch das nicht, so werde ich nun doch kurzen Prozeß mit ihm machen. Es ist gut, daß er seine Medizin nicht im Lager gelassen, sondern um den Hals hängen hat. Das wird ihn gefügiger machen. Warten wir, bis er aufwacht! Es wird nicht lange dauern."

„Hm! Da kann ich Euch inzwischen eine Frage vortragen. Während Ihr mit dem Kerl verhandeltet, habe ich mir das, was wir miteinander besprochen haben, noch einmal reiflich überlegt. Es widerspricht aller militärischen Überlieferung und Gepflogenheit, solche rote Strolche zu besiegen, ohne sie zu bestrafen. Glaubt Ihr wirklich, mit den Komantschen ohne mich fertig zu werden?"

„Ja. Ich brauche Euch nicht dazu."

„So möchte ich lieber nicht mit in den Llano gehen. Wie tief müßt Ihr in die Wüste eindringen?"

„Zwei starke Tagesmärsche."

„Zounds! Das ist weit. So viel Mundvorrat haben wir nicht bei uns. Nehmt Ihr es mir übel, wenn —"

Er schämte sich doch einigermaßen, die Frage vollends auszusprechen. Mir aber war es gar nicht unlieb, wenn ich ihn und seine Leute los wurde. Was brauchten sie von der Oase und andern Geheimnissen zu erfahren! Darum antwortete ich bereitwillig:

„— wenn Ihr umkehrt? Ich habe nichts dagegen."

„Das ist mir lieb. Hierher an den Llano habe ich mich locken lassen. Weiter möchte ich nicht vorstoßen. Meine eigentliche Aufgabe liegt oben in der Ebene jenseits des Mistake Cañon. Mit diesem Nale-Masiuv bin ich nur deshalb zusammengeraten, weil er mir in den Weg lief. Ich werde umkehren und hier nur so lang waren, bis Ihr mit diesen Komantschen fertig seid."

„Da werdet Ihr nicht ohne Gewinn heimreiten. Ihr sollt Beute haben. Was tue ich mit diesen Roten? Soll ich sie mit im Llano herumschleppen, sie tränken und ernähren, sie als Gefangene bewachen? Das kann ich mir leichter machen. Ich überlasse sie euch. Nur müßt Ihr mir versprechen, daß Ihr ihnen das Leben schenkt."

„Ich gebe Euch mein Wort darauf."

„Well! So nehmt die Komantschen mit bis über den Rio Pecos hinüber, damit sie nicht hierher zurückkommen und mir Dummheiten machen können. Jetzt entwaffnen wir sie und dort nehmt Ihr ihnen die Pferde ab, gebt ihnen Pfeile, Bogen, Messer und Tomahawks zurück und laßt sie laufen. Also sind wir einig?"

„Durchaus. Hier gebe ich Euch meine Hand darauf, daß ich ihnen nichts zuleide tue. Seid Ihr nun zufrieden?" — „Vollständig."

„Und ich bin es auch. Aber seht, der Häuptling bewegt sich! Er macht die Augen auf. Das war wirklich ein Hieb, wie ihn nur Old Shatterhand zu geben versteht. Möchte keinen haben!"

Nale-Masiuv kam wieder zu sich. Zunächst schien er nicht zu wissen, was mit ihm geschehen war. Dann besann er sich.

„Siehst du wohl, daß ich Wort gehalten habe?" fragte ich ihn. „Du bist jetzt mein Gefangener."

Bei diesen Worten nahm ich ihm die Medizin vom Hals und zog ein Streichholz aus der Tasche. Er fuhr ängstlich auf:

„Was willst du mit meiner Medizin tun?" — „Ich verbrenne sie."

„Uff, uff! Soll meine Seele verloren sein?"

„Ja. Du hast es verdient. Du hattest dein Wort gebrochen und wolltest mich töten. Dafür wirst du dreifach Strafe leiden. Du wirst gehenkt, ich nehme dir die Skalplocke vom Kopf und verbrenne deine Medizin."

Das Hängen ist für einen Indianer die allerschimpflichste Todesart. Lieber stirbt er eines langsamen, schmerzvollen, dabei aber rühmlichen Martertodes. Und auch meine beiden andern Drohungen waren die ärgsten, die es geben kann. Die Skalplocke rauben, ohne die man im Jenseits nicht leben kann! Und die Medizin verbrennen! Damit vernichtete ich ihn und seine Seele für alle Ewigkeit! Er versuchte, die starken Bande zu sprengen, und schrie voller Angst: „Das tust du nicht, das wirst du nicht tun!"

„Ich werde es tun!"

Bedächtig strich ich das Hölzchen an und hielt die kleine Flamme an den Medizinbeutel, der sofort zu rauchen begann.

„Halt, halt!" brüllte er. „Nimm das Leben, nur laß Nale-Masiuv die Seele! Was muß er tun, um dich dahin zu bringen, daß du diese Bitte erfüllst?"

Ich nahm das Hölzchen weg und erklärte:

„Es gibt nur einen einzigen Weg, dich und deine Seele zu retten."

„Sag ihn schnell!"

Die Augen traten ihm vor Angst und Entsetzen aus den Höhlen, denn ich hatte bereits ein zweites Hölzchen in der Hand.

„Gebiete deinen Lauten, daß sie sich gefangengeben und alle ihre Waffen ausliefern!" — „Das kann Nale-Masiuv nicht." — „So stirb und sei vernichtet!"

Das Hölzchen flammte auf, und der Beutel begann wieder zu rauchen. Da zeterte der Häuptling, daß man es weithin hörte:

„Halt, halt ein! Nale-Masiuv wird diesen Befehl erteilen!"

„Gut! Aber versuche nicht, Zeit zu gewinnen oder mich zu täuschen! Ich gebe dir mein unverbrüchliches Wort, daß ich, wenn du dich nur einen Augenblick sträubst, den Befehl zu geben, dann auf keine weitere Bitte hören und die Medizin verbrennen werde. Ich habe gesprochen. Howgh!"

„Nale-Masiuv wird es sicher tun. Mag der ganze Stamm gefangen sein; die Medizin muß gerettet werden. Was wird mit den Gefangenen geschehen?" — „Sie werden freigelassen, du auch."

„Und wir behalten unsre Medizinen?" — „Ja."

„So mag Nuitscha[1]) herkommen, der zweite Häuptling! Ihm werde ich den Befehl geben, und er wird ihn ausführen."

Bis auf Rufweite ging ich wieder auf das Lager zu und rief zu den Roten hinüber:

[1]) Kopperheadschlange

„Der Häuptling Nale-Masiuv will, daß der Unterhäuptling Nuit-scha zu ihm kommt, aber ohne zu zögern!"

Ich ging zurück. Als wir sahen, daß der Genannte dem Ruf folgte, sagte der Kommandant zu mir:

„Welche Macht habt Ihr über diese Menschen, Sir! Ich wäre nicht auf den Gedanken gekommen, die Medizin anzubrennen."

„Das ist es eben, was ich Euch gesagt habe: man muß die Gebräuche und Anschauungen der Roten können, dann ist man gegen viele Gefahren gewappnet, denen Nichtkenner wehrlos verfallen."

Nuitscha schritt, ohne uns anzusehen, zu dem Häuptling hin und setzte sich neben ihm nieder. Ihre Unterredung wurde leise geführt, doch war sie sehr erregt. Das sahen wir. Dann stand der Unterhäuptling auf, wendete sich an mich und erklärte:

„Old Shatterhand hat uns alle diesmal mit einem einzigen Schlag seiner Faust und dann durch seine List besiegt. Aber es wird ein besserer Tag kommen, an dem uns der große Manitou günstiger ist. Wir sind bereit, uns gefangen zu geben und Euch die Waffen auszuliefern. Wohin sollen wir sie legen?"

„Es mögen je zehn und zehn kommen und sie nebst aller Munition hier neben dem Häuptling niederlegen. Aber merke dir: wer eine einzige Waffe verheimlicht, der wird erschossen!"

Nuitscha ging, und bald darauf kamen die Komantschen in einzelnen Gruppen zu zehn, um Gewehre, Messer, Tomahawks, Pfeile, Bogen, Lanzen, Pulver und Kugeln mit finsteren Mienen abzuliefern. Als dies geschehen war, sagte ich zum Kommandanten:

„Ich übergebe Euch die Gefangenen. Es ist nun Eure Sache, dafür zu sorgen, daß Ihr sie sicher habt. Laßt keinen entkommen!"

„Sorgt Euch nicht, Sir! Bin froh, daß ich sie habe. Werde sie zunächst in unsre Mitte nehmen und mit ihren eignen Riemen binden."

Während er dies durch seine Soldaten ausführen ließ, ging ich wieder eine Strecke vor, legte beide Hände als Schallrohr an den Mund und rief zu Old Surehand empor:

„Schis inteh il peiyil khn — — die Apatschen mögen kommen!"

Dieser Ruf wurde verstanden, und einige Minuten darauf kam der weiße Jäger an ihrer Spitze im Galopp heruntergeritten. Ich ging ihm entgegen. Er sprang vom Pferd und ragte:

„Wir sahen, daß Euch der Häuptling erstechen wollte. Ihr habt es ihm aber gut gegeben. Was ist nun die Folge? Da liegen ja alle Waffen, und die Indsmen sind von den Dragonern eingeschlossen! Sie haben sich ergeben müssen. Wie habt Ihr das angefangen, Sir?"

„Ich drohte, die Medizin Nale-Masiuvs zu verbrennen."

„Recht so! Dumme Kerle, so abergläubisch zu sein! Was werden wir aber mit ihnen anfangen? Es ist so unbequem, sie mitzuschleppen. Auch werden sie die Oase kennenlernen."

„Nein. Der Kommandant ist auf den guten Gedanken gekommen, nicht mit uns zu reiten, sondern umzukehren. Ihm habe ich die Roten übergeben. Er erhält dafür die Pferde und ihre Gewehre und läßt sie erst jenseits des Rio Pecos frei."

„Well! Das ist das beste, was geschehen kann. Wir reiten also ohne die Dragoner hinter Vupa-Umugi her?" — „Ja."

„Wann?"

„Wir haben hier nichts mehr zu tun. Unsre Pferde wurden getränkt und die Schläuche sind gefüllt. Folglich können wir sogleich fort."

„Dann wollen wir uns auch nicht lange verweilen. Je eher wir den Naiini auf die Hacken kommen, desto besser ist's."

„Ja. Wollen nur erst zärtlichen Abschied von den lieben Komantschen nehmen!"

Ich stieg aufs Pferd und ritt mit Old Surehand zu ihm hin.

„Wollt Ihr schon fort, Mesch'schurs?" fragte er. „Es tut mir wirklich leid, daß wir nicht länger beieinanderbleiben können."

„Uns ebenso", versicherte ich. „Wir hätten Euch gern noch länger Gelegenheit gegeben, so ,dumme' Gräbersucher kennenzulernen." — „Oh — ah — !" dehnte er verlegen.

„Vielleicht wißt Ihr nun, welches Kleidungsstück mehr zu bedeuten hat, der Jagdrock eines Westmanns oder die Uniform eines Dragoneroffiziers. Nehmt Euch das zu Herzen, und lebt wohl!"

„Lebt — wohl!" echote er, mehr verdrießlich, als wohlwollend.

Wir setzten uns an die Spitze unsrer Apatschen und schon nach wenigen Minuten konnten wir, zurückblickend, die Hundert Bäume nicht mehr sehen. Indem wir der breit und tief ausgetretenen Fährte der Naiini-Komantschen folgten, kamen wir von Stange zu Stange. Diese Wegweiser sollten später von den heimkehrenden Apatschen auf dem Rückweg mitgenommen werden, damit nicht andre Reisende dadurch irregeleitet würden. Je weiter wir nordwärts kamen, desto sicherer und enger schlossen wir die Kaktusfalle, in die wir die Komantschen trieben.

7. In der Kaktusfalle

Wenn wir die Zeit, da Vupa-Umugi die Hundert Bäume verlassen hatte, mit der verglichen, als wir dort fortgeritten waren, und dazu annahmen, daß er seine Pferde der Hitze wegen nicht allzusehr anstrengte, so konnten wir uns leicht den Vorsprung berechnen, den er vor uns hatte. Da wir schnell ritten, glaubten wir, ihm vielleicht drei Stunden nach Mittag so nahe zu sein, daß wir seine Komantschen sehen mußten.

Das war aber nicht der Fall. Als uns der Stand der Sonne sagte, daß es schon über vier Uhr sei, hatten wir die Roten immer noch nicht zu Gesicht bekommen. Aber ihre Fährte war so neu, daß sie nicht mehr als drei englische Meilen vor uns sein konnten. Wir trieben unsre Pferde zum Galopp an, und bald zeigte mir mein Fernrohr am südöstlichen Gesichtskreis einen kleinen Reitertrupp, der sich augenscheinlich nach den eingesteckten Stangen richtete, wobei er genau unsre Richtung hatte.

„Sollten das die Naiini sein?" fragte Old Surehand zweifelnd. „Ich möchte nicht darauf schwören!"

„Warum? Sie sind es ganz gewiß."

„Aber die zählen doch anderthalb Hundert!"

„Tut nichts! Es ist die Nachhut. Sie sollen aufpassen und Vupa-Umugi unsre Ankunft melden. Wenn ich ‚unsre' sage, so sind ihrerseits nicht wir, sondern die Dragoner gemeint, die er hinter sich glaubt; denn von uns und unsern Apatschen hat er keine Ahnung."

„Diese Ansicht hat allerdings etwas für sich."

„Sie ist sogar unzweifelhaft richtig. Ihr werdet das sofort sehen, wenn wir den Indsmen so nahe gekommen sind, daß sie uns mit bloßen Augen zu erkennen vermögen."

„*Well*, wollen es versuchen!"

Wir ritten nun noch schneller als vorher, und es zeigte sich bald, daß ich recht gehabt hatte. Denn als wir die Komantschen mit den Augen erreichen konnten, hielten sie für einige Augenblicke an. Sie hatten uns jetzt auch gesehen und setzten dann ihre Pferde in Galopp, so daß sie unsern Blicken schnell wieder entschwanden. Sie wollten augenscheinlich Vupa-Umugi melden, daß die Dragoner kämen. Für diese hielten sie uns, weil sie aus solcher Entfernung uns weder einzeln erkennen noch zählen konnten.

Uns konnte diese Eile nur lieb sein, weil wir dadurch bis zur Dunkelheit den Punkt auf unsrer Reitlinie erreichten, der der Oase am nächsten lag. Als wir später dort ankamen, war es mittlerweile Nacht geworden. Wir durften nicht weiter, denn es war anzunehmen, daß die Komantschen nun ihr Lager bezogen, und es konnte nicht unsre Absicht sein, jetzt schon mit ihnen zusammenzutreffen. Wir hatten von hier aus bis zu dem Kaktusfeld, in dem wir sie fangen wollten, noch einen tüchtigen Tagesritt zu machen. Ich ließ also fünf Apatschen als Posten hier und mit den andern zur Oase, die wir nach zwei Stunden erreichten.

Winnetou konnte mit seinen Apatschen noch nicht dorthin zurückgekehrt sein und Bloody-Fox, der ihren Führer machte, fehlte auch. Webster und Hawley waren nicht damit einverstanden, daß sie müßig liegen mußten, und ich vertröstete sie auf morgen früh, wo sie sich uns anschließen sollten. Als sie sahen, daß Old Wabble fehlte, fragte Webster:

„Wo ist der alte Cowboy, Sir? Warum läßt er sich nicht sehen?"

„Den haben wir leider nicht mit", entgegnete ich. „Er befindet sich bei Vupa-Umugi und seinen Naiini als Gefangener."

„Als Gefangener? *Behold!* Hat Cutter wieder eine seiner Dummheiten gemacht?"

„Und was für eine! Er konnte uns den ganzen Streich verderben. An ihm liegt es nicht, daß es uns gelungen ist, unsern Plan auszuführen."

„Gut so! Geschieht Euch ganz recht, Mr. Shatterhand! Warum habt Ihr ihn mitgenommen! Ihr seid ja so verliebt in den alten, unvorsichtigen Kerl, daß er Dummheit über Dummheit machen kann, ohne daß es Euch einfällt, ihn zum Teufel zu jagen. Jos Hawley und ich dagegen, wir beide werden zurückgesetzt und müssen hier warten und Grillen fangen, während Ihr alles auf Euch nehmt und bald hierhin, bald dorthin reitet, um die schönsten Abenteuer zu erleben. Könnt Euch denken, daß uns das ärgert. So zuverlässig wie Old Wabble sind wir jedenfalls auch!"

Webster hätte wohl noch länger gebrummt, wenn nicht jetzt der Neger gekommen wäre. Als er uns sah, rief er voller Freude aus:

„Oh, ah, Massa Shatterhand und Massa Surehand wieder da! Masser Bob wissen gleich, was tun: Stiefel bringen. Soll Bob Stiefel holen?"

„Ja, wir wollen machen, daß wir die Mokassins wieder loswerden."

Er rannte fort und holte die Stiefel, die wir gegen die Indianerschuhe umtauschten. Bei dieser Gelegenheit fragte ich Bob:

„Wie steht es mit Schiba-bigk? Er ist doch noch da?"

Bob zog eines seiner unbeschreiblichen Gesichter und erwiderte:

„Nicht mehr da."

„Was? Nicht mehr da?" — „Nein. Schiba-bigk sein fort."

Dabei lachte Bob übers ganze Gesicht und riß den Mund weit auf, daß man zwischen den prächtigen Zahnreihen hindurch bis hinten an den Gaumen sehen konnte. Er wollte sich einen kleinen Spaß mit mir machen. Ich ging darauf ein, indem ich scheinbar erschrocken fragte:

„Fort? Der Häuptling ist doch nicht etwa entflohen?"

„Ja, sein entflohen."

„Höre, Bob, das kostet dich das Leben! Ich erschieße dich, wenn er wirklich entflohen ist. Du hast mit deinem Kopf für ihn gehaftet."

„Also Massa Shatterhand kommen und sich überzeugen!"

„Ja, ich werde mich überzeugen. Hier steckt die Kugel, die ich dir in den Kopf schieße, wenn er nicht in der Stube ist."

Ich zog den Revolver und streckte ihm die Waffe entgegen. Dann gingen wir zum Haus. Er öffnete die Tür, zeigte in das Innere und forderte mich auf:

„Hier hineinsehen. Niemand drin!"

Was ich sah, hätte mich beinahe zum Lachen gebracht. Der junge Häuptling lehnte an der Wand und starrte mit wutblitzenden Augen zu uns her. Eigentlich lehnte er nicht unmittelbar an der Wand, sondern es befand sich noch etwas zwischen ihm und ihr. Dieses Etwas waren vier lange Stangen, die der Neger wie einen

Stern zusammengelegt und mit Riemen vereinigt und dem Roten auf den Rücken gebunden hatte. Dieser Stern war so groß, daß er seinem Träger vom Boden aus weit über den Kopf und auch weit zu beiden Seiten hinausragte. Ja, mit diesem Gerüst auf dem Rükken war es Schiba-bigk unmöglich, zur Tür hinauszukommen. Er hätte es stehend oder kriechend oder in sonst einer Stellung versuchen können, er wäre unbedingt hängengeblieben. Bequem konnte ihm das Ding freilich nicht sein, und das war wohl der Grund seines Ärgers.

„Schiba-bigk ist doch da. Dort steht er ja!" sagte ich zu Bob, indem ich mich überrascht stellte.

„Ja, er da!" lachte der Schwarze mich fröhlich grinsend an. „Bob nur machen Spaß, schönen Spaß! Masser Bob doch nicht werden fliehen lassen Indianer, wenn soll auf ihn aufpassen."

„Aber was hast du ihm denn da auf den Rücken gebunden?"

„Massa Shatterhand es doch sehen, Indianer soll nicht werden hauen und schlagen, auch soll nicht werden erstechen oder erschießen, und Masser Bob ihn doch nicht fortlassen. Da Masser Bob sein klug und pfiffig und ihm binden vier lange Stangen auf Buckel." — „Hm! Hat er es denn geduldet?"

„Er nicht wollen. Da aber Masser Bob sagen, daß ihm geben viel Maulschellen, er dann haben ruhig machen lassen. Sein Masser Bob da nicht klug und pfiffig wie Fliege auf Nase?"

Ich konnte ihm auf die selbstbewußte Frage nicht antworten, denn Schiba-bigk rief mir zornig zu:

„Uff! Mein weißer Bruder mag mich sogleich von diesen Stangen befreien! Ist es eines Häuptlings würdig, in dieser Weise gequält zu werden?"

„Du bist hier nicht Häuptling, sondern Gefangener."

„Schiba-bigk kann weder sitzen noch liegen. Es ist eine Qual!"

„Ich denke, du achtest Schmerzen nicht."

„Tischit — schändlich! Schmerzen sind es nicht, die ich leide. Warum hast du dem Nigger den Befehl gegeben, das mit mir zu tun?" — „Ich habe es ihm nicht befohlen."

„So hat Bob es aus eigenem Antrieb getan? Schiba-bigk wird ihn töten, sobald der Komantsche wieder frei ist!"

„Dann wirst du nie wieder frei sein. Ich habe dem Neger geboten, dich loszubinden und gut zu behandeln. Du hast alles gehabt, was du brauchtest. Worüber kannst du dich da beschweren? Daran, daß man dir Stangen auf den Rücken gebunden hat, bist du selbst schuld. Du hast gesagt, du werdest fliehen, sobald sich dir eine Gelegenheit dazu biete. Der Schwarze, der dich bewachen sollte, hat dir durch die Stangen diese Gelegenheit genommen. Da mußt einsehen, daß er nur seine Pflicht erfüllt hat. Hättest du mir dein Wort gegeben, nicht zu entfliehen, so könntest du draußen im Freien sitzen und alle Ehren genießen, die einem Häuptling gebühren."

„Schiba-bigk darf dies Wort nicht geben!"

„Du darfst es tun, weil deine Flucht dir doch nichts nützen könnte. Du hast keine Ahnung von dem, was heute geschehen ist."

„Was meint Old Shatterhand damit?"

„Eigentlich sollte ich schweigen. Aber ich will es dir sagen. Aus dieser Aufrichtigkeit magst du ersehen, daß wir unsrer Sache sicher sind, und daß dir eine Flucht keinen Vorteil brächte."

Und nun erzählte ich ihm in aller Kürze, wie wir daran daran seien, Vupa-Umugi in die Kaktusfalle zu locken und zu fangen. Von Nale-Masiuvs Schicksal erwähnte ich noch nichts. Schiba-bigk antwortete nur ab und zu mit einem kurzen „Uff!". Er war so betroffen, daß er nichts anderes zu sagen wußte.

„Sag mir nun, was eure Krieger machen werden?" fuhr ich fort.

„Sie werden sich verteidigen. Sie sind tapfere Männer, denen es nicht einfällt, sich ohne Widerstand zu ergeben."

„Das sagst du, weil du dich hier in diesem Hause befindest und nicht in der erwähnten Falle. Sie aber werden mitten im Kaktus stecken, ohne uns den geringsten Schaden tun zu können. Wir werden einfach warten, bis sie sich ergeben, denn wir haben Wasser, sie aber nicht."

„Und wenn sie sich nicht ergeben?"

„So müssen sie verschmachten."

Da ging ein leises Lächeln über sein Gesicht, während er sagte:

„Old Shatterhand ist ein kluger Mann, aber an alles kann er doch nicht denken."

„Meinst du? Kennst du für die Komantschen einen Weg, uns zu entkommen?"

„Ja. Wenn du daran gedacht hättest, würdest du anders sprechen. Howgh!"

Seine Züge verrieten neue Zuversicht. Kein Zweifel, er hatte einen Einfall, auf welche Weise die Komantschen uns entgehen könnten. Und diesen Einfall hielt er für vortrefflich, wie das Wort ‚Howgh' bezeugte.

„Howgh?" fragte ich. „Bist du deiner Sache so gewiß? Wenn du glaubst, Old Shatterhand habe nicht an alles gedacht, so irrst du dich. Wir nehmen sie natürlich nicht bloß von vorn, sondern auch von hinten." — „Uff!"

Dieser Ausruf klang wie Schreck.

„Nun?" fragte ich lächelnd. „Hat Old Shatterhand wirklich nicht an alles gedacht?"

„Schiba-bigk — weiß es nicht", entgegnete er zögernd.

„Aber ich weiß es. Ich kenne den Rettungsweg, der leider nur in deiner Einbildung besteht. Du hast dir im stillen gesagt: Wenn die Komantschen mitten im Kaktus stecken, so brauchen sie nicht die Hoffnung zu verlieren. Sie haben ihre Messer, mit deren Hilfe sie sich einen Weg aus der Falle bahnen können. Habe ich recht oder nicht?" — „Uff, uff!" bestätigte er niedergeschlagen.

„Ja, du hast dich für klug gehalten. Aber bedenke, wie lange es dauern würde, ehe ein solcher Weg fertig wäre! Er müßte schmal sein, es könnten also nur wenige daran arbeiten. Es vergingen Tage darüber. Und glaubst du, daß wir dabei ruhig zusehen würden?"

Er schwieg.

„Ich würde unsre Leute teilen und die Hälfte auf die andre Seite des Kaktus schicken, um auf diese Weise eure Krieger zwischen uns zu bekommen. Wir könnten auch noch viel kürzeren Prozeß machen und alle Komantschen in wenigen Minuten vernichten, ohne daß es uns einen Schuß kostet. Wir brennen den Kaktus an."

„Uff! Dann müßten doch alle unsre Männer verbrennen! So etwas tut Old Shatterhand nicht."

„Poche nicht so sehr auf meine Güte! Im übrigen wollte ich dir damit nur sagen, daß es keine Rettung für eure Krieger gibt. Sie können uns nicht entgehen."

„Ja, wenn ihr sie in dieser Weise einschließt, so müssen sie sich ergeben. Aber ihr werdet sie nicht so umzingelt halten können. Ihr werdet von der Falle fort müssen."

„Warum?"

„Hast du vergessen, daß Nale-Masiuv kommt? Denkst du denn nicht an ihn?"

Sein Gesicht hatte wieder einen zuversichtlicheren Ausdruck angenommen.

Als Antwort erzählte ich ihm nun auch das Schicksal der Schar Nale-Masiuvs, ihre Gefangennahme bei den Hundert Bäumen.

Nachdem er meinen Bericht zu Ende gehört hatte, senkte er den Kopf und meinte gedrückt:

„So ist alle Hoffnung dahin! Selbst wenn es Schiba-bigk gelänge, noch heute von hier zu fliehen, könnte er weder Vupa-Umugi noch seine Krieger retten. Ihr wollt sie freilich wieder freilassen, ihnen aber Pferde und Waffen nehmen. Wie sollen die roten Krieger ohne Pferde und ohne Waffen leben?"

„Das ist ihre Sache. Ihr habt das Kriegsbeil ausgegraben. Das wäre nicht geschehen, wenn ihr weder Pferde noch Gewehre besessen hättet. Wenn wir euch beides abnehmen, begehen wir keinen Raub, sondern behalten nur unsre rechtmäßige Beute, und wir sorgen zu gleicher Zeit dafür, daß ihr nicht so bald wieder imstande seid, den Frieden zu brechen."

„Uff! Die Wegnahme ist schlimm!"

„Schlimm für euch, ja. Aber ihr habt es nicht anders verdient. Denke nur an dich! Wer mit jemand die Pfeife der Freundschaft und des Friedens raucht und ihm verspricht, sein Wigwam keinem Menschen zu verraten, und dann doch mit einer großen Kriegerschar gezogen kommt, um ihm das Wigwam und das Leben zu nehmen, der hat weit mehr verdient, als daß er nur sein Pferd und sein Gewehr einbüßt. Das wirst du einsehen."

Er sah es offenbar wirklich ein und seufzte betrübt:

„Also auch mein Gewehr und mein Pferd!"

„Nein, das nicht. Ich habe dich lieb und betrachte mich trotz deiner Feindseligkeit noch immer als deinen Freund. Du wirst behalten, was du hast. Und auch in bezug auf Vupa-Umugi und seine Krieger will ich sehen, ob es möglich ist, Güte walten zu lassen. Es kommt ganz darauf an, wie sie sich gegen uns verhalten. Ich hoffe, es wird mir gelingen, den Häuptling zu überzeugen, daß Widerstand geradezu Tollheit wäre. Ich denke, daß er meine Gründe verständiger beurteilen wird als du."

„Als Schiba-bigk?" fragte er verwundert.

„Ja. Ich wollte dir deine Gefangenschaft so leicht wie möglich machen und forderte nur das Versprechen von dir, nicht zu fliehen. Du hast es mir verweigert, weil du nicht einsahst, daß deine Flucht euch nur schaden, aber nichts nützen kann. Dadurch zwingst du mich, streng zu sein."

„Schiba-bigk gab das Versprechen nicht, weil er noch nicht wußte, was er jetzt weiß."

„Also siehst du jetzt ein, daß du euern Kriegern nicht zu helfen vermagst?" — „Ja."

„So ist es noch Zeit zu dem Versprechen."

„Schiba-bigk gibt es."

„Gut! Aber denke dabei auch dran, daß du durch dein Verhalten nicht nur dir, sondern allen den Deinen entweder nützen oder schaden wirst. Was du tust, sei es gut oder böse, wird ihnen vergolten. Würdest du dein Wort brechen, so käme die Strafe dafür nicht nur über dich, sondern auch über sie."

„Der Komantsche bricht es nicht."

„Und welche Bürgschaft kannst du mir dafür bieten?" Er sah mich fragend an. Darum erklärte ich ihm:

„Du weißt, ich kann mich nicht auf dich verlassen, denn du warst auf dem besten Weg, nicht Wort zu halten."

„Aber wenn du einem roten Krieger die Medizin als Pfand abnimmst, muß er jedes Versprechen halten."

„Das gilt bei dir nicht, denn du glaubst nicht mehr an die Macht der Medizin."

„So wird Schiba-bigk die Pfeife des Schwures mit dir rauchen."

„Auch das kann mir nicht als Pfand gelten. Du hast sie mit Bloody-Fox und mit mir geraucht und dein Wort doch gebrochen."

Da senkte der Rote den Blick und sagte leise und beschämt:

„Die Strafe, die Schiba-bigk von Old Shatterhand empfängt, ist schwer. Sie richtet sich nicht gegen den Körper, aber sie erfüllt seine Seele mit tiefem Schmerz."

Ich sah es ihm an, daß dieser Schmerz wirklich vorhanden und seine Betrübnis aufrichtig war. Deshalb entgegnete ich:

„Du hast gehört, daß ich mich noch immer als deinen Freund und Bruder betrachte, und so will ich jetzt ausnahmsweise auf meine gewohnte Vorsicht verzichten und dir Glauben und Vertrauen schenken. Aber mein Herz wäre sehr traurig, wenn ich mich abermals in dir täuschte. Wirst du fliehen, wenn ich dich jetzt freigebe?" — „Nein."

„Wirst du nicht ohne meine Erlaubnis diese Oase verlassen?"

„Nein."

„Ich kann auch nicht dulden, daß du versuchst, auf dem Weg durch den Kaktus hinaus zu deinen Komantschen zu gehen, um mit ihnen zu sprechen."

„Schiba-bigk tut das nicht. Selbst wenn sie hereinkämen, würde er schweigen, bis er deine Erlaubnis hätte."

„So gib mir deine Hand darauf, wie es Männer und Krieger tun, die zu stolz sind, als daß sie nach einem Vorteil trachten, der nur durch die Lüge zu erlangen ist!"

„Hier hast du die Hand! Du kannst dem Komantschen glauben. Sie gilt soviel, als ob ich mich selbst dir übergäbe."

Er sah mir dabei mit einem so aufrichtigen Blick in die Augen, daß ich überzeugt war, er werde mich nicht täuschen. Der Sicherheit wegen und um des Negers willen fügte ich aber hinzu:

„Du warst zornig auf Bob. Wirst du dich rächen?"

„Nein. Ein roter Krieger ist zu stolz, sich an einem schwarzen Mann zu rächen. Dieser Nigger wußte nicht, was er tat. Er ahnte nicht, daß es gegen die Würde eines Häuptlings ist, ihm solche Stangen auf den Rücken zu binden."

„Ich werde dich davon befreien."

Sogleich nahm ich sie ihm ab. Er streckte die steifgewordenen Glieder und ging dann mit mir hinaus ins Freie, wo die Pferde wieder zum Abend getränkt wurden. Mutter Sanna brachte uns das Essen, und als das beendet und am Wasser Ruhe eingetreten war, legten wir uns nieder, denn wir mußten morgen wieder mit der Sonne aufstehen. Schiba-bigk legte sich zwischen Old Surehand und mich, ohne daß wir dies verlangten. Er wollte sich freiwillig unter unsre Aufsicht stellen und dadurch beweisen, daß er es mit seinem Versprechen ehrlich meine.

Als wir am frühen Morgen aufgestanden waren, füllten wir alle vorhandenen Schläuche mit Wasser, versahen uns mit Proviant und ritten fort, nachdem ich von Schiba-bigk Abschied genommen hatte. Bob stand am Weg und fragte mich:

„Massa Shatterhand sagen, ob Masser Bob jungen Indianerhäuptling wieder bewachen?" — „Nein. Es ist nicht nötig."

„Auch nicht wieder Stangen auf Buckel binden?"

„Erst recht nicht. Er hat versprochen, nicht zu fliehen, und wird sein Versprechen halten."

Obgleich ich das mit voller Überzeugung sagte, fiel es mir doch nicht ein, die nötige Vorsicht zu versäumen. Es blieben so viele Apatschen draußen am Kaktusfeld, wie notwendig waren, die fünfzig gefangenen Komantschen zu bewachen, und ich gab dem Anführer dieser Wächter den Befehl, auch auf Schiba-bigk mit acht zu haben und ihn auf keinen Fall herauszulassen. Dann ritten wir fort, zweihundert Mann stark, mehr als genug, um mit den Komantschen fertig zu werden. Diesmal nahmen wir auch Webster und Hawley mit.

Zunächst suchten wir die Stelle auf, wo wir gestern die fünf Apatschen als Posten zurückgelassen hatten. Sie waren gleich nach Tagesgrauen so klug gewesen, nach den Komantschen auszuschauen, und hatten schon nach einem kurzen Ritt die Stelle gefunden, wo diese gelagert hatten. Die Naiini waren schon aufgebrochen; sie hatten es also auch heute wieder sehr eilig. Wir folgten ihnen ebenfalls schnell, und zwar so, daß ich sie zuweilen vor das Fernrohr bekam, ohne uns ihnen aber so weit zu nähern, daß sie erkennen konnten, ob Rote oder Weiße hinter ihnen seien, denn sie sollten uns nach wie vor für die Dragoner halten.

Es verging der Tag, ohne daß etwas Erwähnenswertes vorfiel. Nur daß sich gegen Abend ein starker Wind erhob, wie er im Llano Estacado nicht selten ist. Er kam von Norden, nahm seinen Weg über einen großen Teil der Wüste und war heiß. Wir hatten ihn zwar halb im Rücken, doch belästigte er uns immerhin, und zwar nicht nur durch seine Hitze, sondern noch mehr dadurch, daß er den Sand aufwirbelte und ihn uns in Augen, Ohren, Mund und Nase trieb.

„Dummer Wind!" brummte Webster mißmutig. „Brauchte jetzt nicht zu kommen, sondern konnte warten, bis wir wieder am Wasser sind. Man kann ja kaum sehen und Atem holen!"

„Schimpft nicht, Mr. Webster!" widersprach ich. „Ich freue mich über ihn und sage Euch, daß er mir Winnetous wegen äußerst gelegen kommt." — „Winnetous wegen? Inwiefern?"

„Seht Ihr denn nicht, daß dieser Wind, indem er den Sand in die Höhe treibt, die Spuren der Komantschen verwischt? Wir würden ihnen gar nicht folgen können, wenn die Pfähle nicht wären."

„Ja, das sehe ich allerdings. Aber was hat das mit Winnetou zu tun?" — „Sehr einfach: seine Spuren werden auch verwischt. Winnetou muß doch die Pfähle bis in die Falle stecken, nicht? Er muß also ein Stück in das Kaktusfeld hineinreiten, in dem wir die Komantschen fangen wollen. Aber er darf nicht drinbleiben, sondern muß wieder heraus, muß umkehren. Die Folge ist, daß die Roten seine Spuren finden und erfahren würden, daß er umgekehrt ist. Sie halten nun aber die Spuren Winnetous und seiner Apatschen für die Fährte von Schiba-bigks Komantschen. Diese führt in den Kaktus hinein und kommt wieder heraus, um seitwärts weiterzulaufen. Was werden sie also andres denken, als das Schiba-bigk sich verritten oder verirrt hatte, daß der richtige Weg also nicht in den Kaktus führt, sondern in die neue Richtung, die er eingeschlagen hat. Folglich werden sie nicht in den Kaktus, also nicht in die Falle gehen, sondern der neuen Fährte folgen. Wohin aber wird die führen, Mr. Webster?"

„Her zu uns?" folgerte er.

„Gewiß. Winnetou sucht uns auf. Er wird sich erst seitwärts entfernen und sich dann den Pfählen zuwenden. Das würden die Komantschen entdecken, wenn sie ihm folgten, und Ihr könnt Euch denken, wie geeignet das wäre, ihr Mißtrauen zu erwecken. Das Gelingen unsres Plans stände auf dem Spiel. Da kommt nun der Wind und zerstört alle Spuren. Muß uns das nicht lieb sein? Winnetou wird ebenso froh darüber sein wie ich."

Webster wollte etwas erwidern, stockte aber plötzlich mitten in der Rede, hielt sein Pferd an, deutete mit der Hand vorwärts und fuhr dann hastig fort:

„Die Komantschen sind umgekehrt! Wahrhaftig, sie haben Mißtrauen gefaßt und sind umgekehrt. Dort kommen sie!"

Dieser Schreckensruf lenkte unsre Aufmerksamkeit auf den Horizont vor uns, den ich in den letzten Minuten infolge unsres Gesprächs nicht beobachtet hatte. Dort waren allerdings Menschen zu sehen. Ob sie sich bewegten, konnten wir mit bloßen Augen nicht erkennen. Ich nahm also mein Rohr zur Hand. Schon nach wenigen Augenblicken konnte ich die Beruhigung aussprechen:

„Wir haben keinen Grund zu erschrecken, denn es sind nicht die Komantschen, sondern es ist Winnetou."

„Könnt Ihr ihn erkennen, Sir?" fragte mich Old Surehand.

„Jetzt noch nicht."

„So müssen wir dennoch vorsichtig sein. Wenn es nun ein Nachtrab der Komantschen wäre!"

„Der würde sich in Bewegung befinden. Die Leute dort aber haben sich gelagert." — „Können das die Feinde nicht auch tun?"

„Ja. Aber Winnetou zeigt mir, daß er es ist. Ihr habt hier wieder einmal Gelegenheit, den Scharfsinn und die Umsicht des Häuptlings der Apatschen zu bewundern. Er hat die Komantschen in einem Bogen umritten und dann in ihrem Rücken angehalten, um auf uns zu warten. Natürlich sagte er sich, daß wir seine Leute leicht für Naiini halten können, und so hat er seinen Trupp in einer Weise aufgestellt, aus der wir bestimmt ersehen können, daß er es ist. Hier habt Ihr mein Fernrohr. Schaut einmal hindurch, Mr. Surehand!"

Er tat es und nickte dann beifällig:

„Das ist allerdings sehr schlau von ihm. Die Leute da draußen lagern so, daß sie die Figur eines Pfeils bilden."

„Und wohin ist die Spitze dieses Pfeils gerichtet?"

„Nach Südost, also von uns ab."

„Dieser Pfeil soll die Richtung angeben, in der wir reiten müssen. Winnetou verständigt uns damit, daß wir unbesorgt weiterreiten können. Diese eigenartige Aufstellung der Apatschen sagt uns aber nicht bloß, daß wir Winnetou vor uns haben, sondern sie gibt uns außerdem auch die Überzeugung, daß alles so steht, wie wir es wünschen."

„Das denke ich auch, denn Winnetou würde nicht so ruhig lagern und auf uns warten, wenn irgend etwas gegen unsre Absicht gegangen wäre. Es steht also alles gut. Dennoch habe ich ein Bedenken, das ich Euch gern mitteilen möchte. Es heißt: Wasser."

„Ich weiß, was Ihr meint. Wenn wir die Komantschen durch den Durst bezwingen wollen, müssen wir dafür sorgen, daß wir nicht selbst auch zu dürsten brauchen."

„So ist es. Nun sind wir zwar für heute mit Wasser versehen, aber es kann der ganze morgige Tag vergehen, bevor wir mit Vupa-Umugi fertig werden, und dann brauchen wir wieder einen vollen Tag, ehe wir die Oase erreichen. Für diese zwei Tage haben wir kein Wasser mit. Dazu kommt, daß es die Komantschen dann noch nötiger brauchen als wir."

„Ja, so viel Wasser haben wir allerdings nicht mit. Ich kann Euch aber beruhigen. Wir werden trotzdem keinen Durst leiden. Euer Bedenken war längst im stillen bei mir behoben. Ich wäre der allerleichtsinnigste Mensch, wenn ich einen Plan erdächte, bei dessen Ausführung über dreihundert Menschen und Pferde im öden Llano Estacado zusammenkommen, und dabei vergäße, für das nötige Wasser zu sorgen. Wir holen es aus der Oase."

„Wie soll das geschehen? Sie ist einen Tagesritt von hier entfernt. Also müssen wenigstens zwei Tage vergehen, bevor die Leute, die es holen, zurückkehren können. Das ist schlimm."

„Ihr irrt. Die Wasserholer brauchen gar nicht zurückzukehren."

„Hm! Habe keine Ahnung, wie Ihr das anfangen wollt."

„Es ist sehr einfach, Sir. Wir stellen eine Reiterkette her. Unsre Apatschen haben eine Menge Schläuche mit. Dazu kommen die von Bloody-Fox. Die schicken wir zur Oase, wozu nicht viele Leute, aber desto mehr Pferde gehören. Diese Leute werden in gewissen Abständen auf einer Linie aufgestellt, die von hier bis zur Oase führt. Es braucht also kein Mann und kein Pferd die ganze Strecke zu machen, sondern nur von einem Posten zum andern zu reiten. So meine ich es."

„Da muß ich Euch freilich um Verzeihung bitten, Sir. Ihr denkt an alles. Habt Ihr das mit Winnetou besprochen?"

„Nein. Darüber ist zwischen ihm und mir kein Wort gefallen. Aber wir kennen uns und wissen, daß keiner von uns eine notwendige Maßnahme versäumt. Doch was ist das? Die Apatschen haben keine Pferde. Nur Winnetou hat das seinige. Ah! Könnt Ihr Euch denken warum, Mr. Surehand?"

„Nach dem, was Ihr mir soeben sagtet, vielleicht."

Wir waren während dieser Reden stetig weitergeritten und den Apatschen jetzt so nahe gekommen, daß wir sie deutlich sehen konnten. Sie hatten die Pfeilfigur aufgelöst, standen nun beisammen und blickten uns entgegen. Ihre Pferde waren nicht zu sehen. Nur der Rappe des Häuptlings war da.

„Ihr werdet jetzt zum zweitenmal erkennen, daß Eure Befürchtung keinen Grund hatte", erklärte ich Old Surehand. „Winnetou hatte ebenso gesorgt, und zwar noch eher als ich. Wir beide begegnen uns stets in unsern Entschlüssen."

„Ihr denkt, daß er seine Pferde und Schläuche schon in die Oase geschickt hat?"

„Ja. Ihr seht, daß er höchstens dreißig Mann bei sich hat, und Bloody-Fox ist auch nicht da. Er ist sicherlich mit den übrigen zur Oase geritten, um Wasser zu holen."

Als wir nach wenigen Minuten Winnetou und seine Leute erreichten, trat er auf mich zu und sagte:

„Mein Bruder Scharlih hat mich verstanden, als er unsre Aufstellung erblickte. Ich wollte ihm sagen, daß wir nicht Komantschen seien."

„Wie weit sind sie vor uns?" erkundigte ich mich.

„Sie ritten sehr schnell, weil sie Durst haben, werden aber bald haltmachen müssen, denn die Sonne steht am Horizont."

„Ja, in einer Viertelstunde wird es dunkel sein. Wie lange muß man von hier aus bis zum Kaktusfeld reiten?"

„Zwei Stunden."

„So werden sie es heute nicht mehr erreichen. Das ist gut für uns, denn dadurch bekommen wir sie morgen bei Tag in die Falle. Die Krieger meines roten Bruders haben ihre Pferde nicht bei sich. Hat sie Winnetou auch mit den Schläuchen zur Oase geschickt?"

„Ja. Bloody-Fox, der den schnurgeraden Weg kennt, ist mit einigen Kriegern und den Pferden, um sie in Zwischenräumen aufzustellen und den Weg mit Stangen zu bezeichnen, die wir übrig hatten. Aber die Schläuche, die sie bei sich haben, reichen nicht aus."

„So schicken wir die unsrigen nach, sobald wir Lager machen. Das ist es doch, was du mit berechnet hast?"

„Ja. Der Wind hat sich erhoben und meine Spur verweht. Unser Plan wird also trefflich gelingen. Jetzt wollen wir weiter, um den Komantschen möglichst nahe zu bleiben, denn wenn sie morgen die Falle erreichen und in den Kaktus reiten, müssen wir so rasch hinter ihnen sein, daß sie, wenn ihr Mißtrauen erwacht, keinen Raum haben, umzukehren und zur Seite auszuweichen."

Der Häuptling der Apatschen stieg auf sein Pferd, und wir ritten fort. Seine Leute mußten allerdings laufen. Sie hielten aber so gut mit uns Schritt, daß wir die nötige Schnelligkeit innehalten konnten. Selbst als es dann dunkel wurde, ritten wir weiter, von Pfahl zu Pfahl, bis wir uns sagten, daß wir nun anhalten müßten, wenn wir nicht auf die Feinde stoßen wollten.

Der Wind war inzwischen schwächer geworden und legte sich bald ganz. Kurz darauf wich auch die Dunkelheit wieder, denn der Mond zeigte sich. Vorher schon wurden die leeren Schläuche auf Pferde geladen, mit denen einige Apatschen aufbrachen, sobald es hell geworden war. Winnetou ritt mit ihnen, um sie bis zum nächsten Reiterposten zu begleiten, dessen Standort sie nicht kannten.

So war alles Nötige besorgt, und wir konnten uns dem Schlaf überlassen, der uns so nötig war. Als Winnetou zurückkehrte, schlief ich bereits.

Am andern Morgen war er, obgleich er sich später als wir niedergelegt hatte, zuerst wieder munter. Wir hielten uns nicht mit dem Frühstück auf. Essen konnten wir unterwegs. Wir tranken nur und gaben das übrige Wasser den Pferden, die freilich nicht genug daran hatten. Dadurch wurden die Schläuche, die wir noch hatten, auch leer, und Winnetou schickte sie durch einige seiner Leute sogleich zur Reiterkette. Er brauchte nicht mitzureiten, weil es nicht mehr dunkel war, sondern es genügte, daß er diesen Männern die genaue Richtung angab.

Nun ging es wieder fort, und zwar so schnell, daß die Fußgänger zurückbleiben mußten. Sie konnten nachkommen. Ich schaute fleißig durch das Rohr und überzeugte mich bald, daß wir gestern abend den Komantschen sehr nahegekommen waren, denn wir erreichten schon nach einer Viertelstunde die Stelle, wo sie gelagert hatten, und sahen da, daß sie diesen Ort erst vor kurzem verlassen hatten.

Schon bald darauf erblickte ich sie selbst. Auch Winnetou hatte sein Fernrohr zur Hand genommen. Er beobachtete sie eine Weile und sagte dann befriedigt:

„Die Krieger der Komantschen reiten sehr langsam. Sieht das mein Bruder?"

„Ja. Ihre Pferde sind von dem zweitägigen Ritt ohne Wasser ermattet."

„Und sie selbst leiden auch Durst. Trotzdem werden sie sich lange weigern, sich uns zu ergeben."

„Für Vupa-Umugi gibt es einen noch viel stärkeren Zwang als den Durst."

„Mein Bruder meint die Medizinen des Häuptlings der Komantschen. Es war sehr gut, daß er sie mitgenommen hat, als er sich im Tal der Hasen befand. Der Sieg wird uns leicht werden und die Rückkehr dann bequem, weil Old Shatterhand die Komantschen Nale-Masiuvs gefangengenommen und den Dragonern übergeben hat."

Das war das erste Wort, das zwischen uns darüber fiel. Daß weder Nale-Masiuv noch die Soldaten gekommen waren, mußte gegen Winnetous Erwartungen gewesen sein. Dennoch hatte er mich gestern nicht gefragt. Ein andrer hätte nicht eher geruht, als bis er von mir darüber aufgeklärt worden wäre. Er aber hatte nicht eine Frage ausgesprochen, sondern mit seinem unvergleichlichen Scharfsinn alles erraten, wie jetzt seine Worte bewiesen. Nun gaben sie mir Gelegenheit, ihm zu erzählen, wie uns Nale-Masiuv in die Hände geraten war und wie wir uns seiner dann entledigt hatten. Am Schluß meines Berichts ließ er ein befriedigtes „Uff!" hören und fügte hinzu:

„Mein Bruder hat richtig gehandelt. Alle diese Gefangenen wären uns eine Last gewesen, schon des Wassers wegen, und die weißen Reiter auch, die wir doch nicht brauchen, um Vupa-Umugi zu fangen. Nale-Masiuv ist durch den Verlust seiner Pferde genug bestraft und hat auch die Gewehre seiner Krieger verloren. Winnetou wird erfahren, ob der Kommandant sein Wort hält, ihnen das Leben zu lassen. Hat er es gebrochen oder sich auch nur an einem von ihnen vergriffen, so wird ihn Winnetou zur Rechenschaft ziehen. Howgh!"

Damit war diese Angelegenheit erledigt.

Die Entfernung bis zu dem Kaktusfeld, das die Komantschenfalle werden sollte, war von Winnetou auf zwei Stunden abgeschätzt worden. Wir brauchten aber drei, weil die Naiini wegen der Mattigkeit der Pferde sehr langsam ritten. Wir blieben immer so hinter ihnen, daß sie uns nicht bemerkten, wir sie aber durch unsre Fernrohre sehen konnten. Sie ritten breit neben- und hintereinander her. Nach drei Stunden verringerte sich diese Breite. Die Komantschen rückten zusammen und begannen, eine schmale Linie zu bilden.

„Ah, der entscheidende Augenblick ist da!" sagte ich zu Winnetou. „Unsre Gegner halten nicht an, scheinen also keinen Verdacht zu schöpfen."

„Ja", nickte er, „sie sind an der schmalen Öffnung angekommen, die in den Kaktus führt. Sie können dieses Feld nicht überblicken und denken, es werde keine große Breite haben, weil Schiba-bigk scheinbar hindurchgeritten ist. Außerdem treibt sie auch der Durst hinein. Wo Kaktus wächst, gibt es Feuchtigkeit. Sie werden glauben, dahinter die Oase zu finden, denn sie wissen nicht, daß die Feuchtigkeit, die diese Pflanzen hervorgebracht hat, nur unterirdisch und sehr gering ist."

Nach kurzer Zeit sahen auch wir den Kaktus, der in tausend und aber tausend Stücken eine Strecke bedeckte, deren Ende weder nach vorn noch nach rechts oder links abzusehen war. Ein schmaler, lichter Streifen führte hinein und bildete eine Art Weg, dessen Boden so gänzlich unfruchtbar sein mußte, daß dort nicht ein einziges Würzelchen die nötige Nahrung fand. Und am Anfang dieses Wegs hatte Winnetou eine Stange in den Boden stecken lassen, um den Komantschen zu sagen, sie sollten hier in den Kaktus eindringen.

Das hatten sie auch wirklich ohne Bedenken getan, und sie waren schon so weit drin, daß wir sie in der Ferne verschwinden sahen, als wir am Rand des stacheligen Dickichts ankamen. Da blieben wir halten und stiegen ab. Die Pferde wurden außer Schußweite hinter uns angepflockt, um im Fall eines Kampfs nicht verletzt zu werden, und wir nahmen eine Aufstellung, die den Weg von seiner Mündung an bis weit hinein in den Kaktus beherrschte und den umkehrenden Komantschen unwiderstehlich Halt gebot.

Dieser Weg hatte anfangs eine Breite von vielleicht zwanzig Schritt, wurde aber schon im Bereich unserer Kugeln so schmal, daß höchstens vier oder fünf Reiter nebeneinander Platz hatten. Das gab, wenn die Komantschen auf den unsinnigen Gedanken kommen sollten, uns anzugreifen, eine Tiefe von wenigstens dreißig und eine Breite von höchstens fünf Mann, und es genügte der sechste oder fünfte Teil von uns, diesen Angriff abzuschlagen. Unsre Kugeln brauchten ja nur die Vordersten niederzustrecken. Diese mußten dann einen Wall bilden, über den die andern nicht kommen konnten, zumal es ihnen wegen des Kaktus auch unmöglich war, rechts oder links auszuweichen.

So war es uns gelungen, den Feind in die Falle zu locken, und wir konnten ruhig abwarten, was er nun beginnen werde. Beginnen? Es gab nur eins für ihn, nämlich umzukehren, sobald er die Stelle erreichte, wo der Weg aufhörte.

Wir warteten eine Stunde, zwei Stunden und noch länger. Die Komantschen kamen noch nicht. Sie waren jedenfalls am Ende des Wegs nicht sogleich umgekehrt, sondern haltengeblieben, um zu beraten. Aber kommen mußten sie, darüber gab es keinen Zweifel. Wir hielten also unsre Blicke gespannt auf den Punkt gerichtet, wo sie erscheinen mußten.

„Uff!" rief endlich Winnetou, indem er vorwärts deutete.

Sein scharfes Auge hatte die Nahenden eher entdeckt als wir. Sie kamen, langsam, müde und enttäuscht. Noch sahen sie uns nicht, weil wir auf der Erde saßen und unsre Pferde weit draußen in der Wüste hatten. Bald aber stockte der lange, schmale Zug. Die Naiini hatten uns bemerkt, und wir standen auf, um uns ihnen zu zeigen.

Waren unsre Gegner der Meinung gewesen, die Dragoner hinter sich zu haben, so erkannten sie jetzt, daß sie sich geirrt hatten. Die Komantschen waren so nahe, daß sie feststellen mußten, daß sie Indianer vor sich hatten.

„Welch ein Schreck für die Roten!" sagte Old Surehand, der neben mir stand.

„Schreck? Noch nicht", meinte ich. „Sie können uns doch auch für die Komantschen Nale-Masiuvs halten. Aber selbst dann muß sie unsre Anwesenheit befremden, weil sie der festen Überzeugung gewesen sind, Nale-Masiuv bringe die Dragoner hinter ihnen hergetrieben."

„Bin neugierig, was die Naiini tun werden."

„Sie werden einen oder einige Krieger voranschicken, um zu erfahren, wer wir sind. Seht Ihr, da kommen die Späher schon!"

Wir sahen, daß sich zwei von ihnen trennten und sich uns langsam näherten, nicht zu Pferd, sondern zu Fuß.

„Will ihnen mein Bruder mit mir entgegengehen?" fragte ich Winnetou.

„Ja, tun wir das", entschied er.

Wir schritten ebenso langsam, wie die Komantschen kamen, in

den Kaktus hinein, ihnen entgegen. Sie sahen, daß wir ein Roter und ein Weißer waren. Das machte sie stutzig. Sie blieben stehen. Wir winkten ihnen zu und schritten weiter. Da kamen sie zögernd näher.

„Mein Bruder Scharlih mag sprechen!" forderte mich Winnetou auf.

Er überließ es bei solchen Gelegenheiten gewöhnlich mir, das Wort zu führen. Ich rief den beiden Naiini zu:

„Die Krieger der Komantschen mögen getrost näher kommen! Wir wollen mit ihnen sprechen, und es wird ihnen nichts geschehen, wenn sie nicht versuchen, ihre Waffen gegen uns zu gebrauchen."

Da kamen die beiden Späher. Ich hatte sie angerufen, weil ich nicht bis hin zu ihnen wollte, denn da wären wir in die Schußweite der Komantschen geraten. Wir trafen ungefähr auf halbem Weg mit ihnen zusammen, doch kamen sie nicht ganz zu uns heran.

„Vupa-Umugi, der Häuptling der Naiini-Komantschen, hat euch abgeschickt, zu erfahren, wer wir sind", begann ich. „Kennt ihr mich?"

„Nein", erwiderte der ältere von ihnen, während beide ihre Augen mit scheuer Ehrfurcht auf Winnetou gerichtet hielten.

„Auch den roten Krieger nicht, der da neben mir steht?"

„Uff! Das ist Winnetou, der Häuptling der Apatschen!"

„Und ich bin Old Shatterhand, sein weißer Freund und Bruder."

„Uff, uff!" riefen beide aus und betrachteten nun auch mich bestürzt.

„Ich glaubet, die weißen Reiter hinter euch zu haben?" fuhr ich fort. Ich erhielt keine Antwort. „Und hinter ihnen sollte Nale-Masiuv kommen?" fragte ich weiter.

„Woher weiß das Old Shatterhand?" staunte der ältere.

„Ich weiß noch mehr. Ihr wolltet die weißen Reiter ins Verderben locken, und steckt nun selbst darin. Blickt vorwärts! Dort stehen dreihundert Krieger der Mescalero-Apatschen, die ihre Gewehre bereit haben, euch bis auf den letzten Mann niederzuschießen, wenn ihr euch wehrt." — „Uff, uff!"

„Ihr könnt weder zurück noch hier durch. Ihr müßt euch uns ergeben. Wenn ihr das nicht tut, werdet ihr entweder erschossen oder müßt in dieser Kaktuswildnis, die euch keinen Ausweg bietet, elend verschmachten."

Die beiden sahen einander an. Obgleich sie sich alle Mühe gaben, den Eindruck zu verheimlichen, den meine Worte auf sie machten, war es doch nicht zu verkennen, daß sie ratlos waren. Dann fragte der Sprecher: „Wo sind die weißen Reiter?"

„Glaubst du, daß wir dir das sagen werden?"

„Und wo ist Nale-Masiuv?"

„Auch das sagen wir nicht. Dafür aber will ich dich fragen, wo Schiba-bigk mit seinen fünfzig Komantschen ist?"

„Uff! Schiba-bigk! Das wissen wir nicht."

„Aber wir wissen es. Ihr habt geglaubt, ihm zu folgen. Er ist aber gar nicht vor euch hergeritten." — „Warum nicht?"

„Ihr seid zwei Tage lang den Pfählen gefolgt, weil ihr glaubtet, Schiba-Bigk zeige euch durch sie den Weg. Aber nicht er, sondern Winnetou hat die Stangen in den Sand gesteckt, um euch in die Irre zu leuten."

„Uff! Ist das wahr?"

„Old Shatterhand spricht stets die Wahrheit. Schiba-bigk konnte euch den Weg nicht zeigen, weil wir ihn gefangennahmen. Ebenso ist Nale-Masiuv mit allen seinen Kriegern gefangen. Er ist in unsre Hände und in die Gewalt der weißen Reiter geraten, die wir vor ihm und vor euch warnten. Das ist es, was ihr Vupa-Umugi sagen sollt."

Der Rote starrte mich erschrocken an und rief aus:

„Das wird Vupa-Umugi nicht glauben!"

„Das ist gleichgültig. Es ist jedenfalls wahr."

„Wir wissen, daß Old Shatterhand die Wahrheit liebt. Aber das, was er jetzt gesagt hat, will nicht in unsre Ohren. Würde er vielleicht bereit sein, es dem Häuptling selbst zu sagen?" — „Ja."

„So werden wir zu Vupa-Umugi zurückkehren, um ihm das mitzuteilen."

„Tut es! Wir werden hier warten, bis er kommt."

Die Späher gingen, und wir setzten uns nieder. Als sie ihre Kameraden erreicht hatten, sahen wir an den Bewegungen der Roten, welche Wirkung ihre Botschaft hervorbrachte. Die Reiter stiegen von ihren Pferden, auf denen sie bis jetzt noch gesessen hatten. Nach einer Weile kam ein einzelner auf uns zu. Es war nicht Vupa-Umugi, sondern der Rote, mit dem wir gesprochen hatten. Bei uns angekommen, teile er uns mit:

„Der Häuptling der Komantschen hat unsre Worte vernommen und will sie nicht glauben. Er möchte sie aus euerm Munde hören."

„Er soll sie hören. Warum kommt er nicht?"

„Hier sind Old Shatterhand und Winnetou, der Häuptling der Apatschen, da will Vupa-Umugi nicht allein sein."

„Gut, zwei zu zwei. Er mag noch jemand mitbringen."

„Apanatschka, der zweite Häuptling der Naiini, wird bei ihm sein." — „Wir haben nichts dagegen."

„Old Shatterhand und Winnetou haben ihre Waffen bei sich, also dürfen Vupa-Umugi und Apanatschka die ihrigen auch mitbringen?"

„Auch damit sind wir einverstanden."

„Unsre Häuptlinge haben keine Hinterlist zu befürchten und können frei zurückkehren, wenn sie mit euch gesprochen haben?"
„Ja."

„Wir werden das glauben, wenn es Winnetou und Old Shatterhand mit ihrem Wort versprechen."

„Winnetou verspricht es. Howgh!" bestätigte der Apatsche.

„Ich habe es schon gesagt und brauche es deshalb nicht noch einmal zu versprechen", erklärte ich. Der Bote ging.

Ich war gespannt auf Apanatschka, den zweiten Häuptling, der seinem Namen nach ein vorzüglicher Krieger sein mußte, denn das Komantschewort Apanatschka bezeichnete einen Mann, der in allem gut und tüchtig ist.

Es dauerte nicht lange, so kamen beide, hoch aufgerichtet und stolz, wie Leute, die den Vorteil auf ihrer Seite wissen. Sie wollten mit dieser Haltung Eindruck machen, was ihnen freilich nicht gelang. Ohne ein Wort zu sagen, setzten sie sich uns gegenüber und hielten, die Gewehre quer über die Knie gelegt, ihre Augen kalt auf uns gerichtet. Wir ließen uns dadurch nicht täuschen. In ihrem Innern sah es jedenfalls ganz anders aus als in ihren unbewegten Gesichtszügen, die doch nur Maske waren.

Ich hatte in Apanatschka einen älteren Mann vermutet, aber er war noch jung, und ich mußte mir sagen, außer Winnetou noch keinen so eigenartigen Indianer gesehen zu haben.

Er war nicht überlang, aber sehr stark und kräftig gebaut. Ich suchte vergeblich nach dem Indianertypus in seinem Gesicht. Es gab da weder die etwas schiefstehende Augen noch die hervorstehenden Backenknochen. Sein dunkles Haar war lang gewachsen und auf dem Scheitel zusammengebunden. Beinahe hätte ich behaupten mögen, es sei eigentlich ein Kraushaar und nur durch Pflege schlicht und straff geworden. Trotz der dunkeln Farbe seines Gesichts schien es mir, als liege auf seiner Oberlippe, seinem Kinn und seinen Wangen jener eigentümliche blau-schwarze Schimmer, den man bei stark- und dunkelbärtigen Männern bemerkt, wenn sie rasiert sind. Sollte dieser Apanatschka, aller Indianerart entgegen, einen so dichten Bart besitzen, daß er sich rasieren muß? Wo nahm er die Seife dazu her? Bekanntlich rasieren sich die Indianer nicht, sondern sie reißen sich die wenigen Barthaare, die sie haben, so lang aus, bis sie nicht wieder nachwachsen. Dieser Indsman war mir sehr sympathisch. Sein Gesicht machte einen Eindruck auf mich, den ich am liebsten mit dem Wort ‚anheimelnd' bezeichnen möchte. Hatte ich ihn schon einmal gesehen? Gewiß nicht! Aber dann gab es unter meinen jetzigen oder früheren Bekannten ein Gesicht, das dem seinen ähnlich war. Mit der Schnelligkeit des Blitzes tauchten in meinem Innern eines um das andere dieser Gesichter auf, aber das betreffende war nicht dabei. Es ist eigentümlich, daß einem das am nächsten Liegende so oft am fernsten ist!

Wenn feindliche Häuptlinge zu einer Besprechung zusammentreffen, so ist es nicht der Vornehmste, der zuerst das Wort ergreift. Je höher sich einer dünkt, desto länger hüllt er sich in Schweigen. Es gilt da die Annahme, daß der zuerst zum Reden getrieben wird, der den meisten Grund hat, gute Worte zu geben. Vupa-Umugi schien die Absicht zu haben, so zu tun, als sei ihm an einer Verständigung nichts gelegen. Er schwieg, und sein Gesicht zeigte, daß er erwartete, von uns angesprochen zu werden. Das konnte mir auch recht sein, denn wir hatten viel mehr Zeit als er.

Ich richtete mein Auge auf Winnetou, und ein kurzer Blick von ihm sagte mir, daß er nicht gewillt war, die Unterredung zu beginnen. Darum zögerte ich eine Weile, und als dann immer noch nichts erfolgte, streckte ich mich lang aus und schob meinen Arm unter den Kopf wie einer, der ruhen oder gar einschlafen will. Dieses Verhalten erreichte seinen Zweck, wenn auch einstweilen nur halb, denn Vupa-Umugi warf Apanatschka einen auffordernden Blick zu, worauf dieser sagte:

„Old Shatterhand und Winnetou, der Häuptling der Apatschen, wollten mit uns sprechen."

Ich blieb liegen und antwortete nicht. Auch Winnetou schwieg, da wiederholte Apanatschka seine Worte:

„Old Shatterhand und Winnetou, der Häuptling der Apatschen, wollten mit uns sprechen."

Er bekam auch jetzt keine Antwort. Da wiederholte er diese Worte noch einmal. Nun richtete ich mich langsam auf und erwiderte:

„Was ich da höre, setzt mich in Verwunderung. Nicht wir wollten mit euch sprechen, sondern wir sind gefragt worden, ob wir nicht Vupa-Umugi das sagen möchten, was seinen Boten unglaublich erschien. Wir haben ihm erlaubt, hierherzukommen, und nun sitzt er da, als wollte er gar nichts hören. Warum schweigt er und läßt Apanatschka für ihn sprechen? Ist er nicht klug genug zum Reden? Er, aber nicht Apanatschka hat uns hergebeten, und wenn er den Mund nicht auftut, so ist es uns auch recht. Wir haben Wasser genug und Fleisch, soviel wir brauchen. Wenn er ebensoviel Zeit hat wie wir, mag er weiter schweigen!"

Ich machte Miene mich wieder niederzulegen, und das half; denn Vupa-Umugi forderte mich auf:

„Old Shatterhand mag sitzenbleiben und meine Worte hören!"

„Ich höre!" erwiderte ich kurz.

„Old Shatterhand hat behauptet, Nale-Masiuv sei mit seinen Kriegern gefangen?"

„Ich sagte es, und es ist wahr."

„Schiba-bigk soll auch gefangen sein?"

„Er ist's."

„Das kann Vupa-Umugi nicht glauben."

„So glaube es nicht!"

„Wie kannst du so hintereinander auf Schiba-bigk, auf die weißen Reiter und auf Nale-Masiuv treffen? Einen solchen Zufall gibt es nicht."

„Es war kein Zufall, sondern Berechnung."

„Berechnung? Dann hättest du alles wissen müssen, was die Krieger der Komantschen zu tun beschlossen hatten."

„Das wußte ich allerdings, und zwar von dir selbst."

„Uff! Von dem Komantschen selbst?"

„Ja. Am Blauen Wasser habe ich es von dir gehört."

„Uff! Du traust Vupa-Umugi eine große Leichtgläubigkeit zu!"

„Das nicht. Was ich dir zutraue, ist eine noch viel größere Un-vorsichtigkeit. Du bist geradezu blind und taub gewesen und hast es an allem fehlen lassen, was zur Ausführung eines Vorhabens, wie das eurige war, gehört."

„Welches Vorhaben?"

„Diese Frage ist lächerlich!" entgegnete ich ihm. Und dann be-gann ich ihm den Gang der Ereignisse zu schildern von dem Au-genblick an, da Winnetou zwei Komantschenkrieger belauschte, von dem geplanten Überfall der Oase hörte und beschloß, Bloody-Fox zu warnen und ihm zu helfen. Vupa-Umugi unterbrach mich des öfteren mit Rufen des Erstaunens, ja des Erschreckens. Als ich dann schilderte, wie ich schließlich Nale-Masiuv durch Bedrohung seines heiligsten Besitzes, seiner Medizin, zur Unterwerfung ge-zwungen hatte, und daran die Bemerkung knüpfte: „Du wirst dich ebenso ergeben wie er, denn auch deine Medizin ist bedroht", da glitt ein schadenfrohes Lachen über sein Gesicht, und er entgeg-nete:

„Du kannst sie nicht nehmen, weil Vupa-Umugi sie nicht bei sich hat. Er besitzt nicht nur eine Medizin, sondern mehrere. Aber er ist so klug, sie niemals mit in den Kampf zu nehmen, wo er sie leicht verlieren kann. Du bekommst sie nicht!"

„Ich habe gesagt, daß sie bedroht sind, und was Old Shatterhand sagt, ist immer wahr. Du wirst's erfahren. Wie kannst du überhaupt denken, aus eurer Lage freizukommen, ohne daß ihr euch ergebt? Willst du kämpfen?"

„Ja, das werden wir."

„Versucht es doch! Aber ich weiß, daß du es nicht tust. Selbst wenn ihr Sieger würdet, müßtet ihr verschmachten, weil ihr kein Wasser habt. Doch an Sieg ist für euch nicht zu denken. Schau dich um! Ihr habt keinen Platz, euch auszubreiten, und seid so einge-engt, daß jede Kugel von uns mehrere Krieger von euch treffen muß. Wir haben Wasser, ihr habt keins. Wir selbst und unsre Pferde sind frisch und munter, ihr aber dürstet und eure Tiere sind zum Umfallen ermattet. Überlege dir das wohl!"

„Wir werden dennoch kämpfen!"

„Nein. Du bist unvorsichtig, aber wahnwitzig bist du nicht."

Er senkte den Kopf und schwieg. Es verging eine lange Zeit, ohne daß er ein Wort sagte. Dann fragte er in gepreßtem Ton:

„Was würdet ihr über uns bestimmen, wenn wir uns euch auslie-ferten?"

„Wir würden euch das Leben schenken."

„Sonst nichts? Ohne Pferde und Gewehre wären wir verloren. Wir können sie nicht hergeben."

„Ihr werdet sie trotzdem hergeben, wenn wir sie verlangen. Wenn wir euch das Leben lassen, ist es Gnade genug. Wärt ihr die Sieger, würde es keine Gnade für uns geben, sondern wir müßten alle am Marterpfahl sterben."

Er ballte grimmig die Hände und rief aus:

„Dich führte der böse Geist an das Blaue Wasser! Wäre das nicht geschehen, so hätte der Plan, den wir faßten, gelingen müssen!"

„Das ist wahr, und deshalb denke ich, daß es nicht ein böser, sondern ein guter Geist gewesen ist, der mich zum Blauen Wasser geführt hat. Ihr habt keine Hoffnung, uns zu entkommen. Wenn ihr euch nicht ergebt, seid ihr verloren. Das mußt du einsehen."

„Nein, Vupa-Umugi sieht es nicht ein. Denke daran, daß der Indianertöter, den ihr Old Wabble nennt, unser Gefangener ist! Er ist eine Geisel in unsern Händen und muß sterben, wenn ihr einem von uns etwas zuleide tut!"

„Mag das Weißhaar sterben! Es ist in deine Hände gefallen, weil es eigenwillig handelte. Old Wabble hat sich damit von uns losgesagt."

„So bist du einverstanden, daß er stirbt?"

„Nein. Ich meine nur, daß ich kein Opfer bringen werde, um ihn zu retten. Tötet ihr ihn aber, so werde ich ihn blutig rächen. Darauf kannst du dich verlassen. Jetzt bin ich fertig und habe dir nichts mehr zu sagen."

Ich stand auf, und Winnetou folgte meinem Beispiel. Die beiden Komantschen erhoben sich auch. Apanatschka richtete sein Auge mit einem eigentümlichen Ausdruck auf uns. Das war nicht Grimm, nicht Haß. Fast hätte ich es Wohlwollen nennen mögen. Aber er bemühte sich, seine Gedanken und Gefühle zu verbergen. Um so deutlicher sahen wir, daß Ärger und Haß in Vupa-Umugi kochten. Es tobte in seinem Innern, bis er hastig hervorstieß:

„Und wir sind auch fertig! Noch gibt es Rettungswege?"

„Und wenn es hundert gebe, es würde euch doch keiner etwas nützen. Wenn es nicht anders geht, brennen wir den Kaktus an."

„Uff!" rief er erschrocken. „Wollen Winnetou und Old Shatterhand Mordbrenner werden?"

„Laß derartige unsinnige Fragen! Sprich jetzt mit deinen Leuten, und laß uns bald wissen, was ihr beschlossen habt!"

„Du wirst es erfahren."

Bei diesen Worten drehte er sich um und ging mit Apanatschka fort, lange nicht in der stolzen Haltung, in der er gekommen war. Auch wir gingen zu den Weißen zurück, die neugierig waren, was wir durch die Unterredung mit den beiden Häuptlingen erreicht hatten.

Wir ließen die Komantschen nicht mehr aus den Augen. So vermessen ein Angriff ihrerseits gewesen wäre, mußten wir doch auch mit dieser Möglichkeit rechnen und uns zur Abwehr bereithalten. wir konnten nur die vorderen von ihnen sehen. Was dahinter vorging, blieb uns verborgen. Ich holte deshalb Hatatitla und ritt eine Strecke seitwärts hin, bis ich die Flanke ihrer Aufstellung vor mir hatte. Da sah ich, daß höchstens noch dreißig Komantschen dort waren, wo wir sie alle vermutet hatten. Die andern waren fortgeritten, wieder tief in den Kaktus hinein. Ich kehrte um und meldete Winnetou diese Beobachtung.

„Sie wollen sich mit ihren Messern durch den Kaktus arbeiten", folgerte er.

„Der Ansicht bin ich auch. Es wird ihnen freilich nicht gelingen."

„Nein. Der verdorrte Kaktus ist kieselhart, so daß ihre Messer sehr schnell stumpf werden."

„Wir dürfen trotzdem keine Vorsicht versäumen. Ich werde noch einmal fortreiten, um sie zu beobachten."

„Mein Bruder mag das tun! Nötig aber ist es nicht."

„Darf ich mit, Mr. Shatterhand?" fragte Webster.

„Meinetwegen."

„Und ich auch?" erkundigte sich Hawley.

„Ja, holt eure Pferde!"

Wir ritten südwärts bis dahin, wo das Kaktusfeld eine Krümmung nach Osten macht. Der folgten wir. Wir jagten wohl eine ganze Stunde in dieser Richtung weiter und kamen an eine sandige Bucht, die sich tief in den Kaktuswald hineinzog. Von ihr ließen wir uns führen, bis sie zu Ende war. Ich nahm das Fernrohr heraus und suchte damit die Komantschen. Bald entdeckte ich sie als winzig kleine Punkte weit oben im Norden. Was sie taten, das konnte ich nicht sehen. Jedenfalls aber waren sie bemüht, sich mit dem Messer einen Weg zu bahnen — einen Weg durch dieses unabsehbare Stacheldickicht, eine Unmöglichkeit. Wir kehrten um, auf dem Weg, den wir gekommen waren.

8. Der ‚General‘

Als wir die Sandbucht verlassen hatten und wieder nach Westen einbiegen wollten, war es mir, als bewege sich tief im Süden etwas über den Llano. Ich richtete das Rohr dorthin und sah, daß ich mich nicht geirrt hatte. Es waren Reiter. Jetzt konnte ich sie noch nicht zählen. Nach einiger Zeit aber stellte ich fest, daß es ihrer acht waren, die vier Packpferde oder Maultiere bei sich hatten. Sie ritten nach Nordost und mußten somit an der hinteren Seite des Kaktusfeldes vorüberkommen, an dessen vorderer Front unsre Apatschen hielten. Wenn sie die Komantschen entdeckten und ihnen behilflich waren, durch den Kaktus zu entkommen! Ich hielt das zwar für eine Unmöglichkeit, hatte aber gar zu oft erfahren, daß mitunter durch eine Nichtigkeit die Unmöglichkeit zur Möglichkeit wird. Ich durfte die Ankömmlinge ihren Weg nicht fortsetzen lassen, sondern mußte sie bestimmen, mit uns zu reiten, zumal ich jetzt bemerkte, daß vier von den acht Reitern Indianer waren.

Zu welchem Stamm gehörten sie? Das mußte ich erfahren. Wir ritten daher so weit südlich vor, bis wir uns in ihrer Richtung befanden, und warteten dort. Sie hatten uns nun auch gesehen, hielten eine Weile an, um sich zu besprechen, und kamen dann auf uns zugeritten.

Unter ihnen gab es nur zwei, die mir auffielen, einer von den Weißen und einer von den Roten. Der Indianer hatte eine Adlerfeder im Schopf, was ihn als Häuptling kennzeichnete. Der Weiße war ein langer, hagerer Mensch, zwischen fünfzig und sechzig Jahren. Seine Kleidung war phantastisch zusammengesetzt, halb Zivil und halb Uniform, und sonderbarerweise trug er einen langen Säbel an der Seite. Als sie uns so nahe gekommen ware, daß ich die Köpfe erkennen konnte, fand ich, daß das Gesicht dieses Weißen nicht vertrauenerweckend aussah.

Sie hielten in einiger Entfernung von uns an. Der Weiße tippte nachlässig, beinahe herablassend mit der Hand an die Hutkrempe und begann:

„*Good day,* Boys! Was treibt ihr hier in der Mitte dieser verdammten Wüste, he?"

„Wir reiten ein wenig spazieren", entgegnete ich.

„Spazieren? Eigenartiges Vergnügen! Wenn ich nicht durch den Llano müßte, brächte mich kein Mensch hierher. Wer und was seid ihr denn eigentlich?"

„Boys sind wir. Ihr habt uns Boys genannt, folglich werden wir wohl welche sein."

„Unsinn! Habe keine Lust auf solche Mucken einzugehen. Wenn man im öden Llano jemand trifft, muß man wissen, wer er ist."

„Das ist richtig."

„Schön! Ich habe euch getroffen, folglich — nun?"

„Wir haben euch auch getroffen, folglich — nun?"

„Hört, Ihr scheint ein sonderbarer Kauz zu sein. Ich, bin sonst nicht so willfährig, will aber heute einmal eine Ausnahme machen. Ihr seht mir doch wohl an, daß ich Offizier bin? Habt Ihr einmal von dem berühmten Douglas gehört, General Douglas, wollte ich sagen?" — „Nein."

„So seid Ihr in der Kriegsgeschichte der Vereinigten Staaten recht unbewandert! Dieser General Douglas bin nämlich ich!"

Er warf sich bei diesen Worten gewaltig in die Brust, was ein wirklicher General schwerlich tun würde.

„Schön! Freut mich, Sir."

„Habe bei Bull-Run gekämpft."

„Das macht Euch alle Ehre."

„Bei Gettysburg, bei Harper's Ferry[1]), bei den Chattanooga-

---

[1]) Diese drei Schlachtfelder liegen in der Nähe Washingtons

bergen[1]) und in zwanzig andern Schlachten. Bin da stets Sieger gewesen. Glaubt Ihr das?"

Dabei schlug er an den Säbel, daß es nur so rasselte.

„Warum nicht?" antwortete ich.

„*Well!* Wollte es Euch auch geraten haben! Jetzt reite ich durch den Llano. Diese Weißen sind meine Diener und diese Indianer meine Führer. Ihr Anführer ist Mba[2]), der Häuptling der Chickasaws."

Ein Finger dieses Häuptlings war jedenfalls mehr wert als der ganze sogenannte General. Ich fragte ihn:

„Haben die Krieger der Chickasaws das Kriegsbeil gegen einen roten Stamm ausgegraben?"

„Nein", erwiderte er.

„Gegen die Apatschen nicht und auch gegen die Komantschen nicht?"

„Nein."

„So steht Mba, dem Häuptling dieses friedlichen Stammes eine große Überraschung bevor. Da oben jenseits des Kaktus befindet sich Winnetou, der Häuptling der Apatschen, mit vielen Kriegern, die Vupa-Umugi, den Häuptling der Komantschen, mit seinen Leuten eingeschlossen haben und gefangennehmen wollen. Willst du das mit ansehen?"

„Mba reitet hin!" antwortete er, indem seine Augen blitzten.

„Winnetou?" fragte der General. „Den muß ich sehen. Natürlich reiten wir hin! Und wer seid Ihr, Sir?"

„Ich gehöre zu Winnetou. Man nennt mich Old Shatterhand."

Da machte er große Augen, betrachtete mich mit einem ganz andern Blick als bisher und meinte:

„Habe viel von Euch gehört, Sir. Freut mich, Euch kennenzulernen. Hier meine Hand, die Hand eines siegreichen Generals!"

Ich gab ihm die meinige, zufrieden damit, daß sie freiwillig mit uns ritten. Mba sagte kein Wort, doch sah ich es ihm an, daß er es für eine Ehre hielt, uns getroffen zu haben. Um so redseliger war Douglas. Er wollte alles mögliche über den gegenwärtigen Zusammenstoß der Apatschen mit den Komantschen wissen, und ich erteilte ihm soweit Auskunft, wie unumgänglich nötig war, denn er gefiel mir nicht. Er hatte ein ausgesprochenes Gaunergesicht. Als er den Namen Old Surehand hörte, stutzte er so augenfällig, daß mir sofort klar war: zwischen ihm und dem Genannten mußte unbedingt etwas vorliegen.

Als wir bei unsern Apatschen ankamen, wunderten sie sich nicht wenig, daß ich Gesellschaft mitbrachte, die ich mitten in der Wüste gefunden hatte, und die auf einen solchen Ritt eingerichtet war, denn die Packpferde trugen volle Wasserschläuche. Ich nannte die Namen. Winnetou begrüßte Mba mit ernster Freundlichkeit, den General aber äußerst zurückhaltend. Old Surehand sah Douglas

[1]) in Tennessee   [2]) Wolf

verwundert an. Er war erstaunt über das Äußere dieses Mannes, kannte ihn aber offenbar nicht. Dagegen war das Auge des angeblichen Offiziers fast ängstlich forschend auf ihn gerichtet, und diese Besorgnis schien sich erst zu legen, als er sah, daß Old Surehand ihn wie einen völlig Unbekannten behandelte. Dadurch befestigte sich meine Überzeugung, daß man sich vor diesem Mann in acht nehmen müsse. Ich benutzte die nächste Gelegenheit, Old Surehand unauffällig zu fragen:

„Kennt Ihr diesen Quasi-General, Sir?"

„Nein", entgegnete er.

„Ihr seid ihm noch nicht begegnet?"

„Nein. Ich sehe ihn heute zum erstenmal."

„Besinnt Euch, ob es wirklich so ist!"

„Ich brauche mich nicht zu besinnen. Es ist wirklich so. Aber warum fragt Ihr mich so eingehend, Sir?"

„Weil er in irgendeiner Beziehung zu Euch zu stehen scheint. Er erschrak, als ich ihm Euern Namen nannte."

„Jedenfalls Täuschung!"

„Nein. Ich habe es genau gesehen. Und vorhin hat er Euch geradezu ängstlich betrachtet. Es war deutlich zu spüren, daß er gespannt darauf war, ob Ihr Euch seiner erinnern würdet."

„Hm! Ich kenne Eure scharfen Augen, Mr. Shatterhand. In diesem Fall aber haben sie Euch irregeführt. Ich habe mit diesem Douglas nichts zu schaffen."

„Er aber desto mehr mit Euch, wie es scheint. Ich werde ihn weiter beobachten."

„Tut das, Sir! Ihr werdet sehen, daß ich recht habe."

Die Sonne brannte glühend heiß hernieder. Der Mittag kam und verging, ohne daß uns von den Komantschen eine Antwort wurde. Dann aber bemerkten wir eine Bewegung unter ihnen, die uns verriet, daß sie jetzt wieder vollzählig beisammen waren. Vupa-Umugi hatte wohl eingesehen, daß es unmöglich war, sich einen Weg durch den Kaktus zu bahnen, und war umgekehrt. Es blieb ihm nun nichts weiter übrig, als eine zweite Unterredung zu beginnen. Wirklich sahen wir auch bald einen Komantschen kommen, der uns von weitem zurief, die beiden Häuptlinge wollten noch einmal mit uns sprechen. Wir gaben eine zustimmende Antwort und gingen zu der Stelle, wo die erste Besprechung stattgefunden hatte. Vorher aber nahm ich aus der Satteltasche die Medizinen, die ich aus dem Tal der Hasen mitgebracht hatte. Ich steckte sie unter den zugeknöpften Jagdrock, so daß sie nicht zu sehen waren.

Wir hatten uns kaum niedergesetzt, als Vupa-Umugi mit Apanatschka kam. Sie nahmen ihre frühern Plätze uns gegenüber wieder ein und bemühten sich, so unbefangen wie möglich zu erscheinen, doch war es gar nicht zu verkennen, daß sie voller Sorge waren. Trotzdem war das Auge Apanatschkas nicht unfreundlich auf uns gerichtet, während in dem des alten Häuptlings das Feuer des Hasses brannte.

Diesmal vermied es Vupa-Umugi, uns warten zu lassen. Er begann gleich, nachdem er sich niedergesetzt hatte:

„Ist Old Shatterhand noch der gleichen Meinung wie vorhin?"

„Ja", antwortete ich.

„Vupa-Umugi hat mit seinen Kriegern gesprochen und ist gekommen, um einen Vorschlag zu machen. Wir werden die Kriegsbeile begraben und mit euch die Pfeife des Friedens rauchen."

„Schön! Ich sehe, daß du Verstand annimmst. Dieser Verstand wird dir aber sagen, daß wir deinem Vorschlag nur unter gewissen Bedingungen zustimmen können."

„Uff! Ihr wollt Bedingungen machen? Die gibt es nicht!"

„Die gibt es gar wohl! Oder glaubst du, daß du nach allem, was geschehen ist und was in eurer Absicht lag, nur zu sagen brauchst, daß du uns den Frieden bietest, um wie ein Sieger abziehen zu können? Nimm dich in acht!"

Ich hatte das mit so erhobener und strenger Stimme erklärt, daß er verlegen die Augen senkte. Dann fragte er in einem viel weniger zuversichtlichen Ton:

„Was verlangt ihr, um uns ziehen zu lassen?"

„Was ich schon gesagt habe. Wir schenken euch die Freiheit und das Leben, nehmen uns aber eure Pferde und Gewehre. Die andern Waffen könnt ihr behalten."

„Darauf kann Vupa-Umugi nicht eingehen!"

„Gut, so sind wir fertig, und der Kampf mag beginnen!"

Ich machte Miene, aufzustehen. Da forderte er mich rasch auf:

„Halt, bleib noch hier! Bist du wirklich so sicher und überzeugt, daß wir unterliegen? Old Shatterhand glaubt, es mit Vupa-Umugi ebenso machen zu können wie mit Nale-Masiuv."

„Ja, das denke ich."

„Du hast seine Medizin gehabt und ihn dadurch gewinnen können."

„Habe ich dir nicht gesagt, daß ich die deinigen auch holen werde?"

„Das hast du gesagt. Aber du bekommst sie nicht."

„Pshaw! Nichts leichter als das. Ich weiß, wo du sie gelassen hast: im Kaam-kulano."

„Uff!"

„Sie hingen vor deinem Zelt, in dessen Nähe das Zelt steht, in dem der gefangene Neger angebunden war."

„Uff! Von wem hat das Old Shatterhand erfahren?"

„Ich habe es mit meinen eigenen Augen gesehen. Paß auf, was ich tu!"

Sogleich stand ich auf, zog das Messer und schnitt damit einen Haufen branddürren Kaktus ab. Dann wendete ich mich wieder zu Vupa-Umugi:

„Ich bin vom Altschese-tschi zum Kaam-kulano geritten und haben von dort dreierlei mitgebracht: den Neger —"

„Das ist nicht wahr!"

„— dein Lieblingspferd —"

„Das glaube ich nicht!"

„— und deine Medizinen."

„Das ist eine große Lüge!"

„Old Shatterhand lügt nicht. Schau her!"

Ich öffnete meinen Jagdrock, zog die Medizinen hervor und legte sie auf den dürren Haufen. Als der Häuptling sie erblickte, schienen seine Augen aus den Höhlen treten zu wollen. Seine Muskeln spannten sich, und ich sah, daß er im nächsten Augenblick aufspringen werde, um nach den Medizinen zu greifen. Deshalb zog ich schnell den Revolver, hielt ihm die Waffe entgegen und drohte:

„Halt, bleib sitzen! Ich habe dir Sicherheit und freie Rückkehr versprochen und werde mein Wort halten. Aber diese Medizinen gehören jetzt mir, und sobald du Miene machst, dich an ihnen zu vergreifen, erschieße ich dich!"

Er sank kraftlos zusammen und stöhnte:

„Es — sind — meine — Medizinen — wirklich — meine Medizinen!"

„Ja, sie sind es, und du erkennst jetzt abermals, daß Old Shatterhand stets weiß, was er sagt. Ich gab dir mein Wort, dich genau so wie Nale-Masiuv zu behandeln. Sag schnell, werdet ihr Euch unter den Bedingungen, die ich dir mitgeteilt habe, ergeben?"

„Nein — das — tun — wir — nicht!"

„So werde ich jetzt zunächst deine Medizinen verbrennen. Später nehme ich dir die Skalplocke, und dann wirst du gehenkt. Howgh!"

Damit holte ich ein Zündholz aus der Tasche, strich es an und hielt es an den Kaktus, der sogleich zu brennen begann.

„Halt! Meine Medizinen, meine Medizinen!" brüllte der Häuptling in größter Angst. „Wir ergeben uns!"

Weil ich ihm den Revolver noch immer entgegenhielt, getraute er sich trotz seiner Erregung nicht, seinen Platz zu verlassen. Ich löschte das Feuer aus und erklärte ernst, indem ich ein zweites Zündholz nahm:

„Höre, was ich dir sage! Ich habe das Feuer getötet, weil du versprichst, dich zu ergeben. Laß dir nicht beikommen, dieses Versprechen nicht zu halten! Bei der geringsten Weigerung von deiner Seite zünde ich das Feuer wieder an, und dann verlischt es nicht eher, als bis die Medizinen völlig verbrannt sind. Diese Worte gelten so, als hätte ich sie mit der Pfeife des Schwurs bekräftigt!"

„Wir ergeben uns!" versicherte er, vor Angst beinahe zitternd.

„Bekommt Vupa-Umugi dann seine Medizinen wieder?"

„Ja. In dem Augenblick, da wir euch die Freiheit wiedergeben, eher nicht. Wir werden sie bis dahin gut aufbewahren, sie aber sofort vernichten, wenn ihr einen Versuch macht, euch gewaltsam zu befreien. Ich verlange folgendes von dir: Du bleibst gleich hier bei uns, lieferst deine Waffen ab und wirst gebunden. Gehst du darauf ein?"

„Ich muß, weil du meine Medizinen hast."

„Apanatschka kehrt zu euern Kriegern zurück und teilt ihnen mit, was du beschlossen hast. Sie legen da, wo sie jetzt sind, alle ihre Waffen ab, lassen sie dort liegen und kommen dann einzeln zu uns, um so wie du gebunden zu werden. Werden sie das tun?"

„Sie tun es, denn die Medizinen ihres Häuptlings sind ihnen ebenso heilig wie ihre eigenen."

„Wohl! Sie werden durstig sein und Wasser bekommen. Dann werden wir nach und nach auch ihre Pferde tränken und diesen Ort verlassen, um dahin zu gehen, wo mehr Wasser ist. Wenn ihr gefügig seid und euch gut verhaltet, ist es nicht unmöglich, daß wir euch oder wenigstens einer Anzahl von euch die Pferde oder die Gewehre lassen. Du hörst, daß ich gegen dich gütiger bin, als ich gegen Nale-Masiuv war. Bist du einverstanden?"

„Ja. Vupa-Umugi muß sich fügen, um seine Medizinen und mit ihnen die Seelen zu retten."

„So mag Apanatschka gehen. Ich gebe ihm den vierten Teil einer Stunde Zeit. Wenn dann die Krieger der Komantschen nicht einer nach dem andern waffenlos bei uns erscheinen, werden deine Medizinen verbrannt!"

Der junge Häuptling stand auf, trat einen Schritt näher und sagte:

„Ich habe viel von Old Shatterhand gehört. Niemand kann seiner Stärke und seiner Klugheit widerstehen. Das haben wir heute erfahren. Apanatschka war sein Feind, freut sich aber, ihn kennengelernt zu haben, und wird, wenn er leben bleibt, von jetzt an stets sein Freund sein!"

„Leben bleiben? Das Leben ist dir ja geschenkt!"

Da richtete er sich stolz auf und entgegnete:

„Apanatschka ist weder ein Kind noch ein altes Weib, sondern ein Krieger. Er läßt sich das Leben nicht schenken!"

„Was meinst du mit diesen Worten? Willst du uns Widerstand leisten?"

„Nein. Ich bin dein Gefangener wie alle Krieger der Komantschen und werde weder widerstreben noch zu fliehen suchen. Aber Old Shatterhand und Winnetou sollen niemals von mir sagen, ich hätte mein Leben der Angst um die Medizinen eines andern Häuptlings zu verdanken. Apanatschka weiß, was er sich und seinem Namen schuldig ist!"

Er drehte sich um und schritt stolz fort.

„Uff!" erklang es von den Lippen Winnetous.

Das war ein Ausruf der Anerkennung, ja, der Bewunderung. Wenn sich der schweigsame Apatsche zu einer solchen Äußerung hinreißen ließ, so mußte das eine besondere Veranlassung haben. Auch meine Augen folgten dem wackeren jungen Krieger, der mich gleich beim ersten Blick angezogen hatte und nun durch sein Verhalten bewies, daß er in seiner Gesinnung weit über seinesgleichen emporragte. Denn was er beabsichtigte, das ahnten ich und Winnetou.

Jetzt stand auch Vupa-Umugi auf, langsam und mühsam, als wolle eine Last ihn niederdrücken. Und der Vorwurf, den er sich machen mußte, daß er, der oberste Kriegshäuptling der Naiini-Komantschen, gezwungen war, sich seinen Feinden, die er verderben wollte, ohne jede Gegenwehr zu ergeben, war in der Tat eine große und schwere Last für ihn, deren er vielleicht im ganzen Leben nicht wieder ledig wurde. Nachdem ich die Medizinen wieder an mich genommen hatte, schritt er wankend zwischen uns her. Als wir zu unsern Leuten zurückkehrten, ließ er sich willig fesseln und auf die Erde legen.

Old Surehand war der erste, dem wir das Ergebnis unsrer Verhandlung mitteilten. Dann nahm mich gleich der General in Beschlag, der gehört hatte, was ich Old Surehand sagte, und mir Loberserhebungen machen wollte, die ich kalt zurückwies. Dabei ruhten seine Augen gierig auf meinen Gewehren, was ich jetzt leider nicht beachtete, woran ich aber später recht unliebsam erinnert wurde. Dann sagte er halblaut:

„Ich hege große Teilnahme für Euch und für alle, die bei Euch sind, also auch für Mr. Surehand. Wie lautet sein richtiger Name?"

„Das weiß ich nicht", erwiderte ich.

„Aber seine Verhältnisse kennt Ihr wohl?"

„Nein."

„Wißt auch nicht, woher er stammt?"

„Auch nicht. Wenn Ihr das alles erfahren wollt, will ich Euch einen guten Rat geben: fragt ihn doch selbst! Vielleicht sagt er es Euch. Mir hat er's nicht gesagt und ich war auch nicht so neugierig, darnach zu forschen."

Damit drehte ich mich um und ließ ihn stehen.

Nun warteten wir, ob sich die Komantschen einstellen würden. Der erste, der kam, war kein Roter, sonder ein Weißer, nämlich Old Wabble. Er kam geritten. Das hatte er sich nicht nehmen lassen. Bei mir hielt er an, sprang vom Pferd, hielt mir grüßend die Hand entgegen und rief froh und unbefangen, als habe er sich gar nichts vorzuwerfen:

„*Welcome, Sir!* Ich muß Euch die Hand drücken, daß Ihr gekommen seid. Hatte große Sorge, wie das ablaufen würde. Nun ist alles wieder gut; *it's clear!*"

„Nein, das ist nicht so klar!" wies ich ihn zurück, ohne seine Hand anzunehmen. „Ich habe mit Euch nichts mehr zu tun."

„So! Warum denn?"

„Weil Ihr trotz Euers hohen Alters ein ganz nichtsnutziger Boy seid, vor dem sich jeder verständige und bedachtsame Mann hüten muß. Geht mir aus den Augen!"

Ich ließ auch ihn stehen wie vorhin den General. Er ging zu Old Surehand, dann zu Webster und Hawley. Sie wendeten sich ohne Antwort ebenso von ihm ab wie ich. Er stand allein, bis sich der General an ihn machte.

Nun folgten die Komantschen einer nach dem andern, so wie ich es verlangt hatte. Jeder wurde, wie er kam, nach Waffen untersucht und dann gefesselt. Es gab keinen unter ihnen, bei dem etwas gefunden wurde. Sie hatten alles, was als eine Wehr gelten konnte, abgelegt und bei den Pferden gelassen. Als sie dann so nebeneinander lagen, hundertfünfzig kühne Indianer, die ausgezogen waren, zu rauben und keinen Gegner zu schonen, wurde es uns erst richtig klar, welcher Gefahr und welchem Schicksal wir durch unsre Entschlossenheit entgangen waren.

Wenn ich sage, die Komantschen lagen alle da, so ist einer von ihnen auszunehmen, nämlich Apanatschka, der sich zuletzt eingestellt hatte und auf einen Wink von mir nicht gefesselt worden war. Als die Apatschen den letzten Komantschen gebunden hatte, trat der junge Häuptling zu mir heran und sagte:

„Old Shatterhand wird nun wohl auch mich in Bande legen lassen?" — „Nein", erwiderte ich. „Mit dir möchte ich gern eine Ausnahme machen, weil ich Vertrauen zu dir habe, denn du bist nicht wie die andern Komantschen, denen man nicht trauen kann."

„Willst du mich kennen? Du hast mich doch heute zum erstenmal gesehen!"

„Das ist wahr. Aber dennoch kenne ich dich. Dein Gesicht und deine Augen können nicht lügen. Du sollst deine Waffen tragen dürfen und ungefesselt mit uns reiten, wenn du mir das Versprechen gibst, nicht die Flucht zu ergreifen."

Winnetou und Old Surehand standen bei mir. Über das ernste Gesicht Apanatschkas ging ein sonnenheller Blick der Freude, doch antwortete er nicht.

„Willst du mir dieses Versprechen geben?" fragte ich.

„Nein", erklärte er.

„Du hast also die Absicht zu entfliehen?" — „Nein."

„Warum weigerst du dich da, das geforderte Versprechen zu geben?" — „Weil ich nicht zu fliehen brauche, denn ich werde entweder tot sein oder frei, wenn Old Shatterhand und Winnetou wirklich die stolzen Krieger sind, für die ich sie halte."

„Ich errate, was du meinst, dennoch bitte ich dich, deutlicher zu sprechen."

„Das werde ich tun. Apanatschka ist kein Schwachherz, das sich gefangen gibt, ohne die Hand zur Abwehr erhoben zu haben. Vupa-Umugi mag aus Angst um seine Medizinen auf alle Verteidigung verzichtet haben. Von mir aber soll niemand sagen, daß ich mich fürchte. Ich war um seinet- und um unsrer Krieger willen einverstanden, daß sie sich euch auslieferten. Mich aber habe ich im stillen ausgeschlossen. Apanatschka läßt sich weder die Freiheit noch das Leben schenken. Was er hat, will er sich selbst zu verdanken haben. Ich will kämpfen!!"

Das hatten wir, Winnetou und ich erwartet. Er war ein Mensch, dem wir unsre Achtung schenken mußten. Jetzt sah er uns fragend an, und als wir ihm nicht sogleich Bescheid gaben, fügte er hinzu:

„Wenn Schwächlinge meine Worte hören, so weisen sie mich ab. Aber ich habe es mit tapferen, mit berühmten Kriegern zu tun, die mich wwehen werden."

„Ja, wir verstehen dich", entgegnete ich.

„So gebt ihr eure Einwilligung?"

„Ja. Apanatschka mag uns sagen, wie er sich diesen Kampf um die Freiheit und um das Leben denkt! Mit wem will er sich messen?"

„Mit dem, den er dazu bestimmt. Die Waffe mögt ihr wählen."

„Auch das überlassen wir dir. Wir sind die Sieger und kennen uns untereinander genau. Wir dürfen nicht den Vorteil beanspruchen, dir einen Gegner auszuwählen, weil wir wissen, daß er dir überlegen ist."

„Überlegen? Apanatschka hat bis jetzt noch keinen Feind gefunden, vor dem er gewichen ist."

„Desto besser für dich. Und die Art des Kampfes? Auch die überlassen wir dir. Wähle!"

„So wähle ich das Messer. Die beiden Gegner werden mit den linken Händen zusammengebunden und bekommen das Messer in die rechte Hand. Es geht um das Leben. Ist Old Shatterhand einverstanden?" — „Ja. Wen suchst du dir aus?"

„Würdest du beistimmen, wenn ich dich wählte?" — „Ja."

„Und Winnetou?" — „Auch ich", erwiderte der Apatsche.

Das Gesicht des Komantschen nahm einen befriedigenden Ausdruck an. Er sagte:

„Apanatschka ist stolz darauf, daß die zwei berühmtesten Krieger des Westens bereit sind, mit ihm zu kämpfen. Würden sie ihn für ängstlich halten, wenn er trotzdem keinen von ihnen wählte?"

„Nein", erwiderte ich. „Du würdest jedenfalls einen triftigen Grund dafür haben."

„Ich danke dir. Winnetou und Old Shatterhand werden für unüberwindlich gehalten, und wenn ich sie nicht wähle, kann es scheinen, als fehle es mir an Mut. Aber sie beide sind Männer, die mir für unantastbar gelten. Sie sind die Freunde aller roten und aller weißen Krieger und leben jedem Bewohner des Wilden Westens als Vorbilder, die ich nicht verletzen darf. Wenn einer von ihnen unter meinem Messer fiele, wäre das ein Verlust, den ich und niemand jemals ersetzen kann. Das ist der Grund, weshalb ich weder den roten noch den weißen Häuptling der Mescalero-Apatschen wähle."

„So suche dir einen andern aus!"

Er ließ sein Auge forschend über die Schar der Apatschen, über Old Wabble, Webster und Hawley schweifen und richtete den Blick dann auf Old Surehand.

„Apanatschka ist ein Häuptling und möchte nicht mit irgendeinem Krieger kämpfen", sagte er dann. „Wer ist das Bleichgesicht, das hier bei Euch steht?"

„Sein Name ist Old Surehand", stellte ich vor.

„Old Surehand? Von ihm hörte ich oft sprechen. Er ist stark, gewandt und tapfer. Ihn kann ich also zum Gegner wählen, ohne in den Verdacht zu kommen, daß ich dabei an meinen Vorteil denke. Wird er meine Wahl annehmen?"

„Ich nehme sie an", erklärte Old Surehand, ohne sich einen Augenblick zu bedenken. „Apanatschka mag sagen, wann der Kampf stattfinden soll!"

„Ich möchte, daß er sogleich beginnt. Ist Old Shatterhand einverstanden?" — „Ja", nickte ich.

„So habe ich eine Bitte. Es ist bisher alles nach meiner Wahl gegangen. Dafür muß ich meinem Gegner einen Vorteil bieten. Er mag den ersten Stich haben. Er soll mein Messer nicht eher fühlen, als bis ich das seinige empfangen habe."

Old Surehand widersprach sofort:

„Das nehme ich nicht an. Ich bin kein Knabe, dem man Schonung bieten kann. Es soll keiner das Recht des Angriffs, des ersten Stichs haben. Old Shatterhand mag das Zeichen geben, wann der Zweikampf beginnen soll, und dann kann von uns beiden anfangen, wer da will."

„So ist's recht", stimmte ich bei. „Keiner darf vor dem andern etwas voraus haben. Apanatschka mag gehen und sein Messer holen!"

Er hatte seine Waffen auch da abgelegt, wo die seiner Komantschen lagen. Er ging. „Ein tüchtiger Kerl!" sagte Old Surehand. „Man muß ihn wirklich achten, und ich gestehe sogar, daß ich ihn liebhaben könnte. Schade um ihn, wenn er mich zwänge, ihn niederzustechen."

„Hm! Seid Ihr Eurer Sache so sicher?"

„Ich glaube es, obgleich ich weiß, daß es oft anders kommt, als man vorher denkt. Deshalb möchte ich Euch für alle Fälle noch eine Bitte vortragen. Sollte ich in diesem Zweikampf fallen, so geht nach Jefferson City am Missouri. Dort findet ihr in der Fire Street das Bankgeschäft von Wallace & Co. Sagt Mr. Wallace Euern Namen, sagt ihm, auf welche Weise ich meine Laufbahn hier beendet habe, und bittet ihn um Auskunft über das, was mich immer wieder in den Wilden Westen getrieben hat!"

„Wird er es mir mitteilen?"

„Ja, wenn ich nämlich tot bin und ihr ihm versichert, daß Ihr in dieser Angelegenheit mein Erbe seid. Solange ich lebe, wird er freilich keinem Menschen etwas verraten."

„Und wenn ich es erfahren habe, was soll ich dann tun?"

„Was Ihr wollt."

„Es wäre mir lieber, wenn ich von Euch bestimmtere Weisungen erhalten könnte."

„Die mag ich Euch nicht geben, Sir. Die Angelegenheit ist absonderlich, und wenn Ihr die Absicht hättet, in meine Fußstapfen zu treten, so ständen Euch große Mühen und Gefahren bevor."

„Glaubt Ihr, daß ich sie scheuen würde?"

„Nein. Ich kenne Euch ja. Aber ich will Euch nicht zumuten, Euer Leben an eine Sache zu setzen, die Euch völlig fremd ist und Euch selbst in dem Fall, daß es Euch gelingt, sie zu Ende zu führen, keinen Nutzen bringen kann."

„Wer fragt nach dem Nutzen, wenn es sich um einen Freundschaftsdienst handelt!"

„Ihr nicht, das weiß ich. Dennoch stelle ich kein Verlangen an Euch. Laßt Euch also von Mr. Wallace erzählen, worum es sich handelt, und tut dann das, was Euch Euer Herz und das Andenken an mich gebieten!"

Während Old Surehand dies sagte, kehrte Apanatschka zurück, mit dem Messer in der Hand. Der Zweikampf konnte beginnen.

Es ist leicht zu denken, welche Aufregung es unter den Anwesenden hervorbrachte, als sie hörten, daß ein Messerkampf um das Leben zwischen Old Surehand und Apanatschka ausgefochten werden sollte.

Die Apatschen bildeten sofort einen Halbkreis um uns, und zwar so, daß die an der Erde liegenden, gefesselten Komantschen das Schauspiel auch beobachten konnten.

Old Surehand entledigte sich seiner Waffen und behielt nur das Messer. Dann gab er Apanatschka die Hand und sagte freundlich zu ihm:

„Ich bin der Gegner des jungen Häuptlings der Komantschen, er hat es so gewollt. Es geht Leben um Leben, doch will ich, bevor ich das Messer gegen ihn erhebe, ihm sagen, daß ich mich darauf gefreut hatte, sein Freund zu sein. Mag die Entscheidung fallen wie sie will, sie fällt zwischen Männern, die sich gewiß geachtet und geliebt hätten, würden sie nicht durch den Tod getrennt."

„Old Surehand ist ein berühmtes Bleichgesicht", entgegnete Apanatschka. „Meine Seele fühlt sich zu ihm hingezogen, und wenn er fallen sollte, wird sein Name stets in meinem Herzen wohnen."

„Ich hoffe es. Nun bleibt nur noch eins auszumachen: Wenn einer von uns während des Kampfes sein Messer verliert, muß er es wiederbekommen?"

„Nein. Es ist seine Schuld, daß er es nicht festgehalten hat. Er kann sich dann nur noch mit der Hand verteidigen. Howgh!"

Ihre Hände ruhten noch ineinander. Als sie jetzt, Auge in Auge die Blicke ineinander tauchten, wude es mir plötzlich klar, warum mir die Züge des Komantschen während der Unterredung bekannt vorgekommen waren. Sie besaßen mit denen von Old Surehand eine solche Ähnlichkeit, daß ich mich wunderte, das nicht sofort erkannt zu haben — ein eigentümliches Zusammentreffen.

Jetzt zog Winnetou einen Riemen aus der Tasche und forderte beide auf: „Meine Brüder mögen mir ihre linken Hände geben, damit ich sie binde!"

Er schlang den Riemen vierfach um die linken Handgelenke, um sie zwar fest, aber doch so zu vereinigen, daß der nötige kleine Spielraum blieb. Dann traten wir zurück, um den Kämpfern für ihre Bewegungen Platz zu machen. Neunhundert Augen waren in größter Spannung auf sie gerichtet, beide aber sahen mich an, der ich das Zeichen geben sollte. — „Jetzt — *go on!*" sagte ich.

Sofort richteten sich ihre Blicke aufeinander. Hätte ich Apanatschka gegenübergestanden, so wäre ich gewiß ruhig und kaltblütig gewesen. So aber schlug mir das Herz so schnell, daß ich glaubte, seine Schläge hören zu können. Ich hatte Old Surehand sehr liebgewonnen, aber auch das Schicksal des Komantschen war mir nicht gleichgültig. Wer von beiden würde Sieger sein, wer unterliegen?

Die Gegner standen einige Minuten still und bewegungslos, die rechten Hände mit den Messern gesenkt. Welcher wird den Arm zum ersten, blitzschnellen Stich heben? Diese kurze Zeit kam mir wie eine Stunde vor. Da — Old Surehand hob den Arm, und im nächsten Augenblick bewegte sich auch der Arm des Komantschen mit einer solchen Schnelligkeit, daß wir mit den Augen nicht zu folgen vermochten — ein metallisches Knirschen der beiden Klingen, ein dumpfer Schlag der beiden Fäuste, die zusammenstießen. Beide Messer flogen durch die Luft, und beide Arme senkten sich wieder. Keiner war verletzt.

Das war ein Meisterstück von Old Surehand. Er wollte Apanatschka schonen. Das Heben seines Arms war eine Finte gewesen, durch die er den Gegner zum Stoß verleitet hatte.

„Uff, uff, uff, uff!" rief es im Kreis der Apatschen und Komantschen.

„Das ist nichts. Gebt ihnen die Messer wieder!" schrie Old Wabble. „Blut muß man sehen, Blut!"

Die beiden Kämpfenden ließen die Augen nicht eine Sekunde voneinander. Dabei sagte Apanatschka:

„Wünscht Old Surehand, daß wir die Messer wiederbekommen?" — „Nein", antwortete der Jäger. „Das wäre gegen die Verabredung. Weiter mit den Fäusten!"

Wieder standen sie eine Weile still. Dann versetzte der Komantsche seinem Gegner einen Hieb auf den Kopf, daß es zu krachen schien, und erhielt fast im selben Augenblick einen gleichen Schlag. Keiner von beiden wankte.

„Uff!" sagte Winnetou leise. „Keiner von ihnen ist Old Shatterhand."

Beide sahen ein, daß mit solchen Faustschlägen nichts zu erreichen war, und hatten sich rasch bei den Kehlen. Ich war Zeuge so manchen Zweikampfs gewesen, aber einem Ringen, wie es nun folgte, hatte ich noch nie zugesehen. Sie hatten sich von dem Platz, wo sie standen, nicht um einen Zoll entfernt, ihre kräftigen, muskulösen Gestalten ragten wie Säulen, wie eherne Statuen aus dem Boden auf. Die mächtigen Schenkel schienen in der Erde festgewachsen zu sein. Die gefesselten Hände gesenkt, hatten sie die rechten Arme erhoben und die Kehlen einander mit den Fäusten wie mit Schrauben umklammert. So standen sie unbeweglich.

Jeder hatte die Absicht, dem andern den Atem zu rauben. Es war ein schreckliches, ein starres und bewegungsloses Würgen, bei dem es darauf ankam, welcher Hals, welche Gurgel am kräftigsten entwickelt war. Das Gesicht Old Surehands wurde rot und röter. Es begann blau anzulaufen. Das des Komantschen war dunkler gefärbt, dennoch sah man deutlich, daß es ebenfalls immer tiefere Töne annahm. Dann hörten wir ein Ächzen, ohne aber zu wissen, von wem es kam — ein Stöhnen, ein doppeltes Röcheln. Dann begannen die Gegner zu wanken, beide zugleich. Ihre Füße hoben sich und stampften im Sand. Die Beine spreizten sich aus, um festen Halt zu gewinnen, die steifen Körper neigten sich herüber und hinüber, vorwärts und rückwärts. Es folgte ein ersticktes Gurgeln, und dann war es aus. Sie stürzten und fielen beide wie leblose Figuren steif und starr in den Sand. Da blieben sie liegen, ohne die Hände voneinander zu lassen.

Die Zuschauer waren still. Keiner von ihnen ließ ein Wort, einen Ruf hören. So wirkte dieser lautlose Würgekampf sogar auf die wilden Menschen. Ich kniete mit Winnetou bei den Zweikämpfern nieder, um zu erfahren, wie es mit ihnen stand. Wir mußten alle Kraft anwenden, um die zwei zusammengekrallten Hände von den blutunterlaufenen Hälsen zu entfernen. Dann griffen wir beide unter die Jagdhemden, um den Herzschlag zu untersuchen.

„Uff!" sagte Winnetou. „Apanatschka lebt noch, er ist noch nicht erwürgt."

„Und auch ich fühle bei Old Surehand noch leise den Puls", erwiderte ich. „Sie sind bewußtlos. Warten wir, bis sie zu sich kommen!"

Wir befreiten ihre Hände von den Riemen. Da kam Old Wabble zu uns und fragte:

„Sind beide tot?"

Wir antworteten nicht.

„Wenn sie etwa nur ohnmächtig sind, so ist der Kampf natürlich nicht zu Ende, sondern muß mit den Messern von neuem begonnen werden; it's clear!"

Da stand Winnetou auf, streckte den Arm aus und sagte nur das eine Wort: „Fort!"

In solchen Augenblicken war er ganz Häuptling, ganz der Mann, gegen dessen Willen es keinen Widerspruch gab. Gegen seine Augen und seine Haltung war da nicht anzukommen. So erging es jetzt auch dem alten Cowboy. Er wagte kein Wort mehr, drehte sich um und schlich brummend fort.

Nach einiger Zeit begannen die Bewußtlosen sich zu bewegen, und zwar griffen beide mit den Händen an die Hälse. Old Surehand öffnete zuerst die Augen. Er starrte uns wie abwesend an, dann besann er sich und stand taumelnd auf.

„Das — das — das war —", stammelte er.

Ich nahm ihn beim Arm, um ihn zu halten, und ergänzte:

„— ein schreckliches Würgen! Nicht wahr?"

„Ja — aaa — — aaaaa!" gurgelte er. „Meine Kehle ist — noch — halb zuuuuuuu!"

„So redet jetzt noch nicht! Könnt Ihr fest stehen?"

Er holte tief Atem, machte eine starke Anstrengung, seine Schwäche zu überwinden und erklärte:

„Ja, ich kann. Wie steht — es mit — Apanatschka? — Lebt — er noch?"

„Ja. Er wird gleich zu sich kommen. Seht, da hat er schon die Augen offen!"

Wir mußten dem Komantschen auch aufhelfen. Ihm war genau so schwindlig wie seinem weißen Gegner, und es verging eine geraume Weile, bis beide wieder Herren ihrer Sinne und Glieder waren. Dann fragte mich Apanatschka:

„Wer hat gesiegt?"

„Keiner. Ihr stürztet zu gleicher Zeit."

„So müssen wir wieder beginnen. Gebt uns die Messer und bindet uns zusammen!"

Er wollte sich entfernen, um sein Messer, da wo es hingeschleudert worden war, zu holen. Ich hielt ihn aber am Arm zurück und erklärte in bestimmtem Ton:

„Halt! Der Kampf ist zu Ende und wird nicht wieder aufgenommen. Ihr seid miteinander fertig."

„Nein. Es ist keiner von uns tot."

„Wurde etwa bestimmt, daß unbedingt einer von euch beiden sterben muß?"

„Nein. Aber einer muß doch Sieger sein."

„Nimm es, wie du willst! Ihr seid entweder beide besiegt oder beide Sieger. Auf alle Fälle aber hast du dein Leben eingesetzt und bewiesen, daß du dir die Freiheit nicht schenken läßt."

„Uff! Ist das deine Ansicht? Und wie denkt Winnetou?"

„Ganz wie mein Bruder Old Shatterhand", erwiderte der Apatsche. „Apanatschka, der junge Häuptling der Naiini, ist nicht ohne Kampf in unsre Hände gefallen. Kein Krieger der Apatschen wird darüber eine andre Meinung haben als ich."

„So will ich mich bescheiden. Ich bin also jetzt euer Gefangener, ohne mir einen Vorwurf machen zu müssen. Hier sind meine

Hände! Bindet mich so, wie alle Krieger der Komantschen gebunden sind!"

Ich sah Winnetou fragend an. Ein Blick von ihm genügte mir zu wissen, was er dachte. Darum schob ich die ausgestreckten Hände Apanatschkas zurück und entgegnete:

„Ich habe dir schon vorhin gesagt, daß wir dich nicht fesseln, sondern dir sogar deine Waffen geben werden, wenn du uns versprichst nicht zu fliehen. Willst du uns dieses Versprechen geben?"

„Ich gebe es." — „So hole dein Gewehr und dein Pferd!"

Im Begriff sich umzudrehen, fragte er erstaunt:

„Sogar mein Gewehr soll ich haben? Wenn ich euch nun betrüge und versuche, unsre Krieger zu befreien?"

„Das tust du nicht. Du bist kein Betrüger."

„Uff! Old Shatterhand und Winnetou werden sehen, daß Apanatschka das Vertrauen verdient, das sie ihm schenken."

„Wir brauchen das nicht erst zu erfahren. Unser Vertrauen ist sogar noch viel größer, als du denkst. Höre, was ich dir jetzt sage! Nimm dein Gewehr und alles, was du bei dir hattest, setze dich auf dein Pferd und reite fort! Du bist frei."

„Frei —?" wiederholte er.

„Ja. Du hast dir das Leben erkämpft. Du bist dein eigner Herr und kannst tun und lassen, was dir beliebt."

„Aber — aber warum?" fragte er, indem er einige Schritte zurücktrat und uns mit weit geöffneten Augen ansah.

„Weil wir wissen, daß du ohne Trug und Falschheit bist, und weil wir die Freunde und Brüder aller ehrlichen und guten Menschen sind."

Da rötete sich sein Gesicht vor Freude noch tiefer, und in einem wahren Herzenston versicherte er:

„Old Shatterhand und Winnetou mögen hören, was Apanatschka, der Häuptling der Komantschen, ihnen jetzt sagt! Ich bin stolz darauf, daß so berühmte Männer mir vertrauen und an mich glauben, und nie im Leben werde ich es vergessen, daß ihr mich frei von Trug und Falschheit nanntet. Ich kann gehen, wohin ich will, aber ich werde bei euch bleiben und, anstatt hinter euerm Rücken mit euern Gefangenen heimlich zu verkehren, vielmehr scharf auf sie achten und dafür sorgen, daß keiner von ihnen die Flucht ergreift. Das werde ich tun, obgleich sie meines Stammes sind."

„Wir sind überzeugt davon und werden uns jetzt mit dir niedersetzen, um mit dir das Kalumet der Freundschaft und der Bruderschaft rauchen."

„Das wollt ihr auch tun? Soweit es rote Männer gibt, ist kein braver Krieger zu treffen, der es nicht für die größte Auszeichnung seines Lebens hielte, mit euch das Kalumet rauchen zu dürfen."

„Aber was wird Vupa-Umugi und was werden die andern Gefangenen dazu sagen?"

286

„Vupa-Umugi? Bin ich nicht ein Häuptling so wie er? Muß ich gewöhnliche Krieger fragen, was ich tun darf und was nicht? Wer von ihnen hat das Recht, mir einen Befehl zu erteilen oder Rechenschaft von mir zu fordern? Ich werde nicht einmal Ni-ahpuk fragen."

Ni-ahpuk heißt ‚mein Vater'.

„Deinen Vater? Ist er mit hier?"

„Ja. Er liegt dort neben Vupa-Umugi."

„Ah! Seine Kleidung und sein Haarschopf sagen mir, daß er der Medizinmann der Komantschen ist?" — „Er ist's."

„Hat er ein Weib?" — „Ja, meine Mutter."

„Du wirst mein Freund und Bruder sein und dich darum nicht wundern, wenn ich dich nach deiner Mutter frage. Bei uns Weißen ist es Brauch, wenn sie mit einem Sohn sprechen, zugleich auch an die zu denken, die ihn unter ihrem Herzen getragen hat. Befindet sich deine Mutter wohl?"

„Ihr Körper ist gesund, aber ihre Seele ist nicht mehr bei ihr, sondern sie ist zum großen Manitou gegangen."

Damit wollte er sagen, seine Mutter sei geisteskrank. Sie war die Frau, mit der ich im Kaam-kulano gesprochen hatte. Gern hätte ich mehr über sie gehört, durfte aber, wenn ich nicht auffallen wollte, dieses Thema nicht weiter verfolgen. Zudem hätte ich jetzt auch keine Zeit dazu gehabt, denn soeben sahen wir von Norden her eine Anzahl Reiter kommen, die Packpferde bei sich hatten. Das waren die ersten Apatschen, die Wasser brachten. Die Verbindung mit der Oase war also glücklich hergestellt, und wir konnten von jetzt an auf ununterbrochene Wassersendungen rechnen.

Wir waren zwar durstig, aber die Gefangenen noch weit mehr als wir. Deshalb wurden sie zuerst berücksichtigt. Der Inhalt der Schläuche reichte zwar nicht weit. Da aber unsre Reiterkette ohne Pause tätig war, kamen nach und nach weitere Lieferungen an, mit denen wir zuletzt auch die Pferde wenigstens so weit befriedigen konnten, daß sie imstande waren, den Rückweg auszuhalten.

Nach dieser Wasserverteilung ging die Zeremonie des Kalumets vor sich, durch die Apanatschka uns zu immerwährender Freundschaft verpflichtet wurde, und ich hatte das feste Vertrauen zu ihm, daß er es nicht so machen werde wie Schiba-bigk, der mir einmal untreu geworden war.

Unser Rückweg mußte zur Oase führen, schon des Wassers wegen, das die vielen Menschen und Pferde brauchten. Vom Satt-Trinken war besonders bei den Tieren keine Rede gewesen, und das nötigt uns, den Rückweg möglichst bald anzutreten. Deshalb beschlossen wir, den Abend und die Nacht zu reiten, was auch darum vorzuziehen war, weil so die ermattende Hitze des Tags vermieden wurde.

Die Gewehre der Komantschen wurden unter die Apatschen verteilt und die übrigen Waffen gesammelt. Dann brachten wir die

Gefangenen auf ihre Pferde. Unterwegs trafen wir von Posten zu Posten auf so viel Wasser, daß es die Tiere bis zur Oase aushalten konnten. Jeder dieser Posten schloß sich uns an. Auch wurde jeder Pfahl, an den wir kamen, aus der Erde gezogen und mitgenommen; denn wenn wir sie hätten stecken lassen, wären sie möglicherweise für andre Leute die Wegweiser zu Bloody-Fox geworden. Das mußte vermieden werden.

Der General hatte sich uns mit seinen weißen und roten Begleitern angeschlossen, was wir nicht gut verhindern konnten, obgleich uns seine Anwesenheit nicht willkommen war. Die Beaufsichtigung der Gefangenen unterwegs fiel uns nicht schwer, weil wir die Anordnung getroffen hatten, daß je ein Komantsche zwischen zwei Apatschen ritt. Die beiderseitige Anzahl machte dies bequem.

Unser nächtlicher Ritt ging gut vonstatten und wurde nur dann für kurze Zeit unterbrochen, wenn wir auf die uns entgegenkommenden Posten stießen, die Wasser brachten. Dann wurde angehalten, um es sogleich zu verteilen.

Schon damals, gleich nach meinem Zusammentreffen mit der geisteskranken Frau am Kaam-kulano, hatte ich mir vorgenommen, falls ihr Mann in unsre Hände fallen sollte, den unauffälligen Versuch zu machen, etwas über sie zu erfahren. Jetzt, da wir ihn hatten, konnte ich diesen Vorsatz ausführen. Ich lenkte unterwegs mein Pferd an seine Seite und fragte ihn:

„Mein roter Bruder ist der Medizinmann der Naiini-Komantschen?"

„Ja", bestätigte er verdrossen.

„Alle roten Männer pflegen, ehe sie einen Kriegszug beginnen, die Medizin nach dem Ausgang des Unternehmens zu befragen. Habt ihr das nicht getan?"

„Wir taten es. Die Medizin sagte, daß wir siegen würden."

„So hat sie gelogen."

„Die Medizin lügt nie, dann der große Manitou spricht durch sie. Aber die Medizin kann das größte Glück verkünden: wenn die Krieger so, wie es jetzt geschehen ist, Fehler über Fehler begehen, so muß sich dieses Glück in Unglück verwandeln."

„Ist mein Bruder ein geborener Naiini?" — „Ja."

„Ich höre, daß er der Vater des jungen Häuptlings Apanatschka ist? Hast du noch andre Söhne?" — „Nein."

„Lebt die Gefährtin deines Wigwams noch?" — „Sie lebt."

„Darf ich wissen, welchen Namen sie trägt?"

Er stutzte, zögerte eine Weile und erwiderte dann:

„Old Shatterhand ist ein berühmter Häuptling. Kümmern sich Häuptlinge um die Squaws andrer Leute?"

„Warum nicht?'

„Die Bleichgesichter mögen anders denken, für einen roten Krieger oder gar einen Häuptling aber will es sich nicht schicken, fremder Weiber zu gedenken!"

Ich ließ mich durch diesen Verweis nicht stören und fuhr in meiner Erkundigung fort:

„Ich bin kein roter, sondern ein weißer Krieger und habe mit Apanatschka die Pfeife der Freundschaft geraucht. Und da er mein Bruder geworden ist, empfinde ich Teilnahme für alle, die ihm nahestehen, für dich, seinen Vater, und auch für die, die er seine Mutter nennt. Es braucht dich also nicht zu befremden, daß ich gern ihren Namen hören möchte."

„Von mir wirst du ihn nicht erfahren. Howgh!"

Dieses Wort kündete mir an, daß ich bestimmt keine Antwort bekommen würde. War es wirklich nur der indianische Brauch, niemals von der eigenen Frau zu sprechen, oder hatte er andre Gründe, über sein krankes Weib zu schweigen? Sollte auch ich nun schweigen? Nein! Ich beobachtete sein Gesicht so scharf wie es der schwache Mondschein erlaubte, und sagte langsam und mit Betonung: „Du bist Tibo-taka?"

Der Medizinmann fuhr im Sattel auf, als hätte ihn eine Wespe gestochen, sagte aber nichts.

„Und sie ist Tibo-wete?"

Er antwortete nicht, hielt mir aber sein Gesicht zugewandt, auf dem der Ausdruck großer Spannung lag.

„Hast du meinen Wawa Derrick gekannt?" fuhr ich fort. Das war die Frage, die die Frau damals an mich gerichtet hatte.

„Uff!" rief er aus.

„Das ist mein Myrtle-wreath!" fuhr ich mit ihren damaligen Worten fort.

„Uff, uff!" wiederholte er, indem mich seine Augen förmlich anglühten. „Was sind das für Fragen? Wo hast du sie gehört? Von wem?"

„Pshaw!"

„Warum antwortest du nicht? Hast du sie etwa von Apanatschka gehört?"

„Nein."

„Von wem sonst?"

„Pshaw!"

Da fuhr er mich an:

„Wäre ich nicht gefangen und gefesselt, so wollte ich dich zwingen, mir Rede zu stehen!"

„Pshaw! Du und mich zwingen! Ein alter Medizinmann, der die Weiber und Kinder seines Stammes mit Hokuspokus betrügt und mit seinen Gaukeleien fast dreihundert Krieger ins Verderben führt, will Old Shatterhand zu etwas zwingen? Wenn du nicht eben mein Gefangener wärst, mit dem ich Mitleid haben muß, würde ich ganz anders mit dir reden."

„Du verhöhnst mich? Du nennst meine Zauberei Gaukeln? Nimm dich in acht!"

„Pshaw!"

„Und hüte dich, die Worte, die ich jetzt gehört habe, weiterzu-
tragen!"

„Wohl weil dies für dich gefährlich werden könnte?"

„Spotte nur! Es wird die Zeit kommen, da dein Spott zur Klage
und zum Jammer wird."

Er zischte diese Worte zwischen den Zähnen heraus. Durch diese
Aufregung verriet er mir, daß das, was ich von seinem Weib gehört
hatte, von Bedeutung war.

„Armseliger Wicht, wie darfst du mir drohen!" entgegnete ich.
„Ich darf nur wollen, so zerdrücke ich dich zwischen meinen Hän-
den. Aber reite nur weiter! Ich werde dir später sagen, seit wann du
Tibo-taka bist!"

Ich hielt mein Pferd an und ließ den Zug an mir vorbeiziehen.
Dabei wurde ich von zweien eingeholt, die, angelegentlich in ein
Gespräch vertieft, nebeneinander ritten, nämlich Old Wabble und
der General. Als mich der alte Cowboy sah, lenkte er sein Pferd neben das meine und sagte:

„Seid Ihr noch so grimmig gegen mich gesinnt wie am Nachmittag, oder habt Ihr Euch anders besonnen, Sir?"

„Ich denke genau noch so: daß Ihr nämlich ein alter, leichtsinni-
ger Bursche seid, den ich nicht mehr bei mir dulden kann."

„Das ist stark, Sir! Ihr dürft nicht vergessen, wer und was ich gewesen bin!"

„Der König der Cowboys, *pshaw!*"

„Ist das etwa nichts?"

„Wenigstens nicht viel, zumal wenn man sich etwas darauf ein-
bildet. Seit Ihr bei mir seid, habt Ihr nichts als Dummheiten gemacht. Ich habe Euch wiederholt gewarnt. Es fruchtete aber nichts.
Noch bei den Hundert Bäumen sagte ich Euch, daß eine weitere
Voreiligkeit uns trennen werde. Trotzdem begingt Ihr schon in der
nächsten Viertelstunde eine, die größer war als alle vorhergegange-
nen. Nun halte ich mein Wort. Schießt in Zukunft Eure Pudel wo
und mit wem Ihr wollt, bei und mit mir aber nicht! Wir sind geschiedene Leute!"

„Gut, wir sind also fertig! Für immer?"

„Ja."

„*Well.* Lebt wohl!"

Er ritt fort, kehrte aber noch einmal um, neigte sich auf seinem
Pferd zu mir herüber und sagte:

„Wißt Ihr, warum Ihr mir den Abschied gebt?"

„Natürlich!"

„Ich weiß es auch. Es ist nicht das, was Ihr meine Dummheiten
nennt, sondern etwas ganz andres. Ich habe Euch durchschaut. Ich
bin nicht nach Euerm Geschmack, weil ich nicht unter die Betbrü-
der gehen will. Ihr wolltet mein Hirt, und ich sollte Euer Schäflein
sein. Das habe ich nicht getan, und darum zieht Ihr über mich her.
Ihr kennt meine Ansicht über die Religion und die Frömmigkeit.

Die Frömmsten sind die Schlimmsten. Old Wabble ist kein Schäflein, das Eure Gräslein weidet. Wenn Ihr ein Lämmlein haben wollt, so sucht es Euch anderswo, meinetwegen eine ganze Herde. Für solche Schafe mögt Ihr allerdings der passende Schäfer sein. Ein ‚König der Cowboys‘ aber läßt sich weder von Euch weiden noch von Euch scheren. Das ist mein letztes Wort an Euch!"

Nun ritt er fort. War ich vorher mit ihm fertig gewesen, so war er es nun auch mit mir. Und doch tat es mir leid um ihn.

Ich gesellte mich zu Winnteou und Old Surehand, die am Ende des Zugs ritten. Apanatschka hielt sich abseits, war bald hier und bald dort und schien sich mehr als Aufseher denn als Häuptling seiner Komantschen zu betrachten. Gegen Morgen kam er zu uns, winkte mich zu sich und begann, als wir ein wenig zurückgeblieben waren, so daß uns niemand hören konnte:

„Ich ritt zu dem Medizinmann, der mein Vater ist. Old Shatterhand hat mit ihm gesprochen. Der Vater sagte es mir. Du hast ihn nach seinem Weib gefragt?"

„Ja."

„Er war sehr zornig darüber."

„Dafür kann ich nicht."

„Du hast gewußt, daß sein Weib ihn Tibo-taka und sich selbst Tibo-wete nennt?"

„Sie nennt sich vollständiger Tibo-wete-elen."

„Du hast auch das vom Wawa Derrick und vom Myrtle-wreath gewußt. Der Medizinmann war ganz außer sich darüber."

„Warum? Soll niemand davon wissen?"

„Nein. Diese Worte sind Zauberworte. Sie gehören zu den Geheimnissen der Medizin."

„Kennst du ihre Bedeutung?"

„Nein."

„Und bist doch der Sohn des Medizinmannes!"

„Er teilt auch mir seine Geheimnisse nicht mit. Er fragte, woher du diese Worte wissen könntest. Ich konnte ihm keine Auskunft erteilen, aber ich habe ihm gesagt, daß du im Kaam-kulano gewesen bist und von dort die Medizinen des Häuptlings geholt hast. Vielleicht hast du dort meine Mutter gesehen?"

„Allerdings."

„Und hast mit ihr gesprochen? Sie hat dir diese Worte gesagt?"

„Ja." — „Uff! Das darf der Medizinmann nicht wissen."

„Warum nicht?"

„Weil er sonst meine Mutter schlägt. Ja, er mißhandelt sie. Ein Krieger ist zu stolz, sich an seinem Weib zu vergreifen. Er aber schlägt sie, sooft er diese Worte von ihr hört. Ich darf ihm also nicht sagen, daß du sie von ihr weißt."

„Von wem soll ich sie sonst gehört haben."

„Von einem unsrer Krieger, der sie dir verraten hat. Alle unsre Krieger kennen diese Worte, die sie oft gehört haben."

„Hm! Sonderbar", sagte ich nachdenklich. „Du hast die Pfeife der Bruderschaft mit mir geraucht. Glaubst du, daß ich es gut mit dir meine? Willst du einmal recht aufrichtig zu mir sein?"

„Ich will."

„Liebst du deinen Vater, den Medizinmann?"

„Nein."

„Aber du liebst deine Mutter, sein Weib?"

„Sehr!"

„Liebt sie ihn?"

„Das weiß ich nicht. Sie flieht ihn, weil ihre Seele von ihr gewichen ist."

„Hast du ihre Seele noch bei ihr gesehen?"

„Nein. Als ich noch ein kleiner Knabe war, hatte die Mutter ihre Seele schon verloren."

„Der Medizinmann ist ein Naiini?"

„Nein."

„Ah, so hat er mich belogen!"

„Hat er gesagt, er sei ein Naiini?"

„Ja."

„Er ist von einem andern Stamm zu den Naiini gekommen."

„Verkehrt er mit weißen Männern?"

„Nur wenn er gelegentlich welche trifft."

„Hat er Freunde unter ihnen?"

„Nein."

„Paß auf, was ich dich jetzt frage! Flieht er die Bleichgesichter vielleicht? Ich meine: hütet er sich vor einer Begegnung mit ihnen etwa mehr als andre rote Männer?"

„Das weiß ich nicht."

„So denke darüber nach!"

„Besondere Scheu hat er nicht vor ihnen."

„So! Ich hätte das Gegenteil gedacht."

„Warum?"

„Weil ich einen Verdacht gegen ihn hege. Du bist sein Sohn, und ich bitte dich, jetzt noch darüber schweigen zu dürfen. Vielleicht kommt die Zeit, da ich es dir sagen kann."

„Wie Old Shatterhand will! Darf ich nun auch eine Bitte aussprechen? Hat dir meine Mutter nicht gesagt, daß du über ihre Worte schweigen sollst?"

„Das tat sie allerdings."

„Und doch hast du zu meinem Vater davon gesprochen?"

„Weil ich annahm, daß er diese Worte kennt. Einem andern hätte ich sie nicht verraten."

„So schweige von jetzt an gegen alle Leute! Die Worte sind ein Geheimnis der Medizin."

„Hm! Ich spreche zwar eure Sprache, aber du mußt sie doch noch besser kennen als ich. Was taka und wete ist, das weiß ich. Aber was hat man unter tibo zu verstehen?"

„Das kann ich dir nicht sagen."

„Ist dir dieses Wort wirklich unbekannt?"

„Ich habe es oft von der Mutter gehört, weiß aber nicht, was es bedeutet."

„Und elen?"

„Auch das weiß ich nicht."

„Sonderbar! Es gibt keine Sprache der roten Männer, in der diese Worte vorkommen. Aber ich muß es unbedingt erfahren, welchen Sinn sie haben!"

Er schüttelte den Kopf und meinte:

„Ich weiß nicht, warum sich Old Shatterhand in dieser Weise mit meinem Vater und mit meiner Mutter beschäftigt. Doch ich warne ihn vor dem Medizinmann, denn er hat es nicht gern, wenn man sich um ihn kümmert. Er ist in allen Künsten und Zaubereien erfahren und kann seine Feinde in weiter Ferne verderben, ohne daß er sie zu sehen und zu hören braucht. Hüte dich vor ihm, und beherzige meine Bitte, diese Worte keinem Menschen mehr zu sagen!"

„Ich werde mich nach deinem Wunsch richten. Und nun sage einmal: Lebt ihr wirklich mit den Kriegern der Chickasaws in Frieden?"

„Ja."

„Weißt du, wo sie ihre Weideplätze haben?"

„Am Red River. Da, wo der Pease-Fluß in den Red River geht. Sie haben nur einige hundert Krieger und einen einzigen Häuptling."

„Das ist Mba, der sich jetzt bei uns befindet? Was ist das für ein Mensch?"

„Er ist ein friedlicher Mann, was dich nicht wundern darf, weil er so wenig Krieger hat. Ich habe nie einen Raub oder Mord oder eine Untreue von ihm erfahren."

„Diesen Eindruck macht er auch auf mich. Sprich jetzt einmal mit ihm! Ich möchte gern wissen, wer der General ist, was er treibt, wohin er will und wie er mit Mba zusammengetroffen ist. Tu es aber so, daß es nicht auffällt! Der General soll nicht denken, daß wir es wissen wollen."

„Ich werde so mit Mba sprechen, daß er es mir erzählt, ohne daß ich ihn zu fragen brauche."

Er ritt fort und kam schon nach einer halben Stunde wieder zu mir.

„Nun, hast du etwas erfahren?" erkundigte ich mich.

„Ja. Was der General ist und was er treibt, das weiß Mba nicht. Er hat ihn und die drei Bleichgesichter unten am Tohay Creek getroffen und ihnen versprochen, sie durch den Llano Estacado zum Pease River zu führen, wo sie sich bei den Chickasaws von dem Wüstenritt ausruhen wollten, um dann weiterzureiten?"

„Wohin?"

„Das weiß ich nicht, weil er es mir auch nicht sagen konnte. Er erzählte es mir, ohne daß ich mich danach erkundigte?"

„Natürlich hat ihm der General eine Belohnung versprochen?"

„Drei Gewehre nebst Blei und Pulver."

„Weiter hast du nichts erfahren?"

„Nein. Ich wollte nicht fragen, weil ihm das vielleicht aufgefallen wäre. Hat mein Bruder Old Shatterhand einen Grund, sich nach dem General zu erkundigen?"

„Eigentlich nicht, aber er gefällt mir nicht. Und wenn ich Leute bei mir habe, denen ich nicht traue, pflege ich mich stets über ihre Verhältnisse und Absichten zu unterrichten. Das hat mir schon oft Nutzen gebracht. Ich kann dir nur raten, ebenso zu verfahren."

Wie wohl ich daran getan hatte, diese ganz zwecklos scheinende Erkundigung über Douglas einziehen zu lassen, das sollte mir nur zu bald einleuchten.

Die Morgendämmerung kam, und nach den wenigen Minuten, die sie dauerte, wurde es hell. Ich ritt mit Winnetou hinterdrein, vor uns Old Surehand mit Apanatschka. Eben ging die Sonne auf und warf ihr Licht über diese zwei Reiter.

„Uff!" sagte Winnetou halblaut, indem er durch eine Handbewegung meinen Blick auf die zwei lenkte.

Ich brauchte ihn nicht zu fragen, was er meinte; ich sah es sofort auch; diese Ähnlichkeit zwischen ihnen! Diese Gleichheit der Gestalten, des Sitzes, der Haltung, der Bewegung! Man hätte meinen mögen, sie seien Brüder.

Kurze Zeit später kamen uns wieder Apatschen mit Wasser entgegen. Sie bildeten den vorletzten Reiterposten. Wir blieben hier länger halten, um das Wasser zu verteilen und den Pferden eine Erholung zu gönnen. Dann ging es weiter zum letzten Reiterposten, von dem aus wir nur noch eine Stunde reiten mußten.

Nun fragte es sich, wer mit in die Oase durfte, deren Lage doch geheimgehalten werden sollte. Ich ritt zu dem General hin, der sich wieder an der Seite des alten Wabble befand und sagte:

„Wir nähern uns unserm Ziel, Mr. Douglas —"

„General! Ich bin General, Sir!" unterbrach er mich.

„*Well!* Aber was geht das mich an?"

„Euch natürlich weniger als mich. Doch man gibt jedermann den Titel, der ihm gebührt. Ihr müßt nämlich wissen, daß ich die Schlacht von Bull-Run mitmachte, ferner focht ich siegreich bei —"

„Schon gut, schon gut!" fiel ich ein. „Das habt Ihr mir bereits gesagt, und was ich einmal gehört habe, das merke ich mir. Also, wir nähern uns unserm Ziel und werden uns nun wohl von Euch verabschieden müssen." — „Verabschieden? Warum?"

„Weil sich wahrscheinlich unsre Wege trennen."

„Keineswegs. Ich muß zu den Hundert Bäumen und habe von Mr. Cutter hier gehört, daß auch Ihr wahrscheinlich dorthin reitet."

Douglas hatte zum Pease River und zu den Chickasaws gewollt und gab jetzt die Hundert Bäume, die westlich lagen, als sein nächstes Ziel an. Das fiel mir auf, brauchte aber keinen bösen Grund zu haben. Warum sollte er seinem ursprünglichen Plan keine Änderung geben dürfen?

„Ihr seht also, daß wir gleiche Wege haben", fuhr er fort. „Und selbst wenn dies nicht der Fall wäre, müßte ich mit Euch zur Oase reiten, weil ich kein Wasser mehr habe."

„Ihr hattet ja gestern volle Schläuche!"

„Heute sind sie leer. Meint Ihr, daß wir nicht auch menschliche Gefühle besitzen? Wir haben das Wasser an die Komantschen verteilt."

Später sah ich ein, daß dies eine Kriegslist gewesen war, um in die Oase kommen zu dürfen. Jetzt hätte ich ihm für seine Menschlichkeit noch danken mögen. Ich machte ihm aber wenigstens die Bemerkung:

„Die Oase, von der Ihr redet, ist kein Versammlungsort für alle. Ihr Besitzer duldet nur die Leute bei sich, die er eingeladen hat."

„Das bin ich auch! Von Mr. Cutter hier, der ja der Gast von Bloody-Fox ist, wie Ihr zugeben werdet."

„Ob er sich jetzt noch als Gast betrachten darf, ist fraglich. Er hat gewußt, daß nicht jedermann Zutritt findet."

„Ah, wegen des schmalen Pfads, der hineinführt? Diesen Weg und die Oase hat mir Mr. Cutter genau beschrieben. Weshalb sollen alle Weißen hier Zutritt haben, nur ich nicht?"

Das war nun freilich wahr, und wenn Old Wabble die abermalige Unvorsichtigkeit begangen hatte, dem ‚General' eine genaue Beschreibung der Oase und ihres Zugangs zu geben, so war das gerade so, als ob Douglas schon dort gewesen wäre, und eine Weigerung meinerseits hätte nur das, was ich vermeiden wollte, hervorgerufen. Deshalb sagte ich notgedrungen:

„So will ich nichts dagegen haben, wenn Ihr Eure Schläuche dort füllt. Aber Eure Begleiter haltet fern!"

9. Eine Überraschung

Die Oase lag, wie schon erwähnt, einen reichlichen Tagesritt von der Falle, in der wir die Komantschen gefangen hatten, entfernt. Aber da wir wegen der Schwäche der Pferde nur langsam vorwärts gekommen waren, erreichten wir die grüne Wieseninsel erst zwei Stunden nach Mittag.

Nach unsrer Ankunft war das erste, dafür zu sorgen, daß uns die Gefangenen sicher waren. Sie mußten sich da lagern, wo sich die Leute Schiba-bigks schon befanden, und die Apatschen schlossen einen engen, undurchdringlichen Ring um sie. Dann mußten vor allem die Pferde betreut werden, was wir Entschar-Ko überließen. Er bestimmte eine Anzahl seiner Krieger dazu, die Tiere nach und nach durch den schmalen Zugang zum Wasser zu führen und dort zu tränken. Darüber mußten Stunden vergehen.

Was das Essen betrifft, so hatten sich die Komantschen sehr unzureichend mit Mundvorrat versehen, und die Apatschen waren gezwungen, ihnen mit ihren Vorräten auszuhelfen. Da diese nun nicht so lange vorhielten, wie berechnet war, mußte der Aufenthalt bei der Oase möglichst verkürzt werden, und so wurde beschlossen, die Rückkehr zu den Hundert Bäumen schon morgen anzutreten.

Das lief natürlich nicht alles so glatt ab. Es waren dreihundert Apatschen und zweihundert Komantschen versammelt, für die gesorgt werden mußte. Da hatte jeder eine Bemerkung zu machen, eine Frage zu stellen, einen Wunsch auszusprechen, und damit wollten sie sich an niemand anders wenden als an Winnetou oder an mich. Wir kamen fast nicht zu Atem. Nachdem wir endlich alle nach Kräften befriedigt hatten und nun an uns denken konnten, war es Abend geworden, und es fiel mir jetzt erst ein, daß ich seit gestern keinen Schluck Wasser getrunken hatte. Für andre hatte ich gesorgt, an mich aber nicht gedacht. Als ich das Winnetou sagte, meinte er lächelnd:

„So mag mein Bruder schnell trinken und mir einen Schluck übriglassen, denn mich dürstet auch."

„Dich auch? Wann hast du zuletzt getrunken?"

„Gestern, als du trankst. Unsern Pferden ging es besser, die hat Bloody-Fox versorgt."

Als wir das Innere der Oase betraten, brannten da zwei Feuer, die das Häuschen, den Platz davor und den kleinen See beleuchteten. Auf den Bänken saßen Webster, Hawley, Fox, Old Surehand, Apanatschka, Schiba-bigk, Old Wabble und neben ihm der General. Diese beiden schienen unzertrennlich zu sein. Sie hatten schon gegessen, und nun kamen Bob und Sanna, um für Winnetou und mich zu sorgen. Man hatte sich im Gespräch befunden, und der General schien zuletzt gesprochen zu haben, denn als wir uns gesetzt hatten, fuhr er fort:

„Ja, das war eine lustige Gesellschaft, die wir trafen. Sie hatten sich da seit vorgestern festgesetzt, um von ihrem Jagdzug auszuruhen, und wie ich hörte, wollten sie noch eine Zeitlang hier im Ort bleiben. Sie zählten fünfzehn Mann, und es gab seltsame Kerle dabei. Am meisten gefiel mir einer, der verteufelt viel durchgemacht zu haben schien und in einemweg erzählte. Er wurde nicht müde dabei, und wenn ein Abenteuer zu Ende war, hatte er schon ein zweites und ein drittes auf der Zunge. Wenn ich mich nicht irre, nannte er sich Saddler, aber einer seiner Genossen sagte mir im Vertrauen, daß er eigentlich Etters heiße, Dan Etters, und auch schon andere Namen geführt habe. Das war mir aber gleichgültig, denn es hat schon gar manches Mannskind guten Grund gehabt, seinen Namen mit einem andern zu vertauschen. Und wenn dieser Westmann sich Saddler nannte und eigentlich Dan Etters hieß, so —"

Douglas wurde unterbrochen. Old Surehand hatte sich schon, als der Name Etters zum erstenmal genannt wurde, von seinem Sitz erhoben und fragte jetzt über den Tisch herüber:

„Etters, sagtet Ihr? Habt Ihr das richtig gehört?"

„Wüßte nicht, daß ich schlechte Ohren hätte!"

„Und auch richtig gemerkt?"

„Habe gerade für Namen ein ausgezeichnetes Gedächtnis."

„Und Dan, also Daniel, war sein Vorname?"

„Dan Etters hat er geheißen und nicht anders!"

Irrte ich mich infolge der flackernden Beleuchtung, oder war es wirklich so? Es schien mir, als richte der General sein Auge dabei mit ungewöhnlicher Spannung auf Old Surehand, der sich augenscheinlich in einer Aufregung befand, die er nicht verbergen konnte.

„Also wirklich Daniel Etters!" sagte er mit einem schweren Seufzer. „Habt Ihr diesen Mann genau betrachtet? Beschreibt ihn mir!"

„Hm! Beschreiben? Ist Euch dieser Etters vielleicht bekannt? Steht Ihr in irgendeiner Beziehung zu ihm, Mr. Surehand?"

„Ja. Ich muß wissen, ob der Mann, von dem Ihr sprecht, der ist, den ich meine. Darum will ich seine Beschreibung haben."

„Die möchte ich Euch gern geben, weiß aber wirklich nicht, wie ich es anfangen soll. Er war ungefähr von meiner Figur. Auch das Alter könnte gleich sein. Im übrigen aber sah er aus wie hundert andre Menschen, so daß ich wirklich nicht weiß, was ich an ihm noch beschreiben könnte."

„Hatte er gar nichts an sich, was auffiel? Könnt Ihr Euch auf seine Zähne besinnen?"

„Seine Zä — ah richtig, seine Zähne! Das könnte etwas sein, was zur Beschreibung gehört: er hatte nämlich zwei Zahnlücken."

„Wo?"

„Rechts eine und links eine."

„Oben oder unten?"

„Oben natürlich, denn Ihr werdet wahrscheinlich wissen, daß Zahnlücken im Unterkiefer nicht leicht zu sehen sind. Es fehlte hüben ein Zahn und drüben einer, was ihm, wie ich mich nun besinne, wenn er sprach, ein eignes Aussehen verlieh und auch Einfluß auf seine Stimme hatte, denn er zischte ein wenig, wenn er das S aussprach."

„Er ist's. Er ist der, den ich suche!" rief Old Surehand beinahe jubelnd aus.

„Was? Gesucht habt Ihr diesen Mann?"

„Und wie! Seit langen Jahren! In allen Staaten, in der Savanne, im Urwald, in den Cañons der Hochlande und den Schluchten der Felsengebirge! Ich bin hinter ihm her im leichten, zerbrechlichen Kanu und habe ihn gejagt über die tiefen Schneefelder der Missouri-Ebene!"

„Gejagt habt Ihr ihn? So ist's ein Feind von Euch?"

„Ein Feind, wie es keinen größeren geben kann!"

„Erlaubt, daß ich staune! Dieser Dan Etters schien so unschädlich zu sein wie ein kleines Kind."

„Ein Dämon ist er, ein Teufel, ein Satan, wie es selbst in der Hölle keinen ärgeren geben kann! Er hat mir vor langen Jahren meine —"

„Stopp, Mr. Surehand!" fiel ich ihm da schnell in die Rede. „Ihr seid aufgeregt. Ist es nicht möglich, daß Ihr Euch in der Person irrt?"

„Nein, nein und abermals nein! Er ist der —"

Meine Worte hatte er nicht verstanden. Nun warf ich ihm einen warnenden Blick zu, der ihn zu sich brachte. Er hielt also inne, versuchte sich zu beherrschen, und fuhr dann ruhiger fort:

„Doch das gehört nicht hierher. Das sind alte Sachen, die ich nicht aufrühren will."

„Rührt sie immer auf, Mr. Surehand!" sagte der General. „Vielleicht ist es eine Geschichte, die sich gut anhören läßt. Wollt Ihr sie nicht erzählen?"

„Sie gehört nicht hierher. Also, wo habt Ihr diesen Etters getroffen? In Fort Terret unten? Und er will dort bleiben?"

„Denke es. Wenigstens sagte er so."

„Wie lang?"

„Eine Woche, wenn ich recht gehört habe."

„Und wie lang ist es her, daß Ihr mit ihm gesprochen habt?"

„Vier Tage sind's nun heut."

„Vier Tage! Also nun nur noch drei!"

„Ihr sagt das so eigenartig. Wollt Ihr etwa hin?"

„Ja, ich will hin, ich muß hin!"

„Vielleicht ist dieser Etters schon fort."

„So reite ich ihm nach. Ich folge seiner Spur, und wenn sie sonstwohin gehen sollte!"

Er fing wieder einen warnenden Blick von mir auf, setzte sich endlich nieder, fuhr sich mit der Hand übers Gesicht und schloß mit den Worten:

„*Pshaw!* Oder laß ich ihn auch laufen. Er hat mich schwer gekränkt. Aber was will ich machen, wenn ich ihn auch finde? Die Sache ist verjährt. Es würde also keinen Richter geben, der sie in die Hand nehmen möchte. Sprechen wir nicht mehr davon!"

Nach einiger Zeit ging ich ins Haus. Old Surehand kam mir nach und fragte, als wir allein waren: „Ihr habt doch gewollt, daß ich Euch folge, Sir? Warum winktet Ihr mir?"

„Weil Ihr Euch nicht so gehen lassen solltet. Ich traue diesem sogenannten General nicht. Er beobachtete Euch so gespannt und betonte den Namen Etters so eigentümlich, als habe er ihn nur Euretwegen genannt. Die Absicht war deutlich herauszuhören."

„Welche Absicht könnte diesen Mann, der mich gar nicht kennt, geleitet haben?"

„Er kennt Euch, Sir; er kennt Euch ganz gewiß!"

Da kam auch Apanatschka herein. Er blickte sich vorsichtig um, und als er uns allein sah, fragte er:

„Meine Brüder sprachen von dem Mann, dessen Namen der General genannt hat? Ich habe den Mann gesehen, der zwei Ketama[1]) hat."

„Ah! Wo?"

„Im Kaam-kulano. Vor vielen Jahren, als ich noch ein kleiner Knabe war. Er wurde Etters genannt."

„Das weißt du noch?"

„Ich habe es mir gemerkt, denn ich haßte ihn: er lachte über meine Mutter, die ich liebte."

„Was wollte er bei euch?"

„Das weiß ich nicht. Er wohnte im Zelt des Medizinmannes, und sooft er da war, hatte meine Mutter einen bösen Geist bei sich, der ihr alle Glieder durcheinanderwarf."

Der Naiini wollte mit diesem Ausdruck wohl Krämpfe bezeichnen.

„Kannst du dich darauf besinnen, wie deine Mutter damals aussah?"

„Sie war jung und schön."

„War ihre Farbe heller als jetzt?"

„Sie war so wie bei allen roten Frauen."

„Dann ist die Ahnung falsch, die in mir aufsteigen wollte. Aber die andre Ahnung, die ich habe, wird wohl richtig sein. Dieser Etters hat Euch aus der Zivilisation in den Westen getrieben, Mr. Surehand? Er steht in Beziehung zu den unglücklichen Ereignissen, die Euch den Glauben an Gott und das Vertrauen zu ihm genommen haben?"

„Ja", gestand er. „Ihr habt es erraten."

„Und glaubt Ihr wirklich, daß Etters sich jetzt in Fort Terret aufhält?"

„Ich bin überzeugt davon." — „Ihr wollt natürlich hin?"

„Ich muß. Heute abend noch! Keinen Tag, keine Stunde, keinen Augenblick darf ich verlieren. Ich habe diesen Halunken schon oft gejagt, zuweilen wochenlang, ohne ihn aber jemals vor die Augen zu bekommen. Nun erfahre ich so unerwartet, wo er zu finden ist, und Ihr könnt Euch denken, daß ich nunmehr keine Minute Ruhe habe. Ich muß fort!"

„Wollen hoffen, daß Euch der General nicht belogen hat. Ich traue ihm nicht."

[1]) Zahnlücken

„Und ich glaube seinen Worten und reite zum Fort Terret."

„Allein?"

„Allein. Ich habe keinen Begleiter."

„Ihr werdet einen haben: mich."

„Was? Euch?" fragte er mit frohem Erstaunen. „Ihr wollt mit?"

„Ja, das heißt, wenn Ihr mich mitnehmen wollt."

„Ob ich will! Welche Frage! Ich möchte stets nur bei und mit Euch sein in allen Lagen, denn Ihr glaubt gar nicht, wie ich Euch liebgewonnen habe. Und hier, wo es sich um so etwas Wichtiges handelt, um die Jagd auf ein Raubwild, das ich bisher nie erwischen konnte, gibt mir Eure Begleitung die Sicherheit, daß Etters mir diesmal nicht entgeht. Wenn sich Old Shatterhand auf eine Fährte setzt, ist das Wild verloren."

Da legte ihm Apanatschka die Hand auf den Arm und sagte:

„Und noch einer reitet mit: Apanatschka, der Häuptling der Naiini-Komantschen. Weise mich nicht zurück! Ich habe dich lieb und gehe mit dir. Ich spreche die Sprache der Bleichgesichter, habe gelernt, die verborgene Menschenfährte zu entdecken, und fürchte mich vor keinem Feind. Kann ich dir da nicht nützen? Ich habe mit dir, mit Winnetou und mit Old Shatterhand das Kalumet geraucht und bin dein Bruder. Du suchst deinen Todfeind, den du fangen willst, und begibst dich dabei in große Gefahr. Muß da nicht dein Bruder bei dir sein? Wäre ich dein Freund, dein Bruder, wenn ich dich allein reiten ließe?"

Es sprach eine rührende Hingabe aus seinen Worten. Old Surehand antwortete nicht und sah mich fragend an. Darum nahm ich die Entscheidung in die Hand:

„Unser roter Bruder Apanatschka will da etwas tun, was sein ganzer Stamm nicht gutheißen würde!"

„Was frage ich nach meinem Stamm, wenn es sich um meinen Bruder Surehand handelt! Die Söhne der Komantschen können nur hassen und vernichten. Hier aber finde ich Liebe und Verstehen. Die roten Männer siegen mit dem Tomahawk, ihr aber seid stark und unbesiegbar und überwindet eure Feinde mit den Waffen der Verzeihung und Versöhnung. Wo ist besser sein, beim Haß oder bei der Liebe? Ich bin euer Bruder und reite mit euch!"

„Gut, du sollst uns begleiten. Aber wir reiten erst morgen früh. Diese wenigen Stunden gehen uns nicht verloren. Unsre Pferde müssen ausruhen und werden dann um so schneller sein."

„Aber wenn Etters dann schon fort ist?" warf Old Surehand besorgt ein.

„So hat er eine Fährte zurückgelassen, der wir folgen werden. Sorgt Euch nicht! Wir müssen vor allen Dingen gut berittten sein. Auf meinen Rappen kann ich mich verlassen, wenn er bis früh ruhen kann, und Apanatschkas Pferd ist auch schnell und ausdauernd. Das habe ich beobachtet. Wie aber steht es mit dem Eurigen, Mr. Surehand?"

„Es ist ein vortreffliches Tier, wenn auch mit Euerm Hengst nicht zu vergleichen. Nur habe ich es in der letzten Zeit so anstrengen müssen, daß es mir bei den Anforderungen, die in den nächsten Tagen vielleicht an seine Schnelligkeit stellen muß, immerhin versagen kann."

„*Well*, so reitet Ihr Vupa-Umugis Pferd, das wir vom Kaam-kulano mitgebracht haben."

„Das wollt Ihr mir leihen?"

„Leihen nicht, sondern schenken."

„Gar schenken? Solch ein kostbares Tier?"

„Nehmt es immerhin! Was soll ich damit tun? Vupa-Umugi bekommt es nicht wieder, und ich brauche es nicht."

Da drückte er mir die Hand und rief entzückt:

„Ich nehme es an, ich nehme es an! Von Euch weise ich selbst ein so großes Geschenk nicht zurück, denn ich denke, daß Ihr mir erlaubt, es einmal quitt zu machen. Also wir reiten erst morgen. Und nun kommt mit! Ich möchte sogleich zu meinem neuen Pferd gehen."

„Aber laßt Euch draußen nichts merken! Am besten ist's, Ihr redet gar nicht wieder mit dem General."

Als wir hinauskamen, sah ich, daß Winnetou fehlte. Er war fortgegangen, um nachzusehen, ob die Gefangenen gut bewacht würden. Dabei hatte er seine Silberbüchse, ebenso wie ich meine beiden Gewehre, auf dem Tisch liegenlassen. Nun hatte der General sie alle drei in den Händen und probierte an meinem Stutzen herum, um das Schloß zu untersuchen. Es zeigte sich dabei ein verlangender Ausdruck in seinem Gesicht.

„Nicht wahr, Sir, das hier ist Euer Bärentöter?" fragte er, als er mich kommen sah.

„Ja", erwiderte ich kurz.

„Und das ist der berühmte Henrystutzen, von dem man so viel erzählen hört?"

„Ja. Aber was habt denn Ihr damit zu schaffen?"

„Ich wollte das Schloß öffnen und brachte es nicht fertig. Wollt Ihr mir nicht sagen, wie —"

„Ja, sagen will ich es Euch", fiel ich ihm in die Rede, „nämlich sagen, daß Ihr die Hände davon lassen sollt. Das sind keine Spielsachen für einen General, der Bull-Run in seinem ganzen Leben nicht gesehen hat."

„Was? Nicht gesehen? Ich versichere Euch, daß —"

„Still! Mir macht Ihr nichts weis. Gebt her!"

Ich nahm ihm meine beiden Gewehre weg, als Winnetou wiederkam, dessen Büchse Douglas eben noch in der Hand hatte. Der Apatsche erriet sofort den Zusammenhang, zog ihm die Silberbüchse aus den Händen und fuhr ihn, ganz gegen seine sonstige Ruhe zornig an:

„Wie kann sich das lügnerische Bleichgesicht an dem Gewehr

des Häuptlings der Apatschen vergreifen! Dieses Gewehr wurde noch nie von den schmutzigen Fingern eines weißen Schurken berührt!"

„Schurke?" fuhr der General auf. „Will Winnetou dieses Wort zurücknehmen, oder —"

„Oder?" donnerte ihn der Apatsche an.

Da wich Douglas erschrocken zurück und meinte kleinlaut:

„Man wird wohl ein Gewehr betrachten dürfen!"

„Aber nicht berühren! Winnetou legt seine Hand nicht dahin wo die deinige gelegen hat!"

Der Apatsche wischte mit dem herabhängenden Enden der Saltillodecke, die ihm als Gürtel diente, die Büchse ab, als sei sie schmutzig geworden, hielt sie mir dann hin und forderte mich auf:

„Mein Bruder Old Shatterhand mag unsre Gewehre in die Stube tragen und dort an die Wand hängen, damit sie nicht wieder von solchen Händen besudelt werden!"

Damit wandte er sich ab und ging zu seinem Pferd. Ich sah noch, daß der General einen mir nicht gleich verständlichen Blick mit Old Wabble wechselte, und trug dann die Gewehre in das Häuschen, wo sie sicher hingen, denn Unberufene kamen nicht dahinein. So wenigstens dachte ich, und so hatte auch Winnetou gemeint.

Zu ihm ging ich dann, um ihm mitzuteilen, was ich mit Old Surehand besprochen hatte. Er war einverstanden und bestätigte mir:

„Mein Bruder tut recht daran. Mag dieser General die Wahrheit gesagt haben oder nicht, es ist gut, daß du mit Old Surehand reitest, und ich freue mich darüber, daß Apanatschka euch begleiten will. Er wird euch eine Hilfe sein. Mich trefft ihr dann im Pueblo der Mescaleros, wohin ich auch das Pferd mitnehme, das Old Surehand bis jetzt geritten hat. Er mag es sich dort holen."

Hierauf sahen wir, daß der General seine Wasserschläuche füllte, wobei ihm Old Wabble behilflich war. Sie trugen sie fort, hinaus zu den Chickasaws. Wir machten uns keine Gedanken darüber, sondern nahmen es als ein Zeichen, daß Douglas morgen früh zeitig fort wollte, was uns nur lieb sein konnte.

Als Bob uns die Lager bereitet hatte, ging er in die Stube, wo er mit Sanna schlief. Wir legten uns nieder. Bloody-Fox schlief sonst auch im Häuschen, zog es aber wegen der dort herrschenden Schwüle heute vor, sich zu uns zu legen. Da die Feuer nicht mehr genährt wurden, verloschen sie bald, und wir schliefen ein.

Früh war ich der erste, der erwachte, und weckte die Gefährten. Es fiel uns nicht auf, daß der General und mit ihm Old Wabble fehlten, und ich ging mit Winnetou fort, um nach den Gefangenen zu sehen. Wir fanden alles in Ordnung, was nämlich die Komantschen und die Apatschen betraf. Aber die Chickasaws waren nicht mehr da. Als wir Entschar-Ko, der hier befehligte, nach ihnen fragten, erwiderte er:

„Wissen meine Brüder nicht, daß sie fort sind? Der weiße Mann, der sich General nennt, sagte, er wolle nicht länger hierbleiben, weil Winnetou und Old Shatterhand ihn beleidigt hätten. So ritt er mit den Chickasaws und seinen drei Bleichgesichtern fort."

„Und Old Wabble?"

„Der ritt mit ihnen."

„Dann ist die Freundschaft zwischen ihnen ja recht schnell groß geworden. Mögen sie fort sein, auch Old Wabble mit! Es ist nicht schade um sie. Sie müssen aber noch im Finstern aufgebrochen sein, denn es ist erst seit einer halben Stunde Tag."

„Im Finstern?" fragte Entschar-Ko erstaunt. „Der Mond schien noch. Es war doch gestern abend!"

„Also schon gestern haben sie sich entfernt? Da haben sie es ja sehr eilig gehabt."

„Weil ich den General beleidigt habe", bemerkte Winnetou. „Der Zorn hat sie fortgetrieben."

Wir kehrten zum Wasser zurück, frühstückten und tränkten unsre Pferde. Inzwischen packte Bob Verpflegung für Old Surehand, Apanatschka und mich ein und füllte einige Wasserschläuche. Als er damit fertig war, forderte ich ihn auf, meine Gewehre zu holen.

„Gewehre? Wo sein Gewehre?"

„In der Stube. Sie hängen an der Wand neben der Tür."

Er ging hinein, kam aber gleich darauf mit leeren Händen zurück und meldete:

„Keine Gewehre drin. Masser Bob keine sehen."

„Du irrst. Hast du sie denn gestern abends, als du schlafen gingst, nicht hängen sehen?"

„Masser Bob nicht hingeschaut. Jetzt keine drin, wirklich keine."

Das war sonderbar. Ich begab mich ins Haus und Winnetou kam schnell nach. Die Gewehre waren nicht da; sie fehlten alle drei. Wir waren zunächst nur betroffen. Aber die Betroffenheit verwandelte sich in Schreck, als wir die Gefährten fragten und von ihnen hörten, daß keiner von ihnen im Häuschen gewesen sei.

„Sollte etwa —?" begann Winnetou.

Er sprach vor innerer Aufregung die Vermutung nicht aus. Ich sah trotz der Bronzefarbe seines Gesichts, daß ihm das Blut aus den Wangen gewichen war.

„Du meinst den General?" fragte ich.

Winnetou nickte nur.

„Dieser Halunke! Kein andrer ist's gewesen! Wie gierig er die Gewehre betrachtete! Werden gleich Klarheit haben. Bob, war jemand im Häuschen, als du dich niedergelegt hattest?"

„Massa General war drin."

„Ah! Hattest du die Tür nicht verriegelt?"

„Masser Bob nie die Tür verriegeln. Sind keine Spitzbuben da."

„Was wollte der General?"

„Kommen herein und rufen leise Masser Bob, um ihm geben einen Dollar Trinkgeld für Abendessen und Aufwarten."

„Brannte das Licht noch?"

„War ausgelöscht, weil Masser Bob und Sanna schlafen wollten."

„Wie lange war der General in der Stube?"

„Massa General hereinkommen, rufen Masser Bob und ihm geben Dollar. Dann nicht gleich wieder hinaus, weil nicht schnell Tür finden können."

„Oh, wo die war, das hat er gewußt! Douglas hat nur so getan, als suche er sie, hat dabei aber nach den Gewehren getastet. Was sagt mein Bruder Winnetou? Ist er gleicher Meinung wie ich?"

Nur selten hatte ich es erlebt, daß der Apatsche durch irgend etwas aus der Fassung gebracht worden war. Wir hatten uns in Lagen und Gefahren befunden, die jeden andern in Aufregung versetzt hätten. Er war meist ruhig geblieben, innerlich wie äußerlich. Jetzt aber sah ich ihn innerlich so aufgeregt, daß er sich Mühe geben mußte, äußerlich ruhig zu scheinen. Diese Erregung sprach sich darin aus, daß er nur leise und die Worte halb verschluckend auf meine Fragen antwortete:

„Mein Bruder — hat recht. Der General hat — unsre Gewehre — gestohlen!"

„Diese herrliche Silberbüchse, das teure Vermächtnis deines Vaters!"

„Er wird — er wird sie —"

Winnetou konnte nicht weitersprechen. Ich sah, daß ihm der mühsam niedergehaltene Grimm die Fäuste ballte.

„Er wird sie wieder hergeben müssen", vervollständigte ich seinen Satz. „Wir müssen den Dieben sofort nach!"

„Ja — sofort!"

Es läßt sich denken, daß der Verlust unsrer Gewehre nicht bloß uns zwei als die zunächst Betroffenen berührte. Die Freunde, die bei uns standen, waren noch viel aufgeregter als wir selbst. Old Surehand sagte mit zornbebender Stimme:

„Dieser Diebstahl trifft auch mich schwer, Mr. Shatterhand. Ihr müßt den Halunken natürlich nach und könnt nun nicht mit mir zum Fort Terret reiten."

„Nein, das kann ich freilich nicht."

„Und ich kann Euch weder begleiten, noch hier auf Euch warten, denn ich muß hin und darf keine Stunde verlieren."

„Ich fürchte nur, daß Ihr diesen Weg umsonst machen werdet."

„Mag sein. Aber ich muß dennoch hin, damit ich mir später keine Vorwürfe zu machen brauche. Das werdet Ihr einsehen."

„Ich sehe es ein und will Euch nicht zureden, auf diesen Ritt zu verzichten. Ihr werdet ja nicht allein sein, denn Apanatschka begleitet Euch."

„Ja", erklärte der junge Häuptling der Komantschen. „Ich reite mit meinem Bruder Surehand, denn ich habe es versprochen und halte mein Wort. Ich muß es nun erst recht halten, weil Old Shatterhand nicht mitkommen kann."

„So will ich Euch wünschen, daß Ihr das gesuchte Ergebnis findet, Mr. Surehand!"

„Und ich wünsche Euch", entgegnete er, „daß Euch der General nicht entkommt. Alle Teufel, wenn ich es mir so überlege: diese drei kostbaren, unersetzlichen Gewehre verloren!"

„Ich gebe sie noch lange nicht verloren. Wir bekommen die Gewehre zurück, nur fragt es sich, in welchem Zustand!"

„Ja", knirschte Winnetou. „Dieser weiße Hund versteht sie nicht zu behandeln und kann sie leicht beschädigen oder gar unbrauchbar machen, besonders deinen Stutzen."

„Das würde er schwer büßen müssen. Also, wir verfolgen ihn. Wen will mein Bruder Winnetou mitnehmen?"

„Niemand. Jeder andre wäre uns hinderlich."

„Ich auch?" fragte Webster.

„Auch ich?" erkundigte sich Hawley. „Wir möchten gar so gern mit!"

„Es geht nicht. Eure Pferde sind nicht so schnell wie die unsrigen, sie würden den Ritt nicht aushalten."

Die beiden baten, sie dennoch mitzunehmen. Winnetou aber schlug es ihnen ab, und ich mußte ihm recht geben. Nun wollten sie sich Apanatschka und Old Surehand anbieten, doch diese konnten sie auch nicht brauchen. Es blieb ihnen nichts andres übrig, als sich dem Transport der gefangenen Komantschen anzuschließen.

Den hatte Winnetou leiten wollen. Das war nun aber nicht möglich. Doch dableiben konnten sie auch nicht, und so besprachen wir uns kurz und wurden darüber einig, daß sie noch heute von den Apatschen unter Bloody-Fox und Entschar-Ko fortgeschafft werden sollten. Ich hätte gern dahin gewirkt, daß die Komantschen neben den übrigen Waffen auch die Gewehre wiederbekamen, verzichtete aber darauf, weil Winnetou behauptete, dies sei gefährlich. Sie konnten, sobald sie frei waren, auf den Gedanken kommen, die Apatschen gleich wieder anzugreifen, ihnen wenigstens heimlich zu folgen und einen Überfall zu wagen. Die Medizinen Vupa-Umugis übergab ich Entschar-Ko.

Wir hätten uns mit Büchsen versehen können, denn Bloody-Fox besaß mehrere, die er uns anbot, aber wir verzichteten darauf, denn wir waren überzeugt, daß wir wieder zu unsern Gewehren kommen würden. Was sollten wir uns da mit andren schleppen! Wir hatten unsre Messer, Revolver, Lassos und Tomahawks, das war einstweilen genug.

Nun ritten wir hinaus vor das Kaktusfeld, denn es galt, die Spur des Generals auszumachen. Wie wir jetzt hörten, hatte er zu einem Apatschen gesagt, was er auch mir gegenüber gestern erklärt hatte, daß er zu den Hundert Bäumen reiten werde.

„Das ist nicht wahr, das ist eine Finte, um Euch irrezuleiten", meinte Webster. „Der General kennt den Weg dorthin ja gar nicht!"

„Ja", bestätigte ich. „Gerade weil er es gesagt hat, wird er eine andre Richtung einschlagen."

„Aber wohin?"

„Zum Pease River, wie ich vermute. Ich habe erfahren, daß er dorthin will, und er ahnt nicht, daß ich es weiß. Er will zu den Chickasaws, um sich dort auszuruhen."

„So würdet Ihr gut tun, gleich dorthin zu reiten."

„Aber ich darf auch keine Vorsicht versäumen. Er könnte auf einen andern Gedanken gekommen sein. Wir müssen also auf seiner Fährte bleiben."

„Schwierige Geschichte das, sehr schwierig! Ihr wollt also sogleich fort?"

„Gewiß."

„Die Trennung kommt uns gar so unerwartet. Ich hoffe, daß wir Euch bald wieder einmal zu sehen bekommen, Mr. Shatterhand. Erlaubt mir, Euch die Hand zu reichen!"

Auch Jos Hawley gab mir die seinige. Er sagte in treuherzig betrübtem Ton:

„Denkt zurück an die Geschichte, die Ihr uns da oben im Mistake Cañon erzählt habt, Sir! Ihr habt mir damit das Herz leicht gemacht. Ich bin zu der Ansicht gekommen, daß ich mir wegen des Todes jenes Indianers nichts vorzuwerfen brauche. Diese Beruhigung habt Ihr mir gegeben. Ich danke Euch, Mr. Shatterhand, und werde mich unendlich freuen, wenn sich unsre Fährten wieder einmal kreuzen!"

Es ging ans Abschiednehmen. Old Surehand nahm meinen Arm, zog mich von den andern fort, und sagte:

„Gestern abend war ich ganz glücklich darüber, daß Ihr mit mir zum Fort Terret reiten wolltet. Heute ist das unerwartet anders geworden. Ihr wißt ja, daß ich gern immer bei Euch bleiben möchte. Jetzt muß so plötzlich geschieden sein, und noch dazu aus einem solchen Grund! Ihr seid wirklich überzeugt, daß Ihr die Gewehre wiederbekommen werdet?"

„Ja."

„Ich wünsche es Euch von ganzem Herzen. Und ebenso herzlich wünsche ich, daß wir uns recht bald wieder treffen!"

„Mein Wunsch ist das natürlich auf, Mr. Surehand."

„Könntet Ihr mir nicht einen Ort bestimmen?"

„Nein. Wir wissen beide nicht, was geschieht und welchen Ereignissen wir entgegengehen. Ihr reitet südwärts, um diesen Dan Etters zu suchen. Wer weiß, wie lange Ihr ihn verfolgen müßt und wohin seine Spur Euch führt. Winnetou und ich reiten nach Osten und können Euch nicht sagen, wann und wo wir den General einholen werden."

„So kommt Ihr gar nicht hierher zurück?"

„Ich möchte wohl, weiß aber nicht, ob es mir möglich sein wird. Ich kann also keinen Treffpunkt bestimmen, und Ihr könnt es wahrscheinlich auch nicht."

„Nein."

„So müssen wir die Zeit und den Ort, wann und wo wir uns wiedersehen werden, dem Schicksal überlassen."

„Hm, ja! Aber daß wir es ihm so ganz und gar überlassen, das ist doch nicht nötig. Darf ich Euch einen kleinen Wink geben? Ich nannte Euch, ehe der Zweikampf mit Apanatschka begann, einen Namen. Den wißt Ihr noch?"

„Natürlich!"

„So nehmt ihn als Anhalt für ein späteres Zusammentreffen mit mir: wenn Ihr gelegentlich einmal nach Jefferson City am Missouri kommt, so geht in das Bankgeschäft von Wallace & Co. Dort werdet Ihr erfahren, wo ich mich zu der betreffenden Zeit befinde." — „Well, werde es tun."

„Danke Euch, Sir, danke! Und nun lebt wohl!"

Wir schüttelten uns herzlichst die Hände. Es tat uns beiden aufrichtig leid, daß wir so plötzlich auf unbestimmte Zeit voneinander scheiden mußten.

Auch von Bloody-Fox verabschiedete ich mich. Winnetou erteilte ihm und Entschar-Ko die nötigen Weisungen, sagte allen in seiner Weise mit kurzen Worten Lebewohl, und dann verließen wir die Oase, den Schauplatz bedrohlicher Ereignisse, die doch ein so befriedigendes Ende genommen hatten.

Unsre Pferde mußten heute schwerer tragen als gewöhnlich, weil wir ihnen Schläuche mit Wasser für zwei Tage aufgeladen hatten. Denn wenn es richtig war, was wir dachten, so ritt der General nicht zu den Hundert Bäumen, sondern zu den Chickasaws, die östlich vom Llano Estacado wohnten, und wir mußten zwei Tage durch die Wüste reiten. In Wahrheit lief die Fährte aber schließlich nach dem Norden. Auch hier kannten wir den Weg. Er ging über Helmers Home, eine Ansiedlung, die nahe am nördlichen Rand des Llano lag und diesen Namen nach ihrem Besitzer Helmers führte. Er war ein guter Bekannter, ja ein Freund von uns. Es war vorauszusehen, daß die, die wir verfolgten, dort einkehren würden.

Es galt für uns die höchste Eile, weil sie schon gestern abend von der Oase fortgeritten waren und also einen halben Tag Vorsprung vor uns hatten. Und doch mußten wir sie womöglich noch in der Wüste einholen, weil die Verfolgung später schwieriger wurde. Es gab dann Grad und Büsche, später sogar Wälder, Bäche und Flüsse, die überall Verstecke boten und dem General hundert Gelegenheiten gaben, uns zu entkommen.

Die Fährte war leicht zu erkennen. Sie führte allerdings zunächst nach Westen, also in der Richtung zu den Hundert Bäumen. Aber schon nach einer Stunde bog sie nach Norden ab.

Wir ritten immer im Galopp und ließen nur zuweilen die Pferde in langsamen Schritt fallen, damit sie sich verschnaufen konnten. Als es zu Mittag am heißesten geworden war, hielten wir an, gaben ihnen Wasser und ließen sie eine Stunde ruhen. Dann ging es in gleicher Eile wieder weiter, bis es dunkel geworden war und wir halten mußten. Das brachte uns in Nachteil gegen die Verfolgten, die auch des Nachts reiten konnten, während wir gezwungen waren, zu warten, weil wir ihre Fährte nicht mehr sahen.

Kaum aber war der Mond erschienen, so brachen wir wieder auf. Seine Sichel bot nur wenig Licht und andern Westmännern wäre es wohl schwer möglich gewesen, bei einer so unzureichenden Beleuchtung einer Spur zu folgen, noch dazu im Galopp. Aber unsre Augen waren scharf genug, und wenn ich mich irren sollte, so war das bei Winnetou ausgeschlossen. Erst nach Mitternacht machten wir wieder halt, denn die braven Tiere mußten ruhen. Sie bekamen abermals eine allerdings nicht zureichende Menge Wasser. Dann wurden sie angepflockt, und wir hüllten uns in die Decke, um zu schlafen. Kaum aber graute der Tag, so saßen wir schon wieder auf und kamen zwei Stunden später an die Stelle, wo die Verfolgten Lager gemacht hatten. Wir blickten einander befriedigt an, denn wir hatten den halbtägigen Vorsprung bis auf zwei Stunden verkürzt, wenn sie nämlich auch erst am Morgen aufgebrochen waren.

Wir hatten den Lagerplatz der neun Reiter kaum eine halbe Stunde hinter uns, so sahen wir uns gezwungen, wieder anzuhalten, denn sie hatten ihren Ritt hier unterbrochen, und die Hufeindrücke sagten uns, daß so etwas wie eine Beratung stattgefunden haben mußte. Und diese Beratung war offenbar lebhaft gewesen, denn die einzelnen Reiter hatten ihre Pferde dabei hin- und hergetrieben. Das ließ uns vermuten, daß zwischen ihnen ein Streit ausgebrochen war. Aber worüber? Wahrscheinlich über den ferneren Weg; über die Richtung, die heute eingehalten werden sollte.

Auf diese Vermutung kamen wir dadurch, daß sich von hier aus die Spuren teilten, was uns überaus unlieb war. Keine der beiden Fährten ging gradeaus. Die eine bog rechts und die andre links ab, so daß sie einen spitzen Winkel bildeten.

„Uff!" sagte Winnetou enttäuscht. „Das ist schlimm!"

„Allerdings schlimm", stimmte ich bei. „Wahrscheinlich haben sich die Roten hier von den Weißen getrennt. Welche Fährte aber ist die der Indianer und welche die der Weißen?"

Winnetou stieg ab, um die Spuren zu untersuchen.

„Ich bezweifle, daß wir das feststellen können", erklärte ich, während ich mich aus dem Sattel schwang. „Ich habe bemerkt, daß die Pferde der Weißen auch keine Eisen haben. Eine Unterscheidung ist also kaum möglich."

Leider bestätigten sich meine Worte. Die Hufspuren gaben uns nicht den mindesten Anhalt zu einer sicheren Bestimmung. Wir waren auf ungewisse Vermutungen angewiesen, die uns weniger nützen als schaden konnten.

„Wollen den beiden Fährten eine kleine Strecke folgen", meinte Winnetou. „Vielleicht sehen wir doch etwas. Mein Bruder mag die rechts nehmen, ich gehe links."

Wir taten das. Ich hatte nur den Erfolg, daß ich die Zahl der Pferde entdeckte, und Winnetou erzielte das gleiche unzulängliche Ergebnis. Wir konnten nicht einmal auf die Zahl der Reiter schließen, weil Packpferde dabei waren. Unschlüssig sahen wir einander an.

„Uff!" sagte Winnetou, wobei trotz der Enttäuschung etwas wie ein Lächeln über sein Gesicht glitt. „Hat mich mein Bruder Scharlih schon einmal so ratlos dastehen sehen?"

„Nein."

„Ich dich auch nicht. Uff."

„So ganz und gar nicht zu wissen, woran wir sind, das ist uns noch nie passiert."

„Nein, noch nie. Aber denken wir nach! Sollte es wirklich möglich sein, daß weder Old Shatterhand noch Winnetou auf den richtigen Gedanken kommt?"

„Ich möchte mich allerdings fast schämen. Also nachdenken! Das nächste Ende der Wüste liegt gerade nördlich von hier, dem Helmers Home zu, und das weiß der Häuptling der Chickasaws ganz gewiß. Mag er rechts oder links reiten, so braucht er in beiden Fällen wenigstens einen halben Tag länger, um aus dem Llano zu kommen. Da kennt er sich aus. Ich denke nicht, daß er einen solchen Umweg macht. Wenn er sich von den Weißen trennt, so hat er sich mit ihnen gezankt. Er reitet allein, weiß aber jedenfalls auch, wohin sie reiten. Dabei hat er sie über seine Richtung getäuscht, indem er von der richtigen abgewichen ist und sie sehr bald, wenn sie ihn nicht mehr sehen konnten, wieder eingeschlagen hat. Wenn wir also keiner von diesen beiden Fährten folgen, sondern geradeaus reiten, werden wir unbedingt wieder auf die seinige kommen."

„Uff, das ist richtig!"

„Dann ist die andre Fährte die, der wir folgen müssen. Wir suchen sie auf und können sicher sein, daß wir den General vor uns haben. Ich glaube, daß mein Bruder Winnetou mir da recht gibt."

„Es ist so, wie du sagst. Wir werden jetzt also keiner von den Spuren folgen."

Wir stiegen auf und ritten weiter, geradeaus, so daß wir die beiden, sich rechts und links von uns entfernenden Fährten bald nicht mehr sahen. Ich glaubte, meiner Sache sicher zu sein, war aber doch gespannt darauf, ob meine Voraussetzung sich bewahrheiten werde. Und richtig, schon nach einer halben Stunde sahen wir die Fährte, die nach rechts geführt hatte, sich uns wieder nähern und sich dann nördlich wenden.

„Uff!" ließ sich Winnetou in frohem Ton hören. „Das ist also die Fährte der Chickasaws, die genau zum Helmers Home führt."

„Wir müssen", fuhr ich fort, „nun die andre aufsuchen, die daher auf alle Fälle die Spur der Weißen ist."

„Ja, reiten wir jetzt links hinüber zur andern Spur! Wenn wir das tun, können wir gar nicht mehr irren und werden dann —"

Er hielt plötzlich mitten im Satz inne. Während er sprach, hatte er seine Augen der Linie des Gesichtskreises nachgehen lassen und schien etwas erspäht zu haben, denn er griff in die Satteltasche, zog sein Fernrohr heraus und richtete es nach Norden. Schnell hatte auch ich das meinige in der Hand und sah durch das Glas einige Pferde und Männer, die im Sand lagerten.

„Wer mag das sein?" fragte ich.

„Die Chickasaws", erklärte Winnetou.

„Warum sind sie nicht fortgeritten? Welchen Grund haben sie dort zu sitzen?"

„Uff! Sie warten auf uns!"

„Möglich", stimmte ich bei. „Mba scheint ein ehrlicher Mann zu sein. Er hat wohl erst unterwegs bemerkt, daß der General uns bestohlen hat, und ist scharfsinnig genug, sich zu sagen, daß wir den Dieb verfolgen werden. Da hat er sich von ihm getrennt. Selbst wenn die Ehrlichkeit ihm dies nicht geboten hätte, müßte er es aus Vorsicht getan haben. Er mußte dafür sorgen, von uns nicht für einen Mann gehalten zu werden, der mit Dieben im Einvernehmen steht und ihnen sogar seinen Schutz leiht. So wird es sein."

„Ja, so ist's. Reiten wir hin!"

Wir setzten unsre Pferde in Galopp und kamen den Männern schnell so nahe, daß wir sie erkennen konnten. Ja, es war Mba, aber nur mit zweien seiner Indianer. Sie hatten zwei Saumpferde bei sich. Wo war der vierte Chickasaw? Als die drei Roten uns erkannten, standen sie auf, legten ihre Waffen in den Sand und kamen uns entgegen. Das war ein friedliches Benehmen. Dennoch nahm ich den Revolver in die Hand. Als wir sie erreichten und unsre Pferde vor ihnen zügelten, sagte Mba:

„Old Shatterhand mag seine Waffen wieder in den Gürtel stecken, denn wir sind seine Freunde. Wir haben gewußt, daß er kommen werde, und auf ihn gewartet. Oder sind Winnetou und Old Shatterhand Krieger, die sich ihre Gewehre stehlen lassen, ohne daß sie sich diese Waffen wiederholen?"

„Das ist richtig. Wann hat der Häuptling der Chickasaws erfahren, daß man uns bestohlen hat?"

„Erst heute früh, als der Tag anbrach. Würde Mba auf euch gewartet haben, wenn er euch belügen wollte oder gar den Diebstahl mitbegangen hätte?"

„Nein. Ich habe dich gleich, als ich dich sah, für einen ehrlichen Mann gehalten. Erzähle!"

„Wir stießen im Süden vor dem Llano auf die vier Bleichgesichter, und Mba gab ihnen sein Versprechen, sie durch die Wüste zu führen. Da trafen wir mit euch zusammen. Ich freute mich, Old Shatterhand, Winnetou und Old Surehand zu sehen, und ahnte nicht, daß der General Böses gegen euch im Schilde führte. Wir ritten mit euch bis zum Wohnsitz des Blutigen Fuchses und wollten die Nacht dort bleiben, um auszuruhen. Da kam der General und sagte, wir müßten schnell fort, weil er sich mit euch verfeindet habe. Wir taten ihm den Willen und ritten die Nacht und den ganzen Tag — "

„Ohne, daß dein Mißtrauen erwachte?" fiel ich fragend ein. „Hegtest du gar keinen Verdacht?"

„Mba hegte ihn. Er kam gleich beim Beginn unsres Ritts, weil der General seinen Weg erst nach Westen und dann nach Norden nahm, wohin wir doch gar nicht wollten. Am Tage bemerkte Mba ein Paket, das der Weiße vorher nicht gehabt hatte und sorgfältig behandelte. Auch fiel es Mba auf, daß der General gar so große Eile hatte. Als wir uns gestern abend lagerten, richtete Mba es so ein, daß ihm das Paket in die Hände kam. Der General entriß es Mba aber gleich, doch hatte er gefühlt, daß es schwer war und Gewehre enthielt."

„Welche Beschaffenheit hatte das Paket?"

„Es war eine Decke, in die der General die Gewehre geschlagen und mit Riemen zusammengebunden hatte. Mba wollte wissen, was für Gewehre es seien. Aber die Bleichgesichter schliefen erst gegen Morgen so fest, daß Mba das Bündel unbemerkt nehmen und aufbinden konnte. Wie erschrak Mba, als er sah, was es enthielt, denn Mba wußte, daß ihr uns verfolgen würdet."

„Warum behieltest du das Paket nicht, um es uns zurückzustellen?"

„Weil wir vier rote Krieger gegen fünf weiße waren, und weil ihr den Dieb dann nicht gefangen hättet, denn er wäre entflohen. Mba hatte einen besseren Plan. Als wir heute ein Stück geritten waren, hielt Mba an und sagte den Bleichgesichtern, daß Mba die Gewehre gesehen hätte und nicht weiter mit ihnen reiten werde, weil ihr jedenfalls bald kommen würdet. Sie wurden zornig und zankten sich mit uns. Als Mba aber bei seinem Vorsatz blieb, baten sie, ihnen wenigstens einen Krieger als Führer zu lassen, weil sie den Weg durch den Llano nicht kennen. Mba tat ihnen den Willen, hatte aber diesem Krieger schon vorher gesagt, wie er sich zu verhalten hat. Er wird euch die Diebe in die Hände führen."

„Auf welche Weise?"

„Mba ritt nur eine kleine Strecke weiter und blieb dann halten, um auf euch zu warten, denn Mba will euch dahin bringen, wo ihr sie fangen sollt."

„Wo ist das?"

„Dort im Norden liegt am Rand des Llano Estacado die Wohnung eines weißen Mannes —"

„— die Helmers Home heißt", fiel ich ein.

„Uff! Old Shatterhand kennt diesen Ort?"

„Wir kennen ihn. Helmers ist unser Freund."

„Das ist sehr gut, denn dorthin wird der Krieger der Chickasaws die Weißen führen."

„Warum macht er einen Umweg?"

„Damit wir eher hinkommen als die Bleichgesichter und sie ohne Kampf festnehmen können."

„Schön! Ich sehe, daß der Häuptling der Chickasaws ein kluger Krieger ist. Aber hast du auch bedacht, daß es für uns Gründe gibt, dir zu mißtrauen? Dein Krieger kann uns die Diebe entführen, so daß wir sie gar nicht zu sehen bekommen!"

„Wenn du das denkst, so wollen wir euch unsre Waffen ausliefern und uns auch selbst zum Pfand geben!"

„Ist nicht nötig. Wir vertrauen euch. Aber werden die Weißen sich nicht noch besinnen und einen andern Weg einschlagen?"

„Nein. Mein Krieger wird ihnen vor den andern Richtungen solche Angst machen, daß sie ihm gewiß folgen."

„Gut! Sind eure Pferde sehr ermüdet?"

„Sie halten es bis Helmers Home aus, auch wenn wir rasch reiten."

„So wollen wir keine Zeit verlieren. Wenn ich mich nicht verrechne, können wir schon am Nachmittag dort sein. Wann werden die Weißen dort ankommen?"

„Mba hat dem Krieger befohlen, es so einzurichten, daß er Helmers Home gegen Abend erreicht."

„Das ist sehr umsichtig gehandelt. Noch eins will ich dich fragen: Was hättest du getan, wenn wir jetzt nicht gekommen wären?"

„Gekommen wärt ihr gewiß, wenn nicht jetzt, dann später. Mba wäre ohne euch zu Helmers geritten, hätte ihm alles erzählt und ihn gebeten, uns beizustehen, den Dieben die Gewehre abzunehmen. Sobald ihr dann gekommen wärt, hätten wir sie euch gegeben. Glaubt Old Shatterhand diese Worte?"

„Ich glaube sie. Deine Ehrlichkeit wird nicht unbelohnt bleiben. Jetzt wollen wir fort. Was noch zu sagen ist, können wir auch unterwegs besprechen."

Die Chickasaws stiegen auf ihre Pferde, und wir ritten weiter. Weil sie nicht gleichen Schritt mit uns halten konnten, ging es langsamer als vorher. Dennoch war der Mittag noch nicht lange vorüber, als wir schon einzelne Zeichen dafür entdeckten, daß wir uns dem Ende des Llano näherten. Während nur gefiedertes Raubzeug über das Innere der Wüste streicht, sahen wir jetzt körnerfressende Vögel fliegen, und hier und da gab es eine Salbeipflanze, die zu ihrem Fortkommen nur des nächtlichen Taus bedurfte. Dann sprießten einzelne Gräser aus dem Sand, die sich nach und nach zu grünen Stellen vereinigten, aus denen später ein zusammenhängender Rasen wurde. Dann kamen Büsche und Sträucher, selbst

Bäume, und als wir das erste Maisfeld vor uns sahen, hatten wir den Llano hinter uns.

Helmers Home wurde mehr besucht als andre Ansiedlungen in der Einsamkeit des Wilden Westens. Wer in den Llano Estacado wollte, oder wer von da kam, der kehrte hier ein. Deshalb hielt Helmers stets einen Vorrat von Gegenständen, die einem Westmann oder Reisenden nötig sind. Er war nicht bloß Farmer, sondern nebenbei auch Kaufmann und Gastwirt. Ich hatte bei ihm schon manches Glas texanisches Bier getrunken, das nach deutscher Art gebraut worden war.

Ein schmaler Bach führte uns zu dem Haus, in dessen Nähe er vorüberfloß. Es war aus Stein gebaut — denn hier gab es wirklich Steine, trotz der Nähe der Sandwüste — und bestand nur aus dem Erdgeschloß. Vor der Tür waren unter schattigen Bäumen einige Tische und Bänke angebracht. Hinter dem Haus befanden sich der Viehhof, der Stall und die Wirtschaftsschuppen. Als wir um die Ecke bogen, stand ein Schwarzer unter der Tür. Er stutzte einen Augenblick, dann tat er einen Freudensprung und brüllte mit schallender Stimme in das Haus hinein:

„Massa Helmers herauskommen, gleich, schnell, gleich! Massa Winnetou und Massa Shatterhand sein da!"

Dann sprang er in langen Sätzen auf uns zu, packte mich beim Arm und riß mich vor Freude beinahe vom Pferd herunter.

„Nur sachte, sachte, Herkules!" sagte ich. „Ich höre, daß Mr. Helmers zu Hause ist?"

„Massa sein da und auch Missus", erwiderte er. „Da kommen beide schon gelaufen."

Ja, da erschien Helmers' hohe, kräftige Gestalt unter der Tür, und seine Frau zeigte sich mit strahlenden Augen hinter ihm. Die beiden Alten liebten sich zärtlich. Sie hieß Barbara und er nannte sie nicht anders als ‚mein liebes Bärbchen'.

War das eine Freude über unsre Ankunft! Das Händedrücken wollte nicht aufhören, und die Stimmen hallten weit hinaus ins Freie, denn alle übrigen männlichen und weiblichen Bewohner des Home waren herbeigekommen, um uns zu begrüßen. Deshalb warnte ich:

„Nicht so laut, Gents! Unsre Anwesenheit muß vorerst noch verborgen bleiben."

„Verborgen? Warum?" fragte Helmers.

„Weil wir hier einige Spitzbuben fangen wollen, die nicht wissen dürfen, daß wir hier sind. Ich hoffe, daß Ihr uns behilflich seid, Mr. Helmers."

„Das bedarf keiner Frage. Habe hier am öden Llano vor allen Dingen die Pflicht, mein Haus von solchem Gesindel freizuhalten. Wer ist's, Mr. Shatterhand?"

„Werde es Euch drin sagen. Wir müssen alle in die Stube, damit wir nicht gesehen werden. Herkules mag unsre Pferde in den Stall bringen und ihnen Wasser und dann tüchtig Futter geben. Nachher aber muß er den Stall zuschließen, weil auch die Pferde nicht gesehen werden dürfen.“

„Ihr macht mich neugierig, Sir. Aber was ist denn das? Ihr habt eure Gewehre nicht mit?“

„Das ist ja eben die Sache! Sie sind uns gestohlen worden und die Diebe werden hierherkommen.“

„*Zounds,* das ist ja ein —“

„Bitte nicht hier! Drinnen können wir besser darüber sprechen.“

„Ja, kommt herein, Mesch'schurs! Und du, mein liebes Bärbchen, mach dich schnell in die Küche und trage alles auf, was du hast! Hörst du, alles, und wenn die Tische krachen!“

Ich sagte seinen Leuten schnell noch, wie sie sich verhalten sollten, und dann gingen wir in die Stube. Mutter Barbara tat ihr möglichstes, um die Tische ,krachen' zu lassen, und während wir aßen und tranken, erzählte ich Helmers, was geschehen war. Kaum war ich fertig, so sprang er auf und ging hinaus. Als er wiederkam, erklärte er uns den Grund:

„Habe sogleich meinen besten *hand*[1]) fortgeschickt, um nach den Halunken auszuschauen. Er mag sie beobachten. Sie könnten sich auf die Seite drücken wollen.“

Helmers, der an Bloody-Fox seit jeher sehr hing, war erfreut darüber, daß die bösen Absichten der Komantschen vereitelt worden waren. Um schnell zu sein, hatte ich meinen Bericht so kurz wie möglich gemacht, und nahm mir nun erst Zeit, ausführlicher zu erzählen. Die drei Chickasaws saßen natürlich dabei. Wir hatten uns so gesetzt, daß wir von draußen nicht gesehen werden konnten, selbst wenn jemand den kleinen, halb offenstehenden Schiebefenstern nahe kam.

Noch war ich nicht fertig, da hörten wir den Hufschlag von Pferden. Sechs Reiter stiegen draußen ab. Es waren die Erwarteten. Helmers ging hinaus.

„*Good day,* Sir!“ grüßte der General. „Habt Ihr schon Gäste hier, Sir?“

„Gäste?“ wiederholte Helmers. „Woher sollen die in dieser Einsamkeit kommen?“

„*Well!* Gebt unsern Pferden Wasser und Futter und uns etwas Kräftiges zu essen nebst einer gehörigen Flasche Feuerwasser.“

„Sollt alles haben, Sir. Werdet Ihr heut hier bleiben?“

„Warum fragt Ihr das?“

„Werdet mir die Frage wohl nicht übernehmen. Ich muß es wissen, weil ich mich als Wirt darauf einrichten muß.“

„So! Wir werden essen und trinken und dann weiterreiten.“

„Um diese Zeit? Es wird bald Nacht sein.“

„Ist uns gleich.“

„Kommt Ihr aus dem Estacado, Sir?“

[1]) Knecht, Gehilfe, Arbeiter

„Fragt nicht soviel, sondern tut, was ich Euch befohlen habe!"

„Hört, Ihr scheint mir ein recht großer Herr zu sein! Werde wohl auf meinem Grund und Boden fragen dürfen! Und befehlen? Das kenne ich nicht."

„Werdet es aber jetzt kennenlernen. Ich bin nämlich General, Sir, ja, General! Habe bei Bull-Run gefochten, bei Fort Hatteras, bei Harper's Ferry, bei Gettysburg und in vielen andern Schlachten, in denen ich stets Sieger gewesen bin!"

„Behold! Da muß ich mich freilich beeilen, Eure Befehle auszuführen. Entschuldigt nur einen Augenblick! Ihr werdet sofort bedient werden, wie es solchen Herren, wie Ihr seid, angemessen ist."

Der Doppelsinn dieser Worte entging ihnen. Sie setzten sich an einen der Tische vor dem Haus, ohne zu ahnen, was für eine Art von „Bedienung" ihrer wartete. Helmers kam wieder herein und sagte leise:

„Jetzt los, Mesch'schurs! Ich werde euch durch die Hintertür führen. Eure Gewehre liegen eingewickelt auf dem Tisch. Die ihrigen nehmen wir ihnen sofort weg. Das muß das erste sein, damit sie sich nicht wehren können."

„Ist nicht nötig, Mr. Helmers", erwiderte ich. „Sie werden es gar nicht wagen, danach zu greifen."

Wir folgten ihm durch die Küche hinter das Haus zu der einen Giebelecke, hinter der seine Leute schon standen, bewaffnet und zum Zuspringen bereit. Dann ging er durch das Haus zurück und zu den Schurken hinaus. Wir hörten deutlich, was gesprochen wurde, denn der Tisch, an dem sie saßen, stand nicht weit von unsrer Ecke.

„Ihr bringt nichts mit?" fragte der General. „Wo bleibt der Brandy? Und wer sorgt für die Pferde?"

„Geduld, Mesch'schurs! Es ist alles besorgt."

„Doch Ihr tut nichts, wie mir scheint."

„Ist auch nicht nötig. Habe meine Leute dazu."

„Aber wir können nicht warten!" fiel Old Wabble zornig ein. „Wir sind gewöhnt, schnell bedient zu werden."

„Keine Sorge, Sir! Ihr werdet schnell bedient werden, schneller noch, als Ihr denkt. Darf man wissen, wohin Ihr von hier aus reiten werdet? Ich frage nicht aus Neugier, sondern um euch nötigenfalls zu warnen."

„Vor wem?" fragte der General.

„Vor einigen weißen Spitzbuben, die sich hier in der Nähe herumtreiben."

„Spitzbuben? Was sind es für Kerle?"

„Schufte, die es besonders auf die Gewehre andrer Leute abgesehen haben."

„Wie — ? Was — ?"

„Ja, Gewehrdiebe!"

„Das — das — wäre doch sonderbar!"

„Es ist so. Erst vor zwei Tagen haben sie einen solchen Diebstahl ausgeführt."

„Vor zwei Tagen? Wo denn?"

„Im Llano. Dort haben sie die drei berühmtesten Gewehre gestohlen, die es gibt."

Ich zog meine beiden Revolver, denn der Augenblick der Überrumpelung war da. Winnetou spannte die seinigen auch. Wir konnten die Gegner nicht sehen, aber es war ihnen jetzt wahrscheinlich nicht sehr wohl zumute, denn die Stimme des Generals klang gepreßt, als er fragte:

„Welche Gewehre waren das?"

„Die Silberbüchse Winnetous und Old Shatterhands Henrystutzen und Bärentöter."

„The devil! Ist das wahr? Von wem wißt Ihr das?"

„Von den Bestohlenen selbst."

„Also — von — Winnetou —?" — *„Yes."*

„Und — von — Old — Old Shatterhand?" — *„Yes."*

„Da müßt — müßt Ihr doch — mit diesen beiden Männern gesprochen haben!"

Ein rascher Schritt um die Ecke, drei Sprünge weiter, und wir standen vor ihnen. Im nächsten Augenblick waren auch Helmers' Leute bei uns.

„Allerdings hat Mr. Helmer mit uns gesprochen!" sagte ich. „Rührt euch nicht! Ihr seht Waffen auf euch gerichtet, die sofort losgehen, wenn ihr euch bewegt!"

Der Schreck dieser Menschen war unbeschreiblich. Sie starrten uns wie Gespenster an und rührten sich nicht.

„Herkules, ich sagte dir, du solltest Stricke oder Riemen bringen. Hast du sie?" fragte ich den Neger.

„Riemen sein da, ganze Menge", erwiderte er. „Hier in Händen sie haben."

„Was? Binden?" rief Douglas. „Einen General binden, der in zahlreichen Schlachten —!"

„Schweigt!" unterbrach ich ihn. „Ihr seid der erste, der gefesselt wird, und wenn Ihr widerstrebt, so schieße ich Euch auf der Stelle nieder! Gebt sofort die Hände her!"

Er wurde gefesselt, und die andern nach ihm. Nun wandte ich mich an Old Wabble:

„Ihr habt Euch eine saubere Gesellschaft gewählt. Eigentlich sollte ich kein Wort mit Euch sprechen. Ich will mich aber einmal überwinden und Euch fragen: Habt Ihr Euch bei dem Diebstahl beteiligt?"

„Nein", knurrte er, während er ein Paar Augen auf mich richtete, in denen Zorn und unversöhnlicher Haß funkelten.

„Ihr seid nicht mit im Häuschen gewesen, als die Gewehre geholt wurden?"

„Nein." — „Stimmt das?" fragte ich den General.

„Ich erwidere Euch kein Wort", erklärte er. „Wer darf es hier wagen, einen General ins Verhör zu nehmen?"

„*Well,* so sind wir einstweilen mit Euch fertig, aber auch nur einstweilen. Wir werden Euch gar nicht verhören, denn Eure Schuld ist erwiesen. Es bleibt uns nur noch übrig, Eure Strafe zu bestimmen."

„Strafe? Wagt es, Euch an mir zu vergreifen! Ich würde mich blutig rächen, so blutig, daß —"

Seine Worte hörte ich nicht mehr, denn ich hatte Winnetou, Helmers und dem Chickasawhäuptling gewinkt, mit mir zu kommen. Wir gingen hinter das Haus, um über die Bestrafung der Diebe zu beraten und wurden schnell einig. Weder Winnetou noch ich wollten mit der Ausführung des Urteils etwas zu tun haben. Wir hatten das dem Besitzer des Home übertragen. Er verkündete den Schurken unsern Entschluß mit den Worten:

„Ihr seid auf meinem Grund und Boden erwischt worden, und darum bin ich es, der euch sagt, was wir über euch bestimmt haben. Ihr bleibt alle bis morgen früh und werdet dann über meine Grenze geschafft. Wer sich wieder hier sehen läßt, wird erschossen. Der edle Gentleman, der sich für einen General ausgibt, ist der Dieb. Nach den Gesetzen des Wilden Westens wird ein solcher Diebstahl mit dem Tod bestraft. Wir sind aber so gnädig gewesen, diese Strafe in fünfzig Hiebe umzuwandeln, denn es scheint uns, daß —"

„Hiebe?" brüllte Douglas. „Ich werde —"

„Nichts wirst du, Schuft!" donnerte ihn Helmers an. „Gerade weil du dich so aufbläßt, wirst du geschlagen! Und da außer Euch nur lauter Gentlemen da sind, von denen keiner dieses Amt übernehmen möchte, so wird Old Wabble dir diese fünfzig Hiebe geben." — „Das — das — werde ich nicht tun!" stieß der einstige *‚king of the cowboys'* hervor.

„Das wirst du tun, alter Boy. Wenn du dich weigerst, auf meinen Wink zuzuschlagen, oder wenn du nicht aus Leibeskräften zuhaust, so bekommst du selbst erst fünfzig Hiebe und dann eine Kugel in den Kopf. Ich scherze nicht. Laß dir das gesagt sein!"

„Der, der soll mich schlagen?" rief Douglas. „Er ist ja selbst mit dabei gewesen. Ich kannte ja das Häuschen innen nicht. Er hat mich hineingeführt!"

„Das geht uns jetzt nichts mehr an", bestimmte Helmers. „Hättest du es vorhin gesagt. Du wolltest dich aber nicht verhören lassen. Nun ist's zu spät! Ich habe nur noch hinzuzufügen, daß wir mit den andern nichts zu tun haben wollen. Ihnen wird hts weiter geschehen, als daß wir sie bis morgen früh hier festhalten. Da ist es Tag und wir können uns überzeugen, daß sie sich wirklich entfernen. Die Dienste, die euch die Chickasaws geleistet haben, werden wir ihnen von dem bezahlen, was wir bei euch finden. Jetzt bindet den ehrenwerten General hier an die *postoak*[1]), macht Old

[1]) Pfahl- und Pfosteneiche

Wabble die Hände frei, damit er zuschlagen, kann, und schneidet da drüben von den Sträuchern einige gute *hazelswitches*[1]) ab, die hübsch stark, doch biegsam sind! Der General soll seine Orden bekommen, aber nicht vorn auf die Brust!"

Ich ging mit Winnetou fort, um nicht Zeuge der Vollstreckung dieses Urteils zu sein. Zuzusehen, wie ein Ebenbild Gottes geprügelt wird, ist nicht jedermanns Sache. Leider aber gibt es Menschen, bei denen selbst eine solche Strafe ohne Wirkung bleibt, und hätte ich jetzt gewußt, was ich später erfuhr, so wären mir selbst hundert Hiebe für diesen gewissenlosen Schurken noch viel zu wenig gewesen. Wir hörten nach unsrer Rückkehr, daß Old Wabble sich zwar zuerst gesträubt, dann aber angesichts des drohenden Revolvers tüchtig zugeschlagen hatte. Hierauf wurden die Kerle miteinander so sicher eingesperrt, daß sie nicht fliehen konnten.

Als man sie am andern Morgen aus ihrem Gewahrsam brachte, sahen die Gesichter des Generals und Old Wabbles blutig aus. Sie waren trotz ihrer Fesseln aneinander geraten. Douglas hatte sich in einer unbeschreiblichen Wut darüber befunden, daß der Alte sich hatte zwingen lassen, ihm die fünfzig Hiebe zu geben. Als wir ihn jetzt losbanden, wollte er sich wieder auf Old Wabble stürzen, und als wir ihn davon abhielten, schrie er ihm zu:

„Nimm dich vor mir in acht, du Hund! Sobald ich dich treffe, bezahlst du mir diese Schläge mit dem Leben. Ich schwöre es dir mit allen Eiden zu, die man nur schwören kann!"

Das war ernst gemeint. Old Wabble sah es ein und bat Helmers, ihn eher als den General fortzulassen. Er scheute sich, diese Bitte an mich oder an Winnetou zu richten. Wir hielten uns von ihm fern. Sie wurde ihm gewährt. Herkules, der Neger, brachte ihn fort, und erst nach einer Stunde wurde Douglas mit seinen drei weißen Begleitern über die Grenze geführt. Er erging sich in Drohungen und Verwünschungen. Sein Zorn war deshalb so groß, weil wir ihnen die Waffen und die Munition genommen und alles den Chickasaws als Belohnung gegeben hatten. Winnetou und ich waren mit dem Ausgang unsres Ritts zufrieden. Wir hatten unsre Gewehre unversehrt wieder.

Als wir dann am Vormittag erzählend vor dem Haus am Tisch saßen, stand Helmers plötzlich auf, ging zu dem Baum, an den der General gestern bei der Bestrafung gefesselt war, hob dort etwas vom Boden auf und sagte:

„Da sah ich etwas blinken. Es ist ein goldener Ring, ein Trauring, wie es scheint. Schaut ihn einmal an!"

Der Ring wanderte von Hand zu Hand. Ja, es war ein Trauring, und auf seiner Innenfläche sahen wir zwei Buchstaben und ein Datum eingegraben.

„Wie kommt der Ring dorthin?" fragte Frau Barbara. „Wer mag ihn verloren haben?"

[1]) Haselruten

318

„Der General", meinte Helmers. „Seine Hand war festgebunden und hat sich, als ihn die Hiebe schmerzten, so unter den Riemen gewunden, daß der Ring abgestreift wurde. Anders kann es nicht sein."

Wir gaben ihm recht und meinten, er möge den Ring als Andenken an den gestrigen Strafvollzug aufbewahren. Er aber legte ihn mir in die Hand und sagte:

„Was soll ich damit? Er ist nicht mein. Ich komme nicht von hier fort und werde den General wohl nie wiedersehen. Bei Euch aber, Mr. Shatterhand, ist es möglich, daß Ihr ihm einmal begegnet. Nehmt das Ding an Euch!"

Ich hatte keinen Grund, mich zu weigern, und steckte den Ring an meinen Finger, wo er sicherer war als in der Tasche. Vorher betrachtete ich ihn genau und las. E. B. 5. VIII. 1842. Wie wichtig dieser Ring mir und Old Surehand später werden sollte, das konnte ich jetzt nicht ahnen.

KARL MAYS GESAMMELTE WERKE

Jeder Band in grünem Ganzleinen mit Goldprägung und farbigem Deckelbild

KARL · MAY · VERLAG · BAMBERG